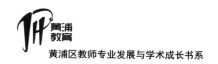

黄浦区教师专业发展与学术成长书系

新诗教学：
意会和言传的艺术

宋士广 著

上海教育出版社
SHANGHAI EDUCATIONAL
PUBLISHING HOUSE

图书在版编目（CIP）数据

新诗教学：意会和言传的艺术 / 宋士广著.
上海：上海教育出版社，2024.11. —（黄浦区教师学术成长书系）. — ISBN 978-7-5720-3164-9

Ⅰ. G633.302

中国国家版本馆CIP数据核字第20248WM960号

策划编辑　隋淑光
责任编辑　姚　岚
封面设计　王　捷

XIN SHI JIAOXUE YIHUI HE YANCHUAN DE YISHU
新诗教学：意会和言传的艺术
宋士广　著

出版发行　上海教育出版社有限公司
官　　网　www.seph.com.cn
地　　址　上海市闵行区号景路159弄C座
邮　　编　201101
印　　刷　上海商务联西印刷有限公司
开　　本　700×1000　1/16　印张 25.5
字　　数　404 千字
版　　次　2024年11月第1版
印　　次　2024年11月第1次印刷
书　　号　ISBN 978-7-5720-3164-9/G·2798
定　　价　98.00 元

如发现质量问题，读者可向本社调换　电话：021-64373213

新诗教学的新版图
——《新诗教学：意会和言传的艺术》序言

邓　彤

收到宋士广老师的《新诗教学：意会和言传的艺术》书稿，非常高兴。

在我认识的语文教师中，爱读诗者甚多，爱写诗者也不少，爱诗歌教学的教师也不乏其人。但是，能够将赏诗、写诗与教诗融于一体且卓有成效者却不多，宋老师则是其中的佼佼者。

宋老师善写诗。

多年来，他创作发表了大量诗歌。2015 年，在首届上海市民诗歌节中，宋士广老师凭借《城市速写》（组诗）获得一等奖。诗歌节开场朗诵的一首献诗正是宋老师应组委会邀请而特意创作的，诗的名字是《寻找布谷鸟》。据宋老师说，他经常在清晨听到布谷鸟的叫声，咕咕咕咕，四音一节的叫声让他从城市的喧嚣中感受到乡野的宁静。他于是想到：布谷鸟既然可以在城市中生活，诗歌为什么不可以？诗人为什么不可以？于是，这首《寻找布谷鸟》在他的笔下流淌而出。

类似创作花絮对于宋老师而言实在太多。给我留下深刻印象且为之赞叹不已的还有他的"诗画"。士广不仅诗写得好，他还善画，是语文教师中的画家，他常为自己的诗作配上插图，不论是简笔勾画，还是工笔细描，士广的"诗画"都能形神毕肖，那黑白分明如同版画的插图，画境与诗意交相辉映，令人爱不释手。

宋老师还善教诗。

他自己写诗，并带领学生写诗。他在学校组织诗会，影响了一大批学生读诗、赏诗、评诗、写诗，并打造出"五月诗会"这样一个校园文化品牌。这个学生自发举办了十几年的"五月诗会"，不是一个社团，也不是少数诗歌爱好者的小众协会，而是全校学生全员参与、人人写诗的大型活动。当然，这些不全是宋老师一人之功，但士广在其中绝对起到了举足轻重的作用。一位优秀的教师，在一所学校中的作用就如一支火炬，能照亮，能引领，能辐射。

他的教学也因为他的才华和对诗歌的热爱影响日益广泛。2018 年 4 月，上海基础教育助力"新秀"教师教学展示与教育论坛上，宋士广老师的展示课《青春恰自来——"以青春为名"的诗歌赏读与创作》，得到包括于漪老师在内的与会者的高度好评。语文特级教师陈军老师赞叹道："这是在唤醒生命力，讴歌生命力，被宋士广的诗歌课堂深深震撼了！"

而今，这本厚重的专著表明了：宋老师还是一位研究者。

在我的书架上，有宋老师几年前的另外一本诗歌教学研究专著《通往诗意的小径——中小学诗化教育研究》。2019 年，作为上海市第四期"双名工程""种子计划"领衔人，他带领他的"种子计划"团队成员开展研究诗化教育，他们将诗化教育理解为"一种以中小学生为主要教学对象，以诗歌为载体，以培养学生阅读、品评、创作诗歌进而提高语文综合素养为目的的教育活动"，该书就是他带领的团队的研究成果。

如果说，《通往诗意的小径——中小学诗化教育研究》主要还是对诗歌教学实践的经验总结，那么，眼前这本书则更加关注诗歌教学学理的探求。在书中，宋老师分析研究了新诗教学发展历程和现状，炼制出新诗的内部要素，梳理了新诗与其他文学样式、其他艺术门类的关系，又分章阐述了诗歌阅读、诗歌创作、诗歌评论的要素与策略。同时，还呈现了宋老师关于诗歌单篇教学、单元教学、跨学科学习、综合实践活动等多领域的探索实践。我一直认为：一位优秀的教师，面对纷纭复杂的语文问题，必须能够思考其背后的学理与逻辑，研究其所依据的基本前提。只有做到这一点，才能从"自在"层级跃升至"自觉"之境。

本书的出版，具有特别的意义。因为诗歌与我们内心的声音、时代深处的声音同频共振。诗歌抚慰心灵、滋养心灵、升华心灵。人性向最细腻、最深厚、最高尚、最美丽处发展需要借助诗歌。教育作为培育人的伟大事业，离不开诗歌的支撑。

在基础教育阶段，如花绽放的青少年，更离不开诗歌的滋养。人们早已认识到了诗歌的教育价值，最初的"兴、观、群、怨"，就是最简洁的概述。而语文课程标准更是将诗歌作为重要的课程内容：培养鉴赏诗歌作品的浓厚兴趣，丰富自己的情感世界，养成健康高尚的审美情趣，提高文学修养。但是，现实中的诗歌教育却不容乐观。语文教师深知诗歌的价值，但囿于条件，中学诗歌教学一直停滞于"倡议"状态，而宋老师此书，必将对中学诗歌教育走向更高、更深处产生积极的影响。

《新诗教学：意会和言传的艺术》，这个书名也昭示了有效新诗教学的重要路径——在学校背景下的诗歌学习，主要不是个人体悟式的"暗中摸索"，而是借助关键知识获得诗歌鉴赏、写作能力的"明里探讨"式学习，此时，具体明确可操作的诗歌读写知识对于诗歌教学而言就非常必要。据我有限的了解，当前有关中学诗歌教学的专著并不多，新诗教学专著尤其罕见，因此，宋士广老师这本书稿就具有特别的价值与意义。

我一直认为，语文教师如果希望在专业发展上有所成就，首先需建立一个学术"据点"，再不断开拓、深化。而一个好的教研组，最好是每个组员都拥有自己的"据点"，这才是一个学术共同体的理想生态。新诗，就是宋士广老师的学术"据点"。

希望宋老师以这一"据点"为新的起点，不断开疆辟土、扩大版图，最终构建具有个人特色的语文新天地。福建陈日亮老师曾有"我即语文"之论，相信宋老师正以自己的才情与情怀践行这一理念。

是为序。

邓　彤
2024.4.19

目　　录

第一章　新诗史勾勒

第一节　新诗的两大源头

新诗，是指伴随着新文化运动产生的，主要借鉴西方诗歌形式而有别于中国古典诗歌的，以白话为主，形式更加自由的诗歌体裁。

形式的极度自由和内容的极大丰富是新诗最大的特点。具体来说，新诗的语言、字数、行数、押韵、句式都是不受限制的，它注重自然的、内在的节奏，叙事、抒情、议论均可，可以说是完全开放的。新诗虽然是以与古典诗歌割裂的姿态出现的，然而中国自古以来就有"诗的国度"的美誉，诗经楚辞，乐府元曲，唐诗宋词，无不洋洋大观。诗歌作为一种文学样式，早已深深根植于每一个中国人的心灵深处。因而，阅读新诗，既要注意它西化的特质，也要留意它传统的浸润，既要关心它表面的新奇，也要揣摩它内在的相承。

和其他文学样式不同的是，新诗百余年，仍未成熟，仍在探索。这是新诗被人诟病的原因，也是其魅力之所在。

新诗有两位"母亲"，一是古典诗歌，二是外国诗歌。

关于新诗的"外国血统"，这是久被大家公认的，也是非常明显的。新诗的鼻祖胡适认为从他翻译美国意象派诗人莎拉·替斯代尔的《关不住了》（原诗题为《在屋顶上》）以后，他的新诗进入了一个新纪元。可以说，每一个中国新诗人都或多或少地从西方借鉴了一些诗歌理论和技巧。

可怪的是，很长一段时期，人们为了表明新诗的"新"，而决绝地与旧诗割裂，去国外寻找诗人流派"认祖归宗"。这是多么荒唐可笑，正像一个任性的孩子要与他的生母断绝关系，甚至写下约契，然而血缘毕竟在那搁着，谁也抹杀不了。在他的眉目之间，总或隐或现有他母亲的影子。顺着历史的藤蔓追溯，我们不难发现，新诗的诞生与晚清梁启超所倡导的"诗界革命"，和中国几千年的诗歌发展历史存在着千丝万缕的关系。正如复旦大学陈思和教授所言："文学创作是人类的一种精神活动，它既来源于社会生活，是社会生活的反映，又具有相对独立的发展规律，有其自身的历史继承性与发展逻辑。"[①]再者，如钱理群教授所说："在某种意义上，'五四'新诗运动正是从宋诗对唐诗的变革里，取得自身变革与创造的历史依据与启示的。"[②]

仔细想想，人们这样地与旧诗决裂，也是有原因的。面对古典诗歌的几乎戛然而止，新诗逐渐走上文学的殿堂这种时代现象，有人认为，新诗诞生不是本体演进，而是文学革命的结果。因此，新诗与古典诗歌之间有着天然的断裂。这种观点也确实有一定的道理，相较于古典诗歌创造的几乎不可企及的历史辉煌，新诗如果不决然地与之分裂，恐怕只有惭愧自卑的份了。对于这一点，朱自清先生有很清醒的认识，他认为新诗与旧诗决裂而接受外国的影响，是追赶世界现代性潮流的一种必然的选择。"这是欧化，但不如说是现代化"，"现代化是条新路，比旧路短得多；要'迎头赶上'人家，非走这条新路不可"[③]。

所以，由于新诗诞生的特殊性，也就必然使得新诗的发展在中国的古典与西方的现代这两维间摸索。纵观新诗的发展，从胡适的《尝试集》的发轫到新月派的格律诗实验，从延安诗人的歌谣体到20世纪80年代顾城等人的朦胧诗，从90年代的个人化写作到当下的网络写作，形与神的纠葛、旧与新的变奏、俗与雅的交融，一直是不间断的。

第二节　新诗的发展历程

关于新诗历史的研究，有不少专家学者的贡献。其作为新诗教学的背景，具有非常重要的意义，但这一点常常被忽略。因此，我主要选取《中国现代文学三十年》（钱理群、温儒敏、吴福辉著）、《中国当代新诗史》（洪子诚、刘登翰著）、《40年来中国新诗的发展（1978—2018）》（张立群著）三本著作作为参考，试对中国新诗一百余年的历史作简单的回顾和勾勒，以期能够为新诗教学的研

① 陈思和.中国新文学整体观[M].上海：上海文艺出版社，2001：17.
② 钱理群，温儒敏，吴福辉.中国现代文学三十年（修订本）[M].北京：北京大学出版社，2016：104.
③ 朱自清.经典常谈　文艺常谈[M].苏州：古吴轩出版社，2018：261.

究弥补重要的一环。鉴于港澳台文学的特殊性,在此不作专门的梳理和概述。

（一）尝试时期（五四运动时期至 20 世纪 20 年代初期）

1917 年 2 月 1 日于上海出版的第 2 卷第 6 号《新青年》杂志上,破天荒地发表了胡适的《白话诗八首》,其中第一首《朋友》是:

两个黄蝴蝶、双双飞上天

不知为什么、一个忽飞还

剩下那一个、孤单怪可怜

也无心上天、天上太孤单 ①

就这样,新诗带着旧体诗的强烈痕迹破空而来,虽然幼稚,但毕竟迈出了可喜的第一步。胡适后来出版了中国新诗史上第一部诗集《尝试集》,可谓名副其实的中国第一"白话诗人"。

随后,以《新青年》《新潮》等杂志为依托,我国涌现了一大批白话诗人,除胡适外,还有刘半农、周作人、沈尹默、俞平伯、康白情等人。

（二）探索时期（20 世纪 20 年代初至"文革"前）

"推翻词调曲谱的种种束缚;不拘格律,不拘平仄,不拘长短;有什么题目,做什么诗;诗该怎么做,就怎么做。" ②

胡适纲领性的《谈新诗》中的这段话曾经被许多人奉为圭臬,然而,很显然地我们也能看出胡适这些话的随意和不足。随着人们普遍地创作新诗,新诗泛滥成灾,平淡无奇,逐渐使人们失去了兴趣,新诗遂陷入短暂的消沉期。于是以创造社的郭沫若,早期新月派的闻一多、徐志摩,湖畔诗人汪静之、冯雪峰,"小诗体"作者冰心、宗白华,抒情诗人冯至等人为代表,开始通过创作来探索新诗的特点,探讨新诗的种种可能性,在新诗史上创造了辉煌的理论成果和许多优秀作品。新教材中选入的新诗多数诞生于这一时期,如郭沫若的《立在地球边上放号》、闻一多的《红烛》、徐志摩的《再别康桥》、艾青的《大堰河——我的保姆》等。如果说胡适一代的新诗创作是对旧诗的一次整体性摧毁的话,那么这次艺术上的反叛与探究,恰是对新诗的内部进行结构性

---

① 谢冕 . 中国新诗史略 [M]. 北京:北京大学出版社,2018:72.

② 钱理群,温儒敏,吴福辉 . 中国现代文学三十年（修订本）[M]. 北京:北京大学出版社,2016:103.

的调整。中国新诗从此走上了一条通过自身的艺术探索向前发展的道路。

这一过程注定是漫长而曲折的，一直延续到"文革"前。在这一过程中，新诗基本沿着写实（非诗化）与浪漫（纯诗）两条途径交织发展。

在写实的途径上，主要有以蒋光慈为代表的"早期无产阶级革命诗歌"，以殷夫、蒲风为代表的"中国诗歌会"诗人群，以胡风、曾卓、牛汉等人为代表的"七月诗派"，以李季为代表的"新歌谣体"，1958年的"新民歌运动"，以郭小川为代表的"政治抒情诗"。

在浪漫的途径上，主要有以李金发为代表的"早期象征诗派"，以徐志摩、陈梦家为代表的"后期新月派"，以戴望舒为代表的"现代派"，以冯至为代表的"校园诗人"，以穆旦为代表的"中国新诗派"。

在这一过程中，有一个特殊的时期，就是抗战时期，那时候的人们同仇敌忾，拿起手中的笔，记录那个时代的真实，赞美民族不死的精神，成为不同流派的诗人的共同归趋。

在这一过程中，还有一个特殊的诗人艾青，他一方面学习西方诗歌的创作风格，另一方面又从古典诗歌中寻觅独特的意象，从古代诗人那里继承忧郁的诗神。

"为什么我的眼里常含泪水？/因为我对这土地爱得深沉……"这样的诗句之所以深入人心，就在于它传达了一种民族共同的普遍的心理——对土地的热爱，对祖国的热爱。

另外，在艾青的诗里，既有对现实的感叹与吹号，又有浪漫的想象与讴歌。因此，他成为这一时期中众多诗人中之伟大者。

（三）沉寂时期（"文革"十年）

在新诗的探索时期，中国诗人从未间断对新诗形式、内容方面如何发展的探讨与争论，既有全民同声歌唱的战争岁月，又有西南联大校园的宁静一隅。然而，随着"文革"的开始，诗人消匿了，诗神远远地躲开阳光，藏在黑暗的地下。

在这十年里，在地面上公开发表作品的诗人，诗的文学意味平淡，姑且不谈。而所谓的"地下"诗歌写作，正如牛汉在《改不掉的习惯》中所写：

……他想写的诗，

总忘记写在稿纸上

多少年

他没有笔没有纸

每一行诗

只默默地

刻记在心里

我认识这个诗人 ①

正因为这些诗歌多在当时未能发表，只能入到后面的复兴时期来谈。不过，这一时期最引人注目的诗人大概非食指（郭路生）莫属，他的《相信未来》《这是四点零八分的北京》可谓是代表了广大知青的心声。

在此时期，"天安门诗歌运动"是不能忽视的，产生了不少诗歌。也许在艺术上不够精致，但情感真挚，生动地为这一时期和这段特殊的诗歌史画上了句号。

（四）复兴时期（"文革"后至20世纪90年代）

用"复兴"来形容这个时期也许有点不太妥帖，因为这个时期的诗人受"文革"的影响，说话还不是那么尽情放声。然而，被压抑得太久了，愤怒和激情被束缚在人们的胸中再也不能忍受了，它奋力地想挣出来，却又不是那么顺畅。这种压抑的悲愤和呐喊更感人。因此，我冠以这个时期的诗歌以"复兴"的名字。

无论是老的诗人，还是新的诗人，终于能够发出自己的声音了。他们高兴地喊道：

我回来了，我回来了，

我活着从远方回来了，

远得就像冥王星的距离，

仿佛来自太阳系的边缘。②

——流沙河《归来》

这段时期，代表性的诗人主要有艾青、牛汉、公木、公刘、邵燕祥等老诗

① 洪子诚，刘登翰.中国当代新诗史［M］.北京：北京大学出版社，2005：110.

② 洪子诚，刘登翰.中国当代新诗史［M］.北京：北京大学出版社，2005：129.

人，以北岛、顾城、舒婷、梁小斌、徐敬亚等为代表的朦胧派诗人，以食指、芒克为代表的"地下诗歌"诗人群，以韩东、于坚为代表的"新生代"（或称"第三代"）诗人，以及海子、骆一禾、昌耀等诗人。这一时期的诗歌呈现新旧共生、百花齐放的姿态，彼此之间的影响、碰撞非常明显而剧烈，而以海子、昌耀为代表的诗人个体又因其个性和地域等原因，显示出难得的独立性和鲜明的个性色彩。海子的诗对新诗的贡献以及对后世的影响自不必多言，其简洁的语言、鲜明的意象、冷峻的风格和克制的深情令人赞叹。而昌耀这位饱经沧桑的诗人，凭借其高傲和倔强，高举理想的大纛，几乎以一己之力揭开了西部诗歌的大幕。而他的诗，在经历了难熬的岁月后，终于得到了人们的认可。他的诗被选入"蓝星诗库"出版，本身就是一种慰藉。而新教材中，他的《峨日朵雪峰之侧》获得了万千读者的欣赏和赞美。

如果我们把眼光再投向大学，这一时期新诗在大学校园可谓达到了空前的兴盛局面。这一点，从大量校园民谣中可略窥一斑。

（五）断裂时期（20世纪90年代至20世纪末）

相对于80年代，90年代的诗歌出现了一些重要变化。最鲜明的特征就是"断裂"。首先，受市场经济的影响，诗歌逐渐远离了人们的生活。诗歌作者和读者都日渐减少，诗歌逐渐被圈进了一些极小的范围内苟延残喘。这是市场和文学的断裂。

其实，旧有的和新兴的诗歌观念也发生了断裂。一方面，受朦胧诗的影响，意象泛滥成灾，诗歌再一次沦为人人皆可创作的消费品。正如诗人王小龙描述的那样，"他们把意象当成一家药铺的宝号，在那里称一两星星，四钱三叶草，半斤悬铃木，标明'属于''走向'等关系，就去煎熬'现代诗'"[1]。

另一方面，许多诗人开始拒绝甚至排斥朦胧诗那种沉重的政治责任感和道德伦理意识，转而"期待回归艺术审美、回归个体的言说方式"[2]，这种"个人化写作"的倾向，正如谢冕所言，"在90年代，诗歌的确回到了作为个体的诗人自身。一种平常的充满个人焦虑的人生状态，代替了以往充斥诗中的

---

① 西渡.当代诗歌中的意象问题[J].扬子江评论，2017（03）：57.

② 张立群.40年来中国新诗的发展（1978—2018）[M].北京：中国社会科学出版社，2023：135.

'豪情壮志'。我们从中体验到通常的、尴尬的，甚至有些卑微的平民的处境。这是中国新诗的历史欠缺"①。

当然，断裂的同时也意味着新生的可能。文学和市场的断裂渐渐弥合，就催生了新的规则和现象，文学生产（发表、出版）最终主要由市场说了算，而不是过去的精英立场和艺术本位。这一过程对创作者的观念、文学批评的审美立场等有深远的影响。与此同时，"席慕蓉"和"汪国真"两大现象也应运而生。受此影响，一些人，尤其是学生"轻易认为诗歌可以随手拈来，出口成章，所以老师的作文考试不考诗歌；学生以手中传抄的大量流行歌曲、青春寄语，作为诗歌替代品和冒牌货"②，自然又引起人们的焦虑。"诗"与"非诗"，"圣化"与"俗化"又一次成了诗人和大众的焦点。

随着网络的不断发展，个人化写作已渐成气候，草根诗人和专业诗人的博弈，民刊和官刊的较量，进一步加剧了这种断裂。

随着改革浪潮的推进，诗歌渐渐淡出了大众的视野，人们变得越来越务实，诗人们孤芳自赏，诗歌也成了报刊上可有可无的点缀。

这一时期著名的诗人主要有西川、王家新、于坚、欧阳江河、臧棣、吉狄马加、翟永明等，其中翟永明也是这一时期"女性诗歌"的代表诗人。大量女性进入诗坛，并以鲜明的个性书写诗情，本身就是个性化写作的表征之一，也是时代发展的鲜明标志。

（六）蓄势时期（21 世纪以来的 20 多年）

跨入 21 世纪，人们总会习惯性地回眸过去，或总结，或反思，也总会展望未来，或乐观，或悲观。无论怎样，新诗已发展一百多年了。无论怎样，新诗的写作者是越来越多了，尤其是网络空间的发展，打破了传统纸媒的束缚，给无数底层的写作爱好者以展露才情的机会和空间。

人们逐步接受了诗歌边缘化的事实，对峙的双方开始渐渐和解，甚至共谋大业。专业的诗人也开始网络写作，官刊和一些官方文学奖开始对底层写作敞开大门，最典型的莫过于诗人余秀华的发现和走红，微信上的爆红，《诗

---

① 谢冕.丰富又贫乏的年代——关于当前诗歌的随想［J］.文学评论, 1998（01）: 113.
② 张立群.40 年来中国新诗的发展（1978—2018）［M］.北京: 中国社会科学出版社, 2023: 168.

刊》的青睐，出版社的趁热打铁，专业诗人的煽情好评，使得余秀华迅速以关键词"脑瘫""农妇"走入"诗人"的队伍。其他如陈年喜、张二棍、迟顿等，很多都是底层的劳动者。

很多网站应运而生，吸引流量，传播诗歌。如由中国作协主管，《诗刊》社主办的"中国诗歌网"自2015年正式上线以来，目前已累计有注册用户32万余人，日均访问人数80万人，峰值达到100万，日均收到诗歌作品近3000首，已经成为中国诗坛最具权威性和影响力的文学阵地之一。加上大量的自媒体的诞生，目前中国新诗的写作者数量可以说是相当惊人的。虽然写作者并不等于诗人，分行的并不就是诗歌，但这种量的累积所蕴含的能量是惊人的。一旦找到合适的时机和突破口，新诗必将迎来井喷式的大发展。当然，如果专业的诗人、编辑、评论家能够摒弃成见、放下身段走入底层，多去发掘优秀的诗歌、发现优秀的作者，多去引导点拨，那新诗的长足发展更加可期。

作为教师，我们若能在课堂上，认真地上好新诗课，多补充些优秀的诗作给学生，多指导他们创作的技巧，多鼓励他们抒发诗情，不一定非要指望他们将来成为诗人，做一个诗歌爱好者也是好的。这样，新诗的发展也有了我们教师的一份力量和智慧。

第二章　新诗教学发展历程管窥及现状分析

第一节　新诗教学发展历程管窥

新诗教学的发展历程是很难梳理的，首先新诗教学的资料不像新诗本身那样得以较好地保存，大多湮没于历史。另外，由于新诗发展本身长期处于摸索、动荡之中，关于新诗欣赏、创作缺乏较为统一的标准，新诗教学多是教师凭感觉和喜好而为，难以形成传承和系统。最关键的是，关于中小学新诗教学的研究多是教师散点式的感想和心得，缺乏专家的足够关注，缺少及时的总结和梳理，相关的著作更是罕见。随着高考指挥棒的影响所及，一句"诗歌除外"便将新诗打入冷宫。尽管教材中新诗一直存在，却俨然成了广大师生的弃儿。皮之不存，毛将焉附？相当多的教师根本不教新诗，又何来新诗教学的研究？

然而，新诗教学的发展历程对于当下的研究又具有重要的价值，不可轻忽。限于学力，在此只能利用有限的资料尝试从不同的角度予以"管窥"，以期收到"窥斑见豹"的理想效果。若能激起更多的教师和专家对新诗教学史的研究兴趣，自然是意外的惊喜。

首先，我尝试从语文教材选录新诗的历程入手，通过教材选诗的变化，从侧面了解新诗教学的历史沿革。①

---

① 部分资料整理自林喜杰.中国大陆与台湾新诗教育之比较［A］.北京大学中国新诗研究所，首都师范大学中国诗歌研究中心.新世纪中国新诗国际学术研讨会论文集［C］.2006：85-95.

时期/年份	教材	相关信息	选诗	备注
民国	《初中国语读本》第一册	沈星一编，中华书局，1923年版	一颗星儿（胡适），一个小农家的暮（刘半农），两个扫雪的人、小河（周作人），天上的街市（郭沫若），三弦（沈尹默），潮歌（俞平伯），致词、迎"春"（冰心）	
	《初中国文教本》共六册	张弓编，蔡元培、江恒源校订，上海大东书局，1930年版	迎春（谢婉莹），生机（沈尹默），威权（胡适），"爱的神啊"后篇（余上沅），假如我是一个作家（冰心）	
	《新亚教本初中国文》共三册	陈椿年编，陈彬书校，上海新亚书店，1932年版	威权（胡适），渴杀苦（刘大白），十五娘（玄庐）	
	《初中国文读本》	朱文叔编，舒新城、陆费逵校，中华书局，1934年版	生机、人力车夫（沈尹默），十二月一日奔丧到家（胡适），运河和扬子江（陈衡哲），答客问（臧克家）	
	《初级中学教科书·国文》	孙悆潮编，中华书局，1934年版	少年歌（朱湘），辽宁月色（临风），四烈士冢上的没字碑歌（胡适），谒墓（陈南士），自然的微笑（刘大白），在蕴藻浜的战场上（陈梦家），被踩蹦的中国大众（蓬子），血的幻影巫峡的回忆（郭沫若），一小幅的穷乐图（徐志摩）	
1950年—1976年	初级中学语文课本	1952年初版，1953—1955年修订	有的人（臧克家），生活是多么宽广（何其芳），在1953、1955年的修订中又加上民歌：青青的裸子、打夯歌	以人民教育出版社教材为主

（续表）

时期 / 年份	教材	相关信息	选诗	备注
1950 年 — 1976 年	高级中学语文课本	1952 年初版	新诗 1 首：我们最伟大的节日（何其芳），诗论文 1 篇：如何研究诗歌与文艺（郭沫若）	以人民教育出版社教材为主
	文学课本	1955 年《汉语》《文学》分科教材	诗的宣言（郭沫若），黎明的通知（艾青），外国诗：海燕（高尔基），渔夫和金鱼的故事（普希金）	
	初级中学课本语文	1963 年初版	天上的街市（郭沫若）	
	初中语文教材	1966—1976 年"文革"时期，全国没有统一教材。以北京市为例，1976 年	20 首毛主席诗词 回延安（贺敬之），无题、赠画师、自嘲（鲁迅），有的人（臧克家），周总理，你在哪里（柯岩），一月的哀思（李瑛），十月的中国（贺敬之），题毛主席在飞机中工作的摄影、毛主席在江峡轮上（郭沫若），团泊洼的秋天（郭小川） 外国诗：西里西亚的纺织工人（海涅），海燕（高尔基）	
1978 年	初级中学课本	人民教育出版社	浣溪沙·和柳亚子先生、七律二首·送瘟神、沁园春·雪（毛泽东） 民歌四首：山歌向着春天唱、草原人民歌唱华主席、天大困难也不怕、大寨花开红烂漫 诗词四首：祝科学大会（叶剑英），回延安（贺敬之），周总理，你在哪里？（柯岩），有的人（臧克家） 梅岭三章（陈毅） 外国诗：海燕（高尔基），西里西亚的纺织工人（海涅）	

（续表）

时期／年份	教材	相关信息	选诗	备注
1981 年			天上的街市（郭沫若），回延安（贺敬之），周总理，你在哪里？（柯岩），有的人（臧克家），青纱帐——甘蔗林（郭小川），黎明的通知（艾青），我为少男少女们歌唱（何其芳），幼林（秦似） 外国诗：海燕（高尔基），西里西亚的纺织工人（海涅）	
1984 年	初级中学课本	人民教育出版社	浣溪沙·和柳亚子先生、沁园春·雪（毛泽东），天上的街市（郭沫若），回延安（贺敬之），周总理，你在哪里？（柯岩），有的人（臧克家），青纱帐——甘蔗林（郭小川），黎明的通知（艾青），我为少男少女们歌唱（何其芳），梅岭三章（陈毅） 革命烈士诗三首：口占一绝（李大钊），狱中诗（恽代英），南京书所见（李少石） 外国诗：海燕（高尔基），西里西亚的纺织工人（海涅）	
1988 年			沁园春·雪（毛泽东），天上的街市（郭沫若），回延安（贺敬之），周总理，你在哪里？（柯岩），有的人（臧克家），梅岭三章（陈毅） 革命烈士诗三首：口占一绝（李大钊），狱中诗（恽代英），南京书所见（李少石） 外国诗：海燕（高尔基）	

（续表）

时期/ 年份	教材	相关信息	选诗	备注
1990 年 — 1991 年	初级中学 课本	人民教育出 版社	天上的街市（郭沫若），回延安、桂林山水歌（贺敬之），周总理，你在哪里？（柯岩），青纱帐——甘蔗林（郭小川），假使我们不去打仗（田间），致黄浦江（公刘），给乌兰诺娃（艾青） 外国诗：海燕（高尔基）	
1995 年			沁园春·雪（毛泽东），天上的街市（郭沫若），回延安（贺敬之），周总理，你在哪里？（柯岩），有的人（臧克家），假使我们不去打仗（田间），致黄浦江（公刘），给乌兰诺娃（艾青），梅岭三章（陈毅） 外国诗：海燕（高尔基）	
1979 年	高级中学 课本	人民教育出 版社	王贵与李香香（李季），一月的哀思（李瑛），静夜（闻一多），春鸟（臧克家），雷电颂（郭沫若），大堰河——我的保姆（艾青），西去列车的窗口（贺敬之）	
1988 年			沁园春·长沙、水调歌头·游泳（毛泽东），王贵与李香香（李季），一月的哀思（李瑛），静夜（闻一多），春鸟（臧克家），雷电颂（郭沫若），大堰河——我的保姆（艾青），西去列车的窗口（贺敬之）	
1991 年			沁园春·长沙，水调歌头·游泳（毛泽东），大堰河——我的保姆（艾青），就是那一只蟋蟀（流沙河），致橡树（舒婷） 外国诗歌两首：致恰达耶夫（普希金），啊，船长，我的船长（惠特曼）	

新诗教学：意会和言传的艺术

（续表）

时期／年份	教材	相关信息	选诗	备注
1997 年	高级中学课本	人民教育出版社	沁园春·长沙（毛泽东），春鸟（臧克家），炉中煤（郭沫若），发现（闻一多），再别康桥（徐志摩），假使我们不去打仗（田间），礁石（艾青），三门峡——梳妆台（贺敬之）	
2000 年	初中语文教材	人民教育出版社	天上的街市（郭沫若），回延安（贺敬之），有的人（臧克家），黎明的通知（艾青），我为少男少女们歌唱（何其芳），静夜（郭沫若），纸船（冰心），我是一条小河（冯至），色彩（闻一多） 台湾现代诗：乡愁（席慕蓉），雨说（郑愁予），乡愁（余光中） 外国诗：假如生活欺骗了你（普希金），未选择的路（弗罗斯特），帆（莱蒙托夫），萤火虫（泰戈尔）	
	高中语文教材		采桑子·重阳（毛泽东），再别康桥（徐志摩），死水（闻一多），赞美（穆旦），致橡树（舒婷），雨巷（戴望舒），预言（何其芳），窗（陈敬容），面朝大海，春暖花开（海子） 台湾现代诗：错误（郑愁予） 外国诗：致大海（普希金），篱笆那边（狄更斯），我愿意是急流（裴多菲），孤独的收割人（华兹华斯），豹——在巴黎植物园（里尔克）	

（续表）

时期/年份	教材	相关信息	选诗	备注
2005年	初中语文课程标准实验教材（必修）	人民教育出版社	沁园春·雪（毛泽东），天上的街市（郭沫若），雪（鲁迅），雷电颂（郭沫若），日、月（巴金），秋天（何其芳），纸船（冰心），静夜（郭沫若），我爱这土地（艾青），我用残损的手掌（戴望舒），祖国啊，我亲爱的祖国（舒婷），星星变奏曲（江河） 台湾现代诗：乡愁（余光中），雨说（郑愁予） 外国诗：海燕（高尔基），假如生活欺骗了你（普希金），未选择的路（弗罗斯特），祖国（莱蒙托夫），黑人谈河流（休斯），夜（叶赛宁），组歌（节选）、浪之歌、雨之歌（纪伯伦），金色花（泰戈尔）	
	高中语文课程标准实验教材（必修）		沁园春·长沙（毛泽东），雨巷（戴望舒），再别康桥（徐志摩），大堰河——我的保姆（艾青），有赠（曾卓） 中外短诗五首：断章（卞之琳），风雨吟（芦荻），错误（郑愁予），回旋舞（保尔·福尔），在一个地铁车站（庞德）	
2020年后	义务教育教科书	人民教育出版社	七律·长征、沁园春·雪（毛泽东），有的人——纪念鲁迅有感（臧克家），黄河颂（光未然），周总理，你在哪里（柯岩），我爱这土地（艾青），乡愁（余光中），你是人间的四月天——一句爱的赞颂（林徽因），我看（穆旦），梅岭	

（续表）

时期／年份	教材	相关信息	选诗	备注
2020 年后	义务教育教科书	人民教育出版社	三章（陈毅），回延安（贺敬之），祖国啊，我亲爱的祖国（舒婷） 短诗五首：月夜（沈尹默），萧红墓畔口占（戴望舒），断章（卞之琳），风雨吟（芦荻），统一（聂鲁达） 外国诗三首：假如生活欺骗了你（普希金），未选择的路（弗罗斯特），海燕（高尔基） 散文诗二首：金色花（泰戈尔），荷叶·母亲（冰心）	
	普通高中教科书		沁园春·长沙（毛泽东），立在地球边上放号（郭沫若），红烛（闻一多），峨日朵雪峰之侧（昌耀），致云雀（雪莱），迷娘（之一）（歌德），自己之歌（节选）（惠特曼），致大海（普希金），树和天空（特朗斯特罗姆），大堰河——我的保姆（艾青），再别康桥（徐志摩）	

通过这张时间跨度近百年的表格，我们可以直观清晰地感受到新诗教学的几点明显的痕迹：

（一）新诗发展的痕迹

不可否认，新诗教学事实上几乎自新诗诞生伊始就产生了。新文化运动推行白话文，教育者面临的巨大困惑首先就是样本的选择，于是新诗和其他文学样式一样迅速进入教材，并迅速经典化。这一点，在民国时期编选的教材中体现得最为明显。一首刚发表不久的诗歌迅速进入教材编选者的视野并被选中，在当代是完全不可想象的，在那时却顺理成章。早在 1920 年与 1922 年之间，仅统计经过教育部附属机关国语统一筹备会直接审定出版并在全国范围内通用的国语、国文教科书已有约 400 册之多。[1] 可以想象那种盛况。新文学作品，包括新诗已进入教科书。以 1920 年商务印书馆发行的何仲英、洪北平编著的《白话文范》为例，就已选入了傅斯年的《深秋永定门城上晚景》、周作人的《两个扫雪的人》、沈尹默的《生机》三首新诗。1926 年商务印书馆发行的周铭三、冯顺伯编纂的《中学国语教学法》[2]，已将"诗歌欣赏法"和"诗歌制作"纳入"文艺教学"的范畴。其中，诗歌欣赏法已就"新诗和旧诗的异点""新诗的特点""诗的种类""欣赏诗意、诗文的要点"多个要点展开研究，并要求完成"五十首诗的分析"。而"诗歌制作"研究更是涉及"短诗""长诗""剧诗"等内容。至于诸如废名的《谈新诗》里的诗歌讲义，从始至终应该是具有相当规模的。但并非所有的讲义都有发表出版的机会。加之许多诗人谈诗论诗教诗，无形中也促进了新诗教学的发展。这一切，都和胡适等学者和作家的努力有密切的关系。他们视课本为新文学传播的利器。1919 年 4 月，教育部附设的国语统一筹备委员会召开成立大会，周作人、胡适、钱玄同、刘半农等提出了《国语统一进行方法》议案，认为统一国语既然要从小学校入手，就应当把小学校所用的各种课本看作传播国语的大本营，其中国文一项尤为重要。另一方面，一些得风气之先的中小学教师已敏感地察觉到时代的变革，比如《白话文苑》的编写者何仲英就曾说他 1920 年前后在课堂上"教了很多白话诗"，并以胡适的《我为什么做白话诗》和《谈新诗》给学生参考。[3]

至于新中国成立后的教材编选，也带有"新民歌运动"和"朦胧诗"等鲜明的新诗发展印痕。

（二）时代变迁的痕迹

诗言志，诗人以敏锐的眼去观察，敏感的心去体味，从现实的大浪中掬一朵浪花，传递出个人的心曲和时代的脉搏。纵观这些不同时期选入教材的诗歌，尽管由于样本的稀少、选择标准的固化，我们不能完全梳理其中时代的脉络，但那种民国时期知识分子忧国悯民反对专制的启蒙意识，新中国刚刚成立的激情，改革开放后人们思想的逐渐松绑，进入新世纪以来的更多自由和

---

① 黎锦熙.国语运动史纲［M］.北京：商务印书馆，2011：167.
② 徐林祥.百年语文教育经典名著（第五卷）［M］.上海：上海教育出版社，2017：212，216.
③ 何仲英.白话文教授问题［J］.语文学习，2005（04）：49.

个性解放，还是无比清晰地冲击着我们的眼睛和内心。

至于所选的外国诗歌的变化，也显示着时代的变化、观念的更新。

只是，随着所选新诗的逐步经典化，教材中的选诗明显呈现固化、窄化、陈旧化的现象，所选的诗歌过多集中于某些诗人、类型或年代，不能体现新诗发展的朝气。当我们把新教材选入的中国新诗按其创作年代排列，就会赫然发现改革开放以来四十多年的新诗被选入的极少，近乎断层。

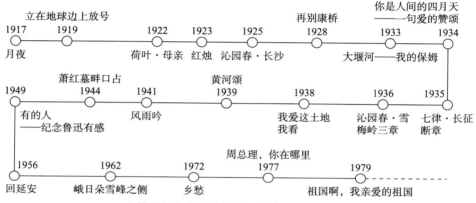

人教版初高中新教材选入新诗的创作年代表

历史似乎永远定格在新诗发轫探索的那一时期，反而遗忘了离我们最近的诗歌发展更为成熟的时期。这并不利于新诗教学的发展，从长远来看，也不利于诗歌的发展。

（三）诗教理念的痕迹

皮之不存，毛将焉附？这些选诗和中学新诗教学息息相关，经过长期的使用，产生了持久而广泛的影响。"学生通过阅读教材中的新诗和教师的讲授，接受了何为新诗、新诗的功用如何、'正当的阅读趣味'是什么等文学观念，他们的文学趣味就这样被'固定'下来……大陆的现代诗歌课堂诗歌本体特征不很突出，比较注重教学的程序：交代学习目标、导入，疏通文字、整体感知，明确思路、理解诗意，品味诗歌的艺术特色，练习与作业。"①

---

① 林喜杰.中国大陆与台湾新诗教育之比较［A］.北京大学中国新诗研究所,首都师范大学中国诗歌研究中心.新世纪中国新诗国际学术研讨会论文集［C］.2006：95.

诚然，新诗的写作和评判都是很难的。但教学生读新诗写新诗甚至创作诗歌评论的意义，并不仅仅在于应试、作文，它对学生精心构思、推敲字词的锻炼，对学生直觉思维、形象思维、审美能力的培养，都是极其有价值的。尤其是新诗给人带来的那种诗情的感染力、诗思的影响力，更是具有不可估量的价值。

由于选入教材的新诗长期以来侧重于思想教育，所以新诗教学相应地也变得重思想轻形式，很多教师更多地挖掘诗歌的教育意义，而忽略了其所承载的文化、情意、审美、思维、灵性等多方面的价值。著名诗歌评论家吴思敬教授曾直言：

> 如果在我们中学语文教学中，新诗缺位以及对新诗90年的历史缺乏介绍，我觉得是比较遗憾的。新诗诞生以后，教材中对重要诗人的推荐，对优秀诗歌作品的介绍，都是比较薄弱的。出现这种情况的原因很多。我认为一个很重要的原因就是，多年来我们把语文看作工具，说它是基础课但也是工具课，而我们更多地是把语文放在交流和读写的层面，也就是我们生活中用得着的东西，我们就去学。而写诗恐怕在任何一个时代也不会是大多数人的事，说人人当诗人，人人都去写诗，这是不太可能的。但是，我们除了考虑语文教材的工具层面，更应该把它看成塑造人文精神的重要手段，更应该强调它的人文精神。实际上我们对于新诗陶冶学生性情的功能，估计得太低了。在不同的历史阶段，新诗始终是和这个社会的脉搏、和读者的心灵相通的。①

当今社会，随着科技的不断发展，人变得越来越忙碌，思想愈来愈僵化功利，更需要诗歌来抚慰心灵。要想让人诗意地栖居，必须要让学生懂得什么是诗，诗有什么功用，以及如何用诗意的眼光看待人生和世界。如果中小学教育不在这方面着意落实，那么于个人的将来，于将来的社会，都是有诸多不利的影响。诗可能不会改变世界，但会改变人们对世界的看法。

诗歌教学可能不会改变教育，但会改变人们对教育的看法。有鉴于此，我们有必要整顿当下的新诗教学，改进教学的方法，用诗的方式来教诗，用诗

---

① 李节.当前中学新诗教学的几个问题——访诗歌评论家吴思敬教授[J].语文建设，2008（06）：5.

的内涵来读诗。有时，我们也可以通过补充新的诗歌来开阔学生的视野，使他们更好地发现诗美、诗情。

其次，我尝试从不同时期发展形成的新诗教学方法来"管窥"新诗教学的发展历程。

结合自己的研究和实践，我发现新诗教学方法主要有"背景分析""教师串讲""沙龙讨论""比较赏析""意象分析""推敲字词""诵读感悟""读写结合""分组研究"等。

（一）背景分析法

主要受传统的知人论世的影响。这一方法在一般情况下确实对诗歌的深入欣赏大有裨益，但并非万能。有些诗歌，尤其是新诗中相当比例的作品，讲求的是刹那的兴会，不一定和作者的经历、时代的特征有密切的联系。若强作背景分析，反而是方凿圆枘、格格不入，有时甚至会曲解诗意。

（二）教师串讲法

这一方法可谓是最传统的方法，也常为现代教育所诟病为"一言堂"。如果教师对新诗足够了解，备课认真充分，学生也具备十足的兴趣和耐心，确实可以在有限的课时获得许多收获和启发。然而，大部分师生很难具备前述条件，所以单纯的串讲会显得较为单调枯燥，而且缺乏学生的介入，新诗的丰富和歧义可能丧失，这才是最大的损失。

（三）沙龙讨论法

教师为了充分释放学生的理解力，锻炼他们的表达力，主动让出自己的位置，将课堂变为沙龙，这一方法对于大学生和部分高中生而言，确实有效。但对于中小学生而言，确实是有些强人所难，因为他们无论是知识、情感还是经验，都显得单薄，很难胜任自由表达的考验，也缺乏足够的勇气和自信。即便是教师，那种适时的点拨和引导也需要丰厚的诗歌底蕴和娴熟的教学艺术。所以，这种教学往往导致冷场，或是"苍白的热闹"。

（四）比较赏析法

"比"是一个会意的文字，两个人并排站在一起，看看哪个好哪个坏。确实，比较赏析作为一种文学欣赏的手段，有它显著的好处。当然，诗歌的比较赏析并不都是以分出优劣为结果的，重在比较的过程中，加深对诗歌的理解和认识，获得一种审美上的愉悦与满足。换言之，对新诗的赏析来说，两相比较，不是求得孰优孰劣，而是各有千秋。不过，采用这种方法教学，选择比较对象是要下一番功夫的。如果选择不当，不但难达预期，甚至令人尴尬。另外，比较点的选择，单纯靠学生去寻找有点困难，教师应该给予一定的要求和指导，这样才不致盲目混乱。

（五）意象分析法

新诗多以意象为传情达意的基本单位，通过多个意象的组合达到抒发情感的目的。意象既是现实生活的写照，又是诗人审美创造的结晶和情感意念的载体，所以诗人们往往创造新奇的意象来抒发自己的情感。所以，对诗的欣赏，也是对审美的培养，对生活更诗意的认识。循着意象这根藤蔓，我们往往能够把握住诗人的情感和志趣，进而领会诗歌的主旨。然而，意象分析有时会导致"意"的泛滥，读者天马行空的解读赋予了"象"原本并不承载的内涵，从而导致对诗意的曲解或误解。

（六）推敲字词法

推敲的典故妇孺皆知，这是中国诗歌的传统，也是中国人赏析诗歌的传统。于是，许多教师就在课堂上推敲字词、咂摸意象，力求从中寻出诗歌的灵魂。诚然，诗歌既然是语言的艺术之一，必然会和语言发生联系。所以，推敲字词也不失为一种欣赏诗歌的方法。但这种做法的最大弊端就是死于章句，教师像分析古诗文、散文、小说一样分析新诗，这无异于削足适履，很容易进入到非诗的教学轨道里去，其结果就是新诗被肢解分割，成了一些枯燥的词汇和乏味的思想，失去了本来的韵味。这样的新诗教学自然是南辕北辙了。

（七）诵读感悟法

无论欣赏哪一首诗歌，都离不开诵读这一基本方法。诗读百遍，其义自见。诗的灵魂，便是在默默地品读中感悟，在高声的朗读中升华。然而，这种教学方法也有其不足之处，首先，许多教师诵读的基本功不扎实，难以感人。学生的个读、群读如果缺少了教师具体的指导，往往陷入平淡乏味的地步。如果选用名家朗诵来示范似乎可以解决这个问题，但随之而来的问题是学生听而生畏，反而不敢尽情放声地读出自己的感觉来了。

（八）读写结合法

读与写是天然的依存关系。读写结合是一种很常规很平实的教学方法。综观写的方式，无非是写"读后感""鉴赏评价文字""仿写""自我创作"等。

在这几种方式中，前两种容易流于浮泛，因为单凭阅读，缺少方法上的指导，这样的感悟很难深入，鉴赏评价则更难以企及。后面两种都有鼓励学生创作的意思，需要提防顾此失彼的情况，关键要弄清楚自己的教学重点是什么，是以写促读，还是借读促写？二者的结合又是如何实现的？另外，教师的要求不能太高：学生的习作篇幅短小一点、内容稚嫩一点都无妨，只要稍具诗味，都要肯定。

（九）分组研究法

自从研究性学习等名词进入中学，有些教师便巧妙地将其嫁接在新诗教学上。他们的做法通常是，让学生分成小组，然后分头去研究作者，搜集别人对诗歌的评价，最后拿出一堂课小组交流，最后教师简单评价几句，就结束了。

我以为，这种做法如能真正做到科学、严谨，倒真可以使得新诗教学获得一种新颖有效的提高。然而，这种做法最大的不足就在于它不够科学、严谨，致使流弊甚多。

一是教师根本没有了解研究性学习的实质和特点，只是看中了"研究"二字而已。所以，他们不能给学生在研究上提供原则和方法，致使学生所谓的研究就是到网络上搜集资料，然后制作幻灯片，完全没有真正的研究。二是这种做法让学生去搜集资料，却唯独忽略了学生的自我解读。学生的角色只不过是别人的传声筒。最重要的一点是，教师这种怠慢轻忽的做法影响了学生对新诗的态度，使得他们对新诗本来就不太浓的兴趣变得更淡薄了。

所以，方法的新颖并不只是形式上的，更在于内容上的努力追求。如果教师在教学中能够多提倡学生个性化解读之后再去搜集材料进行研究，研究时讲求材料来源的可信、研究方法的科学，交流时能够多倡导争鸣。在这个过程中，教师自始至终持一种开放性的思维和态度。这样，新诗的美或许就会呈现在我们面前。

（十）多媒体教学法

多媒体课件对于语文教学究竟是有利还是有害，可谓见仁见智，不必强求一致。具体到新诗教学，我认为无论背景音乐还是画面视频都要注意恰切，用名家诵读来代替教师范读，用视觉画面来代替直觉想象，用有序设计来规范学生思维，这些做法是不可取的。例如，在一堂《再别康桥》的课上，教师将康桥的图画作为背景，将夕阳中的金柳、软泥上的青荇都"呈现"出来，殊不知反而大大破坏了诗歌的意境美。

纵观这些新诗教学的方法，我们不难发现，新诗教学还缺少"诗"的特质，多是"文"的教法；还缺少"意"的启迪，多是"法"的硬解；还缺少"美"的享受，多是"知"的灌输。

最后，我尝试从不同时期的新诗作品来"管窥"新诗教学的发展历程。

新诗的发展过程，也是一代代新诗作者脱颖而出的过程。当他们还是学生时，自觉不自觉要受到新诗教学的影响。通过他们的诗歌，也可以管窥新诗教学的成效。

例如，诗人卞之琳最早的诗歌创作可以追溯到中学时代，在上海出版的《学生文艺丛刊》中可以找到他最早发表的作品[1]：

小诗

一

最可爱的那时：

明月下，

澄清的湖边，

独自倚着临水的阑干。

一我两影——

二

日历声的"霍索"，

钟声的"滴答"，

是爱听的声响么？

三

黄莺儿在窗外骂我糊涂；

我在床上反恨黄莺儿惊醒我的好梦。

四

桃花片啊！

你是送春的小船；

---

① 李俊杰. 诗歌教育与中国现代新诗的发展[M]. 广州：花城出版社，2019：57-58.

你载满了春光，

在水面荡漾不定的，

想送他到那里去呢？

据卞之琳自述，他模仿的是冰心的小诗。一次随父亲去上海，在商务印书馆购得儿童读物《环球地游记》和冰心的《繁星》，这是他"生平买的第一本新诗，也是从此我才对新诗发生了兴趣"①。在初中阶段，他就邮购了初版的《志摩的诗》。

无独有偶，诗人冯至在北京四中读书，受五四运动影响，阅读了《新青年》《新潮》《少年中国》等进步刊物，对新诗发生兴趣，开始写新诗。他的国文教师施天侔引导他接触西方文学流派，对他产生了一定的影响。后来，冯至与同学自筹经费，向教师募捐，创办校园刊物《青年旬刊》，开始用诗歌的形式发表自己的个人感受和对社会问题的看法。这些点滴的汇聚，正为他日后成为诗人奠定了基础。

尽管诗人的成长需要多方面的因素，自我的兴趣、阅读和思考是必不可少的，但如果没有优秀教师的引导、点拨，或者鼓励，或许就泯灭于萌芽状态了。因此，新诗教学对于中小学学生来说还是具有相当价值的。如果我们请每一位成名的诗人回忆自己的成长经历，或许会有一长串热爱新诗的语文教师的名字。

除了这些诗人以外，我们不能忽视数量更为庞大的诗歌爱好者，正是他们撑起了新诗发展的天空。虽然他们没有如星闪烁，但那一片宁静的蔚蓝也同样美丽。茅盾曾说，"就我所见，初有写作欲的中学生十之九是喜欢写诗的"，"喜欢写诗的青年之多，可以从各文艺刊物的投稿上看到。投稿最多的，是诗"②。

诗酒趁年华。就文学体裁而言，诗歌是最贴近中小学生的，他们最不缺乏的就是生活的激情和诗意的直觉。我的文章《趁着年轻，写点诗吧》多年前发表在《文汇报》，诗人邵燕祥看后给我写信予以鼓励，并直言自己也曾是

---

① 卞之琳.完成与开端：纪念诗人闻一多八十生辰[J].文学评论，1979（03）：70-75.

② 茅盾.论初期白话诗[J].文学，1937，8（01）：103-108.

"中学生诗人"。他在信中如此写道：

> 每个中学生都是诗人，在正常的年代，几乎没有人没有在青春年华写过诗，心里没有萌动，感染过诗情的。
>
> 由于现行的教育体制的弊病，我们课内的语文教学，似乎有待于课外阅读来补充，才能使正如海绵一样善于吸收的这个年龄段的青少年，能在精神层面获得更好的营养。
>
> 我相信您在和您的同事们一起，对同学进行诗歌（文学）辅导时，能够帮助他们（在被作业、应试压挤下的有限的时间内）阅读、习作，少走弯路——例如读诗、写诗不要迷惑于若干流行的"大路货"，"取法乎下"，而多读经典，抒写自己真实的性情。

老诗人之所以如此殷切地鼓励我们，可能和他中学时的经历有关。在我的文章和学生的诗歌作品（按：和我的文章一同发表于《文汇报》）中，他或许找到了一种跨越时空的共鸣。另一方面，从来信中也可看出他对应试教育的强烈不满。有鉴于此，我想新诗教学更应该引起我们的重视，因为将来的诗人和诗作和我们息息相关。一个缺少诗歌和诗意的时代，从某种程度上来讲，是教育的问题，是教师的问题，更是教学的问题。

第二节　新诗教学现状分析

当下，中学新诗教学的现状整体是不容乐观的，最明显的特征就是"错位"。首先，表现为教学与课程标准的错位。

无论是《义务教育语文课程标准（2022 版）》还是《普通高中语文课程标准（2017 年版 2020 年修订）》都强调了学生核心素养发展，构建语文学习任务群，从课程的内容、实施、评价三方面明确了要求。就核心素养的四个方面而言，都和新诗教学密切相关，这一点毋庸赘言。

就具体的"学段要求"来讲，第一学段（1~2 年级）即要求"诵读儿歌、儿童诗和浅近的古诗，展开想象，获得初步的情感体验，感受语言的优美"，随着学段的提升逐步提高要求，到了第四学段（7~9 年级）就在了解诗歌的文学样式基础之上要求尝试诗歌写作。

高中阶段，新诗教学的要求主要体现在"文学阅读与写作"和"中国现当代作家作品研习"两个任务群。其中，"文学阅读与写作"有"提升文学欣赏能力""尝试文学写作""撰写文学评论"等具体的任务，教学提示部分则从三个方面阐述了该任务群的教学要求和实施建议：一是强调专题学习，二是强调自主学习，三是强调教师对学生学习过程的支持，如问题设计和讨论、鼓励和引导学生举办诗歌朗诵会，创造更多展示交流学生作品的机会或平台，为学生提供等级量表等自评互评的工具，等等。"中国现当代作家作品研习"任务群则主要强调"精读代表性作家作品""关注当代文学创作动态""创作短篇作品"等内容，它不拘泥于教材选文，而是要求教师指导学生精选作家作品赏读，并鼓励学生积极创作交流。

然而，在实际教学中，首要的问题就是新诗教学基本没有，究其原因，不考。或者，哪些诗歌在考试范围就教一下，纯粹出于应试考虑，并不给学生自主学习、专题学习的机会。这与语文核心素养的要求是相悖的，和课程标准的具体要求相比，存在巨大的落差。

抛开这些不谈，就是那些认真进行新诗教学的教师，也很少能够贯彻落实课程标准的内容和要求，主要表现为执着于单篇教学，缺乏专题、整体的设计；侧重于阅读欣赏，缺乏写作、交流的环节；自得于成果收获，缺乏具体、过程的评价。

其次，表现为教学和学习活动的错位。

新诗教学，一头是教师，一头是学生，二者之间常常存在明显的错位情况。最常见的情况就是有时是教师富有热情和积极性，而学生动力匮乏，有时则恰恰相反。学生希望从新诗的教学中获得诗意和读诗写诗的方法，教师往往更看重知识和道理。学生写的欲望往往强于阅读欣赏，而教师却觉得还不会走路怎么能先跑。还有些教师纯粹是放野马，任由学生自由去读去写去评，偶尔遇到优秀的作品就贪为己功，其实他并没有做什么实质性的指导。诸如此类的错位在新诗教学中屡见不鲜。其后就是磨灭了热情，淡化了诗意，忽略了方法。长此以往，新诗教学不唯现状堪忧，将来的希望也很渺茫。

最后，表现为教学和学业评价的错位。

不知何时起，一句"诗歌除外"彻底将新诗打入了语文教学的冷宫。为什么诗歌除外？诗歌难以评价是很重要的原因。因而，即使现在人们想方设法将新诗重新纳入考试评价的范畴，其评价标准的模糊依然困扰着人们。此种困扰，长期而猛烈地冲击着新诗教学的版图。现在强调教学评一致，如果执行到位，将有利于解决这一痼疾。

其实，关于新诗的试题并不难设计。以我个人的经验来讲，选择合适的诗歌是最关键的，这就要求教师平时多阅读多思考。例如，我曾选择舒婷的《礁石与灯标》设计题目，其中两道题还蛮有"诗"的特点的。

1. 下列诗句中，没有运用修辞手法的一项是（　　　）（2分）

A. 黑色的墙垒动着逼近，/ 发出渴血的，阴沉沉的威胁，

B. 低低的云头已有预兆，/ 北方正下雪。/ 寒流解散船队如屠杀蝴蝶。

C. 海鸥还会归来，/ 太阳已穿过西半球的经纬。

D. 痛苦浸透我的沉默，/ 沉默铸成了铁。

2. 诗歌第三节第一行的"站在我的肩上，亲爱的"后面变成了逗号，与前两节不同，请分析这种变化隐含的意义和作用。（3分）

第1题考的是"修辞"，这是很常见的，答案也显而易见。但在判断琢磨的同时，学生应该会体会到诗歌修辞特有的魅力和深意。第2题考的是"标点"，是非常独特的，可以引导学生关注诗歌细节上的巧思。答案的拟定既合乎规矩，又和诗歌的内容情感相关联，需要学生比较后再综合分析才能得出：

前两节破折号的运用，具有声音延长的效果，表现了"我"（礁石）对"爱人"（灯标）深情的安慰和鼓励；第三节变为逗号，声音短促，传递出一种轻快，和本节强调的"你要快乐些"的情感相一致。

至于写作的设计，可以直接是小诗的写作，常用的策略有看图写诗、命题写诗、仿写诗歌等。也可以选择与诗歌相关的内容作为审读材料，要求学生写作。例如：

草在结它的种子，

风在摇它的叶子，

我们站着，不说话，

就十分美好。

——顾城《门前》（节选）

类似这样的作文材料，要求学生具备一定的欣赏诗歌的能力，不然恐怕要遭遇写作危机。当下，写作材料过分强调逻辑思维、辩证思维，对直觉思

27

维、形象思维有些忽视，如果设计一些与诗歌相关的作文材料，或许能够引起人们的重视，从而健全完善学生的思维能力。

当然，评价并不只是考试，过程性评价、非功利性评价也非常重要。鼓励学生写诗歌，写诗歌欣赏和诗歌短评，通过一定的平台予以交流展示或发表，这样的评价或许更能激发学生对新诗的兴趣。

第三节　学生眼里的新诗和新诗教学

——数不尽的天马行空，道不完的匪夷所思。你不知道下一笔会漂泊到哪去，就是这种新奇，让我第一次完完整整、仔仔细细地读了首当代新诗。可是，教材上的有些诗歌好古老呀。为什么不选取一些距离我们更近的好诗呢？

——到底什么是诗？我认为诗是一种个人用来抒发自己内心情感的文学样式。说得具体些，诗是由创作者对外界所引起的感觉，注入思想感情，而凝结为形象，终于被表现出来的一种"完整"的艺术品。一首诗不仅仅使人从那里感触了它所包含的，同时还可以由它想起一些更深更远的东西。同样，诗歌教学也不仅仅是解读诗歌，还可以将思维的触角伸向诗歌之外，去寻找一些破解的密码。

——有的时候，我认为诗是比画和音乐更抽象的东西，说白了，看不懂，而我读过的一些诗，大多是忧伤的，而我讨厌忧伤的东西；诗也不容易写，我看过朋友们在网上发的诗篇，连篇的大白话和八九不离十的"中心思想"，让人看着觉得缥缈极了，没有记叙文和议论文来得更实在。同理，诗也不容易教，老师讲了那么多，而我头脑里什么也没留下。

——再冷漠的人，也可能是冰山里的火种，只要有人把它点亮就能爆发，那光芒一定灿烂闪烁。而诗，就是理性与感性间的桥梁，或许很难跨越，可是不是没有可能。文学的魅力不只在于一首诗、一本书，人类的向往与追求，必定能通过某种载体呈现。而诗，是一个不错的选择。希望老师在课堂上多推荐一些好诗给我们欣赏。

——现代诗固然没有古诗的音韵之美，白话文也不如古文那样意蕴隽永，但现代诗的句式更灵活，表现手法也更多样、更新颖。品味现代诗还是别有一番韵味的。我觉得配乐朗诵这种方法挺适合新诗教学的。

——（新诗）也许只是作者想多赚点稿费而弄出来的花头，比如古龙的经典句式"夜，寂静的夜，伸手不见五指的夜"，究竟这是塑造意境，还是借着塑造意境的名义凑行数拼字数？同样，现代诗的"断句法"到底意在使文体自由，使文章上口，还是打着这个幌子招摇撞骗从中牟利呢？

——一直以来，都对新诗颇有些不喜欢，总觉得这些仿佛从文章中生生撕裂下来的句子实在不如前人的诗词有味道。莫说斟词酌句的炼字功夫，单是意境二字，新诗之去唐诗宋词又何止千里。

——相较于古诗，新诗似乎就要直白一点了，起码在字数、风格上还是与古诗大相径庭，但这亦无碍于新诗的意境和情感，一样饱含着诗人的喜怒哀乐，同时也有着鲜明的时代烙印。学习新诗，我觉得除了样子和古诗长得不一样，内容情感其实差不多的。

——其实，我们都有一条忧郁的神经，在某个浸满诗意的地方，它便会牵动我们握笔的手，流露出一行行真情。这份诗情，恐怕不是每个人都有。但是，能在熙熙攘攘的尘世中保持一颗澄澈柔软的诗心，是多么珍贵而温暖。

——大而言之，诗歌代表了立己达人的志向。我有过一本北岛诗集，扉页上写着：诗歌是除革命和宗教外的第三种声音，它或许不能真正消除痛苦，但多少能起到缓解作用。新诗并不是用来歌功颂德的，而是用一种独立不屈的姿态，站立在真理的高度上。

——说句实话，其实很多时候，我也不知道自己为什么会去写诗，但不得不承认，我很喜欢用这样的文体去倾泻我最真实的感受。在这样一个非诗年代里，我依旧保有着这样的信仰，也许在你们看来只不过是傻傻的执着：诗在，我在；我在，诗在。

——很多人都觉得，写诗是文艺青年们的把戏，与自己相距甚远。更有甚者抱怨，说自己连作文都搞不定又何来闲情去写什么诗歌。对于上述的看法，我表示理解，也为诗歌感到委屈。在我们成长的年代里，青春文学崛起，日韩小说风靡一时，除了那些从小被教导要读的名著，我们大部分的阅读都停留在速食般的小说。诗歌，已然像一张泛黄的相片被遗忘在角落了。

——在第一单元的写作学习中，我从《致云雀》中学到了可以用新奇的比喻和词语，从《峨日朵雪峰之侧》中学到了用动词和抓住物之间的共性。从《红烛》中则学到了情感起伏对诗歌的影响。诗歌重在有诗意和画面感，所以我也尽量借鉴并放入小诗中。

——生活中的各个细节、真真切切的感受构成了一首诗。诗也如此给予了我感受生活的触角，在湖中望见白杨树的倒影。

——我不觉得我的诗是诗，相反可能算是短短的情绪小文章。总有人说：写诗靠的就是一个灵感，灵感有了，诗也有了。我不会写诗，但我有着一罐一罐的灵感。

——诗歌创作是出自对内心的情感欲望的表达和对外部世界进行记录的需要。但无论是哪种需要，都不应该是被强迫的，由外力直接驱动的。我不相信诗歌的出现是为了给诗的受众看的。应该是先有了诗歌，再有了其受众，再有了评论家，出现了一些标准。所以请为自己创作诗，请自由地创作诗，让这个时代成为一个有诗意的时代。

——诗歌对于之前的我来说是十分陌生的，我读过诗，但也仅仅局限于赏析词句，揣摩作者的意思。但这次我跟随老师的指引尝试着笔，做个诗人，从青春里很常见的"小事"——毕业离别写起。我尝试利用时间和事物的混乱搭配，营造一种时间流淌的无序感，也是想在十月写下九月的诗篇。种种景物，和记忆相对照，在回忆里探索挖掘自己的青春故事，才发现原来写诗如此美好。

——以诗歌作为载体的表达往往内敛、含蓄，在一些遣词造句中向人们流露最真挚又隐晦的感情，这是我喜欢诗歌的原因之一。

这些话都是我从学生谈诗的随笔中摘录出来的，跨度几近二十年，虽涉及面不广，也可获得管窥的效果。在摘录的同时，我由衷地感叹学生的真诚和智慧，诗真是青年人的专利，诗的种核一经年轻的心灵浇灌就立刻萌发，诗的花朵一经年轻的唇齿吟咏就瞬间绽放。他们有的欣赏新诗的新奇，有的反对新诗的自由，有的将诗与文相比，有的将新诗与旧诗相比，有的满怀喜悦，有的竭力讽刺。由此可见，在学生中，新诗还是受到关注的，这就使得新诗教学具有了一定的基础。同时，我们也发现新诗的"新"，是可资褒奖的部分，也正是被人贬抑的地方。在新诗易作的观念影响下，一些所谓的新诗已经影响了学生对新诗的态度。由此也可以看出，学生在分辨新诗的好坏、诗与非诗上还存在较大的障碍。

第四节　一份关于新诗教学的调查问卷

"双新"背景下的新诗写作教学较之以前有了一定改善，不少教师开始探索新诗写作教学。然而，研究多是从教师的角度出发的，新诗和新诗写作在学生心目中是怎样的，他们喜欢新诗吗，他们觉得新诗写作的难点和痛点是什么，似乎较少有人触及。

有鉴于此，2023 年 3 月，我借助"问卷星"，在江浙沪三地展开了一场名为"高中生新诗写作情况调查表"的网络问卷调查，共调查学生 335 人。为尽可能增加调查的真实性，调查问卷是通过一些认识的老师分享给学生的。

高中生新诗写作情况调查表

1. 你写过新诗吗？［单选题］

A. 写过（42.4%）

B. 没写过（57.6%）

2. 你喜欢新诗吗？

A. 喜欢（76.1%）

B. 不喜欢（23.9%）

3. 你喜欢新诗的理由有哪些？［多选题］（有效填写人数 255）

A. 形式自由（85.5%）

B. 内容丰富（70.6%）

C. 读着好听（38.0%）

D. 受人影响（21.9%）

E. 有点浪漫（67.8%）

F. 觉得有用（16.9%）

G. 其他原因（7.8%）

4. 你不喜欢新诗的理由有哪些？［多选题］（有效填写人数 80）

A. 形式散乱（33.8%）

B. 难以读懂（38.8%）

C. 评判标准模糊（38.8%）

D. 受人影响（12.5%）

E. 现状冷落（26.3%）

F. 觉得没用（33.8%）

G. 其他原因（23.8%）

5. 你觉得新诗写作有用吗？［单选题］

A. 有用（66.0%）

B. 没用（8.4%）

C. 不清楚（25.6%）

6. 你觉得写作新诗主要有以下哪些用处？［多选题］（有效填写人数111）

A. 促进写作（60.4%）

B. 提高成绩（18.0%）

C. 抒发情感（92.3%）

D. 锤炼思维（69.4%）

E. 积累字词（55.9%）

F. 提升气质（73.9%）

G. 其他原因（7.2%）

7. 你觉得写作新诗最大的困难是什么？［单选题］

A. 观察不足（7.3%）

B. 思考不足（11.1%）

C. 情感匮乏（17.1%）

D. 遣词造句（33.7%）

E. 分行设计（3.3%）

F. 缺乏想象（19.4%）

G. 其他方面（8.1%）

8. 你希望老师在教学中提供哪些方面的帮助？［多选题］

A. 写作方法（50.8%）

B. 捕捉诗意（66.6%）

C. 想象训练（61.2%）

D. 遣词造句（59.1%）

E. 立意构思（61.2%）

F. 修改指导（36.4%）

G. 其他方面（10.5%）

数据表明，高达 76.1% 的学生"喜欢"新诗，42.4% 的学生"写过"新诗。66.0% 的学生认为新诗写作是"有用"的，仅有 8.4% 的学生认为"没用"，其余的选择"不清楚"。选择新诗写作"有用"的，认为其用处主要集中于"抒发情感"（92.3%）、"提升气质"（73.9%）、"锤炼思维"（69.4%）、"促进写作"（60.4%）几个选项。至于学生在新诗写作时最需要老师提供什么呢？位居首位的是"捕捉诗意"，占比 66.6%，其次是"想象训练"和"立意构思"，均为 61.2%，再其次是遣词造句，为 59.1%。

通过分析，我们可以得出以下几点结论：

1. 新诗写作指导是符合学生的心理需求的，大多数学生是喜欢新诗的，但我们的新诗教学并没有满足学生的这种需求，不但是阅读的需求没满足，写作新诗的需求也大多被忽视。在统编本语文教材（九年级上册）第一单元的单元任务中明确要求尝试创作诗歌，依然有 57.6% 的学生没写过诗歌。

2. 诗歌作为一种文学样式，新诗写作有益思维和写作的实用性得到了学生的认可，而它所具有的"抒情"等非实用性效果可能被人忽略，却是其他体裁的写作指导较难达成的。

3. 新诗写作指导，词句、修辞等固然重要，但如何捕捉诗意、激发想象、打通思路也是非常关键的，这些应该是新诗教学努力的方向。

作为语文教师，我们应该充分意识到新诗教学的困境和生机，从自身做起，将新诗教学纳入自己的视野中去，并且努力教出诗的特点，给学生的青春点染一抹诗情。

第三章　新诗内部要素的开掘

第一节　直觉与灵感

　　　　断竹，续竹，飞土，逐肉。

　　这是我国非常古老的《弹歌》。在这极简的文字中，我们仿佛看到先人正砍伐竹子进行简单加工，然后发射出土块泥丸，去捕杀那或跑或飞的小型禽兽。

　　如果我们有机会去采访它的作者，问他是如何创作这首诗的，他或许会憨笑着指向天空或心口，暗示那是天启或神授给自己的，他也说不清道不明。

　　这种情况，每一位诗人都应该经历过。可以想象，这世界上诞生的第一位诗人，他创作了第一首诗，他没有丝毫的他者经验可以借鉴，甚至对事物的认知还并不清楚，但他就是受到事物的刺激，趁着内心的激荡，写下了一首诗。

　　关于创作的动机，"感于哀乐，缘事而发"也许是最常见的解释。但这"感"是如何发生的，这"发"又是如何形成的，为什么是他而不是我，这些问题萦绕在心头，共同指向人们灵魂深处非常神秘的部分——直觉。一切诗歌和艺术的根都在直觉，但它又是那样神秘，想要研究诗歌，必得先了解它。

　　什么是直觉？

　　　　知识有两种形式：不是直觉的，就是逻辑的；不是从想象得来的，就是从理智得来的；不是关于个体的，就是关于共相的；不是关于诸个别事物的，就是关于它们中间关系的；总之，知识所产生的不是意象，就是概念。①

　　这是克罗齐《美学原理》中的话，其下的注释更为明白，"见到一个事物，心中只领会那事物的形象或意象，不假思索，不生分别，不审意义，不立名

---

① [意]克罗齐.美学原理[M].朱光潜，译.北京：商务印书馆，2012：1.

言，这是知的最初阶段的活动，叫作直觉"。

另一位美学家雅克·马利坦则如此解释：

> 上帝的直觉，创造性直觉，是一种在认识中通过契合或通过（产生自精神的无意识中的）同一性对他自己的自我和事物的隐约把握。这种契合或同一性出自精神的无意识之中，它们只在工作中结果实。①

他试图从人的精神世界中为直觉寻找一个位置，将它归于精神的无意识（或前意识），是人与事物双向互动中孕育出来的，并在"工作"中创造出诗和艺术等果实。然而，他又部分地将直觉归于"上帝"，使之复陷于神秘主义的潭渊。

让我们再来看看朱光潜先生的解释：

> 最简单最原始的"知"是直觉（intuition），其次是知觉（perception），最后是概念（conception）。拿桌子为例来说。假如一个初出世的小孩子第一次睁眼去看世界，就看到这张桌子，他不能算是没有"知"它。不过他所知道的和成人所知道的绝不相同。桌子对于他只是一种很混沌的形象（form），不能有什么意义（meaning），因为它不能唤起任何由经验得来的联想。这种见形象而不见意义的"知"就是"直觉"。②

这样的解释确实通俗易懂，然而却流于简单。

要想真正弄清楚直觉的内涵，仅仅是概念阐释还是不够的，我们还得从它的特点，以及与其他概念（比如"灵感"）的关系来入手，予以较为详细的分析。

我认为，直觉思维具有抽象性、偶发性、复杂性、生殖性四个特点。

说它抽象，是因为它存在于大脑深处，难以捕捉，不可描述。在雅克·马利坦看来，"诗性直觉源于无意识，但它是在意识中出现的；诗人不是不知道这种直觉，正相反，这种直觉是他的艺术的善的最初规则和最宝贵的光"③。我们无法确知它到底存在哪个区域哪个阶段，但我们知道在大脑深处存在一个

---

① ［法］雅克·马利坦. 艺术与诗中的创造性直觉［M］. 刘有元，等译. 北京：生活·读书·新知三联书店，1991：94.

② 朱光潜. 文艺心理学［M］. 上海：复旦大学出版社，2005：2.

③ ［法］雅克·马利坦. 艺术与诗中的创造性直觉［M］. 刘有元，等译. 北京：生活·读书·新知三联书店，1991：78.

深刻的无意识活动的世界就足够了，"因为广泛而原始的前意识生命的隐蔽作用是先于智性和欲望的，而人的意识的种种产物和各种各样的行动，清晰的思想观念，以及概念的领域、逻辑的联系、理性的推论和理性的谨慎都是在智性和欲望中形成的，在这种形成中，智性活动采取了确定的形式和外形。这样一种生命在黑夜中发展，不过它是在一个半透明而又富于想象力的黑夜中发展"①。从这些描述中，我们可以看到直觉的虚无缥缈难以捉摸，它虽然无形，却又确实存在，并具有非凡的价值，人类的智性和个性都要借由它来产生，诗歌只是它的果实之一。

直觉是不可通过训练得到的，它的发生纯是偶然，并非必然。没有一位诗人敢说自己寻到了通往直觉的大路，哪怕是幽径。他只能等待，等待灵感的降临。朱光潜先生就认为，直觉就是灵感。

诗的境界的突现都起于灵感。灵感亦并无若何神秘，它就是直觉，就是"想象"（imagination，原谓意象的形成），也就是禅家所谓"悟"。②

关于直觉和灵感的区别，我们后面再谈。在此，只想先谈谈直觉的抽象和重要。它就像隐匿在大地深处的神秘的菌丝，一旦条件成熟，就会迅速生成鲜美的菌子。

那么，让直觉产生的条件是什么呢？一是外物的刺激，一是诗人的内心。直觉绝非外界事物刺激人的感官、映入人的心灵的那种悸动，它还包括人主观上的一种表现和诉求。正如凡·高所言，"我不是老想着去准确地再现我所见之物，而是随心所欲地利用油彩来强烈地表达我自身"③。诗人也是如此。你很难说他的直觉成因里外在和内在的比例各是多少，也难以表明他呈现的作品中有多少是事物再现，有多少是自我表现。

这直觉不但于一个人而言千变万化，于群体而言也是各各不同。即便是参观同一家博物馆，人的关注点各不相同，即便都凝眸于同一件展品，每个人

① ［法］雅克·马利坦.艺术与诗中的创造性直觉［M］.刘有元，等译.北京：生活·读书·新知三联书店，1991：80.

② 朱光潜.诗论［M］.朱立元，导读.上海：上海古籍出版社，2001：43.

③ ［法］雅克·马利坦.艺术与诗中的创造性直觉［M］.刘有元，等译.北京：生活·读书·新知三联书店，1991：108.

注意的地方也不一样，所产生的直觉也各不相同。这就是直觉的复杂性。它和文化等关系不大，更多的是一种天赋。有的人没有受过多少教育，但天生对美有极高的直觉，能够发现捕捉，甚至创造美。乡村的劳动妇女剪纸、编织、绣花，虽然有一定的程式和样子可资模仿，但也常有创造，洋溢着个性的美。泥瓦匠砌墙，农夫插秧，也都有自己的审美眼光。有些小孩子，看到美的事物，会显露出微笑，或有伸手欲捉的动作。

对于诗歌来说，有人这样谈论其复杂性：

> 诗不是智性单独的产物，也不是想象单独的产物。不，诗不仅仅是它们的产物，它出自人的整体即感觉、想象、智性、爱欲、欲望、本能、活力和精神的大汇和。[①]

造成诗歌如此复杂的诞生，直觉的复杂是主要原因。

或许是难以寻觅到合适的样本，或许是现身说法更加便捷易懂，我就以我的一首诗的创作经历来谈谈对直觉的感受和认知。

湖北荆州博物馆虽然只是一家地方博物馆，但由于楚文化的厚重，其馆藏不可谓不丰富，许多展品是国宝级的。然而，最令我怦然的却是一只褐陶陀螺，为它写了一首诗。

看见你，我笑了
真想将你放在地上
细细地用鞭梢缠好
猛地一收
你旋转在瞳孔深处
历史深处
然后狠狠地抽上几鞭子
将你复活，钻破
五千年的光阴
让我看见先人的微笑

---

① [法]雅克·马利坦.艺术与诗中的创造性直觉[M].刘有元，等译.北京：生活·读书·新知三联书店，1991：90.

哪个顽童

从你里面跳出来

拉着我一起玩耍

我身上的累赘、矜持、盔甲

纷纷坠地

我成为真正的赤子

跟着你一起舞蹈、尖叫

真想将你埋入胸腔

在我的心上发芽生长

长成一棵茁壮的树

每片叶子　每朵花

都写满历史　眨动着眼睛

你慢慢地敞开内心

释放那些古老的埙曲

宁静的大河和月光

缓缓盛开的炽热野火

如果真诚的注视

可以在你身上凿出精致的孔窍

我会将你放在唇边

呜咽着吹出我的敬畏和虔诚

那些狰狞的饕餮

那些精美的龙凤

都不如你天真美丽

你珍藏的指纹、目光和体温

跨越白骨、黑暗和磷火

不停地旋转　旋转

永生不灭

　　驻足凝视的刹那，其实我这首诗已经完成了，剩下的只是寻找合适的语言将之呈现出来而已。一方面，这褐陶陀螺几乎和我小时候玩过的陀螺一模一样，只不过我的是木头刻的，前面还嵌了一颗钢珠。是谁捏的它？又是谁抽着它旋转？从哪里挖的泥？从哪条大河之畔？我小时候玩的陀螺呢？一个个疑问，一个个联想，在我的头脑里激起了阵阵风暴。这大概就是直觉吧！它蕴含着视觉的冲击，又瞬时产生了无穷的联想，在头脑里刮起了一阵看起来混乱无序实则又轮廓明晰的旋风。

当我写作时，我又想象它为一个旋转的钻头，在现代和古代之间，在我和那个顽童之间，钻出一条时光隧道。我又想象它是一粒种子，一只古老的胖胖的埙。最终，就形成了上面这首诗。

所以，直觉并不仅仅是思维的原点，而且是伴随你思考和写作的始终的。诗人舒婷曾说："对事物一触即发的敏感，纯粹语言防不胜防的突袭，是我与诗最重要的亲缘。切断这些通道，要我从情感彩排或计划生产中写诗，无异缘木求鱼。"[①] 你写出来了，就呈现为一首诗。没有写出来，在头脑里萦绕的激荡的，也是一首诗。所以，直觉是生殖性的。它就像一位母亲，既生下诗歌，也滋养诗歌。

经过这样的分析，直觉似乎不再那么模糊难辨了。按照克罗齐的观点，直觉和"知觉""时间空间概念""感受""联想""表象""表现"等都有密切的联系。在此，我们只想就它与"灵感"的关系作一简明的阐释。写诗离不开灵感，正如一位叫李雨融的七岁小朋友写的诗（节选）所形容的：

写诗有点像拍蚊子

有时候我一不小心

就按死了一只

有时候

我拼命地拍打

却怎么也打不到它[②]

是的，灵感的有无是很难把握的。直觉孕育灵感，但绝不等于灵感。灵感源于直觉，但绝不仅限于直觉。直觉常常是混沌的，但灵感既然被称作灵

① 舒婷.舒婷随笔［M］.武汉：长江文艺出版社，2021：276.

② 果麦.孩子们的诗［M］.杭州：浙江文艺出版社，2017：1.

感，一定是有灵的、有些眉目，甚至较为清楚的。有些直觉本身就是比较完备的，故而近乎灵感，这也是有人将之与灵感等同的原因。如果说直觉赐予了灵感第一道光，那使这光壮大的，并非全然是直觉之力。想象、联想、情感、经验、概念、逻辑都可能是背后的推手。正如加西亚·马尔克斯在《番石榴飘香》中所说的那样：

> 我认为，灵感既不是一种才能，也不是一种天赋，而是作家坚忍不拔的精神和精湛的技巧为他们所努力要表达的主题做出的一种和解。当一个人想写点东西的时候，那么这个人和他要表达的主题之间就会产生一种互相制约的紧张关系，因为写作的人要设法探究主题，而主题则力图设置种种障碍。有时候，一切障碍会一扫而光，一切矛盾会迎刃而解，会发生过去梦想不到的许多事情。这时候，你才会感到，写作是人生最美好的事情。这就是我所认为的灵感。①

尽管马尔克斯以小说创作闻名，但这段话对于诗歌创作依然有效。每个真正痴迷过写诗的人都有这样的体会，只有决定写了，灵感才会蜂拥而至。打个比方来说，只有天黑了，星星才会闪光，而天亮又会带来鸟的歌唱。只有寻找到合适的主题和方向，进入那种渴望表达的状态，灵感才会沿着隐形的不定的线路破空而来。

虽然直觉和灵感难得，但并不意味着我们就此束手。如陆游说的"文章本天成，妙手偶得之"，诗人还是可能通过自身的努力，来提高获得直觉和灵感的概率。

首先，诗人要有一双亮眼。

所谓亮眼，就是能够发现诗意的眼力。和科学研究的观察力、法官断案的观察力不同，诗歌创作的观察力固然离不开专注和仔细，但更重要的是独特。学者和法官观察的对象总是相对明确的，诗人的观察面对的是整个世界，因而如何于万千景象中捕捉到那独特的部分，是每位写诗者必须面对的课题。刘勰在《文心雕龙》中说，"登山则情满于山，观海则意溢于海"，在观察客体时，人要情满于心，意蕴于内。只有这样，才能发现观察对象的独特之

---

① 江弱水.诗的八堂课[M].北京：商务印书馆，2017：18.

处。另外，充分调动各种感官，充分调动记忆予以对比，也是寻觅独特必需的
手段。例如美国诗人史蒂文斯的《看一只黑鸟的十三种方式》，虽然极富象征
意味，充满隐喻和象征，但诗人的观察力也得到了淋漓尽致的体现，诗人的视
角不断变化，黑鸟充满生机的"眼睛"、枝头的"蹦跳"、风里的"盘旋"、婉转
的"啼鸣"、来回飞掠的"影子"、雪松枝上的"栖息"——出现在诗歌里，构成
一鲜明而丰富的意象。

再如诗人周梦蝶的《咏雀五帖》里，诗中麻雀的状态各各不同：

荡秋千似的
一只小麻雀
蹲在鸡冠花上

——之一（节选）

不忍此白日
此未及地的
粒粒香稻之虚弃
而越陌度阡
而飞檐走壁

——之二（节选）

不速而自至，甚至
沉思在你的肩上
拉屎拉尿在你的头上脸上

——之三（节选）

原来至深至善至美的乐音系于眼前此一
此一无谱的电丝之上——
在风风雨雨后
在我的立处
踵犹未旋
已响彻三十三天

——之四（节选）

——在梅树根
昏黄摇曳的月影下

41

　　拳拳

　　簇拥著自己

　　六瓣

　　一寒更不复寒一醉更不复醉的

　　另一个自己

　　入睡——①

——之五（节选）

　　在诗人笔下，麻雀或静或动，时而静中有动，如"之一"中的麻雀是蹲在鸡冠花上的，但鸡冠花却是"荡秋千似的"摇摆，时而由动而静，"之三"中的麻雀是落在稻草人的肩上。最妙的是"之四"中麻雀落在电丝之上的情景，貌似麻雀是安静的，但借由电丝的联想，遂成了绝妙的音乐，电丝是乐谱，麻雀是音符，这"响彻"并不仅仅是麻雀的啼鸣，而且是其变化所带来的那种无声的天籁，所以诗人称之为"至深至善至美的乐音"。"之五"中的麻雀死在寒冷的冬天，死在梅根之侧月影之下，诗人却称之为"入睡"，并不显得悲怆，反而有一种唯美的诗意。那么，诗人是如何观察的呢？除了诗中有明显的交代外，如"之一"是坐在公车上侧脸凝视的刹那所见，"之四"是静立观察，其余的我们可以想象诗人在稻田中，在梅树根前，或行或立，静静地观察这天地间渺小的生灵。

　　值得一提的是，诗歌的观察还需注意内视角的运用。内视角，顾名思义，就是从观察对象的内在来展开观察，有一种"以物观物"的意味。万物有灵，众生平等，尝试转换人的视角，从物的角度来观察，有时能有别样的发现和感受。里尔克的名作《豹》写了巴黎植物园里被圈养的豹子，但诗人却通过观察，赋予了豹子一种"力"，既有人的视角，也有物的视角，所以豹子和诗人融为一体。读这首诗，我们能够感受到里尔克那种渴望冲破束缚的骚动和不安。

　　其次，诗人还要有一颗慧心。

　　这慧心里，除了情感和想象力外，经验和记忆也非常重要。大诗人里尔克在《柏列格的随笔》中说："因为诗并不像大家所想象，徒是情感（这是我们很早就有了的），而是经验。"又说，"可是单有记忆犹未足，还要能够忘记它

---

① 周梦蝶. 鸟道：周梦蝶世纪诗选［M］. 北京：中央编译出版社，2020：101-106.

们，当它们太拥挤的时候，还要有很大的忍耐去期待它们回来。因为回忆本身还不是这个，必要等到它们变成我们的血液、眼色和姿势了，等到它们没有了名字而且不能别于我们自己了，那么，然后可以希望在极难得的顷刻，在它们当中伸出一句诗的头一个字来"①。这固然因人而异，有些人将这个过程用"黑箱"来形容，就是说，当诗人看到某样事物触动诗情，唤醒了某些经验和记忆，任由它们在头脑中自由碰撞、交织，最终写出来一首诗。那头脑中碰撞交织的过程是看不清的，说不明的，就像一口黑箱。

例如，一个男生从来没写过诗，面对我放在讲台上的蝴蝶标本，写了第一首诗《蝶舞》，并在课前诗歌演讲时分享给大家。

两只蝴蝶的轻飞
是我见过最美的舞蹈
轻轻拍翅
将彩虹化为舞台
报答我的不杀之恩
每个雨后的晴天
渺小的身影
穿过温润的阳光
这景象如同仙境
或许该道谢的
是我

他说蝴蝶标本勾起了童年的一次经历：为完成老师制作标本的作业，他和爸爸到公园里抓蝴蝶。然而，在抓住的那一刹那，他忽然心软了，觉得这样太残忍，就又把它们放了。"那两只蝴蝶就绕着我的头飞了两圈，好像在向我道谢似的，那种感觉真是太神奇了。"虽然他已是一米八几的大小伙子，谈起往事，依然激动不已。

所以，当蝴蝶标本出现在眼前，他的记忆通道一下子打开了。生与死，美与丑，人与自然，残忍与悲悯激荡着他的内心。为什么他不杀死蝴蝶，因为他

---

① 宗白华.美学散步［M］.上海：上海人民出版社，1983：16.

43

感觉到了美。在那一刻，美是高于作业的，甚至是高于生命的。这种对美的珍视，正是诗的源泉所在。诗歌可以表现残忍，但诗人的心一定是悲悯的，一定是出于对美的牺牲的哀怜而创作的。

最后，诗人还需要一双妙手。

任何诗如果仅仅停留在脑海中，而没有形成文字，那就难以称作真正的诗。诗人在写作时，其实面临着无数的选择，词语的、意象的、节奏的、分行的，故杜甫诗云，"为人性僻耽佳句，语不惊人死不休"。就新诗而言，虽然语言是现代的，形式是自由的，然而如果完全运用平常的语言创作，难免流入俗滥，缺少诗味，无论是胡适曾倡导的"说什么话，就做什么诗"，还是当今的一些"口语诗"，都是如此。因为，诗歌的语言毕竟是审美的，诗的目的指向审美。所以，优秀的诗人固然需要珍惜情之所至的率性诗句，也需要斟酌损益以达成理想的诗歌。诗人洛夫曾说，"诗人是诗的奴隶，但必须做语言的主人"，意思是说，"当诗在我们脑子里还是一种情绪，一种感动，在我们心中只是一种莫可言状的混沌状态，或在灵光一闪中只掌握到一种似有似无，像风又像雾的意象的碎片时，我们便沉醉其中，如痴如狂，仿佛中了邪似的食不甘味，寝不安眠，我们完全被'诗'震慑了、征服了，做了'诗'的奴隶。有时灵感骤发，想到了好的诗句，便会从餐桌上掷箸而起，或正如你所说'梦中得句'，半夜突然从床上爬起来写诗，这些经验我都有过。不过，梦里得的诗句大都残缺不全，清醒后大多不复记忆。这种诗句其实就是潜意识的语言，如要将它提炼成诗的语言，我们就必须做语言的主人，降服它，对它作有效的驾驭。这是一个运用理性去过滤、锤炼、整修，使潜意识的语言活化为意象的阶段，也是诗创作最关键的一个阶段"。[①] 这是诗人的经验之谈，也告诉我们语言将直觉和灵感转化为诗歌的重要性。

如果能够在上述三方面多加努力，那么诗性直觉和诗歌灵感将会更频繁地眷顾你。正如雅克·马利坦所言：

> 一个诗人越是成熟，渗入他灵魂中的创造性直觉的密度就越高。[②]

---

① 洛夫.洛夫谈诗：有关诗美学暨人文哲思之访谈 [M].南京：江苏凤凰文艺出版社，2015：6.

② ［法］雅克·马利坦.艺术与诗中的创造性直觉 [M].刘有元，等译.北京：生活·读书·新知三联书店，1991：115.

第二节 天真与世故

天真与世故，诗歌的左右手。

常有学生问我如何写诗。起初我的回答是："像孩童一样天真，永远不要泯灭自己的童心。"后来，我渐渐地感到这种回答的肤浅和偏执，写诗光有童心还不够，还要有一颗老者饱经岁月沧桑深谙人情世故的心。这里的"世故"绝非贬义，而是专指那种思想成熟，往往能够透过表象看到本质的犀利眼光和深刻情思。

天真与世故，得其一端足可以写出优秀的诗作，若是能够贯通，于天真中悟得世故之哲理，于世故中不失天真之本性，那更能够在诗歌的天地中自由驰骋。

何谓天真？若用扩词法来解，可以说是天然真实。明代李贽关于"童心"的解释，可以借用在此，"夫童心者，绝假纯真，最初一念之本心也"[1]。什么样的人最天真？儿童，或者原始人。儿童因为涉世未深，一切出于好奇，童言无忌，正是诗歌的绝好培基。现在世面上有许多孩子的"诗"，颇受读者赞叹，一来正可看见成人诗歌的不堪，另一方面就是孩子的诗歌确实天真可爱。例如，下面这几首诗：

灯把黑夜
烫了一个洞[2]

——姜二嫚《灯》7 岁

荷花落在水上
蜻蜓落在花瓣上
风落在蜻蜓的翅膀上

——宋玉禾《落》6 岁

我不知道《灯》这首诗是如何产生的，但《落》这首诗我却无比清楚，因为它是我女儿写的。那天，我陪她去河边看荷花，忽然水面漂来一片花瓣，上

---

① 李贽.焚书.转引陈碧娥.李贽"童心说"的美学内涵[J].渝州大学学报（社会科学版），2001（02）：78.

② 果麦.孩子们的诗[M].杭州：浙江文艺出版社，2017：9.

45

面落一只蓝蜻蜓，她过一会儿就口占了一首诗，后面还有几句，被我删掉了。我觉得有此三句就很好了，当然，我必须承认，第三行是我帮她稍微加工过的。孩子的天真赋予了她诗意解读这个世界的眼光和表达，我们成人所能做的就是发现、记录并时时提醒。正如克尔恺郭尔所讲的一则寓言：

> 想象有一位珠宝商不断完善他对宝石的认识，以致他的一生都汲汲于真假之辨；设想他看到一个孩子正在玩各式各样的宝石，其中真假混杂一处，而孩子却于两者得到同样的欣喜——我想当他看到那种绝对的分别消散于无形，一定会感到内心的颤栗；然而一旦他见到孩子的幸福以及玩游戏的快乐，也许他会自觉鄙陋，沉浸于这"令人颤栗"的景象之中。①

诗歌就是孩子手中玩耍的宝石，他们创造了它却并未意识到它与寻常表达的区别。即使是成人，也未必都有这种敏感的鉴赏力，正如并不是每个人都是善于鉴定宝石的珠宝商。孩子没有功利心，对事物没有成见，所以能够将价值昂贵的宝石当作顽石一样玩耍，从而获得游戏之乐，觅得诗情之美。

然而，孩子总有一天要长大的。随着年龄的增长、阅历的增多，他们头脑中的天真慢慢减少，世故的成分渐渐增多，珍贵的诗情、连珠的妙语或许就此离他而去。如果我们悉心呵护，总还是能够找回些损失的。以天真的眼光看待成人的世界，以世故的认知回眸童年的心境，或许会获得通往诗歌的大道。例如下面这首诗：

奶奶家大门口的雪地上
总是拴着一只羊
每天
我都跑去喂它些菜叶
有时它突然胖了
有时它突然瘦了
有时它突然高了
有时它突然矮了
有时它突然大了

---

① ［丹麦］克尔恺郭尔.克尔恺郭尔哲学寓言集［M］.杨玉功，编译.北京：商务印书馆，2000：168.

有时它突然小了

其实它并不是同一只羊

只是我把它当成同一只羊来喂

而且我尽量不去看旁边那个肉铺

以减少内心的悲伤 ①

——姜馨贺《雪地上的羊》11 岁

　　11 岁的孩子已经知道肉铺和羊的关系，意识到死亡的悲哀。然而，她依然坚持去喂菜叶，这又是她未泯的天真。此种天真与世故碰撞所产生的美，正是这首诗令人感到怦然心动的关键。

　　诗人顾城小时候非常天真，对事物具有天生的敏感悲悯。他的哥哥回忆时写道：

　　　　男孩们会撕麻雀、点燃天牛角、捉青蛙打得胀得老大，拉住野猫尾巴甩得飞快然后一松手让猫飞出去，这样的事他撞见就发抖，脸煞白，浑身冷汗，人家就笑他。……从很早开始，他的话就经常让我吃惊，那么不同于课堂上的和听自别处的。我总是想他的破绽，以为想出来了就去找他，他的回答永远出我意外，再三再三之后，我知道了他的话的出奇，出于才华不是根本，根本在于那真是以他深切的生命体验和难以克服的深思为代价的。②

　　儿童的天性中既有天真，也有野蛮，既有敏感，也有迟钝，一般的孩子往往是比较均衡的，往往也意味着平庸。只有少数的孩子会遭遇失衡的情况，这里面既有先天的因素，也有后天的影响。顾城为什么会发抖，一半是由于恐惧，一半是出于悲悯。在他的心目中，一切都是有生命的，都是美好的，对生命的虐待就意味着破坏美好。这是他深切的生命体验，也正是天真的核心情感。我们看顾城 12 岁写的《星月的由来》和 25 岁写的《我是一个任性的孩子》，具有一脉相承的天真。但《我是一个任性的孩子》中已经具有了深邃的思想，最经典的诗句是：

　　我是一个任性的孩子

---

① 果麦 . 孩子们的诗［M］. 杭州：浙江文艺出版社，2017：43.

② 顾乡 . 编后记 // 顾城 . 顾城的诗·顾城的画［M］. 南京：江苏文艺出版社，2017：217.

我想涂去一切不幸

我想在大地上

画满窗子

让所有习惯黑暗的眼睛

都习惯光明 ①

这两首诗代表了顾城的少年与青年，《星月的由来》只是好奇于大自然的由来，《我是一个任性的孩子》则开始思考更广阔的世界、更深刻的问题。由"眼睛"和"光明"这些词语，我们似乎可以窥见他的代表作《一代人》"黑夜给了我黑色的眼睛／我却用它来寻找光明"的影子。若是没有对同时代的人苦难的深切体会和思考，顾城又如何写出这样富有哲思的诗句。我们看顾城的诗，不要只看到天真，还要看到他的世故。在二者之间自由切换，任由它们变幻、碰撞，这样的诗情难能可贵。再如他的《分别的海》（节选）一诗：

我没带渔具

没带沉重的疑虑和枪

我带心去了

我想，到空旷的海上

只要说，爱你

鱼群就会跟着我

游向陆地 ②

乍一看，我们会觉得诗人好天真，只凭一句"我爱你"就想要从大海里拐走鱼群。然而，我们仔细琢磨，就会发现这种离谱的想法背后，正是建立在彼此的信任和爱之上的。反观现实，人们满怀疑虑，人们互相提防，是多么可悲可怕。鱼群跟着我游向陆地，连大海也抛弃了，这怎么可能。但就在这种超越现实的幻想中，诗人为我们构建了一个理想国，将我们，也将他自己，从现实中暂时拔离。

舒婷在《童话诗人》（节选）中如此深情地写顾城：

---

① 顾城.顾城的诗［M］.北京：人民文学出版社，1998：133.

② 顾城.顾城的诗［M］.北京：人民文学出版社，1998：214-215.

你相信了你编写的童话

自己就成了童话中幽蓝的花

你的眼睛省略过

病树、颓墙

锈崩的铁栅

只凭一个简单的信号

集合起星星、紫云英和蝈蝈的队伍

向没有被污染的远方

出发 [①]

这些诗句既是赞美，也有隐忧。因为世界不只是星星、紫云英和蝈蝈，病树、颓墙、锈崩的铁栅不是你想省略就能省略的，事实上"远方"可能也不是理想的地方。所以说，只靠天真写诗还是有缺陷的。一方面，孩子总有一天要长大，另一方面，现实终归不是童话的世界。孩子的诗很难写长，会写诗的孩子不一定成长为诗人，就是这个缘故。

由此可见，成人要想保持这份天真，其实是困难的。顾城的父亲叙述他的写作状态是这样写的：

　　他室内的灯光几乎是彻底不熄的。梦幻，分不清月光和阳光，时时在伴随着他，萦绕着他。白昼午睡和黎明欲来没来时，是他写诗的最好时刻。儿子写诗似乎很少伏在桌案上，而是在枕边放个小本、放支圆珠笔，迷迷蒙蒙中幻化出来飞舞出来的形影、景象、演绎、思绪……组合成一个个词汇、一个个语句，他的手便摸着笔，摸着黑（写时常常是不睁眼的）涂记下来。有时，摸到笔摸不到小本本，他就把句子勾划到枕边的墙壁上——他睡的墙头总是涂满了诗，还有许多用漫画笔法画的小人小狗小猪……他那后来传诵一时的"黑夜给了我黑色的眼睛／我却用它寻找光明"就是在这样的迷蒙中，幻化中，受积聚到一定程度的灵感的迸发冲击，涂写到墙上去的——犹如云层激发出雷电…… [②]

① 舒婷.舒婷的诗［M］.北京：人民文学出版社，1999：221.

② 顾工.顾城和诗（代序）［M］//顾城.顾城的诗.北京：人民文学出版社，1998：4.

为了获得诗的灵感，顾城"摸着黑"写下，唯恐一睁眼灵感就消失了，在封闭中冥神苦思豁然顿悟。

那么，如何才能保持这种天真呢？概而言之，就是要了解儿童。著名诗人臧克家评论柯岩的儿童诗时，说"她对儿童的生活有浓厚的趣味，曾经仔细地观察，从儿童的外表活动，一直到他（她）们的内心活动"[①]。那么，儿童的心理有什么特征呢？好奇心、万物有灵、保持善良和悲悯、尽可能地去除功利之心这四点应该是关键。

好奇心是诗歌的良媒。人们常说诗歌出自敏感，但若没有好奇，敏感又从何而来？小孩子脑袋瓜里装着无数的问题，成人的脑袋里则装了许多自以为是的答案。所以，成人面对万事万物，最怕的就是缺乏好奇心，变得麻木，无从发现"奇"的存在。若是没有好奇心，诗人洛尔迦又如何写出《哑孩子》？哑孩子的声音哪去了？他怎么不能和我们一样正常地说话？"把它带走的是蟋蟀的王"，"被俘在远处的声音，/穿上了蟋蟀的衣裳"，这是诗人给出的解释。多么浪漫，多么富有诗意和同情心。然而，若是成人来看，哑孩子的哑如果是天生的，极可能是遗传的缘故。若是后天才哑的，那可能是得了病，或者声带受了伤。这样的解释，合乎事实，接近科学，但却无法诞生诗歌。我们来看一首罗马尼亚诗人米哈伊·爱明内斯库的《树林呀，你为什么摇摆……》（节选）：

"树林呀，你为什么摇摆……

既没有风暴，又没有狂雨，

你为什么把枝桠一直弯到大地？"

我为什么不一直弯到大地，

假如我的日子已经消逝？

白天愈来愈短，黑夜愈来愈长

我的树叶子也日渐疏稀。

寒风在光裸的枝桠中间呻吟，

把长着翅膀的歌者全部赶尽；

寒风及时地吹卷了黄叶……

---

① 臧克家.学诗断想［M］.成都：四川人民出版社，1979：226.

冬天已在眼前，而春天还遥远得很。

假如鸟儿都飞逝而去，

谁又能安慰我的悲伤？①

这部分诗歌其实就是一组简单的问答，诗人的回答很精彩，树枝摇摆的原因是昼夜的变化、寒风的无情，鸟儿们都已飞逝，而春天还遥遥无期。问题是，如果没有出于好奇的一问，答又从何而来呢？所以，好奇只是第一步，紧接着还应该去追寻原因和求索答案。这原因不一定科学，也不一定合乎逻辑，这答案也绝无所谓的标准答案，一个人的诗情和才华往往就在这原因和答案里。

在一个天真的儿童眼里，万物皆有灵，众生皆平等。这一点颇近似于原始人的思维，"他们在一切生物身上，在一切自然现象中，如同在他们自己身上，在同伴们身上，在动物身上一样，统统见到了'灵魂''精灵''意象'"。"由于一切存在着的东西都具有神秘的属性，由于这些神秘属性就其本性而言要比我们靠感觉认识的那些属性更为重要，所以，原始人的思维不像我们的思维那样对存在物和客体的区别感到兴趣。"② 同样，一个诗人在寻觅灵感时，也要像儿童一样，像原始人一样，尽量摒弃固有经验，带着情感去感受这个世界，赋予一切以生命和灵魂，这样我们就会发现不同的内容，进而激发创作的冲动。对此，爱尔兰诗人叶芝深有体会，"像四岁的小孩那样聪慧"③ 是他的名言。

诗人大多是善良的，对万事万物怀有悲悯心。据说弘一法师每次坐藤椅，都要轻轻摇动再慢慢坐下，竟是担心藤条缝里可能有小虫，好让它们走避。为人如此善良，所写的诗也劝人向善，多怀悲悯之心。观他为《护生画集》题的小诗，诸如"若谓青蝇污，挥扇可驱除。岂必矜残杀，伤生而自娱"这样的句子，真是令人感动。"种子呵，在冻土里梦想春天／它的头顶覆盖着一块巨大的石板"，这是顾城对种子有梦想而不能实现的悲悯。无独有偶，俄罗斯诗人伊万·费奥多罗维奇·日丹诺夫有一首短诗《鸟儿死去的时候》构思颇为巧妙，显示了诗人有点另类的悲悯情怀。

鸟儿死去的时候，

① 高兴.我承认你并不跟我的诗神有缘[M].上海：上海文艺出版社，2013：3.

② [法]列维－布留尔.原始思维[M].丁由，译.北京：商务印书馆，1981：11，30.

③ [日]西条八十.麦秸的草帽：西条八十童谣全集[M].北京：北京联合出版公司，2020：166.

它身上疲倦的子弹也在哭泣，

那子弹和鸟儿一样，

它唯一的希望也是飞翔。①

子弹难道不是该谴责的吗？诗人怎么还去可怜它？乍一看，很多人都会觉得难以理解。然而，我们仔细想一想，难道我们真正应该谴责的不应该是射出子弹的人吗？在诗人的想象中，子弹也是有思想有情感的生命体，它也在为鸟儿的死亡而哭泣，因为热爱飞翔的它最能理解不能飞翔的痛苦。至此，我们完成了对诗人良苦用心的解读。

列子寓言中有一位东海少年，每日与海鸥嬉戏，某一天他受大人的撺掇，起了歹心，想抓一只海鸥。可是，当他再到沙滩上，海鸥远远地就躲开了。"海鸥何事更相疑"或许是每个长大的孩子的遗憾，所以"忘机"就成了许多崇尚自然的人的追求。何谓忘机？一定程度上来说，就是去除功利之心。人一有功利之心，有些话就不敢说了，勉强写出来的东西也失了真乏了力。小孩子童言无忌，这一点可是让成人自愧不如的。但要想写出好诗，有时就要敢于直言。且看德国诗人布莱希特的《将军，你的坦克很强大》：

将军，你的坦克很强大

它摧毁森林粉碎一百个人。

但它有一个缺陷：

它需要一个驾驶员。

将军，你的轰炸机很强大。

它飞得比风暴还快运载量比大象还重。

但它有一个缺陷：

它需要一个技工。

将军，人是很有用的。

他能飞他能杀。

---

① 高兴. 我承认你并不跟我的诗神有缘［M］. 上海：上海文艺出版社，2013：58.

52

但他有一个缺陷：

他能思想。[①]

不知为何，每当读这首诗时，我都会想起勾践揖让的那只怒蛙——勾践一次出门，看见一只怒蛙拦在车前，鼓着腮帮子似乎准备战斗，勾践就向它作揖行礼，人们问他为什么这么做，他说你看这蛙这么勇敢，我怎么能不揖让呢？从勾践的角度来看，这是一次鼓励手下勇武好斗的政治表演。但从怒蛙的角度来看，它可是认真的，哪怕被车子轧死。布莱希特就是这样一只怒蛙，他这首诗似乎是向"将军"发出挑战，你不是有坦克吗？你不是有飞机吗？可它们需要人呀！诗的第三节是一次大胆的翻转。面对将军可能的嘲笑：我不缺少人。诗人又祭出了自己的撒手锏，人是有思想的，并不一定对你言听计从。正因为布莱希特敢于对强权说不，所以他被迫流亡国外。若是有功利之心，他或许就会认怂，选择过相对安逸的生活。

绝大多数诗人都属于天真和世故的结合体，完全的天真只属于童年，完全的世故根本不可能。唯其天真，才能发现诗美；唯其世故，才能看清本质。闻一多是世故的，无论是国外还是国内，他的目光始终不离动荡的中国。海子是世故的，早慧的他看待这个世界的眼光是冷峻的、深刻的、超前的。余秀华也是世故的，天生的残疾，置身落后的乡村，并不幸福的婚姻，这一切都不可避免地在她的诗歌里若隐若现，构成她摇摇晃晃的人间。然而，他们又不全然失却了天真的一面。闻一多有他的炽热忠诚，海子有他的敏感善良，余秀华有她的乐观直率。

如果说天真是诗歌的萌芽和底色，世故就是去除纷繁之相直击本质，化沧桑为睿智，变驳杂为纯金。天真和世故，如果只能取其一，我还是选择天真。

有诗人以"倒置的望远镜"来比喻诗歌创作，把近处之物推到远处，从而获得灵感。这个比喻，其实也可以来形容创作诗歌的两种状态：有时，我们要把望远镜倒置，使得我们把眼前的经历、处境往过去推，推到孩童时期，或者向未来推，推到我们的老年。无论是瞻望的天真，还是回望的世故，都使得

---

① ［德］贝托尔特·布莱希特.致后代：布莱希特诗选［M］.黄灿然，译.北京：北京联合出版公司，

　　2022：244.

"现在"具有一种疏离和陌生，从而获得诗意。当然，你也可以将两种情况切换，在天真与世故间寻找灵感。

第三节　字词与语句

英国诗人休斯说："一个词语是自身含义的小小的太阳系。"[①] 具体到汉字，这太阳系的丰富和光芒更是无与伦比。每一个汉字最初的样子都是一幅小画，传递着先人造字的灵感和深意。

汉字最初是象形文字，它的图画性其实是一种充满想象力的表达。后来，为了实际的需要，人们又将这些象形符号和构件进行组合，从而造出更多更复杂的文字，走出了象形的死胡同。这种组合有时其实蕴含着先人极其浪漫的想象力和诗意。

例如，看下面这幅图片中的文字。

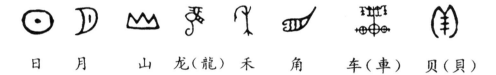

日　　月　　山　龙（龍）　禾　　角　　车（車）　贝（貝）

看看这些美丽的象形文字，哪一个不是精美的小画，显示出书写者高超的绘画技巧和表现技巧。

这一幅图都是"受"字的不同写法，虽然要素不离"手"和"盘"（后来盘状讹变成舟状），但光看这种造型的能力，我们会发现古人在书写时那种恣意的自由和浪漫的心情，而且将东西（承盘）送给他人的那种美好的情意也得到了充足的体现。

---

① ［英］特德·休斯 . 诗的锻造：休斯写作教学手册［M］. 杨铁军，译 . 南宁：广西人民出版社，2022：182.

诗人朱湘在文章中曾这样描摹汉字给人带来的想象和诗意：

还有那一个个正方的形状，美丽的单字，每个字的构成，都是一首诗；每个字的沿革，都是一部历史。飙是三条狗的风：在秋高草枯的旷野上，天上是一片青，地上是一片赭，猎犬风一般快地驰过，嗅着受伤之兽在草中滴下的血腥，顺了方向追去，听到枯草飒索的响，有如秋风卷过去一般。昏是婚的古字：在太阳下了山，对面不见人的时候，有一群人骑着马，擎着红光闪闪的火把，悄悄向一个人家走近。等着到了竹篱柴门之旁的时候，在狗吠声中，趁着门还未闭，一声喊齐拥而入，让新郎从打麦场上挟起惊呼的新娘打马而回。同来的人则抵挡着新娘的父兄，做个不打不成交的亲家。①

其实，若我们投射足够的敏感到汉字上，就能够从中发现那些悠久的诗意。正如袁可嘉所言，"每个单字在诗中都代表复杂符号，而非日常应用时的单一符号"②。如若不信，我们来看几个王宁教授所分析的汉字。

"承"——在甲骨文里，意为"拯救"的字作 像两只手将落入陷阱的人拉出的形状。

"黹"在金文里作 ，像用针线将织物缝在一起，是一个很形象的会形合成字。

"发"的繁体字作"發"，从"弓"，"癹"声。从字形看，构意是"射箭"，从它的异体字"彂"又从"弓"，又从"矢"更可以印证它的构意。……《醉翁亭记》中有的"野花发而幽香"一句，散发（香气）是香味离开花蕊。

"默"也是猎犬的形象，在猎物面前，猎犬不但蹿出很快，而且在等待猎物时是不吠的。③

这些字形和解释，如果我们细细品味，是多么富有诗意呀！"承"字表现出古人搭救落难者的情义，他们是素昧平生，还是一同出去打猎或战斗的朋友？"黹"难道不会引起你产生"慈母手中线，游子身上衣。临行密密缝，意恐迟迟归"的联想？"发"的"散发"之意是多么富有情趣呀，花香离开了花蕊，像箭一样击中了某位古人的鼻子，是不是哪位古人细嗅花香时的脑洞大

① 朱湘.书［J］.万象，2022（16）：1.
② 袁可嘉.论新诗现代化［M］.北京：生活·读书·新知三联书店，1988：87.
③ 王宁.汉字构形学导论［M］.北京：商务印书馆，2021：181，185，267，233.

开呢？"默"则刻画了一只多么训练有素的猎犬，它强忍住内心的激动，牢牢地锁住了喉咙里的喜悦，和主人一起静静地等待着猎物的出现。

其实，了解一点文字学，对于写诗读诗都是极有好处的。例如在讲解郭沫若的《立在地球边上放号》这首诗时，我就特意设计了一个问题：可不可以把标题中的"立"改为"站"？当然是不可以的，因为"立"比"站"更有气势，不信，我们来看看"立"的几种写法：

大家看，我们的先人造字时，"立"表现的是一个人站在大地上。下面的这一横代表的就是地平线。你看这个人，站在大地上的姿态是多么从容，多么有力呀！这就显示出诗人立在地球边上时，并不是渺小的，臣服于地球的，而是以一种自信昂扬的姿态站立的。这和诗歌中洋溢的那种昂扬的激情和诗歌所代表的那种五四时期狂飙突进的精神是一致的。

再看闻一多先生的《红豆》（九）：

爱人啊！

将我作经线，

你作纬线，

命运织就了我们的婚姻之锦；

但是一帧回文锦哦！

横看是相思，

直看是相思，

顺看是相思，

倒看是相思，

斜看正看都是相思，

怎样看也看不出团圆二字。①

这首诗就是一首织锦图，诗人为何要选"团圆"二字，正是深谙这两个字

---

① 闻一多.红烛 死水［M］.北京：人民文学出版社，2020：150.

的字形中多横竖的交织，恰如织锦的经线和纬线。若是观这两个字的繁体，这一特征更加明显。所以，这首诗也可以视作对团圞二字的诗意解读。

古诗讲究推敲的文字功夫，新诗也不遑多让，而且由于运用日常语言，更增加了这方面的难度，运用得好也获得异样的精彩。闻一多的"黄昏里织满了蝙蝠的翅膀"，冯至的"为我把你的梦境衔了来"，海子的"野花烧到你脸上"……新诗人无一不有拿手的绝活，都有美丽的珠玑。

当然，我们提倡的是遵循汉字字理规律地理解汉字，而非主观地胡乱臆测。例如：

> "照"的组构是依层次进行的，可以用下列结构式表示：[（刀＋口）＋日]＋灬，有人见一个部件讲一个部件，把"照"字讲成"一个日本人，拿了一口刀，杀了一个中国人，流了四滴血"。这个讲法犯了多种错误，不但扭曲了"照"的本义，掩盖了"照"按层次组合的结构方式，还把表示声音的"刀"，表示意义的"日""口""灬"统统讲错，严重违背了汉字讲解的科学性。[①]

如此理解汉字，是会误入歧途，不但于写诗解诗无益，反而有害。

之所以如此强调汉字的画之美形之美，是因为这一点历来是较少受人关注的，人们往往从字词的声韵、意义等入手，殊不知，每一个汉字背后都暗藏着先人的情感智慧和生活图景，具有隐秘而深沉的文化意味。因此，诗人创作时要斟酌用字，不只是传统的"推敲"功夫，更要有一定的文字学考量。唯其如此，中国的新诗才会有更多中国的特色。

我结合自己多年的新诗教学经验，以及诸多同行的教学实践和研究经验，尝试着结合教材中的新诗作品，归纳一下语句分析对新诗教学的几种路径和独特意义。

首先，我们要明确新诗语句的独特性。

句子是"按语法（句法）规则组成的最小表述单位"，"在语法层次上，句子高于词组，因而句子可以包含若干词或词组；但是由单词构成的句子也不罕见，因此不能仅仅从词组的角度来考虑句子"[②]这种界定是从文的角度来解

---

① 王宁.汉字构形学导论［M］.北京：商务印书馆，2021：261.

② 段曹林.新诗的句式变异修辞［J］.湖北师范学院学报（哲学社会科学版），2005（02）：103-107.

释句子的，新诗的句子并非如此。

一个完整的句子，在诗歌中既可能是一行，也可能分为几行。为什么会如此？为什么要如此？这是我们新诗教学时必须注意的地方。因而，新诗语句分析就是要抓住这些特点来咀嚼分析。它不同于字词推敲，也不同于整体把握，而是从二者中间实施研究，试图发现新诗教学的幽径和窍门。

新诗语言的独特性主要体现在与文章语言的诸多不同特点，归纳起来主要有错置、奇异、变奏、留白这几个方面。

一、构思巧妙的错置句

杜甫诗云："为人性僻耽佳句，语不惊人死不休。"而语要惊人，除了意象、词语的新奇外，还要靠语序巧妙的错置。词语的错置有多种形式，主要有定居状位、定语后置、状语后置、主谓倒装等。但无论是哪一种，都是相对于常规的表述原则而言的。诗人之所以这样做并不是卖巧弄险，而是主要出于诗情表达的考虑。例如：

> 在雨的哀曲里，
> 消了她的颜色，
> 散了她的芬芳，
> 消散了，甚至她的
> 太息般的眼光，
> 丁香般的惆怅。①

————戴望舒《雨巷》（节选）

> 轻轻的我走了，
>   正如我轻轻的来；
> 我轻轻的招手，
>   作别西天的云彩。②

————徐志摩《再别康桥》（节选）

> 二十年来手足的爱和怜，

---

① 戴望舒.望舒诗稿［M］.北京：人民文学出版社，2020：25-26.
② 徐志摩.志摩的诗 猛虎集［M］.北京：人民文学出版社，2020：118.

二十年来的保护和抚养，

请在这最后的一滴泪水里，

收回吧，作为恶梦一场。①

——殷夫《别了，哥哥》（节选）

湖边山丘上

那棵最高大的枫树

被砍倒了……

在秋天的一个早晨②

——牛汉《悼念一棵枫树》（节选）

《雨巷》节选部分的常规表达应是"在雨的哀曲里，/ 她的颜色消了，/ 她的芬芳散了，/ 甚至她的太息般的目光，/ 她丁香般的惆怅，/（也）消散了。"但作者硬是让三个谓语部分提到主语之前进行铺排，不但在语势上造成一种强烈气势，突出了自己因女郎远去而产生的哀伤，而且依视觉、嗅觉、感觉的顺序巧妙传达了诗人那种因女郎渐行渐远直至彻底消失而哀伤层层增加的微妙感觉。

《再别康桥》中这几句著名的现代诗，如果不是将"轻轻的"这个定语进行错置，那韵味一定是大受影响。

殷夫的诗，"作为恶梦一场"本为状语，却被诗人错置到谓语"收回"之后，既是出于押韵的考虑，也写出了诗人向哥哥告别时的愧疚，这样写方显出诗人与哥哥诀别的不易，更突出了诗人不顾一切投身革命的决心与勇气。

牛汉也是将状语"在秋天的一个早晨"置后，目的是突出枫树的悲剧意味。秋天，枫叶染霜，红叶满天，正是最美丽的季节，然而它却被砍倒了。这是多么令人惋惜的事！联想到作者所处的年代，联想到枫树的象征意义，这种悲剧意味就更加深广。

因为新诗语言浅白晓畅，这样错置会生出波澜，增添诗歌的美感。诗忌过于直白，也忌过于艰涩。所谓好诗，就是在两者之间寻找一个恰切的缝合线。新诗教学，抓住这些地方入手，引导学生留意这些非同寻常的地方，再将它们

---

① 臧克家.中国新诗选（1919—1949）［M］.北京：中国青年出版社，1956：96.

② 公木.新诗鉴赏辞典［M］.上海：上海辞书出版社，1991：561.

与普通表述相比较，往往有助于诗歌的理解，有助于发现新诗的独特美感。

二、不同凡响的奇异句

如果说诗以忌直露贵含蓄为美，那么相较于以凝练典雅的古典汉语为构造基础的古诗，以通俗浅显的现代汉语为基础的新诗先天就处于劣势。

正如学者指出的那样，"现代汉语相对于古典汉语的显著变化体现在：一方面，强调以口语为中心和'言文一致'，直接导致了古典汉语单音节结构的瓦解和以双音节、多音节为主的现代汉语语音及词汇的构成，同时也导致了现代汉语书面语虚词成分的激增；另一方面，由于受西方语法的浸染，现代汉语一改古典汉语的超语法超逻辑的特性，而趋向接受语义逻辑的支配"①。这非常不利于诗意的表达。于是，新诗人不断地尝试创造一些不同凡响的奇异句，以尽可能地制造"陌生"，以消解新诗语言的浅白，丰富新诗情思的内涵。其中，词语的搭配是诗人们最为常用的手法，比喻、通感、夸张、比拟则是惯用的修辞技巧。例如：

　　透过雪夜的草原，

　　那些被烽火所啮啃着的地域，

　　无数的，土地的垦植者

　　失去了他们所饲养的家畜

　　失去了他们肥沃的田地

　　拥挤在

　　生活的绝望的污巷里；

　　馑饥的大地

　　朝向阴暗的天

　　伸出乞援的

　　颤抖着的两臂。②

　　　　　　　　　　　　　——艾青《雪落在中国的大地上》（节选）

　　哦！好瘦好瘦的一位书生

　　瘦得

①　张桃洲.语言与存在：探寻新诗之根［M］.北京：社会科学文献出版社，2013：12.

②　艾青.大堰河　北方［M］.北京：人民文学出版社，2020：60-61.

犹如一支精致的狼毫

你那宽大的蓝布衫,随风

涌起千顷波涛

嚼五香蚕豆似的

嚼着绝句。绝句。绝句。

你激情的眼中

温有一壶新酿的花雕

自唐而宋而元而明而清

最后注入

我这小小的酒杯

我试着把你最得意的一首七绝

塞进一只酒瓮中

摇一摇,便见云雾腾升

语字醉舞而平仄乱撞

瓮破,你的肌肤碎裂成片

旷野上,隐闻

鬼哭啾啾

狼嗥千里①

——洛夫《与李贺共饮》(节选)

谁不喜欢春天

鸟落满枝头

像星星落满天空

闪闪烁烁的声音从远方飘来

一团团白丁香朦朦胧胧②

——江河《星星变奏曲》(节选)

---

① 洛夫.洛夫诗文全集[M].南京:江苏凤凰文艺出版社,2022:291-292.

② 上海辞书出版社文学鉴赏辞典编纂中心.文学经典鉴赏·新诗三百首[M].上海:上海辞书出版社,
2021:342.

　　艾青的诗如果去除中间穿插的那几句反复，连缀起来，简直就是一篇自由的散文。这样的诗歌虽然诗情真挚热烈，但诗味却还是少了些。因而，诗人努力地在词语的搭配上发挥想象，制造了一些陌生化的比拟，"烽火"竟然会"啮啃"，"大地"竟然会用"双臂""乞援"，收到了良好的抒情效果。

　　"瘦""狼毫""蓝布衫""千顷波涛"都是大家所熟悉的，然而洛夫让它们构成比喻关系，再施以夸张之笔，立刻令人耳目一新。这样写，不但写出了李贺的形，也写出了他的神，不但写了他的终生不能考进士而为"布衣"的不幸遭遇，也表明了李贺内心巨大的不平，宛如"千顷波涛"般汹涌。往容器里塞东西再摇晃倒出，这也是平常的行为，但若是往酒瓮里塞"绝句"呢？倒出来的又是人的残肢碎肤呢？这就陡生了一种陌生的奇妙和阴森。诗人通过自己独特的想象，赋予了平常行为以特殊内涵，李贺诗的浪漫奇特，他背锦囊呕心沥血做诗的行为和态度，以及他诗歌的奇特意境给人的强烈震撼都在这一组陌生化的处理中得以体现。

　　江河以"鸟落满枝头"来表现春天的生机，又用它来喻"星星落满天空"，这是很奇特的通感，使得星星也具有生机。星星落满遥远的天空，使诗人进而联想到远方飘来的声音，而以"闪闪烁烁"的视觉词汇来修饰，也是通感。最后，作者又用"一团团白丁香"来比喻，愈使人感觉到星星的美。

　　"风格的美在于明晰而不流于平淡。"亚里士多德如是说。他还认为"最明晰的风格是由普通字造成的，但平淡无奇"。而"使用奇字，风格显得高雅而不平凡"[1]。新诗人正是通过创造性地搭配词语，打乱了人们习惯了的语言秩序，从而刺激欣赏者的好奇心和探索欲。

　　三、摇曳多姿的变奏句

　　既然是诗，就必然有节奏。然而，和古诗相当成熟的一套理论相比，新诗在节奏方面还没有形成自己的体系。在新诗节奏的规律方面，闻一多可谓是一个先行者。早在1921年，他就创作《诗歌节奏的研究》来阐释自己对节奏功能的概括，即"作为美的一种手段""作为表达情感的手段""作为凭借想象加以理论化的一种手段"[2]。朱光潜则从美学的高度审视诗歌，认为"诗是一种

[1] 亚里士多德，贺拉斯.诗学·诗艺[M].罗念生，杨周翰，译.北京：人民文学出版社，1982：77.
[2] 许道明.中国现代文学批评史新编[M].上海：复旦大学出版社，2002：94.

音乐,也是一种语言"①。他还说:"诗是情感的语言,而情感的变化最直接的表现是声音节奏。这是诗的命脉。读一首好诗,如果不能把它的声音节奏的微妙起伏抓住,那根本就是没有领略到它的意味。"②

因此,我们大致可以说,新诗的节奏既包含音乐和语言的节奏,也包括一种美感和情感的节奏。新诗教学,正是要从长短、急缓、抑扬、轻重、松紧等外在的节奏,去感知流动于诗句中的诗人的性灵与神思。例如:

不是一切大树
　　都被暴风折断;
不是一切种子,
　　都找不到生根的土壤;
不是一切真情
　　都流失在人心的沙漠里;
不是一切梦想
　　都甘愿被折掉翅膀。

不,不是一切
都像你说的那样!③

　　　　　　　　　　　　　　　　——舒婷《这也是一切》(节选)

复活节,不复活的是我的母亲
一个江南小女孩变成的母亲
清明节,母亲在喊我,在圆通寺

喊我,在海峡这边
喊我,在海峡那边
喊,在江南,在江南
多寺的江南,多亭的

---

① 朱光潜.诗论[M].朱立元,导读.上海:上海古籍出版社,2001:109.
② 朱光潜.朱光潜全集(第八卷)[M].合肥:安徽教育出版社,1993:535.
③ 舒婷.舒婷的诗[M].北京:人民文学出版社,1999:39.

江南，多风筝的
江南啊，钟声里
的江南
（站在基隆港，想——
想回也回不去的）
多燕子的江南①

——余光中《春天，遂想起》（节选）

《这也是一切》是舒婷对北岛充满愤激和消极情绪的《一切》的回复，她像一位姐姐劝勉自己处于青春叛逆期的弟弟一样，以女性特有的慈爱来劝慰北岛。这一连串的隐喻和排比，整体上的节奏是整饬急促，传递的情感也强烈坚定。但每两行诗组成的句子又是长句，因而显得自由舒缓，洋溢着母性温婉隐忍的光辉。"不，不是一切"这行诗中的第一个"不"其意不在强调，而是节奏的缓和，注意诗人并没有将叹号点在它后面。这两行诗构成新的小节，恰是对北岛的回答。虽不是针锋相对，但也是柔中有刚。据舒婷回忆：

> 1977年我初读北岛的诗时，不啻受到一次八级地震。北岛的诗的出现比他的诗本身更激动我。就好像在天井里挣扎生长的桂树，从一颗飞来的风信子，领悟到世界的广阔，联想到草坪和绿洲。我非常喜欢他的诗，尤其是《一切》。正是这首诗令我欢欣鼓舞地发现："并非一切种子都找不到生根的土壤。"在我们这块敏感的土地上，真诚的嗓音无论多么微弱，都有持久而悠远的回声。②

明白了这一点，我们就可避免将两首诗予以对立，而是发现它们是相辅相和的。因而朗读时，不必过分地铿锵，从而更好地把握其节奏，理解其真情。

余光中这首诗的节奏乍看起来非常奇怪，如果改成文章，大致的表述应该是这样的：

复活节，我的母亲是不复活的，她是由一个江南小女孩变成的。清明节，母亲在圆通寺喊我，在海峡这边喊我，在海峡那边喊我，在多寺的、多亭的、多风筝的、钟声里的、多燕子的江南喊我。但我站在基隆港，想回江南，却无

---

① 谢冕.中国百年诗歌选［M］.济南：山东文艺出版社，2022：779-780.

② 刘翔.舒婷和她的《这也是一切》［J］.江南（江南诗），2010（01）：84.

论如何回不去。

就是这样一段意思，经过作者对句子长短及语序调整、反复强调等方法的处理，立刻就将那种台湾游子思念故园的深情表达得淋漓尽致。另外，如果你试着去读，你会发现，词语的节奏也很不一样，就拿加点的"喊"和"想"两字来说，不拖长音读，不足以表现诗人那种怅惘和喟叹。

诗的节奏既体现在诗行之内，也体现在诗行之间。例如：

走过柳堤，那许多的表妹

　　就那么任伊老了

　　任伊老了，在江南

　　（喷射云三小时的江南）①

——余光中《春天，遂想起》（节选）

这节的第一行，就是紧承上节的末行"那么多的表妹，走过柳堤"而来的，诗人只是将主谓颠倒，就实现了过渡，而且具有一种回环反复的节奏美。本节中，第二行和第三行的衔接，也是借由反复巧妙完成，充满了诗人的伤感。

有时诗句的节奏不能只考虑诗句或诗节，而是要结合诗歌整体考虑的。例如：

谁不愿意

每天

都是一首诗

每个字都是一颗星

像蜜蜂在心头颤动②

——江河《星星变奏曲》（节选）

这一节诗的节奏令人感到有些奇怪，后两句的节奏很正常，前三句还可以有另外两种节奏：①"谁不愿意每天都是一首诗"；②"谁不愿意／每天都是一首诗"。为什么作者没有选用这两种呢？可能是为了突出"每天"。那为何第四句不断为"每个字／都是一颗星"呢？这几句诗的节奏是不是太随意

---

① 余光中.诗歌精读·余光中［M］.杭州：浙江人民出版社，2023：7.

② 上海辞书出版社文学鉴赏辞典编纂中心.文学经典鉴赏·新诗三百首［M］.上海：上海辞书出版社，2021：342.

了？然而，让我们将它与第二节的对应部分对照着读。那部分是这样写的：

> 谁愿意
>
> 一年又一年
>
> 总写苦难的诗
>
> 每一首都是一群颤抖的星星
>
> 像冰雪覆盖在心头

我们会发现，这两部分不但在形式上是接近对称的，而且在意象、诗意上也彼此照应、对比，甚至有意思上的递进。诗歌正是在"谁愿意""谁不愿意"的咏叹中呈现出独特而深刻的情与理。

新诗的格律就是随着诗人情感和思绪起伏的节奏。无论是词序、句序或句与句的衔接，新诗都具有很大的自由度，不合语法之处颇多。但这或许正是新诗节奏迥异于古诗的特点，这是一种发自内心的变奏。就让我们在教学中，或朗读，或欣赏，或比较，领着学生一起去把握新诗的节奏变化，去揣摩里面的诗情。

四、启人遐思的留白句

俗话说：文章忌写十分满，留白三分与他人。作文如此，写诗更是如此。所以，欣赏诗歌时要多留意那些启人遐思的留白句。其中，在诗句的停顿分行处留白是一种常见的形式，例如：

> 想不到
>
> 一棵枫树
>
> 表皮灰暗而粗犷
>
> 发着苦涩气息
>
> 但它的生命内部
>
> 却贮蓄了这么多的芬芳
>
>
>
> 芬芳
>
> 使人悲伤[1]

> ——牛汉《悼念一棵枫树》（节选）

---

[1] 谢冕.中国百年诗歌选[M].济南：山东文艺出版社，2022：692.

选诗的第二小节只有两行，共六个字，为何诗人不把它们并为一行呢？其实，结合上一节内容予以分析，我们就可发现这一停顿不只是使节奏更短促、感情更强烈，还在于给读者留下填补的空白。"芬芳"应该是令人快乐的气息，为何却"使人悲伤"？试着去填补其中的空白，较完整的逻辑大致是这样的："芬芳，想不到外表灰暗而粗犷的枫树内部竟如此芬芳，不过，它已经被砍倒了，再也不能复活了，这实在使人悲伤。"这种有意的留白要比诗人明言更能激发欣赏者的情感共鸣。

留白有时也可以是诗句中的一个词语一个意象，如臧克家《当炉女》中的"白绒绳"一词，就巧妙地暗示了女人丧夫的事实。

留白还可以是诗句中的一个意象或一组意象的组合。例如：

当蜘蛛网无情地查封了我的炉台，

当灰烬的余烟叹息着贫困的悲哀，

我依然固执地铺平失望的灰烬，

用美丽的雪花写下：相信未来。①

——食指《相信未来》（节选）

"蜘蛛网""炉台""灰烬""余烟""雪花"这一组意象接连出现，就给读者营造了一种广阔的思考空间。"炉台"是生火的地方，是不是隐喻了生活热情的丧失呢？或者反映知青生活的苦寒？如果有一点火与热，蜘蛛网就不复存在了，这是表现对黑暗势力的恐惧还是蔑视呢？铺平"灰烬"，用"雪花"书写，一方面表现了诗人的固执与希望，另一方面也流露了对现实的无奈与失望。

留白的形式很多，有些属于诗人的独创，如余光中《春天，遂想起》中别具一格的括号内的诗句：

①（可以从基隆港回去的）

②（那场战争是够美的）

③（从松山飞三个小时就到的）

④（我只能娶其中的一朵）

⑤（喷射云三小时的江南）

---

① 谢冕.中国百年诗歌选［M］.济南：山东文艺出版社，2022：708.

⑥（借问酒家何处）

⑦（站在基隆港，想——/ 想回也回不去的）

结合诗境，我尝试将这些句子的作用辨清，归纳如下：① 修饰提醒；② 补充说明；③ 修饰强调；④ 呓语独白；⑤ 突出强调；⑥ 跳跃联想；⑦ 强调照应。当然，每个人都可以有自己的解读。但无论如何，正是这些括号内的诗句给了诗境更广阔的地域空间和思绪空间，情感的热与现实的冷的冲突，距离的近与心理的远的矛盾，都在其中了。

为什么称为留白句，而不是省略句？因为留白不只是句子成分的故意空白，有时还是一种情绪的空白。前者在欣赏时容易发现，后者则比较难，需要用心用情投入。

最后，需要提醒的是，新诗语句分析既可以是局部独立的，也可以是整体联系的。语句分析只是欣赏的媒介。无论如何，我们的目的不能忘。那就是要沿波讨源，寻找诗人寄寓在诗中的幽情幽思。

然而，我们也要知道，诗人的创作有时是源于刹那的兴会，是讲究性灵的。诗人邵燕祥也说："我之写诗，多年来相信一个说法：诗不是'做'出来的，我总是等诗来找我，没有诗思不硬写。"[1] 所以，我们在欣赏诗歌时，或者在教学生欣赏诗歌时，也要十分敏感，千万不要硬来。

另外，也要明白诗有可解处，也有不可解处，不必一味地强求统一。

当然，诗歌的鉴赏力还来自欣赏者心灵的丰富想象和直觉领会，一个内心贫乏的人是很难从诗歌的字词和语句中领悟些什么的。正如黑格尔所认为的那样，构成诗的只是单纯的符号，"这符号本身并无意义，只因为标志出某些观念，才获得价值"[2]。他还明确地指出："（诗）所表现的是情感、观感和观念本身，使我们也能对外在对象画出（想象出）一幅图形来，尽管诗既达不到雕刻和绘画的造型艺术的鲜明性，也达不到音乐的心灵的亲切情感，因而不得不求助于我们平常用的感性观照和无言的心领神会，来弥补它的不足。"[3] 读诗不仅在于读懂词句和字面，更要进入到诗的内部，追溯到诗的源头，与诗歌

① 邵燕祥. 从"芭蕉"说到"空气"[J]. 语文学习, 2006（09）: 2.

② 汪流. 艺术特征论[M]. 北京: 文化艺术出版社, 1986: 245.

③ 汪流. 艺术特征论[M]. 北京: 文化艺术出版社, 1986: 247.

背后那一颗鲜活的诗心深刻相通。

第四节　错落与整齐

山野里的树或直或歪，或高或矮，土生荒长，有自然美。小区里的灌木要时常受园丁刀剪修理，团团簇簇，平平整整，有人工美。你要说大自然历来就不崇尚整齐，而是参差多态。后半句对了，前半句还需打个问号。蚁穴曲曲折折，没个定型，那么蜂巢难道不整齐不规则吗？所以说，无论错落还是整齐，都是一种美。自然界如此，诗歌的建行分节也是如此。

纵观中国古代诗歌史，《诗经》大体是整齐的，《楚辞》则是错落的，汉赋唐诗是整齐的，宋词元曲又是错落的。但是，凡事没有那么绝对。诗赋中也有杂言，词曲中难免对偶。发展到新诗，最初是崇尚自由的，为的是打破旧诗格律的藩篱。渐渐地又觉不妥，开始追求诗行的整齐和音韵的和谐。两条线碰撞、交织，齐头并进，倏忽百年，虽然到目前为止，整体上中国新诗是以错落有致的自由诗为主，但讲究格律章法的格律诗和半格律诗依然有不少的拥趸。

徐志摩曾言："谁要是拘拘的在行数字句间求字句的整齐，我说他是错了。行数的长短，字句的整齐或不整齐的决定，全得凭你体会到的音节的波动性。"①

这句话启示我们诗歌的错落与整齐分为形式上和音节上两个层面。所谓整齐不整齐，并非指字数的完全一致或不一致，而是指音节的波动是否整齐。

我们先来说形式上的，主要是诗歌的建行问题。诗歌为什么要建行？除了它是诗歌区别于其他文体最明显的标志，以及它最初是学习西方的结果外，它还有以下几种功能。

一、增加语言的丰富性

传说清朝末年，慈禧让一个人在扇面上题写王之涣的《凉州词》。结果那人一紧张，就漏了一个"间"字，慈禧大怒。那人灵机一动，就说自己这是改

---

① 赵家璧.中国新文学大系·文学争论集［M］.上海：上海良友图书印刷公司，1935：335.

《凉州词》而成的一首词，说完，就读了起来："黄河远上，白云一片，孤城万仞山。羌笛何须怨？杨柳春风，不度玉门关。"慈禧一听，转怒为喜，还降旨赏了这位书法家。

为什么讲这个故事？其实就是为了说明汉语博大精深，可以自由切分组合，非常富有弹性和变化，诗歌的分行其实考验的就是你切分组合词句的能力。

例如戴望舒的《灯》的末两节诗，就极尽语言长短整散雅俗之变化。

已矣哉！
采撷黑色大眼睛的凝视
去织最绮丽的梦网！
手指所触的地方：
火凝作冰焰，
花幻为枯枝。
灯守着我。让它守着我！

曦阳普照，蜥蜴不复浴其光，
帝王长卧，鱼烛永恒地高烧
在他森森的陵寝。
这里，一滴一滴地，
寂然坠落，坠落，坠落。[①]

最短的行是三个字，最长的行是十一个字，诗歌整体上是错落参差的，但两组整齐的诗行又增加了诗歌的稳定性。"已矣哉"是直接从古诗中借来的，"浴其光"带有文言色彩，它们和白话和谐地融在一起，可谓雅俗同赏。"一滴一滴"和三次"坠落"，增添了诗歌的音韵美。而第一节最后一行，作者并没有将其分为两行，也没有完全重复"灯守着我"，而是反复中有变化，"灯守着我"是客观的事实，"让它守着我"是诗人的呼号乃至命令，这就把那种强烈执着的心声完全表露出来了。

所谓窥一斑而见全豹，新诗建行颇能显示汉语的弹性和韧性，是每一个

---

① 孙玉石.新诗十讲［M］.北京：中信出版社，2016：219-220.

创作者都须认真对待的。

二、产生视觉的建筑美

秋夜的灯是／苦思者的伴／风意寒峻地

独行者的心／仍想着灯吗／一点的华丽

窗前便开着／客子心上的／多梦寐的花

寂静的夜空／无边的落叶／装饰了园地[①]

诗人林庚的这首《秋夜的灯》是他采用五字节奏单位写作的，形式上非常整齐，具有一种建筑美。但其内在的音顿又不完全一致，仍具备一定的自由。

任何艺术都有其独特的艺术形式，诗歌作为一种语言艺术，自然也有其相应的艺术形式。在闻一多先生看来，这形式就是"节的匀称和节的均齐"的建筑美。正如倡导"点铁成金"的黄庭坚一样，凭借他的才华，在运用前人典故诗句的同时还能不失本意。以闻一多为代表的优秀诗人还可以"戴着镣铐跳舞"，写出诸如《死水》《雨巷》等形美质实的新诗，但大多数人是难以适应的，于是就产生了许多被人诟病的豆腐干样的方块诗。殊不知，真正的建筑美并不是唯有"方块"这一种，还有许多其他的样式，还可以在整齐中融入变化。迄今为止，人们仍未给出完美的答案。有人归纳现代格律诗的两大类型：

> 一曰"整齐式"，一曰"对称式"。简言之，前者就是在一首诗中，每行顿数相等的格律形式，后者就是在一首诗中，第一节每行顿数不等，可是以后每节相应行顿数相等的规律形式。[②]

这段话看似说得清楚，实则仍脱不了闻一多的窠臼。在我看来，诗的建筑美并不一定非要讲究匀称和均齐。从这个人为的牛角尖里钻出来，我们才能闯出新的天地。只要我们作诗时少一些散漫，能够对字句多些形式上的斟酌即可。正如梁宗岱所言：

> 诗，最高的文学，遂不能不自己铸些镣铐，做它所占有的容易的代价。这些无理的格律，这些自作孽的桎梏，就是赐给那松散的文字一种抵抗性的；对于字匠，它们替代了云石底坚固，强逼他去制胜，强逼他去

---

① 许霆.中国新诗韵律节奏论[M].北京：北京师范大学出版社，2016：251.
② 万龙生.外国诗歌汉译与中国现代格律诗[J].常熟高专学报，2004（01）：69.

解脱那过于散漫的放纵的。①

若是丝毫不考虑诗的格律，不考虑诗的建筑美，则新诗很容易沦为被人们嘲骂的"梨花体""乌青体""羊羔体"等劣质分行文字。

三、抒发情感的复杂性

诗行的长与短，语句的畅与涩，真的是完全自由的吗？是想怎么写就怎么写的吗？肯定不是的。因为它们与你要抒发的情感息息相关。欲写急切，必用短句；意在悠然，宜用长句。欢愉时断句宜畅，可用反复、排比等手法；压抑时分行宜涩，可用诗逗（将一行诗中间添加空格，分为两个部分）、拆句（将完整的句子分为两行或多行）等形式。

总之，自由体诗行绝对不是简单地随意写下的，它的建行需要遵从一定的原则。

> 这个建行原则，就是韵律结构和语义结构的需要，具体方式就是诗句分行。结果是有的诗行是一句，有的诗行是两句或多句，有的诗行是半句或句子的一个成分，还有的诗行是句子连绵不断地跨行，呈现出丰富多彩的景象。②

我们来看戴望舒的《烦忧》这首诗：

说是寂寞的秋的清愁，
说是辽远的海的相思。
假如有人问我的烦忧，
我不敢说出你的名字。

我不敢说出你的名字，
假如有人问我的烦忧：
说是辽远的海的相思，
说是寂寞的秋的清愁。③

这首诗有点像古代的回文诗，第二节只是对第一节的逐行倒写。这样安

---

① 梁宗岱.梁宗岱文集（Ⅱ）[M].北京：中央编译出版社，2003：24.
② 许霆.中国新诗韵律节奏论[M].北京：北京师范大学出版社，2016：78.
③ 吴晓.新诗美学[M].北京：中国社会科学出版社，2018：144.

排，给人循环往复、终而复始的感觉，暗示了烦忧的无休无止。那么可不可以将两节诗互换一下呢？不可。因为押韵不一样。第一节诗"思""字"押 i 韵，属于单元音韵母，发音时口腔开度很小，发音短促，适合表达疑虑等情感，而"忧"和"愁"押 ou 韵，属于复合音韵母，发音更加复杂，气息深长，更适合抒发忧伤的情感。押韵的变化，也传递出诗人的愁绪逐渐加深。

四、制造审美的陌生化

所谓陌生化，在建行上来说，就是和正常的表达不一样。这样建行，能够引起读者的注意，带来不同凡响的审美体验。例如，李金发的《有感》的前两节：

如残叶溅
　　血在我们
　　　脚上，

生命便是
　　死神唇边
　　　的笑。①

这首诗建行非常特别，完全不合语法的规范，所断处并不是自然的词语衔接的地方。然而正是这种陌生感，加之楼梯式的分行布局，使得诗歌具有了特别的意味，将诗人"感"的断续与内心痛苦的撕扯暗示出来。

李贺写诗有自己的锦囊，往往得句而成篇。其实，一首诗有时就是从一行诗生长出来的。

个别的一行诗固然引起我们一种节奏的经验……但是要成为真正的诗的性质，对于我们的感情还缺少某种东西。它需要进展、摆动、循环。②

既然诗歌的建行如此重要，那么我们应该如何建行呢？首先，诗行的参差长短应以人的呼吸吐纳的节律为度。

所谓诗行太长，指的就是同人的呼吸吐纳节律相拗。因此，我们认为不仅四音顿诗行而且五音顿诗行的长度都是适宜的，它是可以与各国

————————

① 孙玉石.中国现代诗导读（1917—1937）[M].北京：北京大学出版社，2008：85.
② [瑞士]沃尔夫冈·凯塞尔.语言的艺术作品[M].陈铨，译.上海：上海译文出版社，1984：104-105.

诗行长度以及我国传统诗行长度接轨的。①

以呼吸单位为诗行长度看起来十分合理，但也有危机潜伏其中。美国诗人艾伦·金斯堡在《嚎叫》中所进行的长诗行试验，一行诗竟有十八个单词之多，可见他肺活量惊人。一般而言，一行诗大多不宜超过印刷的一行。有些诗行印在书上还有拐弯，未免有点太长，读起来也不舒服，而且常让人误解。当然，这也仅对于汉语诗而言，毕竟其他语言的单词长度不一，难以统一衡量。总之，要给新诗建行，除了参考人的呼吸吐纳以外，还要掌握一定的方法。概而言之，主要有以下几种：

一、依韵律分行

最典型的莫过于新月派诗人的诗，如闻一多的《死水》，徐志摩的《再别康桥》，每两行的最后一个字都是韵脚，这样的分行就韵律和谐，很容易判断。

如卞之琳《白螺壳》的前两节：

空灵的白螺壳，你，

孔眼里不留纤尘，

漏到了我的手里

却有一千种感情：

掌心里波涛汹涌，

我感叹你的神工，

你的慧心啊，大海，

你细到可以穿珠！

可是我也禁不住：

"你这个洁癖啊，唉！"②

作者为什么要将第一节第一行的"你"和第二节最末一行的"唉"置后，一来是抒情的需要，更重要的是为了与第一节第三行的"里"，第二节第二行的"海"押韵。

---

① 许霆.中国新诗韵律节奏论［M］.北京：北京师范大学出版社，2016：74.

② 孙玉石.新诗十讲［M］.北京：中信出版社，2016：251.

二、依节奏分行

节奏和韵律相关，却并不相同。韵律是抽象的规则，为节奏提供基础；节奏是具体的方法，对韵律进行调整。我们来看朱湘的《采莲曲》，诗中有这样的诗行：

> 日落，
>
> 微波，
>
> 金丝闪动过小河。
>
> 左行，
>
> 右撑，
>
> 莲舟上扬起歌声。[1]

诗人为什么采取这样长短不一的诗行呢？那长短不一的有规律跳动的诗行，活生生地再现了行舟采莲的欢快节奏。我们仿佛看到姑娘们一边撑着小船，一边唱着歌，船儿过处，小河上泛起微波，柳丝在夕阳中闪动着金光……这里短促诗行造成的视觉节奏转化为轻快的听觉节奏，使诗歌如行云流水，显现出流畅的音乐美。我们试把这两行诗改为"日落微波金丝闪动过小河／左行右撑莲舟上扬起歌声"，不仅看起来费劲，而且那跳动的欢快的节奏也丧失殆尽。

三、依情意分行

诗歌的分行，因为字数的多少、音顿的变化，常常是和作者的情意息息相关的，例如王辛笛的《狂想曲》（节选）。

> 我想问
>
> 我想呼唤
>
> 我想告诉他，安东·契诃夫，
>
> 我想告诉他：
>
> > 是一个契丹人
> >
> > 是一个病了的
> >
> > 是一个苍白了心的

---

① 公木 . 新诗鉴赏辞典［M］. 上海：上海辞书出版社，1991：182.

　　是一个念了扇上的诗的

　　是一个失去春花与秋燕的

　　是一个永远失去了夜的……①

　　这首诗最初发表于 1937 年 7 月 10 日，写于 1936 年 5 月，当时诗人正在英国爱丁堡大学求学，忧心国内时局，产生了强烈的思乡之情。然而，山水迢迢，归国又岂是那么容易。于是诗人在幻想被现实打破之后，发出了这一连串叠句式的抒情，"契丹人"是外国人对中国人的称呼，后面的"病了的""苍白了心的""念了扇上的诗的""失去春花与秋燕的""永远失去了夜的"都是修饰语，所选的意象也都具有强烈的暗示意味，抒发了内心强烈的愁苦，也给读者提供了想象空间。

　　又如穆旦的《城市的舞》的首尾两行的文字都是：

　　为什么？为什么？然而我们已跳进这城市的回旋的舞②

　　为什么只是一行，而不是两行，或者三行？主要还是抒情的急迫，不容中断。断了，情也就不那么烈了。作者对城市的疑惑也就变得轻淡了。

　　四、依图形分行

　　汉字的象形特点，使得诗歌具有了形象性。每一幅字，都像是一幅小画，或者流动的场景。这培养了中国人良好的视觉审美能力。因此，有些诗人创作诗歌时，就有意地将图形纳入其中，赋予了诗歌丰富的层次。

　　闻一多的《忘掉她》，是痛悼爱女的，全诗共七节，都是这样的形状：

忘掉她，像一朵忘掉的花！

　　像春风里一出梦，

　　像梦里的一声钟，

忘掉她，像一朵忘掉的花！③

　　有人说，这样排列的诗行形似棺木，而中间的两行诗"像春风里一出梦，/像梦里的一声钟"则像爱女静静地躺在其中。诗人不仅仅是通过诗句的意义来抒发悲痛，还利用诗行的排列来传递自己的哀思。

---

① 孙玉石. 新诗十讲［M］. 北京：中信出版社，2016：389–390.

② 孙玉石. 新诗十讲［M］. 北京：中信出版社，2016：460.

③ 闻一多. 红烛　死水［M］. 北京：人民文学出版社，2020：185.

诗人海桑有一首小诗《鹤立鸡群》：

鹤立鸡群立久了

会

不会

变

成

鸡①

这首诗如此建行似乎是模拟鹤的长腿，让人想起日本导演北野武的电影《阿基里斯与龟》，电影中的小男孩真知寿自幼酷爱画画，拥有惊人的天赋，然而在平庸画家的误导和急于得到名利的驱使下，他越努力越平庸。就像鸡群里的仙鹤，努力地弯下腰，想让自己更像一只鸡。

依图形分行固然有其额外的加成效果，然而这种形式总有喧宾夺主的嫌疑，因为诗歌本身是语言的艺术，应当通过语言的编码来传递情思，靠这种构图式的建行，有时会陷入以形害辞的情况。比如，要写一首公章的诗，就把诗行排列成公章的形状，要写一首蜻蜓的诗，就把诗行排列成蜻蜓的样子。林亨泰很喜欢玩这种把戏，比如他的《风景》就是利用竖排的样式，将字句进行分割组合以形成一种视觉的律动，然而却遭到了流沙河的嘲讽。顾城的诗《鬼进城》中有一小节是这样排列的：

零
点
的
鬼，
走路非常小心，它害怕摔跟头，
变
成
了
人。②

诗人廖伟棠觉得很有趣——

① 海桑.我是你流浪过的一个地方[M].北京：新星出版社，2012：71.
② 廖伟棠.我偏爱读诗的荒谬：现代诗的三十堂课[M].北京：北京燕山出版社，2023：204.

它排列成一个十字架的形状。这当然和死亡有关系，但同时它也代表着十字路口。鬼进城，走到十字路口，正是生死交错的关头，我们要往哪一个方向去？鬼有鬼的选择，人有人的选择，千万别撞伤了，摔个跟头，变成互相不想成为的对方。[1]

但在我看来，也是形式大于内容。此种做法，终究只是小技，抱着游戏的态度偶尔尝试一下是无妨的，切不可痴迷于此。否则，就像寓言中的愚人一样，为了让自己的弓变得更美，就在上面雕了纷繁的装饰，结果破坏了弓的结构，落得个弦断弓折的结局。

五、混合式分行

上述四种分行的原则，有时并不是单一出现的，而是混合在一起，从而使诗歌具有更多样的解读角度。例如苗强的《猎人和黑豹》（节选）：

在一条长长的峡谷中

他们果然相遇了

一个

猎

人

一只

黑

豹

他们对峙着

空气绷得紧紧的

正午的阳光绷得

紧紧的[2]

短行本来就给人急促之感，诗的三到八行却全是一字或二字行，不但在构图上造成了"长长的峡谷"，而且将"猎人"和"黑豹"狭路相逢的那种画面

---

① 廖伟棠.我偏爱读诗的荒谬：现代诗的三十堂课［M］.北京：北京燕山出版社，2023：205.

② 许霆.中国新诗韵律节奏论［M］.北京：北京师范大学出版社，2016：237-238.

也表现出来了，我们似乎能够感受到他们受到威胁时那种绷紧的肌肉和神经，所以诗人后面用"空气""阳光"来烘托这种紧张感。

讲完了错落与整齐在形式上的关系，也即诗歌的建行问题，接下来，我们再来简要谈谈二者在音节上的关系。音节在新诗的表现主要是声、韵、顿三个方面，这在第四章的"新诗与音乐"中有较为详细的阐述。此处就不再重复了。

总之，新诗的错落和整齐都是美的，二者的碰撞相融也是美的。我们不应该过分地强调某一方，而对另一方抱有成见。须知，无论错落还是整齐，都是为抒情达意服务的。明白了这一点，无论是欣赏还是创作新诗，都有一定的积极作用。

第五节　意象与意境

关于意象，历来解释有很多。这里仅选择两种来予以分析，以探究意象的实质究竟是什么。

意象是"在一刹那呈现理智和情感的复合物的东西"[1]，美国诗人庞德如此界定。他强调一刹那对于诗歌意象的重要性，突出了诗人的直觉。但有时意象的出现或许并非刹那完成的，而是积蓄已久苦心经营的结果。

意象是诗人在感情、情绪的能动作用下，对万事万物进行全面改造以后的、主观的、变形的具象。[2] 这是钟文在《诗美艺术》中对意象下的定义，是在综合了许多关于意象的认识之后作出的界定。这个定义有点啰唆，过多的限制语看似作了更细密的限定，但问题也正在于此。难道一定要"全面改造"吗？难道意象一定是"主观的、变形的"吗？而且，相较于庞德的定义，此处又丢失了"理智"这一重要内容。

所以，简而言之，意象就是倾注了诗人理智和情感的具体形象。再简单地来说，就是达意之象。和"形象"相比，意象明显承载了诗人的意绪。好比一幅画作，远山田野只是背景，独立于原野上的一棵被雷电烧焦而依然挺立

---

① 吴晓 . 新诗美学［M］. 北京：中国社会科学出版社，2018：28.

② 吴晓 . 新诗美学［M］. 北京：中国社会科学出版社，2018：28.

的树才是意象。

意象对于诗歌的作用非常重要。首先，作为一种艺术符号，它既有其表面的指向意义，也有其内在的指向意义。意象比语言层次更高，更具独立性、生命性。像牛汉笔下的"华南虎"，表面来看，仅仅是动物园里的一只老虎，但其实质却指向一个被束缚而"不羁的灵魂"。联系诗作的写作年代，1973年，其深层的象征意义就更加明显了。

其次，意象凭借其鲜明生动的特征，可以使复杂隐秘的情思得以显现，将无形的化为有形的，将不可知的变为可知的，把模糊的变成清晰的。例如，主张男女平等这一思想并不稀奇，但具体怎样才能使女性获得与男性一样的地位，人们很难表述清楚，舒婷的《致橡树》通过"橡树"和"木棉"的意象对比，就成功地将之申明，男女平等并不是对立，而是在爱情和婚姻中共同"分担寒潮、风雷、霹雳"，也共享"雾霭、流岚、虹霓"。这就将许多人思想中的误区予以澄清，产生了积极的社会效应。

最后，意象还具有强大的留白功能和暗示效应。因为意象本身的丰富特性，加之意象与意象之间的复杂关系，意象能够给读者带来不同的理解和审美。例如，北岛的宣告结尾的两句"从星星的弹孔里／将流出血色的黎明"，就暗示着遭受不公正处决的人以他的死亡激起人们的反抗和斗争，具有强烈的斗争精神。

然而，有人说"有没有意象，是诗与非诗的根本区别"①。这有点言过其实了，夸大了意象对于诗歌的作用。对于大多数诗歌来说，就是意象符号的系列呈现，是一个独立自足的意象符号系统。

那么，相较于古诗，新诗意象有哪些特征？

一、传承性

一个民族的诗歌发展，无论如何总有传承的脉络和余绪。正如荣格所言：

原始意象……是同一种类型的无数体验的心理残迹……每一个原始意象中都有着人类精神的和人类命运的一块碎片，都有着在我们的祖先的历史中重复了无数次的欢乐与悲哀的残迹，并且整个地始终遵循同一条路线。它宛如心理中的一道深深开凿出的河床，生命流在这道河床上

---

① 吴晓．新诗美学［M］．北京：中国社会科学出版社，2018：23.

突然奔涌成大江，而不是像从前那样在宽阔然而清浅的小溪中漫泻。①

新诗中的意象也有采撷古典诗歌意象的，如郑愁予《错误》中的"莲花"、戴望舒《雨巷》中的"丁香"、席慕蓉《乡愁》中的"月亮"、邵燕祥《沉默的芭蕉》中的"芭蕉"等等，都是与古典意象一脉相承的。这种传承显示了古典意象以及其所承载的文化信息的蓬勃生命力，也表明新诗的发展离不开古诗的基础，二者并非完全对立的关系。

二、独创性

由于新诗语言的平易，和日常语言毫无二致，迫使诗人在意象的选择和安排上极尽能事，以营造陌生的新奇。这样的意象不再仅仅是直觉，而是诗人灵魂深处深深的紧张和悸动。以海子的诗为例，麦子、麦田、亚洲铜、太阳、野花、井、水罐、村庄、王冠等缤纷的单一意象已足够令人称奇，而那些组合的意象更是出人意料，在海子的笔下，九月的云成了"瀑布"，孤独成了"一只鱼筐"，双脚在雨鞋里就像"火走在柴中"，花朵变为"嘴唇"，嘴唇化作"头颅做成的酒杯"。海子的诗之所以备受推崇，和这种带有强烈个人色彩的独创意象有很大的关系。

同样的意象，在不同的诗人笔下呈现出别样的风采，也是新诗意象独创性的表现。面对同样的形象，新诗人各自寻找自己开矿的井口，挖掘独属于自己的矿藏。就拿"旗"这个意象来说吧，闻一多将它视为国家的象征，艾青赞它"是被压迫者反抗的火"，穆旦称它"是写在天上的话"，"你最会说出自由的欢欣"，而痖弦由旗的飘起跌落落而复起，联想到"一些子宫"的空虚又饱满然后再变得空虚。再如"太阳"，闻一多将它视作家乡以此慰藉游子的思乡之情，艾青形容它是"若火轮飞旋于沙丘之上"，海子说"太阳是我的名字""太阳是我的一生"，江河将太阳写成一只牵绳的狗，多多将太阳比作"一枚四海通用的钱"，舒婷则说西西里太阳"是艘破冰船"。

三、多样性

由于时代的发展，大量新事物的出现给予诗人更多的选择。加上新诗诗体的解放，诗人们放开手脚，拓展了吟咏的对象。这使得新诗的意象变得空前繁荣。例如，杨炼的《黄》这首诗，通过对"黄"这一颜色的联想，以一连串

---

① 王一川.意义的瞬间生成［M］.济南：山东文艺出版社，1988：176.

密集的意象呈现自己关于历史荣辱和民族命运的思索：

> 我的颜色就是民族的颜色
>
> 沙漠、手；落日、脸
>
> 我的颜色就是劳动的颜色
>
> 　庄稼、茧；露水、汗
>
> 　和那些没有果实的树木
>
> 　和那些退潮后的沙滩
>
> 一条以我命名的河流
>
> 吻过庄严的岁月，留下光荣
>
> 　与痛苦，层层叠起
>
> 　像记忆，像腐朽的雕栏
>
> 我的颜色也是耻辱的颜色
>
> 　堂皇的油彩在剥落
>
> 　金子从港口涌向海面
>
> 　涌向浑浊的波涛
>
> 　同我的河流的愤怒交织翻卷[①]

这样的情况，在古诗中是很少见的。这里意象的密度显示了诗人丰富的想象力和高超的表达力。一首诗即是如此，那么新诗百年所创造的意象累积起来，真是相当可观了。当然，也并不是说一首诗中意象越多就越好，关键还是以传情达意为旨归。

四、跳跃性

流沙河说："写散文是爬梯，写诗却是跳梯。"[②] 这话很精辟，因为诗歌的意象往往是带有跳跃性的，尤其是意象和意象之间往往留有或大或小的空白，需要你运用头脑去补足，去跳跃。否则，写也写不好，读也读不来，被困住了。

在这方面，张枣的诗颇为典型。例如，他的《故园》（十四行诗）中的几行诗，我们试着来跳一跳，看看能否解读出其中的留白之意。

---

① 吴晓.新诗美学［M］.北京：中国社会科学出版社，2018：102–103.

② 流沙河.写诗十二课［M］.成都：四川文艺出版社，1985：85.

春天在周遭耳语

向着某一个断桥般的含义

有人正顶着风，冒雨前进

也许那是池塘春草

典故中偶尔的动静 [①]

这首诗的副标题是"柏桦兄生日留存"，写于 1985 年 1 月 21 日的重庆，而柏桦的生日是 1 月 27 日，点明是送给朋友柏桦的，而且是生日纪念。这就为我们解读这首诗歌提供了一些必要的信息。柏桦的生日是在腊月十五，春天已近在眼前，这大概就是第一行诗所传递的意思。而第二行诗以断桥喻"含义"，说明这是一个还没有完全想好的想法，是不是暗示自己还在犹豫要不要出国，张枣是次年出国留学的。这样，第三行诗也就顺理成章了，第四行用了"池塘生春草"的典故，第五行中"偶尔的动静"是什么呢？是诗人自己渴望顶着压力前行的想法，还是对友人的祝福？谁都难以解释清楚，或许只有当事人可以意会。张枣的诗晦涩难解，这种跳跃就是原因。诗写得让人都看得懂，不一定是好的。但若是写得谁也看不懂，那一定不太好。之所以选择这首诗来解读，正因为他提供了一些必要的解读信息，赠诗的对象和缘由，写诗的时间和地点。

五、自足性

所谓自足性，是指诗歌意象可以在诗歌内部获得充足的呈现，从而裸露出其承载的情意、思想和事件。艾青的诗《鱼化石》就是通过想象构建了鱼化石的来龙去脉，进而挖掘了这个意象蕴含的哲理：离开了运动就没有生命，活着就要斗争。

诗人欧阳江河曾这样分析商禽的诗《鸡》：

鸡的存在价值，鸡的生长过程，鸡与人类生存、与自然环境发生关系的方式——所有这一切似乎都成了现代食品工业的乏味的技术性环节。在这样的鸡身上去寻找呼唤太阳的声音显然是徒劳的，因为像"声带"这类多余无用的东西，正是鸡在"进化"成为工业产品的历史过程中必须扬

---

① 张枣. 张枣的诗（修订本）[M]. 北京：人民文学出版社，2021：47.

弃的农业文明之残留物。①

认识了意象的这些特性，接下来我们来分析一下这些特性如何获得。

首先，这一切都源于诗人。作为创作者，他选取他喜欢的，他寻觅他想要的，他表达他所感觉到的思考出来的。除了充分调动自己的感官去体验去发现以外，诗人还要"灵视"的能力。刘勰在《文心雕龙·神思》里提出"窥意象而运斤"的美学命题，一个"窥"字也包含了"灵视"的因素，因为并不是所有的意象都是可以用眼睛去窥的。

> 所谓灵视就是幻想状态中的视觉。肉眼看不见的，灵视可以看见，从无中看出有来。说得神秘些，人类的颅腔里长着第三只眼睛，专司灵视。说得科学些，灵视表现为一个人的主观显象能力。这种主观显象能力不是记忆力，也不是对人情世态的洞察力，但同这两者有密切的关系——记忆力和洞察力对一个人的主观显象能力肯定大有帮助。此外，主观显象能力的发挥即灵视的作用，又往往以激情为动力。情绪冷冰冰，激动不起来，第三只眼睛是很难睁开的。②

昌耀的《荒甸》这首诗写于 1961 年，当时的诗人正在接受劳动改造，忍受着折磨。然而，这大山的囚徒却依然可以从繁重的体力劳动中和致命的饥饿中，睁开自己的眼睛，运用自己的"灵视"，去观察周围的一切，去发现高原的美。

我不走了。

这里，有无垠的处女地。

我在这里躺下，伸开了疲惫了的双腿，

等待着大熊星座像一株张灯结彩的藤萝，

从北方的地平线伸展出它的繁枝茂叶。

而我的诗稿要像一张张光谱扫描出——

这夜夕的色彩，这篝火，这荒甸的

---

① 西渡．名家读新诗［M］．北京：北京联合出版公司，2017：285．

② 流沙河．写诗十二课［M］．成都：四川文艺出版社，1985：55．

情窦初开的磷光……①

在这首诗里，大熊星座真是美丽至极，诗人用"张灯结彩的藤萝"来形容它，既是出于生活经验的印象，也出于自己浪漫的想象。这样写，整个星空就不再是死寂的，而是充满生命力和动态美。磷光本是令人感到恐怖的，但诗人却将之拟为"情窦初开"，也许和他当时的处境有脱不开的关系。诗人长期被劳改，实在是太压抑太痛苦了。

有些诗人特别重视梦境的启示，甚至写一些记录梦境的诗。正如胡适所说的那样：

都是平常经验

都是平常影像

偶然涌到梦中来

变幻出多少新奇花样②

其实，这也是一种"灵视"的体现，只不过他的"灵视"是通过梦的方式来呈现的。

其次，意象的特性来自于意象与意象之间的处理，前面所举的例子已经非常明显地表明了这一点。诗人通过想象和联想，运用比喻、比拟、对比、夸张、顶真等手法，通过时间和空间的串联，使得意象和意象发生了联系。

概括起来，意象和意象的关系有并置、修饰、对比、叠加、错位、分离、聚合等几种情况。舒婷《致橡树》中的"橡树"和"木棉"就是并置和对比的关系，起初我并不是非常理解这一点，但当我在广西第一次看到木棉树，我真的惊呆了，它竟然如此粗壮高大，也只有它才能够与橡树在体量上分庭抗礼。但它枝头累累的红花，又赋予了她女性的象征。凡是运用比喻、比拟手法的，都是修饰关系。在此，着重讲一讲意象与意象间对比、错置、分离的情况。我们先来看几首诗：

用薄金属锤成的日子

属于敲打乐器

---

① 昌耀. 昌耀的诗［M］. 北京：人民文学出版社，2013：8.

② 吴晓. 新诗美学［M］. 北京：中国社会科学出版社，2018：17.

不信，你可以去叩地平线

这是重阳，可以登高，登圆通寺
汉朝不远
在这声钟与下声钟之间 ①

——余光中《登圆通寺》（节选）

这两节诗总共用了三次错置，"地平线"的光是视觉的明亮，"敲打乐器"是听觉的响亮，"登高"是空间的上升，而"汉朝"是时间的回溯，"这声钟与下声钟之间"时间是短暂的，而竟可以回到汉朝。正是通过这样的错置，诗人巧妙地表达了一大早登圆通寺听闻寺钟悠然的体验，并非全是写实，而是打破时空和感官，营造了一种明朗、古朴、神圣的意境。所谓错置，仿佛毕加索的抽象画一样，人物的五官四肢都不在正常的位置，却也创造了一种独特的美。错置将一些现实中不可能的连接建立起来，从而让人更能体会到其中的诗意。如海子的《我感到魅惑》：

我看见，风中飘过的女人
在水中产下卵来
一片霞光中露出来的长长的卵

……

我感到魅惑
有一种蜂箱正沿河送来
蜂箱在睡梦中张开许多鼻孔 ②

女人和卵，蜂箱和鼻孔，这样的意象组合令人称奇，也恰到好处地表达了诗人的"魅惑"，既感到了一种神奇的魅力和美丽，也感到困惑。

错置有时表现为主客的颠倒。本来是风吹动了树叶，却写成"树叶吹动

① 余光中.诗歌精读·余光中［M］.杭州：浙江人民出版社，2023：43.
② 海子.海子的诗［M］.北京：人民文学出版社，1995：74—75.

了风"。戴望舒《秋天的梦》不说风吹动了树叶，树叶晃动了牧女的羊铃，而是写成"迢遥的牧女的羊铃／摇荡了轻的树叶"。李钢的《古国的春天》就将自己阅读诗经形容为"十五国风吹我"。在诗歌中，类似这样的例子虽然不是非常密集，但往往给人新奇之感。

　　诗歌的分离主要表现为将一个完整的意象进行拆解，从而形成多个意象，并通过这多个意象的分离，使我们更好地理解那一个完整的意象。

　　荷兰诗人凯·斯希普斯的诗《比扬卡进入艺术的第一步》就巧妙运用了意象的分离：

视觉艺术的界限

被扩展：

一只鞋是一件艺术品

音乐的界限

被扩展：

鞋子的咯吱声是音乐

芭蕾舞的界限

被扩展：

行走是舞蹈

诗歌的界限

被扩展：

一只童鞋的尺寸是一首诗

比扬卡——一岁半

穿着第一双鞋

走过房间 ①

---

① 高兴.我承认你并不跟我的诗神有缘［M］.上海：上海文艺出版社，2013：36-37.

一岁半的比扬卡走过房间这一母意象分离成为"鞋子""鞋子的咯吱声""行走""童鞋的尺寸"四个子意象，分别与视觉艺术、音乐、芭蕾舞、诗歌相照应。这样处理就将小比扬卡学步的场景表现得温馨无比，极具艺术气息和纪念价值，表现出诗人的无比喜悦。如果只是陈述事实，仅仅最后一节就够了，但那样就会显得平淡无奇。

卞之琳的《白螺壳》也运用了意象的分离，最后还设置了一个悬念，启发读者去补足，以下是节选：

> 我梦见你的阑珊：
>
> 檐溜滴穿的石阶，
>
> 绳子锯缺的井栏……
>
> 时间磨透于忍耐！
>
> 黄色还诸小鸡雏，
>
> 青色还诸小碧梧，
>
> 玫瑰色还诸玫瑰，
>
> 可是你回顾道旁，
>
> 柔嫩的蔷薇刺上
>
> 还挂着你的宿泪。①

诗人将一系列意象的颜色与主体分离，"一切有生命和美好的理想都失去了，物归原处，各安其所。'我'还是原来的'我'。现实是无情的。一切仍还原为一切。这时候，唯一可以慰藉于心灵的，是当自己回首往昔，在人生追求所走过的路旁，'柔嫩的蔷薇刺上'，还挂着那象征痛苦的'宿泪'。理想的获得要以痛苦为代价，人生彻悟之后的解脱感是一种超越悲哀的悲哀。'宿泪'是'愁潮'的浪花，是追求者的美丽。诗人把理想与现实冲突的永恒主题以美丽而具痛苦感的意象暗示得极深刻，也很含蓄"②。

有时，这分离还可以是将意象的象与意分离，从而达到一种类似于借代或比喻的效果。例如，从许愿池的硬币中分离出"愿望"的象征义，不说"硬

---

① 孙玉石. 新诗十讲［M］. 北京：中信出版社，2016：252.

② 孙玉石. 中国现代诗导读（1917—1937）［M］. 北京：北京大学出版社，2008：277.

币叠着硬币”，而是写“愿望叠着愿望”。诗人们大都擅长此道。

由意象构成的情境就是意境。意象一般是局部的、具体的，从诗中可以找到的；意境却是整体的、缥缈的，需要读者去感知、去概括。一般来说，意象和意境是相惬的关系，但有的诗中的意象，尤其是主体意象，却与意境并不一致，甚至产生矛盾和冲突，在不和谐中获得独特的审美价值。如痖弦的《土地祠》，整首诗的意境是温馨祥和的，但轮到土地公出场了，却是这样一幅情景：

土地公默然苦笑

（他这样已经苦笑了几百年了）

自从那些日子

他的胡髭从未沾过酒 [①]

土地公为何会如此大煞风景呢？因为土地婆婆死于风雨和刘草童的镰刀。这一意象和意境如此矛盾，使人顿生几分凉意。

宗白华先生将艺术意境分为三个层次：第一层“直观感相的模写”，特点在于其呈现为静态的实象；第二层“活跃生命的传达”，特点在于飞动而虚灵；第三层“最高灵境的启示”，特点在于超迈而神圣。理解了这一点，我们就能够对诗歌中的意境进行简单的划分了。一般来说，诗歌的意境可以有动静、虚实、大小等区分，它们有时泾渭分明，有时镶嵌交织，创作或欣赏时务必要努力辨别。

无论如何，以意象为抓手抵达意境，以意境为统领深入意象，是我们创作、鉴赏诗歌的重要方法，二者缺一不可。

第六节　时间与空间

时空意识是写诗读诗的一大诀窍。且不论像《春江花月夜》这样的长诗，单就绝句来看，在有限的字数里，诗人也是极尽时间闪转空间腾挪的能事。比如李商隐的《夜雨寄北》，“君”与“我”遥隔两地，是空间的范畴。而“巴山夜雨涨秋池”，则又将诗人所处的空间分隔为室内和室外两个部分。他日相聚“共剪西窗烛”为想象之景，属于虚拟空间，而“却话巴山夜雨时”，又成了虚

---

① 痖弦.痖弦诗集［M］.桂林：广西师范大学出版社，2016：49-51.

拟空间所回忆的时空。真是虚实交错、虚实相生的妙思！一个"涨"字，一个"剪"字又暗示了时间的流逝。正是这不断的时空切换与频闪中，诗人将对爱人的相思之切表现得淋漓尽致、百转千回。

古诗如此，新诗也概莫能外。下面，我们就来讨论一下新诗的时空意识及其表现技巧。

诗人流沙河说："一般的诗都有两个立足点：一个是外在的立足点——写那首诗你所在的时间和空间；一个是内在立足点——那首诗中你写的时间和空间。"[①] 前者往往标在诗歌的后面，属于知人论世的范畴，不是我们要研究的重点，后者才是。

首先，时间意识指的是诗人在创作时有意地关注时间并进行安排，借此来推动叙事、表达诗情的一种想法或构思。正如吴晓所言，"诗要表达原初感觉、瞬时感觉，强调的是时间"[②]。就诗歌而言，时间顺逆长短快慢之分，既是表现的内容，也是其组织内容的一种手段。好比缝纫的线，时间将诗歌缝缀成一个整体。

现实中的时间是不可逆的，诗歌里的时间又是可逆的。孔子立于大河之畔，感叹逝者如斯不舍昼夜。古人喜欢用流水来比喻时间，是因为二者的流动和不可逆的特点相似。大量的诗歌都充分证明时间的顺序是多么常见和有效。但人的思维和想象是不受时间束缚的，所以诗人可以沿着时间的河流"溯洄从之"，去展开自己的想象，去抒发自己的感喟。例如艾青的《大堰河——我的保姆》就是由大堰河的"雪压着的草盖的坟墓"展开回忆，回忆大堰河悲苦的一生，回忆大堰河对自己的疼爱。但这首诗，回忆的部分仍是按照顺序来写的，可谓是逆中有顺。而卞之琳的《寂寞》则是顺中有逆，且看诗歌的内容：

> 乡下小孩子怕寂寞，
>
> 枕头边养一只蝈蝈；
>
> 长大了在城里操劳，

---

① 流沙河.写诗十二课 [M].成都：四川文艺出版社，1985：19.

② 吴晓.新诗美学 [M].北京：中国社会科学出版社，2018：196.

他买了一个夜明表。

小时候他常常美艳

墓草做蝈蝈的家园；

如今他死了三小时，

夜明表还不曾休止。[①]

按照时间的推移来算，本诗的五六两句属于回忆，是时间的逆序。这样一来，顺逆的内容就形成了一种呼应与冲突。"蝈蝈"将小时候和现在联系起来，"墓草"暗示了乡下人的结局。如果只是一味地按照时间顺序来写，就显得比较平淡而贫乏了。

有些诗则是如回上游产卵的大马哈鱼一样，溯时间之河而上，一逆到底。例如戴畅的《你还在我身旁》就是用一连串诸如"瀑布的水逆流而上""子弹退回枪膛"的比喻来表达希望回到过去，妈妈还在自己身旁，情感可谓真挚感人。又如古巴诗人纪廉的《哀歌第四》，通过"敲门"这个动作来寻找死于内战的西班牙诗人费德里科·加西亚·洛尔迦，直至最后诗人这样想象着费德里科的浪漫结局：

费德里科起身，沐浴着光彩。

费德里科、格拉纳达、春日悠游。

携着月亮和康乃馨和晚香玉和蜡油。

他随他们步入芬芳山林。[②]

除了顺逆以外，时间还有长短的区别，诗人常常喜欢将它们二者进行对比，如"对酒当歌，人生几何。譬如朝露，去日苦多"。人生是漫长的，朝露是短暂的，通过比喻，形成一种强烈的对比，看似不合常理，却恰好表现了曹操内心时不我待的迫切感。有时，诗人还运用夸张，化长为短，或者变短为长，造成一种新奇的意义。"君不见高堂明镜悲白发，朝如青丝暮成雪""更变千年如走马"，这些都是化长为短，将漫长的时间压缩在"朝暮"和"走马"之间。

---

① 孙玉石．中国现代诗导读（1917—1937）［M］.北京：北京大学出版社，2008：240.

② ［智利］聂鲁达，［秘鲁］巴列霍，等．绿色笔记本：拉美四诗人诗抄［M］.陈黎，张芬龄，袁婧，译．北京：北京联合出版公司，2021：112.

南朝乐府《子夜变歌》写情人欢聚不愿分离，遂发出"愿得连冥不复曙，一年都一晓"的奇想，将一年的时间压缩在一晓之内，可见情意之缠绵。"旧时王谢堂前燕，飞入寻常百姓家"，是将漫长的历史浓缩在燕子飞入百姓家这一刹那的景象中，世事沧桑莫过于此。而《孔雀东南飞》中刘兰芝"严妆"的认真精致将"鸡鸣外欲曙"这一短暂的时间给人为地拉长了，表现了兰芝极度的悲伤和自尊——即使被赶出家门，我也要打扮得漂漂亮亮的。

"一日不见，如三秋兮"，这是形容时间过得慢。"怀旧空吟闻笛赋，到乡翻似烂柯人"，这是形容时间过得快。诗歌中时间的快慢也值得我们关注。

在新诗里，时间的因素往往并不是单一的，而是交织的、复杂的，需要我们好好地分析梳理。如郑愁予的《右边的人》的前两节：

> 月光流着，已秋了，已秋得很久很久了
> 乳的河上，正凝为长又长的寒街
> 冥然间，儿时双连船的纸艺挽臂漂来
> 莫是要接我们回去！回到最初的居地
>
> 你知道，你一向是伴我的人
> 迟迟的步履，缓慢又确实的到达：
> 啊，我们已快到达了，那最初的居地
> 我们，老年的夫妻，以着白发垂长的速度[1]

几乎每一行都有着时间或明或暗的标志，"秋""很久很久""儿时""老年"是明显的时间标志，"月光""白发"是时间的象征物，河的凝结为"寒街"和"接我们回去""最初的居地""到达"是时间乃至死亡隐晦的说法。"儿时的双连船"和"老年的夫妻"，既有时间上的呼应，也有碰撞和冲突。"迟迟的步履"是人，也是时间，是否意味着希望残年再延宕些，到达的时刻再延宕些？诗人综合运用各种时间的概念或相关词语，抒发了对死之将至的认知，表达了与爱人共同面对的深情。

那么，我们应该如何在诗歌里运用时间呢？概括来讲，主要是直接和间

---

① 郑愁予.郑愁予的诗：不惑年代选集［M］.南京：江苏凤凰文艺出版社，2016：82.

接两种。直接运用就是用具体时间、朝暮、时令节气、四时、人生的时期等来表示。余光中的《乡愁》不正是通过"小时候""长大后""后来""现在"来梳理时间的吗？海子的《房屋》也是通过"早上""中午""暮色"来串联诗歌的。间接运用就是通过物的变化，诸如日月升落、物候变化来暗示时间，也可以通过比喻、对比、夸张等手法来予以呈现。除了上述的诸多例子外，我们还可以举卞之琳的《雨同我》的诗句：

想在天井里盛一只玻璃杯，

明朝看天下雨今夜落几寸。[①]

在这里，那玻璃杯里的几寸雨水，就是与一夜等值的，也是和诗人的忧愁等值的。

而管管在《多了或少了的岁月——纪念父母亲》中充分利用年龄的变化和计算，表达了自己对母亲的深深眷恋。尽管岁月已过去三十年，但诗人却在母亲的记忆中永远定格在十五岁，而母亲也永远定格在四十七岁。这是充分利用了时间的矛盾来抒情。

其次，我们再来谈谈诗歌的空间意识。空间意识最明显的特征就是诗歌书写的空间特点，因为"书写毕竟兼有两种类型的符号。通常以听觉方式出现的语言，当它被记录下来或印刷成文字时，就成了视觉性的了。因此，在听觉符号把时间作为结构力量这一举动上，还要加上（在某种意义上说，这种过程也是一种归纳）视觉符号对空间所作的承诺。这样，书写就赋予语言以言语所不具备的直线性、系列性和空间的物理存在"[②]。关于这一点，我们在前面的"依形分行"中曾有述及，此处不再讨论。而且，这也不是诗歌空间意识的重点。

诗歌空间意识主要是指创作或研读时要有意识地建构或分析诗歌内部呈现出来的多样空间。依据方位来看，空间有远近高低左右前后等变化；按照其所占的物理体积来分，又有小大之别；而根据真实性来判断，又可分为虚实两种。

我们先来看几首诗歌，试着运用空间意识来分析它们。

① 孙玉石.中国现代诗导读（1917—1937）［M］.北京：北京大学出版社，2008：265.

② ［英］特伦斯·霍克斯.结构主义和符号学［M］.瞿铁鹏，译.上海：上海译文出版社，1987：140-141.

像今夜，在哈尔盖

在这个远离城市的荒凉的

地方，在这青藏高原上的

一个蚕豆般大小的火车站旁

我抬起头来眺望星空

这时河汉无声，鸟翼稀薄

青草向群星疯狂地生长

马群又忘记了飞翔

风吹着空旷的夜也吹着我

风吹着未来也吹着过去^①

——西川《在哈尔盖仰望星空》（节选）

西川的诗主要是以在哈尔盖火车站仰望星空的视角去写青藏高原神秘的壮美，空间呈现主要是高低远近的关系，"蚕豆般大小"的比喻非常奇妙，他并非立足西川观察所得的印象，而是诗人想象自己神游星空俯视大地而生出的妙思。庄子在《秋水》中早就有"计中国之在海内，不似稊米之在大仓乎"的浪漫畅想，李贺《梦天》中也有类似的表达。

我找不到神圣的感觉或者说是情绪

在我套上自己的鞋的时候

然后把父亲的鞋套在外头

我于是站到了那里，我的小小脚踝

把我直直地挺起，我的爱也密封在

正规的程式里，我的心沉迷在另一颗心里。^②

——［澳大利亚］露西·霍尔特《归档的问题》 张莉 译

这首诗非常适合给青春期叛逆的少年欣赏，诗人一上来就交代自己找不到神圣的感觉或者说是情绪，到底是哪方面的呢，又不说，设置了一个悬念。接着，她叙述了一件事情，她先是套上自己的鞋子，然后又把父亲的鞋子套在了外

---

① 西川. 西川的诗[M]. 北京：人民文学出版社，1999：37.

② 高兴. 我承认你并不跟我的诗神有缘[M]. 上海：上海文艺出版社，2013：151.

面。这有点滑稽。但正是这一行为，让诗人突然意识到了父爱，找到了那种神圣的感觉或者说是情绪。父亲的鞋子是一个大的空间，我的鞋子是一个小的空间，我将我的空间放在父亲的空间里，这就有点像将档案放在文件夹里，所以，诗歌的名字就解释得通了。而且，凭借大鞋子套小鞋子这一组具体形象，诗人还创造了虚拟的空间：父亲的爱，我的爱。我的爱被父亲的爱包围着，我为之"沉迷"。

　　房子后面是一座很高的烟囱

　　有时站着

　　有时躺着

　　一队士兵过去了

　　影子贴着沥青路而行

　　他们在军用地图上

　　划下一道虚线①

——洛夫《午后印象》（节选）

　　这首诗所写的景物应该是在同一个空间里的，根据诗歌的题目可以看出。诗人在一个午后，向窗外望去，先是看到河对岸的房子，接着是河面上的机帆船，然后是房子后面的烟囱，最后是一队士兵走过。空间的顺序是比较乱的，所以是"印象"。最绝的是，在诗的末尾，诗人突发奇想，开发了一个新的空间：一张军用地图上，士兵们的足迹"划下一道虚线"。这个空间明显比现实的空间要小，在现实的空间里，士兵们一步一个脚印走过的艰难长途，不过是地图上一道短短的冷冰冰的虚线。诗歌的反讽和张力，在这空间的缩放与对比中，得到了最大的体现。

　　我骑上我的目光

　　从窗户飞出去

　　到了一座山，山麓上铺满了雪

　　与我絮絮叨叨

　　天气很冷

---

① 洛夫.洛夫诗文全集［M］.南京：江苏文艺出版社，2022：100.

我升起一堆火

我看见你在那里，在那淡影中

世界在一滴水中倒悬

我骑上我的目光

返回①

—— ［伊朗］埃姆朗·萨罗希《目光》 穆宏燕　译

《目光》这首诗乍一看似乎很简单，只是一个空间远近的关系。但仔细品读，我们会发现，它里面还有想象的空间，"世界在一滴水中倒悬"这行诗怎么解？我的理解是"我流泪了"，这一滴水是我的泪水，在它将溢于我的眼眶之际，世界倒悬成为一个小小的球体。"我升起一堆火""我看见你在那里，在那淡影中"，全是诗人的想象。"我"可能倚在窗前，甚或失去自由，只能通过目光的暂时逃离，摆脱现实的孤单和窘迫。

我曾在沙滩上筑巢，

倒塌了。

我曾在岩石上筑巢，

倒塌了。

如今，我以烟囱里的烟为基础，

开始我的建筑。②

—— ［波兰］莱奥波尔德·斯塔夫《基础》 韩逸　译

莱奥波尔德·斯塔夫的这首小诗颇简单，但也设置了一个悬念：为什么以烟为基础，而不是寻找比岩石更坚硬的东西作基础呢？这是一次神奇的翻转。这就涉及一个虚拟空间的概念，以烟为基础虽然缥缈，但那是我想象的啊。这虚拟的空间虽然不存在，但它牢固地烙印在我的脑海里，再也不会倒塌了。

通过对五首诗的分析，我们大致理解了空间意识对于诗歌的意义，也明白了虚拟空间的创设需要凭借丰富的想象力。

---

① 高兴.我承认你并不跟我的诗神有缘［M］.上海：上海文艺出版社，2013：106-107.

② 高兴.我承认你并不跟我的诗神有缘［M］.上海：上海文艺出版社，2013：46.

最后，很多诗歌中是兼有时间和空间的，它们的关系也非常复杂多样，需要我们认真辨别分析，进而理解诗歌。洞晓了这一点，对我们的创作也是十分有益的。卞之琳著名的《断章》，有人这样分析，"所以在这个狭窄得像盆景一样——有桥有窗子有楼——的中国风景里，小小的空间结构却隐含了一个巨大的难以抗拒的时间结构"[1]。这个时间结构就是通过"明月"和"梦"这两个意象来暗示的。

下面，我们尝试凭借前面的知识来解读几首诗歌：

你是说此世我们得

如此虚度而过，

连像难波湾芦苇的节

那般短的见面时间

也不能有吗？[2]

日本平安时代女歌人伊势的这首短歌，将与情人见面的时间与芦苇的节进行对比，是时间与空间的对比，通过这种不合理的对比，诗人表达了对长久相聚的渴望。

再看卞之琳的《尺八》（节选），时空的交织更加复杂。

像候鸟衔来了异方的种子，

三桅船载来了一支尺八，

从夕阳里，从海西头。

长安九载来的海西客

夜半听楼下醉汉的尺八，

想一个孤馆寄居的番客

听了雁声，动了乡愁，

得了慰藉于邻家的尺八，

次朝在长安市的繁华里

独访取一支凄凉的竹管……

（为什么年红灯的万花间，

---

① 廖伟棠. 我偏爱读诗的荒谬：现代诗的三十堂课［M］. 北京：北京燕山出版社，2023：114.

② ［日］小野小町，和泉式部，等. 夕颜：日本短歌 400［M］. 陈黎，张芬龄，译. 北京：北京联合出版公司，2019：126.

还飘着一缕凄凉的古香？）

归去也，归去也，归去也——

像候鸟衔来了异方的种子，

三桅船载来了一支尺八，

尺八乃成了三岛的花草。①

　　且看学者是如何分析这首诗的："作者在诗歌中自觉打破了时空界限和现实、心理界限，把现实和历史、外部世界与心理世界沟通了起来。诗歌从第一句至第三句，是纯属对于历史的叙述；第四、五句进入现实；而从第六句起到第十句，所描写的是'海西客'的心理活动，同时又回到历史；那括号内的两句，既是心理世界又是现时态。这种跳荡自如、来去随意的叙述方式，既使整个诗歌显得跌宕挥洒，又有一种由多角度叠合产生的浑厚感。"②

　　尺八是从中国传入日本的乐器，其形近箫，但音孔的多少和位置，以及吹孔的形制都有所不同。年红灯，即霓虹灯。海西客指的是在日本的中国人，因为中国对日本来说正在海的西面。他乘长安丸东渡日本，夜里听到凄凉的尺八，便动了乡愁。然而他并没有如何哀伤，而是想到了当年的尺八是如何传入东瀛，想到了一个漂洋过海到中国的番客如何同自己一样被勾起了乡愁，从而去寻找并将尺八带回日本。这首诗最大的特色就在于打破了时空的限制，营造了虚虚实实、迷离惝恍的意境。

　　另外，余光中的《乡愁》，有教师在教学时就发现了从时空维度分析意象是解读诗歌的一把钥匙。"运用联想和想象对《乡愁》四小节做意义上的衔接和补充，会发现诗人选取的四个意象都有空间距离的意味。距离带来的离愁可以寄托于'邮票''船票'，车马虽慢，却可得以缓解。而'坟墓''海峡'，则表示母子阴阳两隔，两岸成了天堑，生离死别的离愁难消。……这四个词暗含'空间'意象，若与'小时候''长大后''后来啊''而现在'相联系，就有了'时'与'空'的一一对应，反映了诗人漫长人生中颠沛流离的经历，这不正是许多中国人在特殊历史阶段的共同遭遇吗？从时空维度分析意象，可以隐约感受到《乡

① 孙玉石.中国现代诗导读（1917—1937）[M].北京：北京大学出版社，2008：225.

② 孙玉石.中国现代诗导读（1917—1937）[M].北京：北京大学出版社，2008：223-224.

愁》里的宏大叙事，小诗里藏着大意蕴。如果再联系诗人所说，乡愁是'纵的历史感，横的地域感，纵横相交而成十字路口的现实感'，思考便会引入深处。"①

　　一个姑娘，一个小伙儿
　　躺在草地上。
　　吃着橙子，互相亲吻，
　　像波涛交换着浪花。

　　一个小伙儿，一个姑娘
　　躺在海滩上。
　　吃着柠檬，互相亲吻，
　　像云朵交换着气泡。

　　一个姑娘，一个小伙儿
　　躺在黄土下。
　　不亲吻，不说话。
　　用沉默互相报答。②

　　　　　　——［墨西哥］奥克塔维奥·帕斯《情侣》　赵振江　译

　　诗人帕斯笔下的情侣分别出现在三处空间：草地上、海滩上、黄土下。前两节诗，小伙儿和姑娘如胶似漆非常恩爱，最后一节却是十足的悲剧，他们死了，再也不能亲吻了。这三处空间其实也暗示着时间的流逝，只不过遗憾的是他们英年早逝，对他们的称呼并没有变成"一个老头，一个老妪"。这就引发了人的思考：到底是什么原因让他们年纪轻轻就死了呢？根据"用沉默互相报答"这行诗来看，似乎是殉情了。一下子，这首诗变得悲壮起来。情侣的亲吻相爱并不是逢场作戏，而是真正地相爱，为了爱不惜一死。

　　把短短的巷子
　　走成

---

① 李建林.《乡愁》："小"诗品与"大"格局——大概念"意象分析通向诗歌意蕴"的教学设想［J］.华夏教师，2023（14）：81.

② 高兴.我承认你并不跟我的诗神有缘［M］.上海：上海文艺出版社，2013：32-33.

一条曲折

回荡的

万里愁肠

左一脚

十年

右一脚

十年①

——非马《醉汉》（节选）

非马将醉汉写得如此诗意如此深情，真是煞费苦心。"左一脚""右一脚"意味着空间的变化，但一脚"十年"也太夸张了，这是用空间来统摄时间。

女孩子们滚着铜环

斑鸠在远方唱着

斑鸠在远方唱着

我的梦坐在桦树上

斑鸠在远方唱着

讷伐尔的龙虾挡住了我的去路

为一条金发女的蓝腰带

坏脾气的拜伦和我决斗

斑鸠在远方唱着

邓南遮在嗅一朵枯蔷薇

楼船驶近莎孚坠海的地方

而我是一个背上带鞭痕的摇桨奴②

——痖弦《斑鸠》（节选）

---

① 吴晓.新诗美学［M］.北京：中国社会科学出版社，2018：198.
② 痖弦.痖弦诗集［M］.桂林：广西师范大学出版社，2016：22-23.

这首诗充满梦幻色彩，诗人幻想着自己在不同的场景中出现，时而与龙虾对峙，时而与拜伦决斗，时而邂逅邓南遮，时而化身摇桨奴，而串联起这些幻梦的时间只是"斑鸠在远方唱着"。诗人将时间具象为斑鸠的歌唱，通过不断地反复，将读者引入那样迷离的情境，沉浸在诗人的浪漫幻梦里。这是典型的以时间统摄空间。

通过上面的分析，我们可以看出时空的关系在诗歌中还是比较复杂的。归纳起来，大致有时空交错、时空并行、以空驭时、以时驭空几种。处理得好，诗歌便有了脉络。处理得不好，就容易错乱。

当然，并不是所有诗歌都有时空标志，不必强行设置，那样只会弄巧成拙。总之，无论写诗还是赏诗，都要讲究量体裁衣。"前不见古人，后不见来者"，天地悠悠，江河滚滚，我们每个人置身于时间的长河之中，立足天地之间，本身就有一个时空的坐标。

第七节　想象与联想

若干个世纪以后，在我的书架，
在我新得的收藏品之上，才听到
来自高原腹地的那一声火枪。——
那样的夕阳倾照着那样呼唤的荒野。
从高岩，飞动的鹿角，猝然倒仆……

……是悲壮的。[①]

我节选的昌耀的这首《鹿的角枝》展现了一种惊心动魄的美。诗人不知从哪儿得了一支鹿角，面对那明丽而珍重的枝状体，昌耀浮想联翩，想象这鹿生前是如何美丽机敏、善于奔跑，却最终难逃猎人的火枪。只是一支鹿角而已，如何能够产生这样悲壮的美感？靠的正是想象和联想。仅看这首诗，你一定以为昌耀书架上的收藏品一定巨大美观，像自然博物馆陈列的标本那样。

---

① 昌耀.昌耀的诗[M].北京：人民文学出版社，2013：71.

错了，我们都被昌耀骗了。据他的好友燎原回忆：

> 那并不是一支带有鹿茸的、枝架巨大而华贵的鹿角，而是一支类似于羊角的骨质干枝。且显然是一只幼鹿的角枝，仅三支短杈，长度不过7寸。[①]

看来，艺术原型和艺术形象有时还真有相当的差距。是什么让一支普通鹿角焕发出夺目的光彩？正是想象和联想。

想象和联想像两位技巧高超的化妆师，总是能够将服务的对象打扮得神采奕奕，它们还是经验丰富的魔术师，总是能够从红布下面变出不一样的神奇。想象和联想还是探险家，总是想领着作者去探寻少有人见的风景。

通过这三个比喻，我们可以看到想象和联想的三大作用：修饰美化、变化多端、创新出奇。关于想象与联想，历来有诸多不同的解释。"想象就是深度"（雨果）；"想象力比知识更为重要"（爱因斯坦）；"登山则情满于山，观海则意溢于海"（刘勰）；"有有我之境，有无我之境"（王国维），可见其重要性。

第一，作为心理学上的名词，它们都反映了人的思维过程，而且都是一种由此及彼的思维过程。想象是在原有知觉材料的基础上创造出新形象。联想是由当前的事物回忆起有关的另一事物，或由想起的一件事物又想到另一件事物。

第二，二者都离不开客观现实，已掌握的知识经验对于它们非常重要。

第三，想象一般分为"创造想象"（如作家塑造人物形象）和"再造想象"（装修工人由图纸想到实际效果），联想一般分为相似联想（如由圆想到太阳）、相关联想（如由水库想到水力发电机）和相反联想（由黑想到白）三种。

瓦雷里认为，与诗歌创造密切相关的因素有三：记忆、理解和想象。[②] 想象的丰富与否，想象的新奇与否，想象的深刻与否，往往是决定一首诗高下的关键因素。不丰富，可选择的内容就少，诗境的表现就难；不新奇，诗歌易流于平庸；不深刻，诗歌的情思就得不到足够的开掘。陶渊明写作《桃花源诗》与《桃花源记》，正是凭借丰富的想象力为人们虚构了一个"虽无纪历志，四时自成岁"的世外桃源，其"秋熟靡王税""奇踪隐五百"的句子又是那样与众不同，这桃源竟然与世隔绝了五六百年，其中的居民自给自足，完全不用向统治

① 燎原.昌耀评传［M］.北京：作家出版社，2016：306.
② 西渡.名家读新诗［M］.北京：北京联合出版公司，2017：459.

者上交赋税。诗歌如果到此为止，美则美矣，但终究缺乏了点睛的东西。所以，诗人一边慨叹"淳薄既异源"，羡慕桃源的淳朴，厌恶现实的凉薄，一边发出"愿言蹑轻风，高举寻吾契"的逐梦宣言。这就有了一定的思想深度。

顾城的《我是一个任性的孩子》和苏联玛丽娜·茨维塔耶娃的名作《你的名——手中的鸟》，都是想象力的极致代表。在此，我们以后者为例，来作一简要分析：

你的名——手中的鸟，
你的名——舌尖的冰。
双唇只需一碰就行。
你的名——五个字母组成。
凌空抓住的飞球，
嘴里衔着的银铃。

抛进沉静池塘的石——
溅起的水声如同你的姓名。
黑夜马蹄声碎——
踏出的是你的响亮的名。
扳机对着太阳穴一勾——
响声就是你的姓名。

你的名——啊，不能说！——
你的名——眸上的吻，
留在眼睑上的冷的温存。
你的名——雪上的吻。
想着你的名字——如同啜饮
冰凉浅蓝色的水——梦亦深沉。[①]

诗人或许置身于狂热的爱情之中，仅仅是恋人的名字就使她如痴如醉。

---

① 高兴. 我承认你并不跟我的诗神有缘 [M]. 上海：上海文艺出版社，2013：69-70.

在她的想象里，这五个字母组成的名字，成了手中鸟、舌尖冰等一系列具体的事物，它们有的涉及触觉，有的涉及味觉，有的涉及听觉，有的温存，有的强烈，但无一例外都具有强烈的骚动和强烈的刺激。你想，手中的鸟难道会安静吗？舌尖的冰难道会不刺激吗？凌空抓住的飞球，让人想到了《哈利·波特》里的金色飞贼，难道会老实吗？嘴里衔着的银铃，怕是会轻轻地歌唱吧？最令人感到稀奇的是，"扳机对着太阳穴一勾"的响声，传递了诗人狂热到了巅峰，也宣示了你的名对我的最强刺激。最后，诗人的情绪终于慢慢平静下来，一个"不能说"强抑内心的激动，在对你的强烈思念中，诗人渐渐进入梦境，"梦亦深沉"。这是一种怎样的狂热呀，它将诗人最炽热的情感揭露出来，呈现出来，使习惯了含蓄内敛的人不免感到惊吓，但这就是一种"深刻"。深刻不一定都是哲理，也可以是深沉的情感。

　　要想成为诗人，要想写出优秀的诗歌，没有想象力，甚至是匮乏想象力都是不可能的。昌耀在《凶年逸稿：在饥馑的年代》中观察一撮春天的泥土，想象它们如何跟阳光角力，如何威胁，又如何拥抱，表达了诗人由泥土而生出来的关于人类的思考。土耳其诗人纳齐姆·希克梅特在《死了的小女孩》中，想象一个死于广岛核爆的七岁小女孩如何死亡，以及如何敲每一家的门，有力地谴责了核爆给人类带来的巨大危害。波兰诗人米沃什的《天使》以坚定的口吻相信天使的存在，并想象"世界是块绣满星星和动物的绸缎／你们却在它的反面漫步，流连忘返，／把错乱无章的针脚观看"。日本诗人西条八十的谜语诗将火盆里的炭比作"黑色的乌鸦""红色的乌鸦""白色的乌鸦"，分别对应了炭未燃、正燃、已燃的三种状态。无数的诗歌告诉我们，想象力对诗歌非常重要。它不但是酝酿诗情的酵母，更是催生意象、推动诗歌前进的原动力，更重要的是，想象还代表着深度，像过山车或者深井钻头一样，带着我们向情感和思想的最深处俯冲。用赵鑫珊的话来说，"因为说到底，想象力的最大用处就是建造人的精神家园，找到安身立命的地方"[①]。从这个角度来讲，诗歌的价值大矣！

　　值得一提的是，为什么孩子的诗在语言上或许没有什么过人之处，但却常

① 赵鑫珊．科学·艺术·哲学断想［M］．北京：生活·读书·新知三联书店，1986：412.

常给人惊艳之感呢？关键在于想象力丰富。正如英国诗人休斯所说："同样多的证据表明，存在一个梦的月亮，因为它在我们头脑内部，所以对我们的影响比真月亮大得多，因此应该更多地考虑它。"[①]这梦的月亮，其实就是想象的世界。

在充分理解想象的特质和作用之后，我们再来谈一谈联想。联想有哪些特点和类型呢？它对诗歌有怎样的作用呢？尽管前面比较想象和联想时，我们已经略微提及，但在此我们还是要结合具体诗歌来作一较为详尽的阐释。

联想的特点最鲜明的就是跳跃。有点像经典小游戏里的超级马里奥，只有不停地跳跃，才能得到金币，越过障碍，躲过食人花。那么，马里奥要往哪儿跳呢？相似、相反、相关都是可能的方向。下面，我们来欣赏三首诗，具体感受一下。

那妇人
背后晃动着佛罗稜斯的街道
肖像般的走来了

如果我吻一吻她
拉菲尔的油画颜料一定会粘在
我异乡的髭上的 [②]

——痖弦《妇人》

我似乎觉得
手里捧的是一个贝壳。
在它里面，
一个陌生的大海正发出
隐约、悠远的回鸣。[③]

——［罗马尼亚］鲁齐安·布拉卡《贝壳》（节选）　李家渔　译

　我的所爱在豪家；
想去寻她分没有汽车，
摇头无法泪如麻。

---

① ［英］特德·休斯. 诗的锻造：休斯写作教学手册［M］. 南宁：广西人民出版社，2022：165.

② 痖弦. 痖弦诗集［M］. 桂林：广西师范大学出版社，2016：29.

③ 高兴. 我承认你并不跟我的诗神有缘［M］. 上海：上海文艺出版社，2013：30.

爱人赠我玫瑰花；

回她什么：赤练蛇。

从此翻脸不理我，

不知何故今——由她去罢。①

——鲁迅《我的失恋——拟古的新打油诗》（节选）

这三首诗分别运用了相似、相关、相反的联想方法。痖弦由一佛罗棱斯的妇人联想到拉菲尔的油画，不着一笔描写，则妇人的美已溢出诗外。鲁齐安·布拉卡则由贝壳联想到与之相关的大海，贝壳的美霎时有了宏丽的背景。鲁迅由玫瑰花联想到赤练蛇，表达了对被爱人抛弃的愤怒，虽然是打油诗，但寓庄于谐的意思还是颇耐人寻味的。

大多数情况下，诗歌的这种跳跃都有迹可循，但有些跳跃不那么明显，甚至被诗人刻意地掩盖，以致我们很难建立此物和彼物之间的轨迹。例如：

可怜以浮华为食品，

小蠓虫在灯下纷坠，

不甘淡如水，还要醉，

而抛下露养的青身。

多少艘艨艟一齐发，

白帆篷拜倒于风涛，

英雄们求的金羊毛，

终成了海伦的秀发。②

——卞之琳《灯虫》（节选）

孙玉石先生如此解读这首诗："作者运用经验与经验之间性质上相似的联想手法，由自然界小昆虫的意象，跃入社会历史的重大场面。遥想当年，古希腊多少战舰一齐征发，千篷万帆浮沉于惊涛骇浪，英雄们追求的是圣林岛上灿烂夺目的金羊毛，到头来正像特洛伊战争，只不过充当了统治者争夺美女

---

① 鲁迅.野草［M］.北京：人民文学出版社，1973：11.

② 孙玉石.中国现代诗导读（1917—1937）［M］.北京：北京大学出版社，2008：288.

海伦的殉葬品。"① 然而，我们要问的是这样的联想是如何建立起来的呢？仅仅是性质的相似吗？难道"蠓虫"和"朦胧"的谐音不是吗？若非中国人，这样的联系恐怕很难发现吧。

再如荷兰诗人伦科·坎珀特的《戏剧》（黄灿然译）：

我带你
到后台
演员们在那里拧屁股
玩牌
读股市行情
盯着尘土
练瑜伽
双手掩嘴咳嗽

他们在那里处于两种生活之间
不担当单一的角色
但都很尽本分。
在那个场所
介于上台和卸妆之间
介于跺脚和淋浴之间
我们也属于此类。

身体就要移动
嘴巴张开准备说话
但还没有……②

这首诗非常厉害，它将生活中一种很难以描述的状态，介于严肃和放松之间，介于日常和戏剧之间，通过一个相似联想，阐释得非常形象可感。它不

---

① 孙玉石.中国现代诗导读（1917—1937）[M].北京：北京大学出版社，2008：286.
② 高兴.我承认你并不跟我的诗神有缘[M].上海：上海文艺出版社，2013：67-68.

是简单地比喻或类比，而是在一种生活场景和一种生活状态的比较中提取到了微妙的共性。在剧场的后台，演员们各自做着各自的事情，和舞台上的庄严完全不一样，但又不同于日常生活的那种状态。我们在生活中也会遇到这种准备上台的时刻，那就放轻松点吧。诗的末节，诗人又用两次相似联想，进一步强化了这种状态的微妙。

三种联想当中，相似联想最为形象具体，运用得也最为广泛，好的比喻、类比往往也借此产生，往往能够诞生佳作。相反联想最具碰撞力，往往蕴含着矛盾和冲突，有时也意味着一种抉择和释然。相关联想最能拓展诗歌的意境，有助于诗人打开思路。

综合运用这三种联想方式，可以形成"辐射式""贯珠式""对冲式"三种。

辐射式指的是由某样东西出发，向不同的方向展开，从而形成一种类似辐射效果的联想方式，茨维塔耶娃的《你的名——手中的鸟》就是典型的例子。另外，如卞之琳的《距离的组织》，也是紧紧围绕着"距离"，忽而"想独上高楼读一遍《罗马衰亡史》"，忽而"罗马灭亡星出现在报上"，忽而"报纸落。地图开，因想起远人的嘱咐"，忽而想"一访友人"，忽而"听得一千重门外有自己的名字"……这里的"距离"时空虚实皆有，就发生在诗人的日常生活中。这诗的主题，连作者也只能讲"表现一种心情或意境"，但通过联想，诗人将各种"距离"一一呈现予以"组织"，又如何不让人生出一种咫尺天涯千年一瞬的恍惚呢？

贯珠式，就是在一根线上串珠子，可以是一个，也可以是多个。至于这线，就是诗人的思维和情感，以及联想的过程。如德国诗人弗丽德里克·迈吕克的小诗《火车》，就是由行驶的火车联想到缝纫机敏捷地在布料上行走，将两颗珠子有机地串联在一起。如果诗人再由缝纫机联想到其他的事物，比如裁缝或者妈妈，那就是又串了一颗珠子。再如商禽的诗《逃亡的天空》：

死者的脸是无人一见的沼泽

荒原中的沼泽是部分天空的逃亡

遁走的天空是满溢的玫瑰

溢出的玫瑰是不曾降落的雪

未降的雪是脉管中的眼泪

升起来的泪是被拨弄的琴弦

拨弄中的琴弦是燃烧着的心

焚化了的心是沼泽的荒原①

这类联想的好处是很明显的，但危险也不得不提，也就是在串珠子的过程中，人们会忽略最开始的那个珠子，也就是诗人联想的起点。如果这起点本身并不重要，那还无妨。如果这起点正是诗人写作的重点，那这样的串珠就有点喧宾夺主了。

对冲式，主要适用于相反联想，但也可以两个辐射群或者两串贯珠的对冲。对冲的结果，一种是不可调和玉石俱殒，一种是作出取舍豁然开朗。这方面，王辛笛的《风景》可谓良作：

列车轧在中国的肋骨上

一节接着一节社会问题

比邻而居的是茅屋和田野间的坟

生活距离终点这样近

夏天的土地绿得丰饶自然

兵士的新装黄得旧褪凄惨

惯爱想一路来行过的地方

说不出生疏却是一般的黯淡

瘦的耕牛和更瘦的人

都是病，不是风景！②

诗歌写于 1948 年夏，记录了诗人在沪杭道中的所见所思。开头两行就有利矢破空的鸣啸尖音，在诗人的想象里，铁轨成了中国嶙峋的肋骨，一节一节的火车满载的都是社会问题，这是何等新奇而深刻的想象力！沉重的火车和瘦弱的肋骨形成对比，这里面蕴含着强烈的对冲。接着，诗人描摹了沿途所见的风景，茅屋和坟，使他联想到了生活和死，这是第二次对冲。夏天的绿土地和兵士的黄新装，又使他联想到了枯荣的变化，这是第三次对冲。而最令人击节赞叹的是，最后的两句，当人们在欣赏窗外的风景时，诗人却敏锐地发

---

① 商禽.商禽诗全集[M].北京：北京联合出版公司，2019：64.

② 谢冕.中国百年诗歌选[M].济南：山东文艺出版社，2022：444.

现耕牛的"瘦"和人的"更瘦"，联想到他们是"病"了。这就爆发了第四次对冲。正是建立在丰富的想象和联想的基础之上，诗人的这首诗才迸发出惊人的力量。当然，这些想象和联想有些并不都是外显的，而是像暗河一样流动在文字之下诗行之间。

有人说，"诗人的艺术成就如何，全看他创造了多少个'空筐'"①。这讲的是创作的原理，所谓的空筐就是诗人给我们提供了多少想象的空间。如果我们从欣赏的角度照着仿写一个句子，就是："读者的欣赏水平如何，全看他填满了多少个'空筐'。"上述三种联想的类型有时是交织出现的，有时又是隐晦复杂的。但无论怎样，只要我们遵循联想的特点和类型去分析，运用自己的想象和联想去弥补空隙或裂缝，总是有轨迹可循的。例如，下面这几首诗：

难以置信的意外

据说：你是用你的鱼尾纹

自缢而死的 ②

——周梦蝶《风——野塘事件》（节选）

一个人自缢怎么能够用鱼尾纹？那要看鱼尾纹的特点，它沿人的眼角扩展，随着人的年龄增长，鱼尾纹越来越密，似缠绳。这鱼尾纹与绳子就有了相似的地方。而"野塘事件"不知是何事件，死者或许年龄已大，难以忍受龙钟的老态，便选择了轻生。那么"鱼尾纹"就是年老的极佳标志，比起一般的"齿秃""发白"更加新颖。所以，这首诗的第一节三句诗就有了先声夺人的艺术张力。

我在五千米深处打发中年

我把岩层一次次炸裂

借此　把一生重新组合

我微小的亲人　远在商山脚下

他们有病　身体落满灰尘

---

① 赵鑫珊. 科学·艺术·哲学断想［M］. 北京：生活·读书·新知三联书店，1986：404.

② 周梦蝶. 鸟道：周梦蝶世纪诗选［M］. 北京：中央编译出版社，2015：94.

我的中年裁下多少

他们的晚年就能延长多少

我身体里有炸药三吨

他们是引信部分

就在昨夜

我岩石一样　　炸裂一地[①]

——陈年喜《炸裂志》(节选)

作为一名矿工出身的诗人,在幽深的地底炸矿是陈年喜熟悉的工作和体验。他充分利用这种体验,将之转化为对人生的思考:"岩层一次次炸裂"和我的人生多么相似,我也要一次次炸裂自己然后重新组合。唯有如此,我才能忍受这艰苦的工作漫长的一生。为什么自己要如此拼命?不正是为了父母的晚年能够过得好一点寿命长一点吗?于是诗人的中年和父母的晚年发生了直接的替换关系,父母晚年之延长正是诗人自己中年裁下来接上去的。在诗人的想象里,人的寿命成了可以任意裁剪接续的布条。最后一节,诗人想象自己能量无穷,体内有三吨炸药,而引信就是父母,正是他们引爆了诗人的斗志和生存的意志。将能量和炸药联想在一起尚属正常,但将引信和父母联想在一起,真是出人意料。

你亲吻一段回忆

在你的相册中

　　　一个女人的唇依然那么滋润

然后,你听到册页翻动

一张张脸凋零

　　唇边依然挂着歌

垂落的大吊灯的神话

很久以前,碎片就已被清扫

然而水晶的轻吟

[①] 陈年喜.炸裂志[M].西安:太白文艺出版社,2020:220.

依然还能从地毯缝隙中捡拾[①]

　　　　——［伊朗］穆罕默德·阿里·塞庞鲁《条件反射》 穆宏燕　译

　　诗歌描述了一个人翻看旧相册的动作，在册页的翻动中，一个女人渐渐老去，但她的"唇"却依然"挂着歌"，这勾起了这个人的甜蜜回忆——甜蜜的吻。然而，叙述到此戛然而止，转为对"大吊灯"的叙写。它与前面的内容有什么联系呢？如果你不善于联想，自然会觉得莫名其妙。但如果你善于联想，就会发现二者之间的相似之妙，大吊灯曾经是美丽的，然而它有一天落在地上碎掉了，碎片也被清扫过了。时过境迁，你去打理地毯时，依然还能从缝隙中捡拾出它的"水晶"般的碎片。这就是在暗示我们，尽管那个女人老了甚至去世了，或者离开自己了，这令人悲伤。然而，如果我们仔细找寻，总能从回忆中找到一些欢乐。诗的标题是《条件反射》，是什么意思呢？这又需要我们展开联想，诗人是不是想告诉我们人生无论遇到怎样的悲伤，我们都应该条件反射一样地去寻觅与其相关的欢乐？如果作者命题的初衷真是这样，那这首小诗简直成了救人脱离苦海的良方。

　　我们尝试以余秀华的《木桶》为样本，通过思维导图的方式，来呈现诗歌的想象和联想的轨迹，解读诗歌的情感与思想。

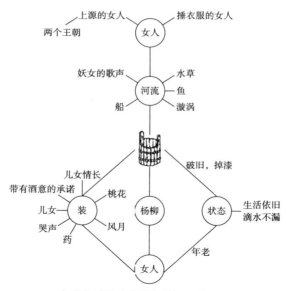

余秀华诗歌《木桶》联想思维导图

---

① 高兴. 我承认你并不跟我的诗神有缘［M］.上海：上海文艺出版社，2013：120-121.

这张思维导图清晰地呈现了《木桶》这首诗的思维路径，余秀华一上来就用"她"来称呼"桶"，暗示了桶的性别，也为后面写女人如桶做了铺垫。她串珠式地由桶联想到水，联想到河流，联想到河边捶衣服的女人，联想到河岸的杨柳乃是制桶的材料，联想到女人的一生就像一只桶。这一串珠子虽长，但紧紧围绕"桶"和"她"来展开，并不散乱。然后，在几乎每一颗珠子，诗人又展开联想的辐射，其中写"装"的部分，还简单勾勒了女人的一生。最后，以桶的老化喻女人的衰老，和生活依旧滴水不漏形成了一次对冲式的撞击，二者也有相似的部分。中国有多少女人像这只桶呀，尽管自身病痛缠身衰老不堪，但依然兢兢业业任劳任怨将家庭将生活打理得有条不紊。余秀华作为一个女诗人，身体的残疾，多年在农村的生活，不幸的婚姻经历，使她比他人在这方面有了更深的体会。所以，她是以悲悯的眼光打量中国社会中那些恪守传统的女人，也打量自己，带着悲悯的眼光，哀叹她们的遭逢和结局。

既然想象和联想如此重要，那么如何才能培养呢？关于这一点，将在第六章《如何教学生写诗》里集中详述。总的来说，它既关乎天赋，也和后天的训练有关。

第八节　冲突与和谐

在诗歌的世界里，冲突与和谐好比电源的两极，二者既对立又密不可分，从冲突走向和谐就是放电的过程，电量放得差不多了，就趋近于和谐。由和谐趋向冲突就是蓄能的过程，能量到了一定程度，就会爆发冲突。

首先，诗歌的冲突来自哪里？诗人郑敏说："诗的'场'总是建立在矛盾的力之网上。"[1] 因为这个世界存在各种各样的矛盾，因为诗人和世界之间有矛盾，因为诗人自身有大大小小的矛盾，所以就会产生冲突。这冲突爆发成诗歌，诗歌也就有了力量和声音。人们常说愤怒出诗人，即是这个道理。

那么，诗歌里的冲突具体有哪些表现呢？一般来说，主要有词语的冲突、意象的冲突、意境的冲突、情思的冲突四种。

---

① 郑敏.新诗与传统［M］.北京：文津出版社，2020：98.

词语的冲突，关于这一点，前面在分析"字词"和"陌生化"时已经提到过。具体到"冲突"，主要表现为词语的搭配，包括动词和名词的搭配、形容词和名词的搭配、量词和名词的搭配等。

意象的冲突，大多数还是比较好辨认的。比如闻一多《死水》里的"铜锈"成了"翡翠"，"铁锈"开成"桃花"，"油腻"化身"罗绮"，"霉菌"变作"云霞"，正是这些意象的冲突，以美写丑，愈显其丑，"死水"的肮脏死寂愈加突出。然而，有些意象的冲突辨认起来还是需要动一番脑筋的。例如：

我以为看见一封信投在门廊，

可那只是一片月光。

我从地板上拾了起来。

多轻呵，这月光的便笺，

而一切下垂，像铁一样弯曲，在那边。①

——［芬兰］伊娃－利萨·曼纳《我以为看见一封信投在门廊》　北岛　译

这首诗的月光很美，美到可以"拾了起来"，然而与之对立的是"下垂""像铁一样弯曲"的"一切"。这种冲突会引发我们作双向的思考：一个方向是"月光"，它应是"上扬"的"轻"的"平"的；另一个方向指向"一切"，为什么是"弯曲"的，又为什么是"像铁一样"，"那边"是哪边？根据冲突对立的特性，一切还应该是"坚硬"的。此处月光与彼处一切的冲突，使我们愈发感到月光的珍贵和美。

死亡是一个小小的手术

只切除了生命

甚至不留下伤口

手术后的人都异常平静②

——顾城《旗帜》（节选）

作为一名童话诗人，顾城的诗一直给人一种天真的感觉。其实，诗人并非不谙世事，而是在看清了世事的真相后试图以一颗童心来为这个世界除去污垢。

---

① 果麦. 给孩子读诗［M］. 杭州：浙江文艺出版社，2016：180.

② 张定浩. 取瑟而歌：如何理解新诗［M］. 上海：华东师范大学出版社，2018：102-103.

然而，表面的平静和谐之下，其实涌动的是异常的奔突。著名的《一代人》是如此，上面这几行诗也是如此。诗人将"生命"比作"死亡"手术所切除的东西，好比肿瘤或者多余的组织，以平静的口吻陈述手术的成功和人们术后的平静。但内里蕴含的却是对死亡这一沉重话题的深沉思考，反映的是诗人内心对生死关系认识的巨大冲突。貌似面对死亡非常平静，其实却是对死亡的巨大反讽。

虽然光的箭，已把距离

消灭到乌有了的程度；

但怎么能使我的颤指，

轻轻的抚触一下

那盏灯的辉煌的前额呢？①

——艾青《灯》（节选）

艾青的这首诗总共呈现了两组冲突——希望与失望、近和远。它们都与"灯"这一意象有关，灯在这里不仅仅是太阳的象征，而且是光明、温暖、理想的综合体。诗人盼望着能够接近天边的那盏灯，但天空何其寥廓！失望油然而生。灯是有光的，光是速度极快的，我过不去并不意味着灯光不会过来，这下子希望又有了，因为速度消灭了距离，希望的实现近在眼前。然而，诗人并不满足于光的恩赐，他想接触到"灯"的本体，灯被拟人化了，拥有辉煌的前额。联想到诗人当时身陷囹圄，这灯传达了诗人对于自由与光明的渴求。"就更广义的思想层面来看，它象征了人类对于理想境界的永无止息的追求的心理，这或许是一个痛苦的永恒性的过程，可是没有了这种盼望也就没有人类生活不断向前的动力了。"②

如果说意象的冲突是一对一的单挑或者小部分人的对峙，那意境的冲突就是小规模的战斗或大部队的对垒了。戴望舒《我用残损的手掌》就充分利用了这种意境的冲突。一是平面和立体的冲突，无论诗人眼前是否有一幅地图，诗人手掌抚摸之处，呈现的是祖国的大地山河。二是过去和现在的冲突，这一点在描摹回忆家乡的部分体现得最典型。三是整体与一角的冲突，偌大

---

① 孙玉石.中国现代诗导读（1917—1937）[M].北京：北京大学出版社，2008：430.
② 孙玉石.中国现代诗导读（1917—1937）[M].北京：北京大学出版社，2008：430.

的中国只有一角是"温暖，明朗，坚固而蓬勃生春"，既是痛苦所在，也是希望所在。四是大与小的冲突，"无限的江山"何其庞大，却可以由"无形的手掌"掠过，这种大与小的冲突，能够给人带来极强的震撼，将读者引入一种灵视的境界。诗人虽身陷囹圄，却运用自己的想象神游万里思接今昔，写下了这首佳作。正是通过这些冲突，诗歌的意境得到了极大的丰富，诗人的情思也得到了极大的发展和深化。

上面所说的四种冲突，归根结底其实都是诗人情思冲突的表现。情感与思想，是诗人将自己从人群中拔离出来的关键，也是将自己和其他诗人区别开来的关键。正是因为诗人的情感中有矛盾，思想中有纠葛，才会有诗歌，才会有诗歌里的冲突。从这个角度来看，形式真的是内容的延伸。情思的冲突，大多数诗人处理得都比较含蓄，有的诗人却毫不掩饰，比如郭沫若的诗就是情思激荡充满呐喊，他的《女神》大多是这一类的作品。或许语言和内容还比较粗糙，但整首诗情韵的流动却是那么强劲有力，大量的排比、大量的叹词、大量的叹号，都令人惊叹。下面，我们来看穆旦的一首诗：

> 阿大在上海某家工厂里劳作了十年，
> 贫穷，枯槁。只因为还余下一点力量，
> 一九三八年他战死于台儿庄沙场。
> 在他瞑目的时候天空中涌起了彩霞，
> 染去他的血，等待一早复仇的太阳。
>
> 昨天我碰见了年轻的厂主，我的朋友，
> 而感叹着报上的伤亡。我们跳了一点钟
> 狐步，又喝些酒。忽然他觉得自己身上
> 长了刚毛，脚下濡着血，门外起了大风。
> 他惊问我这是什么，我不知道这是什么。[1]
>
> ——穆旦《祭》（又名《有钱出钱，有力出力》）

以穆旦这样温良的性格，却在这首诗里为我们塑造了阿大与厂主这一对

---

[1] 廖伟棠.我偏爱读诗的荒谬：现代诗的三十堂课[M].北京：北京燕山出版社，2023：178-179.

对立的人物。阿大没钱，所以只能出力，最后实际上是出了命。厂主有钱，所以他可以平安地"感叹着报上的伤亡"。面对国难，有的人丢了命，有的人却在跳舞，这是多么不公平。然而怎么办？现实中没有办法，穆旦就借了迷信的一撮刚毛、一摊血、一股阴风来报复厂主，来为阿大伸张正义。这正表明诗人内心难以抑制自己情绪的激荡。

同样是控诉战争，非马的《越战纪念碑》就更具有冲突意味，下面是节选。

一截大理石墙

二十六个字母

便把这么多年轻的名字

嵌入历史

万人冢中

一个踽踽独行的老妪

终于找到了

她的爱子①

我不知非马所说的"万人冢"是美国的，还是越南的，还是中国的，还是全人类的。它的指向将决定诗歌的冲突本质：如果是美国的，那就是冷冰冰的历史和鲜活的生命之间的冲突；如果是越南的，那就是施虐者被纪念和受害者被遗忘的冲突；如果是中国的或者全人类的，那这冲突就是战争的发动者和无数死难者（包括战士，也包括百姓）的冲突。你看，就这么一首小诗，就蕴含了这么多可能的冲突。谁还能说诗歌没有力量呢？

纵观中国新诗发展史，许多优秀的诗作正是毫不掩饰地表达作者心灵冲突的作品，如食指的《这是四点零八分的北京》，如北岛的《回答》。

有的诗歌，主体和标题之间也是有冲突的，例如王辛笛的《风景》，沪杭途中所见的明明都是"问题"和"病"，却偏偏要这样命名，为的就是造成冲突，在冲突中彰显自己的情思。有的诗歌，还有极强的现场感，传递出诗内和诗外的冲突，诗人和他者的冲突，例如公刘的《读〈父亲〉有感》，正是对罗中

———————————

① 冯力.港澳台诗歌精品［M］.沈阳：春风文艺出版社，1995：245.

立油画的一些细节不认同，正是对他者一味地赞美不认同，诗人才写下这首诗，表达自己的看法。

再谈和谐。"和""谐"本来都是形容音乐的，指一排竹制的管状乐器发出调和悦耳的声音。后来借用为其他意义。具体到诗歌里，它包括音韵和谐和意义和谐两部分。前者我们将在下一章的"新诗与音乐"一节中专门阐述。在此，我们主要讨论后者。

和谐从何而来？赫拉克利特认为，和谐产生于对立的东西。将对立的东西安排好，使它们熟练地配合起来，好比将响亮的打击乐器和低沉的大提琴放在一起演奏一曲交响乐。下面，我们来看一首周梦蝶的《乘除》（节选）：

上帝给兀鹰以铁翼、锐爪、钩胪、深目

给常春藤以袅娜、缠绵与执拗

给太阳一盏无尽灯

给蝇蛆蚤虱以绳绳的接力者

给山磊落、云奥奇、雷刚果、蝴蝶温馨与哀愁……①

在这首诗里，世界万物获得了真正的平等，美的，丑的，好的，坏的，消弭了界限，蝇蛆与花月同生，兀鹰与蝴蝶齐飞，它们都是"每一胎圆好里总有缺陷孪生寄藏"的证明。诗人为何以"乘除"为题，大概正是看中了乘除的夸大作用，暗寓希望世人不要将万物的圆好缺陷根据经验和喜好而加以"乘除"，而是能够公平地对待它们。世界和谐绝不是人类独存，而是不同的生灵以平等的方式和睦相处。

世界是矛盾的，但和谐是人的理想，也是大多数人的生活常态。所以，追求和谐有时便成了人们对抗现实中痛苦和无望的良方。例如食指的《相信未来》，面对现实的痛苦，他依然选择相信未来，相信未来人们的眼睛。这样的和谐本身就蕴含着巨大的冲突，正是对现实的绝望，才会寄希望于未来。尽管这种希望有点像电影里的阿甘那样，显得有点傻。但单纯和执着正是和谐的源泉。孩子们的诗天真无邪，那么美好，难道不是一种和谐吗？有时候，看问题的角度转换一下，或许冲突就不那么强烈了，不那么要命了。捷克斯洛伐克诗人雅罗斯拉夫·塞弗尔特的《一支歌》传递的正是这样一种眼光和哲理。

① 周梦蝶.鸟道：周梦蝶世纪诗选［M］.北京：中央编译出版社，2015：14.

有谁在挥动白色的头巾，
依依惜别他的亲人。
每天都有事物在终结，
极其美好的事物在终结。

信鸽在高空拍打双翼，
飞呀飞呀重返故里。
我们带着希望也带着绝望，
从此永远回到家乡。

请你擦干湿润的眼睛，
朗朗一笑别再伤心。
每天都有事物在开始，
极其美好的事物在开始。①

　　面对亲人的死亡，人们难免会感动悲伤，不希望亲人离去的想法和亲人已逝的现实形成了巨大的冲突。这冲突有时会将人引入更大的漩涡。然而，诗人以返回故里为喻，既是亲人逝世的隐喻，也暗示人们要回归最初的本心。最后，诗人以极富哲理的话，换了一个角度来谈论这个世界的变化，每天都有事物在开始，极其美好的事物在开始。这就将人从悲哀的漩涡中拯救出来了。

　　绿原有一首《小时候》，其中有两节诗是这样写的：

我要做一个流浪的少年，
带着一个镀金的苹果、
　　一只银发的蜡烛、
　　和一只从埃及王国飞来的红鹤，
旅行童话王国，
去向糖果城的公主求婚……

---

① 果麦.给孩子读诗［M］.杭州：浙江文艺出版社，2016：191.

但是，妈妈说：

"现在你必须工作。"①

这首诗乍一看觉得表现的是一种冲突，理想和现实的冲突，童心和世故的冲突。然而，再一品味，发现暗蕴着和谐。再美好的理想，也得靠现实的奋斗才能实现。

同样，英国诗人沃尔特·德·拉·梅尔的《老兵》就是将冲突和谐包容在一起，"呋啰哆啰嘀啰"的三次重复，缝合了一切沧桑和伤痕。下面我们来看看诗歌的全貌：

老兵走过来了

说给点面包皮

因为战争而消瘦

一定是这样　四处去打仗

呋啰哆啰嘀啰

突着的大鼻子　凹陷的脸颊

下巴上有撮胡子

火药和炮弹　伤口和大鼓

一起进攻老兵

呋啰哆啰嘀啰

现在正是五月　最快乐的春天

到处鲜花盛开

吃过面包后

老兵开始歌唱　往日青春的歌

呋啰哆啰嘀啰②

诗中的老兵境况不佳，还要向人讨面包皮吃，身上也伤痕累累，但他感于春天的美丽，感于面包带来的满足，最后竟唱起歌来：呋啰哆啰嘀啰。这是士

---

① 张贤明.百年新诗代表作.1917—1949［M］.北京：现代出版社，2018：148.

② ［日］西条八十.麦秸的草帽：西条八十童谣全集［M］.北京：北京联合出版公司，2020：188.

兵乐观的天性使然，也是诗人善良的天性使然，他们都试图暂时忘掉痛苦和不如意，获得一种精神上的快乐。

当然，和谐也绝不是掩盖冲突和矛盾的方法，不是调和黑暗的颜料。不然，你的"和谐"就有沦为"河蟹"的危险。那么，具体到写作时，究竟应该如何选择呢？是和谐？还是冲突？是和谐后的冲突？还是冲突后的和谐？一切都要看情感和思想之所至，要看诗歌所要反映或揭露的对象实质是什么。画美人，还是画夜叉，全看客观的需要和你的感受。但无论画什么，都要认真画好。同理，当我们阅读一首诗歌，我们既要努力去捕捉里面的拳影和硝烟，也要能够发现里面的蜂巢和桃源。

第九节　陌生与朦胧

陌生与朦胧的关系是或然的，陌生可能带来朦胧，朦胧也可能带来陌生，但它们并不存在必然的关系。陌生是相对于熟悉而言的，朦胧是相对于清晰而言的。前者更多地指向语言层面，后者更多地指向审美意境层面。

之所以将它们放在一起，是因为它们代表了新诗的两种重要特征，和许多新诗以及新诗的许多要素都息息相关。多少了解一点，有助于我们更好地写诗读诗。

提及陌生，就不得不谈"陌生化"。何谓陌生化？苏联作家什克洛夫斯基在《作为艺术的手法》中谈到，对于熟悉的事物，我们的感觉趋于麻木，仅仅是机械地应付它们。艺术就是要克服这种知觉的自动化，唤醒人们对生活的感受：

> 为了恢复对生活的感觉，为了感觉到事物，为了使石头成为石头，存在着一种名为艺术的东西。艺术的目的是提供作为视觉而不是作为识别的事物的感觉；艺术的手法就是使事物奇特化（通译"陌生化"——引者）的手法，是使形式变得模糊（又译"困难"——引者）、增加感觉的困难和时间的手法，因为艺术中的感觉行为本身就是目的，应该延长；艺术就是一种体验事物的制作的方法，而"制作"成功的东西对艺术来说是无关重要的。[①]

---

① 沈立岩.当代西方文学理论名著精读[M].天津：南开大学出版社，2005：64.

简而言之，陌生化就是尽可能摒弃对事物的惯性认知和反应，要想办法让它们变得陌生起来，恢复其原初的本来面目。"使石头成为石头"这句话颇耐人寻味，设想当一位原始人第一次看到"石头"，他并不知道这东西是硬的，也不知道它能不能吃，更不知道它是岩浆迸发凝结形成的或沙土沉积形成的，甚至他并不知道它叫石头。于是，在他的眼中，这石头就有了千万种可能性，他的想象力就迸发了，他以为它是一只野兽的粪便化成的，他以为它是地精的巢穴……于是，石头得到了崭新的、童稚的、富有生机的解释，它损坏甚至挣脱了那些习以为常的经验和标准，像一团重新加了水的泥团一样，又可以做出无限的造型。当然，一个现代人无论如何不能恢复到与"石头"初次相遇的认知水平和想象能力，我们或多或少会受到惯性经验的影响。然而，如果我们尽力去尝试、去想象，还是能够有所发现有所创新的。有诗人如此形容写作时的体验：

> 词语那伸缩自如的尺子，
>
> 追逐心灵的潮汐。
>
> ……
>
> 我走进去——黑暗中——
>
> 词语的纤维断裂，哔剥作响。[1]

不过，孩子们由于尚未接受过多的教育，反而是离陌生化最近的人群。很多孩子写的诗，胜就胜在他能够不落窠臼自创新义。他们不管"理想"的崇高，长大了想做只癞蛤蟆。他们看到钱在风中飞，就觉得风在数钱。陌生化的最突出的效果，于作者而言，就是能够找到艺术表现形式和内容的新鲜感，提高艺术的可感性，打破人们的接受定式。于欣赏者而言，就是可以调动他们的审美注意，延长感知的困难和时间，最大限度地获得美的享受。

写到这儿，我不由得想起了电影《功夫熊猫》。熊猫在人们的印象中，是憨厚可爱不爱运动的，但经由电影的改造，它成了功夫了得、身手敏捷的大侠，表情顽皮，嘴里说不出正经话，眼睛也变成了翠绿色的。经过这样的处理，很大程度上颠覆了人们对熊猫的传统认知，使观众获得了新体验，大呼过瘾。这大概就是艺术中的"陌生化"处理的效果。具体到诗歌层面，我们可做

---

① 凌越．飘浮的地址：凌越诗选 2010—2020［M］．北京：北京联合出版公司，2021：97．

的，主要是语言、意象，还有逻辑。诗人洛夫接受采访时，谈及新诗的审美价值，提出一首好的现代诗必须具备以下几点：

　　a. 一次新奇而独特的语言事件；

　　b. 一次新奇而独到的意象营造；

　　c. 一次新奇而独立的语感体验。

　　一句话，必须经由诗性的言说，提供一次新的说法。[①]

　　然而，不同于古诗，新诗采用的是日常语言。古诗中关于某样事物，例如月亮，有那么多的词语可供选择，一条小破船也可以冠以"兰舟"的称谓，虽然有些矫情、有些程式化，但它天然与日常语言有别，因而具有陌生新奇的美感。而日常语言服从于交际功能，重要指陈事物，传递信息，其所指和能指往往是约定俗成被规定的，具有很高的公共性。至于诗歌中的语言，哪怕是日常语言，也必须成为文学的。文学语言主要用来抒发诗人的情思，是独立自足的。因此想获得陌生化的效果，首先要对日常语言进行改造。正如英国文学批评家伊格尔顿所说，"在文学技巧的压力下，普通语言被强化、浓缩、扭曲、套叠、拖长、颠倒。语言'变得疏远'，由于这种疏远作用，使日常生活突然变得陌生了"[②]。关于这一点，我们在"字词和语句"部分已有所阐述。在此，再举一些例子，以强化这方面的印象和理解。

　　"那里曾经是一湖一湖的泥土"

　　"你是指这一地一地的荷花"

　　"现在又是一间一间的沼泽了"

　　"你是指这一地一地的楼房"

　　"是一池一池的楼房吗"

　　"非也，却是一屋一屋的荷花了"[③]

——管管《荷》

　　这首诗在语言上最大的创造就是量词与名词的非正常搭配：泥土是"一湖一湖"的，沼泽是"一间一间"的，楼房是"一池一池"的，荷花是"一屋一屋"的。

---

① 洛夫. 洛夫谈诗：有关诗美学暨人文哲思之访谈［M］. 南京：江苏凤凰文艺出版社，2015：135.

② ［英］特里·伊格尔顿. 文学原理引论［M］. 刘峰，译. 北京：文化艺术出版社，1987：5.

③ 廖伟棠. 我偏爱读诗的荒谬：现代诗的三十堂课［M］. 北京：北京燕山出版社，2023：188.

通过错位，诗人创造了一种惊人的新奇感。有人说这是批评房地产开发对自然环境的破坏的，我觉得有这层意味在其中，但还有更可咀嚼的深味。想象这首诗是两个人的对话，一个一个的湖泊如今被开发成了一片一片的楼房，然而在诗人眼里，这每间房子都成了沼泽，将购房人深深地陷溺其中，将每个人都陷溺其中。我们都成了被困的池中物。还好，诗人给了我们一个浪漫的结尾，"一屋一屋的荷花"是否象征着诗人对都市人"出淤泥而不染，濯清涟而不妖"的美好期许呢？

类似的非常规搭配，诸如洛夫的"惊见／一匹银杏叶／从银座街边蝶飞而来"，海子的"烛火静静叫喊／绿汪汪的水静静叫喊"，都是。在这些语句中，词语被灌注了新的含义。谁说"匹"只能来修饰马骡呢？谁说"叫喊"就一定是发出声响呢？同样，谁说"狼"一定是凶猛残忍的？纪弦的诗里它成了孤独的化身。谁说窗子只能安在房屋上？顾城就在大地上画满了窗子。谁说燃烧一定属于火呢？洛夫就让那人在雨天以冷风燃烧自己。当然，语序的颠倒、词语的双关和歧义、某个意义的强化等，都是语言陌生化的表现。当然，这些不仅仅是新诗的把戏，杜甫的"香稻啄余鹦鹉粒，碧梧栖老凤凰枝"不正是语序的颠倒吗？"春蚕到死丝方尽，蜡炬成灰泪始干"不正是双关吗？"感时花溅泪，恨别鸟惊心"不正是歧义吗？"春风又绿江南岸"不正是对意义的强化吗？

我们再看下面几句诗：

好深的你舷边的忧郁多蓝啊[①]

——商禽《船长》（节选）

我曾夫过　父过　也几乎走到过[②]

——郑愁予《旅程》（节选）

火　火　火[③]

——海子《复活之二：黑色的复活》（节选）

这三句诗分别运用了语言压缩、词性活用、词语反复的手法，商禽的诗句如果完全解释一下，大概就是：你舷边的海水好深的，泛着忧郁的蓝，一如你的心情。而郑愁予的诗句如果充分地表达就是：我曾经做过丈夫，也做过别人的父

① 叶维廉.中国诗学（增订版）[M].合肥：黄山书社，2016：335.

② 郑愁予.郑愁予诗的自选[M].北京：生活·读书·新知三联书店，2000：31.

③ 西川.海子诗全集[M].北京：作家出版社，2017：265.

亲,也几乎走到过(人生的幸福?)海子的诗充分验证了如今流行的重要的话说三遍,三次反复,使得"火"得到了强化,也使得"复活"的主题得到了强调。

值得一提的是,许多诗人写作时自觉不自觉地运用文言入诗,追求一种"雅化",其实也是一种陌生化的处理。

语言的陌生化处理,不仅仅可以状物、抒情,有时还可以直抵思想的深处,爆发出惊人的思想之光。例如洛夫的《事件》对战争的性质进行了辛辣的嘲讽,"全部过程 / 只不过是为了煮沸一吨钢",钢铁多么坚硬,正是构成战争机器的主要原材料。在诗人笔下,战争不是为了什么崇高的目的,而只是为了"煮沸一吨钢","煮沸"这个词本来是用来形容液体的,但嫁接在此处,就显得很滑稽,自然揭示了战争的实质是多么不堪。

其次,新诗陌生化的达成还离不开意象的营造。和词语一样,某个形象在长期的使用中也逐步形成了一种惯性,例如,月亮代表思乡,梅花具有坚贞或隐逸的特性。人生自是有情痴,此恨不关风与月。风月本没有这种情感,都是人根据自己的需要移植了这些象征给它们。既然如此,我们何不放开手脚,给它们注入新的内容呢?谁说矿泉水瓶只能装矿泉水,它也可以用来装酱油、装醋,甚至装小米、装塑料珠。下面,我们来解读几首诗:

戴孝的帆船

缓慢走过

展开了暗黄的尸布①

——顾城《结束》(节选)

我越看你越像一个人

清秀的五官,纹丝不动

我想深入你嵯峨的内心

五脏俱全,随你的血液

沿周身晕眩,并以微妙的肝胆

扩大月亮的盈缺②

——张枣《苍蝇》(节选)

---

① 顾城.顾城的诗[M].北京:人民文学出版社,1998:37.
② 张枣.张枣的诗[M].北京:人民文学出版社,2021:121.

顾城的"戴孝"和"尸布"之喻，曾受到人们的批评。但这恰恰证明这一意象的新奇脱俗。若从整首诗的内容来看，江边发生了严重的崩塌，高垒着的巨人的头颅失去了完整和威严，这样的比喻所造成的意象也是非常贴切的。

苍蝇在惯常的经验里，本是肮脏的，受人厌恶的，然而在张枣眼里，苍蝇的五官是清秀的，内心是嵯峨的，肝胆是微妙的，似乎一下子从反派变为了正派。

如果只是循规蹈矩，这样意象又如何被诗人赋予新的意义呢？所以，陌生化手法究其实质，其实是变相地催促诗人创新，不要拾人牙慧。

最后，新诗陌生化也离不开有意地打破逻辑的链条，从而获得重新组合的可能。逻辑一般指人们处理事件、分析其变化和发展的思维定式，依循常识和经验，也依循事物本身的规律和事情发展的正常流程。然而，诗人在创作时，有意地打破这些或明或暗或强或弱的逻辑链条，从而为自己争得了一些自由，不但获得了构思的新颖，还能够更好地表达自己的情思。例如，顾城在《分别的海》里就设想了自己到空旷的海上说一句"爱你"，鱼群就会跟着他游向陆地，这明显不合逻辑，但正因如此，那种通过真诚赢得的信任才显得弥足珍贵。海子的《历史》中，一座古老铜像竟然流泪了，这也不合逻辑，但正因如此，那种历史的沧桑和鲜活才扑面而来。

值得注意的是，诗歌的陌生化处理面临着一个悖论。因为要解构词语事物的旧系统，诗人必须建构属于自己的新系统。然而，旧系统已经深入人心，读者在阅读新系统时头脑里的第一反应依然是旧系统，只有借着这个旧系统，读者才能逐步走进诗人创造的新系统。这让人想起了一则寓言：

有一匹马，被主人训练用来送牛奶。每到一户人家门口，只要人们喊一声"牛奶"，它就自动停下来。有一次，它遇到了一个伯乐，他决定将它训练成一匹赛马，去竞逐各种美丽的锦标。经过训练，这匹马才发现自己原来跑得这么快。它信心满满地去参加比赛，一路遥遥领先，可是就在快到终点时，不知谁突然喊了一句"牛奶"，它立刻停了下来，结果眼看到手的锦标被后面的马夺走了。它遗憾地说："我本来是一匹送牛奶的马，怎么能变成赛马呢？"

每一个词语都好比一匹马，它的原初意义就是"送奶"，但诗人对它进行改造，使它具备了"赛跑"的功能。与寓言不同的是，寓言中是马对自己的新角色产生了怀疑，在诗歌的理解中，马变成了读者，是读者对词语的陌生含义不能认同。这样的陌生化，就遭遇了危机。如何消除这种危机，或者尽可能减少危机，关键在于在打破旧系统的同时，能够意识到它的桥梁作用。正如美国作家托马斯·福斯特所言："我们要时刻谨记，在急着断言一朵郁金香是一位仙女之前，首先要承认它的确是一朵郁金香。而在确立了它的'郁金香性'之后，我们可以开始探究它是否承载着某种引申义。"①

相较于陌生，朦胧显得更柔和，它不是往旧瓶子里装新酒，而是在旧瓶子外面套了一张薄纱，使瓶子的颜色和图案隐隐约约影影绰绰，从而产生的一种状态。

有学者曾这样阐释"朦胧"——

> 所谓"朦胧"境界，就是"寒波澹澹起，白鸟悠悠下"这类诗句在你心中留下的想象力的无限空间，亦即"象外之象，景外之景"。美感并不是一个定量概念；美感微妙极致处，往往就是含蓄、混茫、朦胧之境。能说出道道、加以条分缕析的透亮明晰的美，往往是浅显的、短暂的、有穷的；"平林漠漠烟如织，寒山一带伤心碧"所包蕴的淡淡哀愁的美，则常常是深沉的、持久的、无穷的。②

这段话告诉我们三点朦胧的感知：朦胧来源于意象激起的想象，是一种美的意境；朦胧常常和微妙的情感有关，比如哀愁；朦胧之美是深沉的、持久的、无穷的。围绕这三点，我们来简要展开分析。

朦胧来源于意象激起的想象，是一种美的意境。所谓"象外之象"，前一个象是诗中的意象，后一个象则是读者头脑中想象出来的画面。臧克家有一段记录修改字词的话，正好做这方面最好的注脚：

> 打开《烙印》（1932），第一篇诗《难民》的头两句："日头坠在鸟巢里/黄昏还没溶尽归鸦的翅膀。"我记得，起头是这样写的："黄昏里扇动着归鸦的翅膀"，后来又改为："黄昏里还辨得出归鸦的翅膀"，最后才写成现在的这个样子。我觉得，这定稿是比较好的。请闭上眼睛想一想这样一个景象：黄昏朦胧，归鸦满天，黄昏的颜色一霎一霎的浓，乌鸦的翅膀一霎一霎的淡，最后两者渐不可分，好似乌鸦翅膀的黑色被黄昏溶化了。当我在推敲这个句子的时候，并不是单单要它造得漂亮，而是心里先有了黄昏时

---

① ［美］托马斯·福斯特.如何读一首诗［M］.王爱燕，译.海口：南海出版公司，2022：188.
② 赵鑫珊.科学·艺术·哲学断想［M］.北京：生活·读书·新知三联书店，1986：427.

分那样一个境界，力图使自己的诗句逼真地把它表现出来。[①]

为什么说朦胧常和微妙的情感有关？因为人的情感总有些只能意会难以言传的地方，说得太直白肯定不行，唯有朦胧才能有效地传递这种微妙。贾岛的"只在此山中，云深不知处"，白居易的"犹抱琵琶半遮面"，柳永的"执手相看泪眼，竟无语凝噎"，李清照的"梧桐更兼细雨，到黄昏，点点滴滴"，都是此类。卞之琳的《鱼化石》让一条鱼或一个女人同时述说，"你我都远了乃有了鱼化石"，是由鱼化石联想到了人的情感。鱼化石正是鱼经过了千百万年的沉积才能形成的。人的情感呢？此处的远是时间的还是距离的，是对现状的喟叹还是对未来的期许，很难说得清楚。然而，我们能够感受到这深情的喟叹。所以说，朦胧并非模糊，而是丰富，是抵达清晰的多种尝试。

朦胧之美之所以是深沉的、持久的、无穷的，主要归功于隐喻。德国作家赫尔曼·黑塞在《传说》一诗中如此写道：

"朋友，你们告诉我，"国王言语，

"难道这只小鸟不是个譬喻？

来自黑暗随即又隐入黑暗，

它只在光亮中待了一瞬间。

也这样来而复去不留痕迹，

我们在光明中没有多少日子。"[②]

很多诗中都有这样的小鸟飞进飞出，它们有时潜伏在暗处，不见羽毛，只闻声音，朦胧之美由此而生。关于譬喻，有近取譬和远取譬之分。所谓远近不是指空间的距离，而是本体和喻体之间的相似性明不明显的区别，明显即为近，不明显即为远。因为不明显，远取譬又归入隐喻的范畴。关于隐喻，西方研究者的界定大致是这样的：

隐喻：希腊语的"转换"：将某物运过去。故隐喻将某物视为另一物。

隐喻：一种隐含的类比，它以想象方式将某物等同于另一物，并将前者的特性施加于后者或将后者的相关情感与想象因素赋予前者。

---

① 叶维廉. 中国诗学（增订版）[M]. 合肥：黄山书社，2016：349-350.
② 果麦. 给孩子读诗[M]. 杭州：浙江文艺出版社，2018：70.

在隐喻中，本义指示某一事物、行为的语词或表达，被应用于另一明显不同的事物或行为而并不认为是比较。①

因为隐喻需要将意义与表达在修辞、诗学、语言以及思维诸领域进行转换并生成新的内容，朦胧即由此产生，当然陌生也可由此产生。隐喻具有修辞与认知两大功能，通过隐喻，人们那种难以言说的情感和思想不是更模糊了，而是变清楚了，原本平常的内容因为隐喻的修饰变得新奇而美丽。更重要的是，它常常在貌似毫无瓜葛的两者之间发现隐藏的相似点，此时喻体不再是对本体的辅助，而是帮助我们寻找到它与本体之间的联系，以及附着在这联系之上的意义。下面，我们来分析三首诗歌，以增强这方面的感知和理解。

一头爬行动物的脊椎
正进入风化的尾声，
山脊充满了侏罗纪的沉寂，
随着落日的遥远马达渐渐地平息，
余晖像锈蚀的箭镞坠落。②

——朱朱《野长城》（节选）

白云托起鸟的羽翼，
回望温暖的童年
闪烁的火——
盖上大地四处漂泊的邮戳。③

——凌越《撕开苍穹》（节选）

忙不迭的触须之后那六只爪子
勇敢地帮助它前进，沙粒飞起
叶片刮起，土地总是跑在
它的脚爪前面。④

——［荷兰］凡·黑尔《风暴中的甲壳虫》　马高明　柯雷　译

---

① 赵一凡.西方文论关键词［M］.北京：外语教学与研究出版社，2017：775.
② 朱朱.我身上的海：朱朱诗选［M］.北京：北京联合出版公司，2022：28.
③ 凌越.飘浮的地址：凌越诗选 2010—2020［M］.北京：北京联合出版公司，2021：205.
④ 高兴.诗歌中的诗歌：《世界文学》诗歌精选［M］.南京：译林出版社，2010：146.

朱朱的诗用了一连串譬喻表现了野长城的贴近大地、风化、沉寂等特征，接着他又用了两个比喻分别来表现落日和余晖，落日是遥远的马达能量渐渐消失，余晖是锈蚀的箭镞坠落大地。这些比喻虽然新奇，但都很明白，真正隐藏在深处的是什么呢？是野长城象征的汉人王朝，是野长城隐喻的历史崇高。时过境迁，这些都渐渐被人遗忘了，锈蚀的箭镞再也射不穿什么了，曾经宏伟壮丽作用强大的野长城再也没什么用了。

凌越的"邮戳"令人印象深刻。邮戳是什么？它显示一封信的出发地和目的地。它们是漂泊的，如火之"闪烁"，共同指向"我"的童年。

"风暴中的甲壳虫"忙碌勇敢，但总是身不由己，总是莫名地失败。诗人表面上只是描写，没有比喻。但它已经在读者的心里激起了涟漪，经由人们的联想，风暴中的甲壳虫如愿找到了同病相怜的朋友——人类自身。

朱自清说："……发现事物间的新关系，并且用最经济的方法将这关系组织成诗。所谓'最经济的'就是将一些联络的字句省掉，让读者运用自己的想象力搭起桥来。没有看惯的只觉得一盘散沙，但实在不是沙，是有机体。"[1]

当然，我们上述的分析仅仅是根据赵鑫珊对朦胧的理解和定义来进行的。要想全面认识诗歌的朦胧之美，仅凭这些还是不够的。朦胧不仅仅是一种美，有时还是一股力量，闪烁着思想的光团。如顾城的《一代人》，正是对经历过那个时代的人们的一种同情和激励。

那么，朦胧从何而来？概而言之，词语的朦胧，意象的朦胧，意境的朦胧，情思的朦胧。这些，在前面的阐释中已有涉及，就不再赘述了。

最后，引用诗人宋琳《博登湖》中的诗句来概括"陌生"和"朦胧"对于诗歌的非凡价值。

满空皆火，湖心燃烧着七月

船在移动中击碎了过于明确的东西

诸如必然的遭遇，不死的陈词滥调

将一次横渡引向一生的慈航[2]

① 李丹.中国现代诗歌理论与古典资源［M］.北京：商务印书馆，2019：127.

② 宋琳.兀鹰飞过城市：宋琳诗选 1982—2019［M］.北京：北京联合出版公司，2021：107.

第十节 情味与理趣

> 我的诗行如何寻获明亮的方向？
> 善与恶，那是人世之河的堤岸，
> 鞭策或者赞美，只用来阻止感伤情绪的泛滥。
> 作为尺度，我仍然信任一只语言的鸽子，
> ——它不会违背和大地的约定。[①]
>
> ——凌越《我的诗行如何寻获明亮的方向》

在众多关于诗歌的诗歌当中，我独钟爱这几行诗。为何？兼有情味和理趣。"明亮的方向"需要寻获，这说明诗人的内心其实有许多不那么明亮的情绪。如果任由其沿着墨水的小溪在纸张上泛滥，或者借由指纹的粗涩在手机屏幕上落地生根，是一件容易的事，也是当下很多诗人爱做的事。但诗人相当警觉，他想要寻找自己的"尺度"。他首先想到了善恶的观念来为坏情绪筑堤，但迅速否定了，接着他又想到"鞭策或者赞美"，或许是对自己的指引。但马上又否定了。最终，诗人选择"信任一只语言的鸽子"，若到此为止，说明诗人的思考还流于肤浅。语言固然可以帮助自己寻获明亮的方向，但仅止于此，仍有点流于形式跟着感觉走的意思。很明显，单凭"语言"的分量还不够。那么，还有什么呢？还有"大地"，还有"语言"和"大地"之间的约定。这就够了。地势坤，具有厚德载物的品质。仁慈宽厚的地母孕育万物，也孕育诗情。所以，这短短的几行诗，其实是诗人的苦苦追寻之旅，具有相当的思想深度和厚度。如果是一位哲学家来写，洋洋洒洒或许可以写一大篇文章。然而，诗人利用"方向""堤岸""鸽子""大地""约定"等词语，巧妙地暗示了自己的思考，而不流于刻板。尤其是"鸽子"这个意象，具有相当的情味。鸽子具有相当强的地磁感应力，能够越过千山万水传送讯息。同时，它还是和平的象征。这些都赋予"语言"本体相当的丰富性，值得人好好品味。

优秀的诗歌具有"情味"或"理趣"，或者二者兼而有之，古今中外皆然。就拿古老的《诗经》来说吧，《静女》《野有死麕》《女曰鸡鸣》记录的是男女的

[①] 凌越.飘浮的地址：凌越诗选 2010—2020［M］.北京：北京联合出版公司，2021：72.

情味，《蓼莪》《鸨羽》《棠棣》反映的是人伦的情味，《无衣》《采薇》《黍离》抒发的是家国的情味。所谓"情"，大概指的就是这些人类所拥有的种种情感。虽然随着时代的发展，人们的情感表达更加丰富细腻，但其本来的范围似乎并没有过多地扩张。人生自是有情痴，此恨不关风与月。落实到诗歌中，这些情感往往借由外物来抒发来显露。

人皆有情，然而一旦表现在诗歌里，并不是所有的情都有"味"。关于味，最初指的是食物的味道，酸甜苦辣咸，各有滋味。就像我们评价某家饭店的菜肴，常常会说"味道不错"。民以食为天，人们对食物的感觉总是最敏锐的。后来"味"逐渐飘散到其他方面，如孔子在齐国听了《韶》乐，竟"三月不知肉味"，这是味对音乐的扩张。到了南朝钟嵘在《诗品序》中谈论"五言居文词之要，是众作之有滋味者也"，则味已入侵到诗歌的领域。从此，"味"和"味外之旨"就成了人们评价诗歌的一种标准。

那么，"味"究竟是什么呢？且看学者是怎么说的：

> 作为审美批评的概念，中国古代的"味"与西方近代的"通感"具有同样的理论影响。"味"实质是指人的视觉、听觉、味觉之间感知相通及其产生的审美联系，它不仅是通感普遍运用的具体现象，而且具有类似于"通感"的含义。"味"将一种感觉转换或挪移为另一种感觉，使意象超越了单一感觉的固有印象，实际上具备了"通感"的理论概括性。①

这段话将味与通感的联系讲清楚了，也指出它包含具体现象和内容含义两个层面。但仅仅如此，对于中国人理解的"味"来说还是不够的。味在我们的审美印象中，不仅仅是感官的获得或刺激，抑或诗意的直寻或理解，更是指向一种阅读后的心灵感悟或享受。它是一个感性与理性相融合的结果，是一个整体的印象，是一种审美的满足。若从文字学的角度来打量"味"字，右边的"未"乃是枝条繁茂的象形，后来加了"口"字，借用表示滋味。或许在古人的想象中，某一食物入口，在舌头产生的味觉延伸扩散，就像一棵小树渐渐长大舒展枝条。汉字的巧妙传神，由此可见一斑。

将"情"和"味"结合起来，就是"情味"。但它们的效应却是一加一大于

---

① 李丹．中国现代诗歌理论与古典资源［M］．北京：商务印书馆，2019：134.

二的，具体来说，情味除了指向情感外，还包括趣味、意味、韵味、滋味、兴味等诸多内容。

接下来，我们就结合一些具体的作品，来具体感知一下诗歌的情味。

有个老头儿胡子长，

他说："这事儿真让人恐慌！——

一只母鸡，两只猫头鹰，

一只蒙鸠，四只百灵，

全把窝做在我的胡子上！"①

——［英］爱德华·李尔的五行打油诗之一　张文武　译

爱德华·李尔为自己的打油诗画的插图

爱德华·李尔是一位多才多艺的诗人，他的打油诗充满童心，富有想象力。或许没有什么大的意义，但胜在有趣。译者颇用心地用"长""慌""上"来押韵，而这正是原诗的特点。在这首诗里，诗人极尽夸张之能事，将老头的胡子之长表现得妙趣横生，辅以李尔画的插图，更是令人忍俊不禁。不由得想起中国的一则笑话，一人魂归冥府，阎王以为抓错了，因为档案上明明写着胡长两尺，而此人却白面无须。小鬼急忙汇报：没抓错，胡长两尺没错，但脸皮厚三尺。这笑话也是运用的夸张法，相当滑稽。

尺蠖啊

日本到底有多长

一拱一拱

量尺码②

---

① ［美］托马斯·福斯特.如何读一首诗［M］.王爱燕，译.海口：南海出版公司，2022：150.

② ［日］竹久梦二.竹久梦二童谣集［M］.郭尔雅，译.杭州：浙江人民美术出版社，2017：59.

这是日本画家、诗人竹久梦二的童谣《尺蠖》的节选，写的是一条尺蠖一拱一拱量尺码，在牧场的栅栏上。尺蠖很小，只有几厘米长，靠着一对腹足和一对臀足爬行，很像量长度，所以才得了这个名字。看着这么小的尺蠖认真地量尺码，诗人突发奇想，要是让它量一量日本的长度，不知道会是个什么结果？这种以小度大的反差萌，正是这首诗有趣的地方。

　　"天天下雨，自从你走了。"

　　"自从你来了，天天下雨。"

　　两地友人雨，我乐意负责。

　　第三处没消息，寄一把伞去？

　　我的忧愁随草绿天涯：

　　鸟安于巢吗？人安于客枕？

　　想在天井里盛一只玻璃杯，

　　明朝看天下雨今夜落几寸。①

——卞之琳《雨同我》

　　卞之琳这首诗的第一节像一场微型话剧，一个朋友说"天天下雨，自从你走了"，第二个朋友说"自从你来了，天天下雨"，雨成了我如影随形的跟班，诗人简直要冠以雨神的称号了。为什么是雨呢？这里面就有歧义了，雨是浪漫呢，还是哀愁呢？根据下一节来看，似乎哀愁要胜出几分。最有趣的是第三个朋友，人家"没消息"，诗人却突生奇想，寄一把伞去，认定朋友那也一定下雨。废名评这首诗时，认为第三处当然是情人，"这把伞真是太可爱了，这个诗情真是太可爱了，太美丽了，比写这讲义的人一向所喜欢的'细雨梦回鸡塞远'还要好，因为卞之琳的这句诗一定来得很快，是真的心情，不是想象了，故我们更应该爱惜它"②。而我更喜欢第二节的那只玻璃杯，只有有情趣的人才会有此奇想。李商隐的"巴山夜雨涨秋池"只是想象，并未亲自去看，更不要说去测量雨前和雨后的池水变化。而卞之琳却要放一只玻璃杯在天井

① 孙玉石. 新诗十讲［M］. 北京：中信出版社，2016：282.

② 废名. 谈新诗［M］. 北京：商务印书馆，2018：211.

里，看看这一夜雨能够"落几寸"。这真是太有意思了，我们可以想象诗人拿着尺子量杯中之水的情景。杯中水落几寸并不要紧，要紧的是我对你的思念借此杯中水变得具体可感了。

　　我们走进一间小室，室内只有我和她。

　　我们相互注视，舍此别无其他。

　　两颗心灵，片刻时间，完美，幸福……

　　驶到五层，她走了出去，我仍然留下。

　　我知道，今后我们不会再相遇，

　　一次邂逅，从此不会再见面。

　　我知道，纵使我去跟踪她，跟在她身后的

　　将是一个没有生命的躯体，

　　纵使她回到我的身边，

　　回来的将是一块冰，属于另一个世界。①

　　　　——［捷克斯洛伐克］弗拉迪米尔·霍朗《相遇在电梯》　杨乐云　译

　　必须承认，第一次看到这首诗时，我浑身一阵轻微地战栗。因为我也有类似的经历，大概很多人也有吧，尤其是正处于情感旺盛期的青年男女。与一个陌生人邂逅，而对方是那么动人，具有吸引力。然后，只是一擦肩而已，或者像这首诗写的那样，五层楼的电梯行驶时间，这就是你们毕生的缘分。遗憾吗？是的，也不是的。因为假如你与对方搭讪，相识，甚至相爱，那种美感会逐渐减弱，因为人无完人，因为你失去了那种遗憾。曾经的火变成了"冰"，人生就是这么奇妙。诗人大胆地写出了这种经历，写出了奇妙的感受，写出了自己的思索。多种情味交织在一起，仿佛一盒怪味豆，各种滋味随机出现，既带给你愉悦，也刺激你的味蕾。不过，我想指出一点译文的不足，"不会再相遇""不会再见面"如果译成"再不会相遇""再不会见面"会更好，更能表现那种失落感。

　　通过以上分析，我们发现优秀的诗人好比一流的大厨，总能够发现世间最新鲜的食材，然后烹调成诗。作为读者，我们要想成为美食家，不要一味地

---

① 高兴 . 我承认你并不跟我的诗神有缘［M］. 上海：上海文艺出版社，2013：43.

饕餮，还要细细品味，于诗中辨别食材的甘美，发现烹饪的秘诀，最终收获无穷的滋味。

接下来，我们进入诗歌理趣的讨论区。一谈到"理"，许多人认为是与诗歌相悖的。理属于哲学家，不是诗人的菜。好多诗歌，似乎是不讲"理"的。这其实是对诗歌最大的误解。诗歌也是讲"理"的，只不过诗人讲得比哲学家有"趣"一些，多了一些技巧和包装，是谓"理趣"。某些哲学家同时又是诗人，一些诗人的感悟不逊色于杰出的哲学家，可见诗歌和哲学之间是有相通之处的。这相通，一方面是由于人生和社会为我们提供了思考的对象，另一方面也是人们的思考特质决定的，每个人都是思想的芦苇，渴望在风的摇曳中唱歌。正如一位学者所言："人生在世，不仅有抒情冲动、叙事冲动，还会有思辨冲动、形而上学冲动。这时候，他既是一个诗人，也是一位哲学家。"[1]思考不只是个人的，也是具有传承的共性的。

诗歌之所以给人留下不讲"理"的印象，主要是因为诗人有意识地打破逻辑以追求表达的新奇。然而，就像世界上再奇特的建筑都得遵循建筑的基本原理一样，除去诗歌语言的屋顶和装饰，底层通用的构思和逻辑，以及人类共同的观念，认知便会一一呈现。

首先，诗歌也是需要构思的，并不是信手乱写。这即是诗歌的理趣之一。根据事物的发展规律，沿着时间空间的河流，按照想象和联想的途径，梳理情感的起伏变化等等都是人们构思的途径。关于这些，前面的章节已有所阐释，不再一一举例分析。即使再难解的诗，若是掌握了足够的资料，也可以将诗人的编码破译。当然，正如这个世界本身具有无限的神秘性一样，我们没必要像庖丁解牛一样将一首诗批隙导窾。朦胧和陌生正是诗意氤氲之所在。

其次，绝大多数诗歌是讲逻辑的。例如，有一道新诗联考题，要求如下：

下列是一节现代诗，请依诗意选出排列顺序最恰当的选项（　　　）

长夏山水，山深如古钟

这一带山间有一位隐士（甲）

把廊外一排排高萧的古松（乙）

---

① 江弱水.诗的八堂课[M].北京：商务印书馆，2017：103.

他来时长袖翩翩地飘摆（丙）

要多少寂静才注得满呢／这样浑圆的一大口空洞（丁）

不经意轻轻地抚弄　弄响了千弦的翡翠琴

A. 甲乙丙丁　B. 甲丙乙丁　C. 乙丁甲丙　D. 丁甲丙乙①

　　虽然这道题并不难，通过"古钟"和"这样浑圆的一大口空洞"之间的照应，以及"他"这个代词，可以很快锁定答案为 D。但是，它很清晰地反映新诗的语句其实是讲逻辑的。只不过有些诗人有意地拆除了一些栈道，使我们难以看清其本来面目。若是我们调动想象，试着将缺失的栈道尽可能地弥补，就能够尽量呈现其逻辑线。

　　比如，波兰诗人切斯瓦夫·米沃什的《鱼》（韩逸译）：

在狂呼乱叫之中，在神魂颠倒的呓语里，

在喇叭尖叫、锣鼓喧闹的场合

保持分寸便是最有力的抗议。

普通人已经失去了说话的权利

像鱼张着嘴巴在养鱼缸中默默地游览。

我对命运的安排逆来顺受。毕竟我只不过是人。

然而我感到痛苦，渴望变成跟鱼一样的生命。②

　　我们无意去过多地知人论世，因为那样就会削弱这首诗的共通性和永恒性。面对外界的喧嚣混乱，"保持分寸便是最有力的抗议"，这是诗人天真的体现，他努力想维护一个人的自尊和自主，不随波逐流，但也无法与之斗争，这层意思很容易理解。问题是"鱼"，前面写失去说话权利的普通人"像鱼张着嘴巴在养鱼缸中默默地游览"，明显带有悲悯的情怀，或许还有一些批判的意识。然而，结尾却说自己感到痛苦，"渴望变成跟鱼一样的生命"，对"鱼"的态度陡转。这不是自相矛盾吗？其实，这里面有诗人故意抽走的"栈道"，或者"梯子"。如果我们试着来补足，鱼是不会说话的，人失去了说话的权利，所以人成了鱼。鱼是不会说话的，它再痛苦也不会说话，人是会说话的，人感

----

① 林喜杰. 论 1960 年代以来的台湾新诗教育 [J]. 江汉大学学报（人文科学版），2007（02）：17.

② 高兴. 我承认你并不跟我的诗神有缘 [M]. 上海：上海文艺出版社，2013：20.

到痛苦就会哀号、会说话，可是人被逼迫不敢说出自己的痛苦，所以人还不如鱼。鱼不能说话是本能的，但人不能说话却是被逼迫的。诗人的"渴望"越强烈，诗歌的反讽意味就越强大。

再其次，理趣还包括人类共同的观念认知，这是我们讨论的重点，也是诗歌中闪耀理性之光的关键。孙玉石先生点评卞之琳的《圆宝盒》一诗时，说"作为总体性意象的、被诗人说成是'幻想在哪儿'捞到的'圆宝盒'，本身就是一种精神世界获得物的象征。它的内涵，诗人自己认为'更妥当的解释'，大体应为'心得''道''知''悟'等，或者，恕我杜撰一个名目：beauty of intelligence，即'理智之美'"①。其实，很多诗人的诗里都有自己的理智之美，关于人生，关于社会，关于自然，关于一切。

下面，我们就结合几首诗歌来具体揣摩一下其中所传递的理趣。

神

我创造了世界，从同一片泥土和水，

你建立了鞑靼、努比亚和伊朗，

我从尘土里提炼出纯净的铁砂，

你制造刀剑、箭头和枪炮；

你做成锄头去砍伐园里的树，

你做成笼子去关闭歌唱的鸟。

人

你创造了夜，我制作了灯，

你创造了黏土，我做成杯盘；

你创造的是沙漠、山岭和溪谷，

我呢，建造了花床、公园和果园；

是我把石头磨成镜子，

是我，从毒物里酿出蜜汁。②

——［巴基斯坦］穆罕默德·伊克巴尔《神和人》 陈敬容　译

---

① 孙玉石.新诗十讲［M］.北京：中信出版社，2016：259.

② 高兴.诗歌中的诗歌：《世界文学》诗歌精选［M］.南京：译林出版社，2010：22-23.

诗歌提供了两种视角，神的和人的。在神与人的自许和责备对方的过程中，我们认识到神和人的优点与不足，更重要的是，从神与人的关系中，我们发现了扬长补短的途径，要发挥人性中的神性，要发挥人的创造力，不要辜负神的恩赐，在这个世界制造分裂、战争和专制。关于人神的思考，可以说充斥在古今中外的诸多作品中，但以如此简短的诗行予以表现，且表现得如此有质地，是很不容易的。

自从我厌倦了寻找，

我就学会了找到。

自从我顶了一回风，

我就处处一帆风顺。[①]

——［德］尼采《我的幸运》 周国平 译

哲学家尼采曾这样形容诗人的虚荣，就是往四个无意义的韵脚里放进意义，然后像用胶水粘木条一样粘牢即可。他的诗，虽然往往因为承载过分沉重的思想而显得缺乏灵魂，但有些诗还是颇有理趣的。例如这首《我的幸运》，在充满辩证色彩的同时，也颇为形象生动。如果说厌倦寻找和学会找到还需要人费一番功夫思量的话，诗的三、四行就是抓住了帆船运行的原理，将"顶"和"顺"巧妙地结合在一起。人之所以变得世故圆滑，不正由于此吗？在尼采的哲学著作中，散落着许多诗歌，它们像星星的碎片，被他拿来建造了一个世界。他讽刺小市民的拜金，"一旦金钱跳进钱柜，/灵魂也就不断往里跳"；他将真理比作女子，"她信服谁？唯有暴力"；他形容那些被暴力吓破胆的人，"一切都使他趔趄，/哪怕一根棍子的影子也使他趔趄"；他厌恶法则，"生命僵死之处，/必有法则堆积"。阅读这样的诗歌，虽不及阅读他厚厚的哲学书籍收获大，但那种顿悟却是有过之而无不及的。

其实，情味与理趣并非对立的，而是可以有机相融的。许多诗，兼有二者之美，既能给人以情的享受，也能给人以理的点拨。例如，顾城的《门前》，就具有天真的情味，也蕴含深刻的哲理。例如，我曾节选其中的四句设为作文材料，让学生思考议论，收到了很好的效果。

---

① ［德］尼采. 尼采诗集［M］. 周国平，译. 上海：上海译文出版社，2021：95.

草在结它的种子

风在摇它的叶子

我们站着，不说话

就十分美好 ①

就这四句诗而言，既可以谈人与自然的关系，也可以类比人际中的诸多关系，比如，如何教育孩子，如何维系友谊。一句话，顺其自然。用柳宗元的话来讲，就是"顺木之天，以致其性焉尔"。有时，我们之所以处理不好这些关系，关键就在于我们没有站着，没有不说话。据说，曾经炮火连天破坏殆尽还埋有无数地雷的朝韩三八线，因为两个国家的长期对峙，逐渐恢复蓬勃的生机，成为动植物的天堂。所以，有时候沉默和安静就是"美好"产生的源泉。

最后，就让我们来回答一下某些人可能的疑问：诗歌的情味和理趣有何价值呢？让我们先来看一首诗。

当你抚触

那晚，当你用手

抚触冰冷的铁轨，你说

通过这钢铁，我的抚触

一直传回家乡。

只有一条路，两行铁轨，

我们在两个小站之间，

于是我说，这片土地

这片平凡的土地也能这样做。

这是同一片土地，整个

圆圆的世界裹着同一层

空气，供你、我、他们呼吸；

---

① 顾城. 顾城的诗 [M]. 北京：人民文学出版社，1998：209.

用手抚触自己的心

也就是把手放在每一个人的心上。①

——［澳大利亚］威廉·哈特－史密斯　李文俊　译

原本我打算用戴望舒的一首小诗来结尾的，"我思想，故我是蝴蝶……/ 万年后小花的轻呼 / 透过无梦无醒的云雾，/ 来振撼我斑斓的彩翼"②。它巧妙地利用蝴蝶和小花的关系，形容了一个思想对于后世的影响，或者说一个人之所以思想，其实他是希望与后世产生某种呼应和回响。但是，戴的意象太柔弱了，离我们这个时代有点远。蝴蝶和花仍停留在农业时代的诗意中，相比之下，这首《当你抚触》更贴近我们所生活的时代。冰冷的铁轨绵延至远方，我的抚触是温暖的，我的抚触是轻柔的，这一动作寄托了我的思乡之情。然后，诗人进一步拓展想象，借"我"对"你"的述说，表达了同时代的人类之爱，我们的抚触将给每一个人心灵带来暖意。如果借用这首小诗来形容诗人融入诗歌的情味和理趣的价值，正如这"抚触"，会沿着冰冷的铁轨，沿着无形的信号，沿着无尽的时空，或快速或悠然地传播，给这个世界和世界上的人类增添一些心灵的共振。当今社会的发展太迅猛了，每个人都仿佛洗衣机里旋转的衣物一样忙个不停，往往无暇思考，觉得人生无趣，这就更需要诗人来予以安慰和引领。

衷心希望那些痴迷于语言技巧和神秘晦涩的诗人，多去表现情味，多去挖掘理趣。这样，诗歌才会具有结实的内核，将会拥有越来越多的受众，整个社会也将因此变得富有诗意和生机。

---

① 高兴 . 诗歌中的诗歌：《世界文学》诗歌精选［M］. 南京：译林出版社，2010：107.

② 江弱水 . 诗的八堂课［M］. 北京：商务印书馆，2017：108.

第四章　新诗外部关系的梳理

第一节　新诗和旧诗

今文课罢离中大，

隧道狮山驭快车。

听赏司基胡桃曲，

……

这是黄维樑先生"试写一首旧诗"所写的几句，仅仅三句，他已感到非常艰难。首先是字词浓缩产生的分歧，"中大"是"香港中文大学"的简称，但不做注释，中山大学也可以如此简省。"狮山"指的是"狮子山"，"司基"是柴可夫司基，"胡桃曲"是"胡桃夹子组曲"，如果不加注释，又会令读者迷惑。其次是平仄的问题。"今文"本来指的是现代文学，若简省为"现文"，意思不通，又不合平仄，所以定为"今文"。"隧道狮山"也是为了平仄而倒置，连"胡桃"的平仄如果严格来要求，"桃"字应为仄声，但如果将"胡桃夹子"简省为"胡子"，又容易让人误解。唉，写一首旧诗真难。这样写出来的旧诗，读起来更难。

所以，以目前的状况来看，旧诗除了一些专业人士创作以外，基本与普通人无缘了，不仅是写作的要求横在那里如天堑，更是因为许多古诗的意象已经无存，而现代的诸多意象和词语又难以入诗。加之古今音的变化，旧诗出局已成必然。

然而，这并不意味着旧诗的生命力就此终止，它的营养沿着或隐或显的通道流入新诗的肌体里，滋养它，壮大它。这一点，如果说新诗诞生之初还存在诸多争议外，在新诗发展已逾百年的当下，毫无疑问已达成普遍的共识。

新诗不应该自绝于传统，相反，还应该从传统中努力开掘，从内容和形式两方面促进自己的发展。

或许，有人会说，新诗新诗，不就是一个新吗？如果沾染了"旧诗"的"旧"，那还能称其为新诗吗？这种观点是肤浅狭隘的，新诗的新并不以剔除旧诗的旧为必然条件，将二者对立起来，无益于新诗之新。相反，如果能够继承旧诗的优点，新诗将会焕发出更璀璨的光彩。就像现在流行的服装设计，在一件非常现代的衣服上点缀些传统元素，或许会增色不少，形成一种古典与现代的融合之美。当然，旧诗的元素在新诗的发展中，并不仅仅是点缀，而且是可以滋养其神魂的。下面，我们来谈谈旧诗和新诗各自的特点，以及它们之间纠葛复杂的关系。

旧诗是一个很大的概念，若以新诗诞生的时间来计——1917 年 2 月，《新青年》杂志发表胡适等人的白话诗八首，这是我国文学史上第一批发表的新诗——那么，在此之前历朝历代的诗，都称为旧诗。但这样分，又该如何看待 1917 年之后的那些旧诗呢？可见，我们还应该从新诗旧诗的特征来入手予以区分。

那么，旧诗有何特征呢？

首先，旧诗多用文言，简洁、典雅、非口语是其主要特征。它更多是社会的文化阶层所用的书面语，而非普通百姓所用的白话。所以，对于旧诗的创作者而言，言与文是不一致的，是两个语言系统。例如，明明是普通的小船，一入旧诗，却要称"兰舟"，月亮称作"蟾宫""玉镜""素娥"等。这固然使旧诗呈现一种诗意浪漫气息，但最大的问题就是脱离了生活的真实。或许，这一特征在诗歌的早期还不太明显，但随着时代的发展，尤其是白话与文言的疏离，就愈演愈烈了。另外，旧诗的简洁也牺牲了许多丰富和细腻。例如，余光中的《红烛》一诗发表了，小说家高阳读后非常感动，将余诗改写为一首七绝：

红烛同烧卅五年，

夜长烛短更缠绵。

可能风急双双熄，

同化轻烟入九天？

诗写得很好，但也略去了"追念厦门街那间斗室"等信息，略去了"剩下另一根流着热泪 / 独自去抵抗四周的夜寒"这样的细腻和深情。

其次，旧诗最典型的特征莫过于种种"格""律"的限制。旧诗诞生之初，一定是自然的、自由的、民间的，这一点从最早的一些诗歌，尤其是反映人们生活的诗歌，是可以确定的。但随着采诗人员的介入，诗歌必然会逐渐形成一些固化的形式，这就是"格"或"律"。《诗经》的四言为主、一唱三叹、韵脚和谐，难道不是吗？到了隋唐，诗律越发严格，变为词，亦有定格定字定调，再变为曲，只不过语言稍挣脱些束缚罢了，依旧是宫调曲牌。

旧诗格律确实建立了一系列行之有效的规范，使得诗人能够有所依循，并着实诞生了大量优秀的诗歌作品，然而格律对诗人的约束也是十分明显的，有时为了协律，不惜牺牲本意，乃是旧诗最大的弊端。尽管优秀的诗人能够在规范中觅得自由，或者突破约束有所变化和创新，但也是极少部分，并不能对旧诗的格律产生颠覆的影响。

正因为如此，新诗的诞生不仅仅是时代的因素，也是人们摆脱格律束缚追求表达自由的内在渴望。正如王国维在《人间词话》中所言：

> 盖文体通行既久，染指遂多，自成习套。豪杰之士，亦难于其中自出新意，故遁而作他体，以自解脱。一切文体所以始盛终衰者，皆由于此。[1]

最后，人皆有七情六欲，皆会思考问题，这些情思在诗歌中必然会有反映。但习旧诗的人，多是社会中的文化精英，他们的生活大多衣食无忧。即使像杜甫这样经历过战乱颠沛流离生活写下"三吏""三别"反映普通百姓生活的诗歌，但其眼光仍是"他者"角度，对于普通百姓生活的忧患，或者说细节，仍是疏离隔膜的。

因此，旧诗中的情感多集中于家国情怀、儿女情长、怀古伤今、羁旅咏物等方面，对于个人隐秘而复杂的情感表现得不够，尤其是对普通百姓的生活情思表现较为隔膜。除此之外，抒情的方式也多含蓄隐晦，缺乏那种直白鲜明的情感抒发。

相应地，新诗之"新"也主要表现在语言、格律、情感三个方面。

新诗的语言整体是以白话文为主的，尽管有些诗人喜欢在诗中嵌入一些带有文言色彩的字词以形成古奥的风格，但并不影响整体的语言面貌。白话是百姓生活中惯用的口语，很长一段时间受到文言的压制，但其蓬勃的生命

---

① 王国维.人间词话汇编汇校汇评[M].周锡山，编校，上海：上海三联书店，2014：218.

力经由新文化运动的推波助澜，一下子就逆转了态势，受到官方的认可，得到大众的推广，很快占据了统治地位，使得文与言不一致的问题得到了最终的解决。至此，新文学开始进入爆发期，新诗自然也得到了极大的发展。

例如，刘半农的《相隔一层纸》这首小诗：

屋子里拢着炉火，

老爷吩咐开窗买水果，

说"天气不冷火太热，

别任它烤坏了我。"

屋子外躺着一个叫化子，

咬紧了牙齿对着北风喊"要死"！

可怜屋外与屋里，

相隔只有一层薄纸。①

无论是老爷的吩咐，还是叫化子的惊喊，都是典型的口语，这在旧诗中是很难体现的。文与言的一致，使得诗人能够自由地抒发所见所感，诗的题材无疑得到了极大的拓展，诗人的情感也得到了极大的释放。

如果我们把这首诗和下列古诗的内容相比较：

朱门酒肉臭，路有冻死骨。

——唐·杜甫《自京赴奉先县咏怀五百字》（节选）

桑条无叶土生烟，箫管迎龙水庙前。

朱门几处看歌舞，犹恐春阴咽管弦。

——唐·李约《观祈雨》

四郊飞雪暗云端，唯此宫中落旋干。

绿树碧檐相掩映，无人知道外边寒。

——唐·吴融《华清宫二首》（其一）

我们会发现，尽管都采取了对比的写作手法，但《相隔一层纸》描写更加细腻，抒情也更加真挚深沉。相较而言，杜甫的诗句虽然非常凝练悲愤，但对那些冻死的百姓仍缺乏足够的关切。后两首诗仍是站在自我视角审视百姓和

---

① 公木.新诗鉴赏辞典［M］.上海：上海辞书出版社，1991：6.

朱门，审视皇帝和黎民，没能站在百姓的立场去描摹、去抒情。限于篇幅和格律等要求，三首诗都是简笔勾勒，文字简省的同时，也丢失了相关的细节和情感。而这些，正是新诗的长处。新诗作者不再受到传统题材的限制，处处留心皆可为诗，无论多么细腻复杂的情感都可以在自由表达中得以展现。

新诗之所以获得这种突破，除了语言外，和冲破格律的束缚也有很大关系。好似脱了缰的马儿，新诗固然有乱奔失控的危险，但毕竟是获得了难得的自由。尽管许多新诗的作者试图创造新的格律或者规范，来为这匹马儿重新戴上笼头系上缰绳，但新诗中绝大多数是自由诗是无可争议的事实。有人说，新诗成也自由，败也自由。在我看来，新诗发展仅仅百年有余，暂时的冷落很难称之为"败"。即使败，也并非全是自由之过。时代的巨变，生活方式的变化，信息时代的到来，使得众多普通人也能够创作并发表，诗歌乃至文学不再是某些专业作家的禁脔，诗歌因其篇幅普遍短小，受到的冲击最大。加之，失去了格律以后的新诗，即使是专业作家的创作也往往很难出彩，写出惊艳的诗歌，所以渐渐地诗歌就被冷落了。然而，若以此来判断新诗没落了，并不妥当。因为在网络上，仍活跃着数目惊人的诗歌作者，每天仍诞生出大量的诗歌作品。新诗的野火正在民间酝酿、奔突，如果我们能够恢复古老的"采风"，或许会发掘出不少优秀的诗歌和优秀的诗人，农妇余秀华、矿工诗人陈年喜等就是这方面的典型。

了解了旧诗和新诗的特征，我们再来审视二者的关系。

新诗诞生之初，为了摆脱旧诗的束缚，有些诗人主张"横的移植"，即向外国诗学习，而弃绝"纵的继承"，即不向旧诗学习。这在当时来说有一时的好处，但从长远来看，是不符合诗歌发展规律的，也不利于新诗发展的。至于梁秋实断言，"我一向以为新文学运动的最大的成因，便是外国文学的影响；新诗，实际就是中文写的外国诗"[1]。这根本就是荒唐的。尽管新诗与旧诗的关系时隐时显，或直或曲，但要想完全割裂，是根本不可能的。

无论语言、修辞还是情思，新诗都脱不开传统的影响。"在所有的文学体裁当中，以诗歌与本民族传统文化的关系最深、最富有韧性。"[2] 打个比方来

---

[1] 谢冕．中国新诗史略［M］．北京：北京大学出版社，2018：4.

[2] 李怡．中国现代新诗与古典诗歌传统（增订版）［M］．北京：北京大学出版社，2008：11.

说，旧诗的大厦颓圮了，但还有许多青砖黛瓦木雕构件可以用，新诗作者拿过来用在了自己的诗歌中，并不是生硬地嵌接，而是将它们和诗歌融合在一起。这样一来，新诗也免不了有了些许古风，而古诗的生命也得以在新的载体中延续发展。

先谈语言，一些新诗作者喜欢选取文言和古诗意象入诗，从而形成简洁、古奥的风格。例如周梦蝶的诗《咏雀五帖》（之四）：

原来至深至善至美的乐音系于眼前此一
此一无谱的电丝之上——
在风风雨雨后
在我的立处
踵犹未旋
已响彻三十三天

静寂缘所有的无边萧萧而下
静寂对所有善听的耳朵说：
醉吧醉吧醉吧
（请勿拒绝你自己）
你能醉多少醉
就满你多少醉

拒饮？多饮或少饮都由你不得
看！草石虫鱼已分去静寂的十之一
稻草人自斟自酌了十之一
至于那一大块荒弃的十之八
静寂指著我垂垂的睫影说：那是你的
那是你的，小自在的天下①
诗中加点的字词都是典型的文言，或是直接从古诗中借来，无论是徐凝

---

① 周梦蝶. 鸟道：周梦蝶世纪诗选［M］.北京：中央编译出版社，2020：104-105.

的"天下三分明月夜，二分无赖是扬州"，还是苏轼的"春色三分，二分尘土，一分流水"，都是其可能的灵感源泉。

诗人昌耀也喜欢将一些文言嵌入诗中，如选入语文教材的《峨日朵雪峰之侧》，标题即透出这种意味。另如《盘陀：未闻的故事》（节选）：

> 盘陀原野如同周鼎剥蚀的夔龙
>
> 为敬畏祖先的后裔们觳觫礼拜。
>
> 在浩瀚而干枯的内陆，
>
> 在你们的脚踵尚未触及的远方，
>
> 贫血的母亲将婴儿栽种于贫瘠的薄土，
>
> 根叶萎黄听任物竞天择。
>
> 求生的人们就这样趴定在浩瀚而干枯的原野
>
> 像趴定在磨盘的喜蛛感应着前面未详的威慑。
>
> 在雹霰雷殛灾变的绝域
>
> 长不高大的乔木屈曲天边
>
> 遥与侏儒村里躬耕的小矮人世代为邻。①

这些文言色彩浓厚的词语，一方面因其高度概括而被诗人喜爱，另外也造成了一种陌生的典雅美感，使整首诗从普通的语词中脱颖而出。当然，这些词语的使用客观上也为阅读造成一种障碍，如果处理不妥，效果适得其反。

除此之外，中国几千年积累的丰富典故也成了新诗宝贵的遗产，成为许多诗人撷取使用的宝库。虽然在白话诗发轫时期，胡适曾大呼不用典，但事实证明，这是不可能的，也是不合理的。作为文学革命的倡导，胡适的主张有其合理合宜之处，但时至今日，对于将古典传统踢得五零四散的现代人而言，诗中用典恰是一种矫正和回归。典故言简义丰，浓缩了一个民族的历史和文化，用得好可以使诗歌的语言变得简洁，内涵变得丰富。我们不能因为有人用得不好，就因噎废食。

胡先骕曾说："且用典之习，不特中国有之，西国诗人亦莫不然。荷马诗中之神话，已为文艺复兴以后诗人所用滥。至莎士比亚、弥儿敦之著作出，

---

① 昌耀.昌耀的诗[M].北京：人民文学出版社，2013：176.

则又群起引用二氏著作中之情事。即以主张改革之大诗人威至威斯亦莫不然。……盖历史与昔人之著作，后人之遗产也。弃遗产而不顾，徒手起来，而欲致巨万之富，不亦难哉。"①

下面，我们来看几首新诗的句子：

软泥上的青荇，
　　油油的在水底招摇：
在康河的柔波里，
　　我甘心做一条水草！②

——徐志摩《再别康桥》

我希望逢着
一个丁香一样地
结着愁怨的姑娘③

——戴望舒《雨巷》

我打江南走过
那等在季节里的容颜如莲花的开落④

——郑愁予《错误》

徐志摩为何要用"青荇"来称呼康河里的水草？戴望舒为何要用"丁香"来形容结着愁怨的姑娘？郑愁予为何用"莲花的开落"来比喻女子的容颜？若是知道《诗经·关雎》的"参差荇菜，左右流之"，知道李璟的"青鸟不传云外信，丁香空结雨中愁"，知道《爱莲说》的"出淤泥而不染，濯清涟而不妖"，我想可能就不用多做解释了。

青荇的痴情，丁香的愁怨，莲花的圣洁，恐怕只有在中国的文化语境里才会如此鲜明吧？所以，它们出现在中国的新诗中，是自然而然的事。

关于用典，有很多主张。学者李丹认为诗歌用典有"过去性""现存性""过去性和现存性的统一"三个环节。"过去性"也就是典故受时空限制的内容，运

---

① 赵家璧.中国新文学大系·文学论争集［M］.上海：上海良友图书印刷公司，1935：278.

② 徐志摩.志摩的诗　猛虎集［M］.北京：人民文学出版社，2020：118.

③ 戴望舒.望舒诗稿［M］.北京：人民文学出版社，2020：24.

④ 郑愁予.郑愁予的诗：不惑年代选集［M］.南京：江苏凤凰文艺出版社，2016：5.

用时要改造，不然往往出问题。"现存性"主要指对宇宙人生的感悟方式，"它可以打通古人和今人之间的时间、空间隔阂，强化诗歌的艺术表现力"①。第三个环节指诗人创作时的具体语境与原始意象相融合，是诗歌用典的理想状态。

以舒婷的《神女峰》为例，神女望夫成石的神话是其过去性部分，而诗人对它进行了改造，"但是，心／真能变成石头吗"，已然是怀疑了。"与其在悬崖上展览千年／不如在爱人肩头痛哭一晚"则是现代女性对爱情的新宣言。这就达到了过去性和现存性的统一。

当然，新诗语言的节奏也免不了受到旧诗的影响。正如叶公超所言："旧诗词的文字与节奏都是那样精练纯熟的，看多了不由你不羡慕，从羡慕到模仿乃是自然的发展。"②

新诗语言从不同方面汲取旧诗的营养，种种修辞技巧自然也包括在内。关于这一点，周作人有理智的分析："我不是传统主义（Traditionalism）的信徒，但相信传统之力是不可轻侮的。坏的传统思想，自然很多，我们应当想法除去它，超越善恶而又无可排除的传统，却也未必少，如因了汉字而生的种种修辞方法，在我们用了汉字写东西的时候总摆脱不掉。"③ 所以，修辞是依附于文字的。只要中国新诗还用汉字书写，就必然要用到诸多修辞手法，无法做到与古诗井水不犯河水。需要声明的是，这里所说的修辞手法并非一般所言的比喻、比拟、夸张、对比等，还包括词性的活用、名词的堆叠、虚实的转化等所有技巧。下面，我们就来欣赏一组新诗的佳句：

推开盘中的鱼骨

嶙峋空骸剩一把白梳

远望多美丽的海啊，我想④

——余光中《黄金城》

潮来潮去

左边的鞋印才下午

---

① 李丹.中国现代诗歌理论和古典资源［M］.北京：商务印书馆，2019：74.

② 叶公超.论新诗［J］.文学杂志，1937，1（01）：11-31.

③ 周作人.周作人文类编·本色［M］.钟叔河，编.长沙：湖南文艺出版社：740.

④ 黄维樑.新诗的艺术［M］.南昌：江西高校出版社，2006：36.

右边的鞋印已黄昏了 ①

——洛夫《烟之外》

在山石组成的路上
浮起一片小花

它们用金黄的微笑
来回报石头的冷遇 ②

——顾城《小花的信念》

在赤裸的高高的草原上
我相信这一切：
我的脚，一颗牝马的心
两道犁沟，大麦和露水 ③

——海子《草原上》

其实他和太阳彼此早有醉意
他把自己在阳光中洗过又晒干
他把自己坎坎坷坷铺在地上
有道路有皱纹有干枯的湖 ④

——江河《追日》

　　余光中将吃剩的鱼骨喻作"白梳"，既有对渔夫的悲悯，也有对水族的同情。洛夫运用夸张手法，巧妙地借脚步的腾挪表达了对已经"千帆之外"的人的挂牵。顾城笔下的小花是会"微笑"的，回报石头的"冷遇"，传递的是一种以德报怨的精神。海子的诗将一些词语叠加运用，写出了草原特有的风景和心情。而江河除了将太阳拟人外，还将无形的"坎坎坷坷"化作了具体的"道路""皱纹"和"干枯的湖"，使得夸父的神话形象生动，富有感染力。

　　当然，说新诗的语言和修辞多借鉴传统，并不是说新诗就不具备原创性

---

① 洛夫.洛夫诗文全集［M］.南京：江苏文艺出版社，2022：48.

② 顾城.顾城的诗［M］.北京：人民文学出版社，1998：13.

③ 海子.海子的诗［M］.北京：人民文学出版社，1995：71.

④ 北岛，江河，舒婷，顾城，杨炼.五人诗选［M］.北京：作家出版社，1986：143.

和自主性。因为时代的变化、新事物的涌现，人们的视野变得更开阔，思想变得更丰富，表达也相应得到了更大的自由，所以新诗呈现出的特点令人惊异。

例如，旧诗中的葵花因其向阳的特点常常被人赞颂，梅尧臣的"此心生不背朝日，肯信众草能翳之"是此类情感的代表，并将其与象征小人的"众草"对比，突出其忠诚不移的君子品格。然而，芒克的《阳光中的向日葵》却彻底颠覆了这种固有思维，在他的诗中，向日葵"把头转了过去／就好像是为了一口咬断／那套在它脖子上的／那牵在太阳手中的绳索"，太阳成了强权的象征，向日葵则成了反抗者。其他，如闻一多的《红烛》，也一反传统的立意，"李商隐原诗写个人对爱情的坚贞执着，闻一多把同一形象转化为对国家、民族、时代的献身精神；同是殉情，内容不同了，时代色彩也不同了"[1]。

另外，如北岛《走向冬天》里的比喻，就赋予了乌云新的形象和意义。

让乌云像狗一样忠实

像狗一样紧紧跟着

擦掉一切阳光下的谎言[2]

正是新诗的这些独创，赋予了新诗鲜活感人的特质，也使得它比旧诗在情感开掘和思想表达上具有更为广阔的空间。虽说人之情感古今大体一致，但新诗的创作者还是以自己的天才和勤奋创造出独属于现代人的精神园地。

就拿最普通的"思乡"主题来说吧，余光中的《乡愁》自不必说，他的《春天，遂想起》更是奇思迭起，柔情似水。仅摘录其中一小部分，可见他对江南的思念之深。

那么多的表妹，走在柳堤

（我只能娶其中的一朵！）

走过柳堤，那许多的表妹

　　就那么任伊老了

　　任伊老了，在江南

　　（喷射云三小时的江南）[3]

---

① 孙玉石.新诗十讲［M］.北京：中信出版社，2016：36.

② 北岛，江河，舒婷，顾城，杨炼.五人诗选［M］.北京：作家出版社，1986：191-192.

③ 余光中.诗歌精读·余光中［M］.杭州：浙江人民出版社，2023：7.

"表妹""柳堤"已令人神往，又以"一朵"形容，真是含蓄而绝妙的比喻。"走在"变为"走过"，暗示时间的流逝，"任伊老了"的反复，"伊"之称呼的亲切，都暗蕴着诗人对江南的思念。胡适说近体诗决不能写精密的观察、高深的理想、复杂的感情，就某些新诗的表现来说，确实是驳斥了这一观点。

让我们再来看一首古诗中颇常见的"悼亡"主题的新诗：

在我荒凉的唇边，一些词

已如冷却的熔岩般，沉寂

我不能对着一个土堆，喊出"妈"

我不能，一边拔着乱草，一边喊

两年了，我还没有习惯

带着冥币，带着祭品，来看一个人

两年了，我的舌头，总是蒙着一层

厚厚的火山的灰烬。只有在坟前

才无法抑制地，喷发一次[1]

——张二棍《火山口》

诗人用极普通的语言叙述了极平常的生活情景，表达了自己对亡母的哀悼。"冷却的熔岩"是绝妙的比喻，它的本体清楚地指向"妈"这个词。而相应地，那种热烈而又压抑的思念之情、悲痛之情就成了"火山"。这样细腻深沉的表达或许只有在新诗中，才能予以呈现。比起一般的描摹梦境，虚实对比，或者大呼悲痛，这样的表达无疑是新颖的含蓄的，能够拨动读者心弦的。

最后，再来说说新诗和旧诗功能方面的关系。"诗言志"和"兴观群怨"无论从时间跨度还是作品数量都可以代表旧诗的基本社会功能，也就是为政治、为统治服务。这一点从儒家对《诗经》的解释即可看出，他们想尽一切办法将诗歌从情爱、从生活引向政治和教化，以达成他们所倡导的"发乎情，止乎礼义""温柔敦厚"等诗教目的。随着时代的发展，诗的"缘情""言情"的功能才逐步发展。相比较而言，新诗尽管也有为人生、为社会、为人民的作用，但总体而言，仍是以满足个人抒发情感为主的，以实现文学的表达为主。在此基础上，诗人的作品

---

① 张二棍.搬山寄[M].武汉：长江文艺出版社，2021：60.

与大众的情感产生了共鸣，潜移默化影响人心、影响社会。在诗歌的影响下，人们获得精神的满足和愉悦，不再以功利为目的，而是追求诗意地栖居；不再难以忍受时代的变化，而是顺势而为；不再在外来文化的冲击下厌弃传统文化，而是重新认识其价值并妥善继承，这些才是新诗最重要的审美功能和文化功能。

当今社会，依然有很多人热爱旧诗写作，连写了六年新诗的新诗界干将闻一多都曾写过"唐贤读破三千纸，勒马回缰作旧诗"的话。在我看来，不能说这是一种倒退，只能说旧诗仍具有极强大的生命力。但是，时至今日，新诗发展已百年有余，我们再想勒马回缰，已是不可能了。所以，唯有向前努力，努力开创新诗的道路，才是正道。

新诗的发展最初是"横的移植"，即向西方借鉴得较多，但多是散点式自发性的，缺乏系统的介绍和引入，加之语言的隔膜，西方诗歌并不能成为我们主要的源流。相反，无论如何强行分隔甚至割裂，旧诗对新诗的影响都是客观存在的，并且是最茁壮的根脉。

陈思和先生曾提出新文学的整体观的思想，认为"文学的整体观作为一种研究方法，它不同于就事论事地对研究对象作出评论分析，也不同于简单地对两个研究对象进行比较，它是把研究对象放入文学史的长流中，对文学的整体进行历史的、能动的分析"[①]。

有鉴于此，我们研究新诗时也要能够从文学的整体进行展开，毕竟宋词相对于唐诗就是新的，元曲相对于宋词又是新的，可见中国诗歌的发展从来没有停止过。若是能够从整体观之，我们将能更好地理解新诗、鉴赏新诗，进而更好地从事新诗教学工作。

第二节　新诗与散文

——一直以来，都对'新诗'颇有些不以为意，总觉得这些仿佛从文章中生生撕裂下来的句子实在不如前人的诗词有味道。

——在我心目中，新诗只是把文章散成一句句来写，并没有古诗那种

---

① 陈思和.中国新文学整体观[M].上海：上海文艺出版社，2001：36.

朗朗上口、音韵有致的感觉。

　　——我一直以为新诗的魅力之所在，就是能用最简单最优美的语言表达最细腻最深刻的感情。要做到这一点是需要深厚的文学功力的，不是随便谁扯几句短句，组装一下就成的。

　　——有人认为分行就是诗，那当然只是从它的"外形"来看的表象，如果仅是形态上的差别，那么就无所谓歌词、新诗，及其他各类文字的界限了。

　　上述几段文字源自学生谈对新诗的印象，见仁见智，各有各的理由，焦点主要是新诗与散文的关系。若以古诗来论，诗与散文在形式上区分非常明显，旧诗大多整齐，而散文大多参差。然而，把目光投向新诗和现代散文，除了分行之外，有时区别真的不明显。为何会产生这种情况？主要和胡适在新诗发轫之初倡导的"白话"入诗有关，"有什么话，说什么话；话怎么说，就怎么说"[①]的主张固然有利于诗歌从旧诗的格律中解放出来，获得难得的自由，然而也带来了很多的后遗症，最主要的表现就是诗歌和散文的界限越来越模糊了。

　　胡适的"诗体解放"说虽然有忽视诗歌语言艺术规律的倾向，但却鼓励了诗人大胆尝试，在新诗初创期几乎成为新诗作者的"金科玉律"，时至今日，流行的口语诗，或者说口水诗，追根溯源，也在胡适身上。

　　更有学者认为，新诗名义、地位的丧失也和胡适有莫大的关系：

　　　　新诗中的自由诗，在"五四"新文学运动中，解放了，自由了，挣脱了格律的束缚，而其代价是失去了诗之为诗的传统名义，失去了地位。由于新诗中自由诗（相对于格律诗而言）数量极多，影响所及，整体新诗的诗的名义、地位也断送了。[②]

　　其实，关于诗歌和散文，人们曾尝试过多种划分方法，"有韵为诗，无韵为文"是从形式上予以区分，"诗贵抒情，文重说理"是从内容上加以区别。朱光潜先生尝试为诗下了一个将形式和内容统一在一起的定义，"诗是具有音律的纯文学"，但马上又发现问题。首先，韵律的有无是相对的而不是绝对的，散文中也有有韵律的。其次，形式与实质绝无必然的对应关系。在我看

① 胡适.我为什么要做白话诗（尝试集·自序）[J].新青年,1919,6（05）:44-55.
② 黄维樑.新诗的艺术[M].南昌:江西高校出版社,2006:46.

来，"纯"或者"不纯"也是一个很难界定清楚的概念。所以，诗歌和散文很难一刀切式地予以区分，它们之间存在相当多纠缠不清的同质部分。

当然，如果我们将比较的对象缩小为"新诗"和"现代散文"，似乎就较为容易厘清二者的关系和区别了。

我曾经将一段颇有诗意的散文重新断句，变成诗歌的模样，现予以呈现，或许有助于我们理解新诗和散文的关系。

原文：

　　一面峭壁，绝立于万斛青翠之上。半幅残旗，啸傲于深山密林之中。远离了帝王冠盖，疏弃了名士题咏。脚下不要招摇的店幌，身边没有谒拜的游人。蝉声躲在绿得浸人的树阴里，一声急，一声慢，凿着空凉的石道。而这一扇断壁悬崖，却沉默着，披了满身犀利，削立在酷烈的阳光下。[1]

（苏叶《只有扇子崖》）

诗歌：

扇子崖

一面峭壁，绝立

于万斛青翠之上

半幅残旗，啸傲

于深山密林之中

远离了帝王冠盖

疏弃了名士题咏

脚下不要招摇的店幌

身边没有谒拜的游人

蝉声躲在

绿得浸人的树阴里

一声急，一声慢

凿着

空凉的石道

---

① 叶永胜.特别的精神理想——《只有扇子崖》赏析[J].阅读与写作，2004（11）：13-14.

而这一扇断壁悬崖

却沉默着，披了

满身犀利

削立在酷烈的阳光下

我们会发现，新诗与散文最显性的区别就是分行不分行。诗人朱湘曾说：

> 散文诗是拿段作单位，"诗"却是拿行作单位的。散文诗既然是拿段来作单位，容量就比较大得多，所以它这一方面的可能性是比较大的。不过我们要是作"诗"，以行为单位的"诗"，则我们便不得不顾到行的独立同行的匀配。①

分行就意味着节奏，很明显，新诗与散文相较，节奏的变化更为丰富，也更能表达情感。如果我们再仔细研究，会发现诗歌的分行和原文的标点划分并不完全一致。为何要这样？当然，也不一定非得这样，换个人来重新分行，或许会有不同。"绝立""啸傲""蝉声躲在""披了"为何要与原句断开置于上一行？一来是音顿的考虑，二来也是为了行的匀齐。"凿着"单独成行，就是为了突出那种音节上的短促和音调上的重音，也使诗歌显得富于变化。诗人艾青说"真正的诗就是混在散文里也会被发现的"，用在此处是非常合适的。这也表明，有些散文或文章的局部是具有诗的特质的。

分行对于新诗和散文来讲，不仅仅是形式的问题，它还关乎思想或情感的表达。昌耀的诗《峨日朵雪峰之侧》，原稿写于 1962 年，改稿定于 1983 年，主要是诗行的变化。

原稿（节选）	改稿（节选）
朝向峨日朵之雪彷徨许久的太阳 正决然跃入一片引力无穷的山海。 石砾不时滑坡引动棕色深渊自上而下的一派啸鸣， 像军旅远去的喊杀声。我的指关节铆钉一般 揳入巨石的罅隙。血滴，从脚下撕裂的鞋底渗出。	朝向峨日朵之雪彷徨许久的太阳 正决然跃入一片引力无穷的 山海。石砾不时滑坡， 引动棕色深渊自上而下的一派罹鸣， 像军旅远去的喊杀声。 我的指关节铆钉一样揳入巨石的罅隙。 血滴，从撕裂的千层掌鞋底渗出。

---

① 许霆．中国新诗自由体音律论［M］．上海：复旦大学出版社，2016：71．

除第一行外，原稿的四行诗在改稿中变成了六行。

我们先来看看昌耀关于诗歌分行的看法，他说：

> 我并不强调诗的分行……也不认为诗定要分行，没有诗性的文字即便分行也终难称作诗。相反，某些有意味的文字即便不分行也未尝不配称作诗。诗之与否，我以心性去体味而不以貌取。[①]

尽管如此，诗的分行仍是诗人非常讲究而读者非常看重的，属于诗别于其他文体的典型形式。其划分的依据，依我之见，一从词句应有之法则和节奏，二依诗人欲表达之直觉和思绪。

拿《峨日朵雪峰之侧》删定稿来看，前者如"引动棕色深渊自上而下的一派嚣鸣""在锈蚀的岩壁"，无须多言。后者如"山海。石砾不时滑坡"，这一行诗改得非常奇怪，它将句意上本属于上一句的"山海"，强行和"石砾不时滑坡"扭结在一行。为什么要这样处理？可能主要出于一种视听的错位与对比效果。诗人将山比喻成海，写出了视觉上山那边的壮丽，而"石砾不时滑坡"则是听觉上来自脚下的危险。一静一动，一远一近，空间上的切割，视听上的冲突，传递出一种危机和美丽。这大概是昌耀想传达的一种意绪。为了表达二者的分割与对立，他在"山海"和"石砾"之间选择了句号。对此，燎原有过很精辟的评论：

> 在我看来，这首诗作的此情此境，是昌耀流放生涯中生命和精神处境最典型的象征。攀爬中的昌耀本人，于此被高山台地的水平线，分割成了两个部分："上半身"和"下半身"。[②]

当然，这只是我们的解读。诗歌的分行有时简直不可"理"喻，朱光潜先生在《诗论》中说："诗是一种音乐，也是一种语言。音乐只有纯形式的节奏，没有语言的节奏，诗则兼而有之。"[③] 所以，诗和散文仅就分不分行而言，就绝不是一回事。

英国诗人柯勒律治曾说："灵魂中没有乐感的人永远不能成为一个天才的

---

① 昌耀. 昌耀的诗［M］. 北京：人民文学出版社，1998：423.

② 燎原. 昌耀评传［M］. 北京：作家出版社，2016：181.

③ 朱光潜. 诗论［M］. 朱立元，导读. 上海：上海古籍出版社，2001：109.

诗人。"① 我想，昌耀之所以会如此分行，除了理性的推敲斟酌之外，难以免除他诗性直觉的推动。

有些人认为分行不分行对于新诗来说并不重要，重要的是诗歌内在的音乐性，是情绪的流动。"分行，怎么分，在哪里分，甚至不分行，就跟音乐里的切分、节拍、一个乐句在哪里断是相似的，不是只有像旧体诗那种豆腐一样整齐的分行，才是分行的正确方式"②，甚至有些诗人尝试创作一些不分行也不标点的诗。然而，这终究只是一种尝试而已，并未得到人们的认可。

如果说分行是新诗与散文最明显的区分，那么"语言"则是第二处区别。在朱自清先生看来，"诗与散文的相对的分别，多与语言有关。诗的语言更经济，情感更丰富"。他认为诗语言有两大方面特征：一是"暗示与理解""比喻与组织"；另一个是语言的组织，包括"韵律""句式的复沓与倒置"和"分行"。③ 你看，他把分行也归为语言的范畴。为了更真切地辨别新诗与散文的区别，我们还是将"分行"单列出来，成为一个要点。

朱光潜先生曾举过辛弃疾的《哨遍》的例子，辛弃疾煞费苦心将《秋水》的内容概略写入词中，经济是经济了，但和原文相比，逊色太多，"总不免令人起假山笼鸟之感"④。

> 有客问洪河，百川灌雨，泾流不辨涯涘。于是焉河伯欣然喜，以为天下之美尽在己。渺溟，望洋东视，逡巡向若惊叹，谓："我非逢子，大方达观之家，未免长见悠然笑耳！"

但我们不能据此说诗歌就不如散文，毕竟稼轩词受格律字数限制，迫不得已。若是换作新诗作者来写，或许可以有更多自由。但是，人们先入为主的阅读印象，对老庄想象、语言的服膺，或许任何改写都难获好评。不过，总体来讲，诗歌语言更凝练，受到韵律等约束而不那么自由，倒是客观的事实。"诗的语言，是各种文学体裁中最为精练的。以自由诗为主的新诗，篇中每字每句，都必须有它非存在不可的理由。句子长的话，要长得有理；短的话，要短得有理。形式上

---

① ［法］雅克·马利坦. 艺术与诗中的创造性直觉［M］. 北京：生活·读书·新知三联书店，1992：217.

② 廖伟棠. 我偏爱读诗的荒谬：现代诗的三十堂课［M］. 北京：北京燕山出版社，2022：30-31.

③ 朱自清. 朱自清全集（第八卷）［M］. 朱乔森，编. 南京：江苏教育出版社，1997：337-345.

④ 朱光潜. 诗论［M］. 朱立元，导读. 上海：上海古籍出版社，2001：85.

的每项设计，要有必然性。"① 这种看法有点过于严苛了，却也道出了新诗语言的特点。相比来讲，散文的语言更加自由，毫无约束，抒情状物或许更详尽具体。

例如，周梦蝶的《老妇人与早梅》的诗与序，堪称新诗与散文的对比样本。

……农历元旦，予自外双溪搭早班车来台北，拟转赴云林斗六访友。车经至善路。蓦见左近隔座一老妇人，年约七十六七岁，姿容恬静，额端刺青作新月样，手捧红梅一段，花六七朵，料峭晓气中，特具艳姿。一时神思飞动，颇多感发。六七年来，常劳梦忆。日前小病，雨窗下，偶得三十三行，造语质直枯淡，小抒当时孤山之喜于万一而已。……

车遂如天上坐了
晓寒入窗
香影
不由分说
飞上伊的七十七
或十七

只为传递此一
切近
而不为人识的讯息而来：
春色无所不在。

春色无所不在！
老于更老于七十七而幼于更幼于十七
窈窕中的窈窕
静寂中的静寂：
说法呀！是谁，又为谁而说法？

从路的这一头望过去是前生

---

① 黄维樑. 新诗的艺术［M］. 南昌：江西高校出版社，2006：35.

从那一头望过来
也是。不信？且看这日子
三万六千呱呱坠地的
每一个日子
赫！不都印有斑斑死昨生今的血迹
五瓣五瓣的？

若举问路是怎样走过来的
这仆仆，欲说不可、不忍亦复不敢
多长的崎岖就有多长的语言……
是的！花开在树上。树开在
伊的手上。伊的手
伊的手开在
地天的心上。心呢？
地天的心呢？

渊明梦中的落英与摩诘木末的红萼
春色无所不在
车遂如天上坐了 ①

这首诗在诗人自己看来，是"质直枯淡"的。但在我们现在的读者看来，
又是自然典雅的。"春色无所不在"反复三次，乃是全诗最强烈的抒情。因这
无所不在的春色，诗人乘车如天上坐，将伊人从七十七遥望到十七，又从梅花
的红里想到人生斑斑死昨生今的血迹。由这老妇人手中的一段红梅，诗人遥
想它所来的枝头，又追索至"地天的心"，传递出一种冥冥渺渺的人生之思。
最后，诗人又巧用渊明和摩诘的典故，则桃源里缤纷的落英、辛夷坞里的芙蓉
一时俱到眼前，给人迷离惝恍之感，也传递出诗人偶得妙句的喜悦。虽然诗
前的序也写得很美很雅，但较之诗歌来讲，一个侧重叙事，一个侧重抒情，又

① 周梦蝶.鸟道：周梦蝶世纪诗选［M］.北京：中央编译出版社，2020：85-87.

有明显的差异。

或许有人会说这篇序和诗都带有较强的文言色彩，并非典型的用白话文，尤其是用日常语言写的散文或诗歌。我想说的是，尽管日常语言是新诗和散文都运用的，但二者还是有差异的。正如王光明先生所言：

> 日常语言的目的是达意，一般人听一句话，看一篇文章，关注的是言说背后的意义而非语言本身，而"诗最重要的技巧——特别是押韵、节奏与隐喻——其本质及其最基本的功用，都或多或少是把文字从意义或纯粹的指涉束缚中解放出来，并赋予或者归还其血肉之躯。……诗人能在文字与意义之间打进一个三角桩（意即阻碍、延宕或破坏两者之间的'直通'——引者），同时也尽可能减低文字的指称力量，防止读者从文字表面，不加思考即跃至所指称的事物上"。[①]

简而言之，新诗的语言，即便用的是日常语言，也并非用的是它的日常意义，而是富有新意，能够给人带来不同寻常的感受。例如，舒婷的《聪的羽绒衣》的前两节：

老鼠在顶楼
研究你积累十年的手稿
而在北方，在一个陌生城市
　　你正为羽绒衣
做广告

罗亭式的西装大衣
披一份个体户执照
你把自己当作荒诞派小说
　　先在顾客中间
发表[②]

其中的"研究""披""荒诞派小说""发表"等词，虽然都是日常语言，但

---

① 王光明.现代汉诗的百年演变［M］.石家庄：河北人民出版社，2003：111.

② 舒婷.舒婷的诗［M］.北京：人民文学出版社，1999：170.

所指代的意思并非其本义，而是在语境中拥有了新的生命。正如黑格尔所认为的那样，在一个民族的早期，诗是极具精神性和生动性的，但随着历史的发展，本来是新鲜的诗，经过重复沿用，逐渐习以为常，转到散文领域里了。因此，诗要自觉背离散文语言，背离惯常的抽象性，转到具体事物的生动性上来。

新诗与散文的第三处区别在于韵律和节奏，尽管这两个概念纠缠在一起，一时很难厘清，尽管这样说和前面的"分行""语言"有所重叠，但不如此就很难将二者的区别表述清楚。散文是不必有韵律的，其节奏也多是语言正常自然的节奏，诗歌则不同，尽管新诗也不一定非要押韵，但其音顿、行顿，乃至分节的设计，都自带一种韵律和节奏。如果请艺术家配乐朗诵，这种区别将更加明显。而且，这韵律和节奏正是诗歌与散文区别开来的根本原因。

汉语是方块字，一个字只有一个音节，没有显著的、明确规定的重音。要完全借用英语的轻重格来建立中国的现代格律诗，这是不可能的。汉语的音节长短相对差别较小，所测定，阴平字 0.436 秒，阳平字 0.455 秒，上声字 0.483 秒，去声字 0.452 秒，相差很小，无法在语流中形成鲜明的对比，因此也就无法像希腊拉丁诗那样以长短格构成起伏的节奏。[①]此路不通，那么何路可走呢？一位学者提出了这样的观点：

无论是在听觉形象上，还是在书写形式上，诗歌都与散文有着很大的区别。这一区别，究其根本，就在于诗歌具有散文所无法比拟的节奏感——诗歌话语的韵律结构起着很大的作用。各种语言本身的"素质"不同，形成节奏的方法也不尽相同，有的是依靠音高，有的是依靠音长，有的是依靠重音，等等，因而有谐韵诗、音节诗、重音诗、音节重音诗等各种诗体。但有一点共通之处：节奏是由同一类基本单位的不断重复、反复回旋而形成的。[②]

为了便于学生体会这种不断重复和反复回旋，我尝试引导学生将散文改成诗歌。例如，俄国诗人蒲宁的《耶利哥的玫瑰》，原文是这样的：

古代东方人往往在棺内、墓中放一朵耶利哥的玫瑰，表示相信生命是永恒的，死者能够复活。

① 许霆. 中国新诗韵律节奏论［M］. 北京：北京师范大学出版社，2016：33.
② 黄玫. 韵律与意义：20 世纪俄罗斯诗学理论研究［M］. 北京：人民出版社，2005：195.

奇怪的是，他们把一团带刺的枯草称作玫瑰，而且还是耶利哥的玫瑰。这种干硬的沙漠小灌木，就像我们所谓的风滚球，只有在死海以下的砂石中，荒无人迹的西乃山麓，才能看到。据传说，这名称是那位把可怕的火谷，即犹大地的旷野一个寸草不生的死亡之谷，选为自己的居所的圣徒萨瓦亲自定的。他把这种野生刺草奉为复活的象征，并且用他所知道的世上最悦耳的比喻来加以形容。

因为这种刺草的确神奇。一个朝圣者采了它，带到离它的故土几千公里以外的地方去；一年年下来它枯干了，发灰了，没有生气了，可是一放进水中，立刻舒展开来，绽出细小的叶片和粉红色的花朵。可怜的人心便感到了快乐和安慰：世上没有死，存在过经历过的东西不会灭亡！只要我的心灵、我的爱、我的记忆活着，就不会有离别和失落。

学生阅读后，领会其意思和情感，写了下面这首诗：

耶利哥的玫瑰
比耶利哥城还古老
耶利哥的玫瑰
比沙漠的砾石还坚硬

耶利哥的玫瑰
不赠给爱人
只赠给坟墓
当坟墓塌陷，白骨成灰
耶利哥的玫瑰还活着

耶利歌的玫瑰
不信仰故土
只信仰生命
当故土沦落，岁月沧桑
耶利哥的玫瑰还活着

只要，只要一掬

充满柔情、挚爱的清水

把耶利哥玫瑰的根茎包围

所有的努力将得到回报

所有的不幸将得到安慰

耶利哥的玫瑰

活在每一颗听闻它神奇的

人的内心

——韩中蕙《耶利哥玫瑰》

相比较原文，诗歌更富有韵律，无论是第三节的韵脚，还是句子的复沓，或者二三两节的对称布局，都是作者有意为之的。而散文的表达，并不需要在这方面太下功夫。

有研究者是这么总结并论证诗歌的节奏的：

> 那么作为诗的语言节奏的基础或本质是什么呢？我们认为是诗歌语言在朗读中的"声音的段落"，正如沃尔夫冈·凯塞尔所说："对于诗，一般说来，带有决定性的意义是，提高了的吟诵的部分（长音节和带重音的音节）某种程度上在有规则的间隔中重新出现。"这里说的是音顿间"有规则的间隔"，它是诗歌区别散文的决定性特征，而这"有规则的间隔"就是诗中声音段落的规律排列，不仅表现在音顿间，也表现在诗行、行组和诗节间。[①]

第四，新诗和散文的功能有一定差异。由于篇幅长短、语言简繁、传播远近等的差异，新诗往往比散文更具有个人抒情效果和社会积极影响。尽管现代散文也涌现了许多佳作，但相较而言，新诗被人记住传诵的更多。如顾城的《一代人》，北岛的《回答》，舒婷的《致橡树》，其他如闻一多的《七子之歌》《死水》，徐志摩的《再别康桥》，食指的《相信未来》，戴望舒的《雨巷》，艾青的《大堰河——我的保姆》，以及海子的《面朝大海，春暖花开》，等等。这些诗众口传诵，具有极强的感染效应，能够用最简短的文字直击人们的心灵。如果把那些歌词写得极佳的流行歌曲也算上，那新诗的社会功用就更强大了。

---

① 许霆.中国新诗韵律节奏论［M］.北京：北京师范大学出版社，2016：25.

有人认为，就内容而言，诗的纯文学的意义便在于宜于抒情遣兴，散文宜于状物叙事说理。我认为，这倒不见得。新诗获得了前所未有的解放，获得了几乎与散文同样的自由度，所以只要诗人愿意尝试，状物叙事说理也是可以的。写得好，更有以少少许胜多多许的良效。当然，这并不是说凡是用散文体写诗的都是佳作。正如香港中文大学黄维樑教授所说：

> 新诗中之"莠"，真的是分行的散文，而且是松散凌乱的坏散文。至于新诗中的"良"，当然绝非这些东西。

> 好的新诗，至少是一篇精练且富有节奏感的上乘散文，而其分行绝对不是胡乱而为的。

> 就艺术技巧而言……诗可以夸张，可以充满想象，甚至可以奇特。……可是，诗必须讲逻辑，守秩序，有结构。[1]

当然，诗歌的最重要的任务就是表达感情和感受。与思想不同，感情和感受是个人的，而思想对于所有的人来说，意义都是相同的。因此，在抒情方面，新诗较之散文确实有一些优势。

讲了这么多新诗和散文的区别和联系，目的主要有两个：一是希望人们在欣赏新诗时，不要只是当散文来解，而在努力挖掘新诗与散文的相异之处。将这种理念应用于新诗教学，则可以将诗歌上出一些"诗"味。二是希望人们在创作诗歌时，不要以为把散文的句子拆开分行就是诗。新诗作者获得了空前的自由，但应该有艺术上的自觉自律。不然，新诗和散文除了分不分行的区别外，就真的毫无二致了。这或许正是新诗发展百年有余，依然被人诟病的原因之一，也是当下新诗冷落荒凉的原因之一。

第三节　新诗与绘画

远古的岩画、古老的陶纹记录了人们生活的图景——草原上的人们弯弓持矛追逐着野牛和鹿群，滨河的人们划着独木舟捕捉鱼虾，栅栏里圈养着刚被驯服的动物。有的记录了激烈的战斗，有的描摹了神秘的仪式，有的定格

---

① 黄维樑. 新诗的艺术 [M]. 南昌：江西高校出版社，2006：111–112.

了欢快的舞蹈。然而，那时文字尚未形成，人们的情感思想并没有被记录下来。至于诗歌的诞生，属于更晚的事情了。

因此，就诞生的时间而论，绘画要比诗歌更为古老悠久。但二者都是为了记录人们的生活，表现人们的情绪和思想，这一点又是一致的。

从表面来看，诗歌与绘画似乎很好区分。一个是语言的艺术、抽象的艺术，提供文字、诗行、韵律供人阅读，读者再根据文字的意思进行联想和想象，在头脑中形成诗歌的意境和画面；一个是视觉的艺术，具象的艺术，通过线条和色彩构图，施以画笔，形成画面。

通过对比，我们发现诗画异质具有以下几点特征：

一、媒介不同；

二、性质不同，绘画是空间艺术，无论是西方的油画画框，还是中国的宣纸画心，都是在一个有限的空间里予以呈现，诗歌则是时间艺术，"声音是在时间上纵直地绵延着，要它生节奏，有一个基本条件，就是时间上的段落"[①]；

三、呈现方式不同，绘画是具象的，诗歌是抽象的；

四、对人的刺激方式不同，绘画对人的刺激是直接的，而诗歌是间接的，需要转化加工的。

因为这些区别，就注定了诗歌和绘画的功用具有明显差异，简而言之，就是绘画是受限的，诗歌是自由的。具体来说，有以下几点：

一、绘画表现的往往是刹那的定格，而诗歌却具有时间空间的流动特质。以李白的《静夜思》为例，从空间来看，有"床前""地上""明月""故乡"几方面的内容，既有实景，也有虚景。从时间来看，有"疑""举头""低头"的心理、动作变化，光阴悄然而逝。再看一些画家所画的诗意图，有卧床榻望月的，有倚假山望月的。在此，我们无意就诗意的理解再作辨析，只就以图解诗来看，都只能选取一个最典型的刹那来表现诗意，至于月轮之移人物之动皆无能为力。

二、绘画往往是得其形，而诗歌却可以入其神。古人云："绘雪者不能绘其清，绘月者不能绘其明，绘花者不能绘其馨，绘泉者不能绘其声，绘人者不

---

① 朱光潜.诗论［M］.朱立元，导读.上海：上海古籍出版社，2001：133.

能绘其情，然则言语文字，固不足以尽道也。"[①] 若是画艺绝妙，善用烘托，善假他物，前四种或许还可能达到较为理想的效果，但"绘其情"是极难达到的，即使有，也多是程式感觉罢了。因为绘画艺术不能表现"非图画性"的事物，如议论、叙事、人的生活体验、内心活动等。诗歌则不然，尤其是新诗，更是可以妙笔生花，将事的因果脉络、物的整体细节、情的显隐跌宕、理的明晰深邃都表现出来，有时还能收到言外之意的效果。例如，顾城的《港口写生》一诗，就将目光投向"新油漆的尾灯""弯曲的锚链""少年""水鸟"等港口的风景，若是真的写生，恐怕他要难以应付了，画全景吧，那尾灯上"巨大的露水在闪光"怎么画？画特写吧，帆樯"渐渐滑落的影子"又怎么画？纯写实吧，"那藻丝铺成的海床"怎么画？梦中的"鸟群"怎么画？所以，用文字来写生究竟较用画笔来写生更能得"港口"的神韵。

三、绘画的表现技巧受到较大约束，诗歌可供选择的方法更多。例如，诗歌可以大量运用比喻来增强意象的生动性，建立意象间的关联和跳跃。绘画则不行，它很难将本体和喻体在画布上同时呈现，以传递它的情感和意图。海子的《明天醒来我会在哪一只鞋子里》就有许多奇妙的比喻，将自己比作"包袱""树枝"，将自己的脑袋比作"梨""知冷知热的白花""一只猫"，来表达自我审视的思考和迷惘。

以上就是诗歌（不仅仅是新诗）和绘画的区别，梳理一番有助于我们确立一定的边界意识，为我们接下来的共性分析奠定基础。

诗歌和绘画都是模仿的艺术，具有不少共同的特质，第一就是"形象性"。诗歌和绘画模仿的对象是这世间的一切事、物和人。如果说旧诗和传统绘画还有题材方面的种种有形无形的限制，新诗和现代绘画则拥有了更多选择和自由。无论绘画如何发展改变，它总离不开形象的发现和创造，毕加索的画如何将人的五官挪移，达利的画如何使钟表变形，都仍是形象的艺术。诗人也是如此，无论如何折腾，都还是要通过形象来表现自己的想法，传递某种诗意。

诗人陈秀喜有一首颇有深意的诗《灶》，是这样写的：

---

① 吴企明.诗画融通论［M］.北京：中华书局，2018：8-9.

百年以后

大家都使用瓦斯

人们只知道工业用的烟囱

不知道曾有泥土造的灶

灶的肚中

被塞进坚硬的薪木

灶忍受燃烧的苦闷

耐住裂伤的痛苦

灶的悲哀

没有知晓

人们只知道

诗句中的炊烟

袅娜美丽……①

在这首小诗中，诗人着力突出的形象是"灶"，用泥摔打堆垒而成的灶，最接近汉字本义的灶。但她并没有去花笔墨描摹这只灶，它的形状，它的制造过程，它的功用，而是用了"工业用的烟囱""炊烟"这些辅助形象来予以表现，将工业发展对农耕时代的诗意的破坏表达得含蓄而深沉。

第二，诗歌和绘画都具有相当的"暗示性"。这暗示性一方面来源于形象本身和形象的组合，尤其是那些带有久远历史和精彩典故的形象，如梅象征高洁、隐逸，云象征自由、闲适。形象的组合在诗歌中常常有出人意料的表达，有类似《天净沙·秋思》中"小桥流水人家"那样的并列组合，有类似杜甫的"香稻啄余鹦鹉粒，碧梧栖老凤凰枝"这样的错位组合，等等。如日本诗人、画家竹久梦二的《初夏》一诗：

青叶　嫩叶

　香气酸涩

---

① 阎纯德.繁星春水红纱巾——20世纪华夏女性文学经典文库［M］.北京：中国文联出版公司，1995：228.

夕阳红彤彤

玻璃　钻石

金铃子声声

微凉的灯 ①

诗人选取初夏的典型景物，通过感官的交互，将它们组织在一起，没有一个动词来确立它们的关系，它们既可以是并列的，散点式的，也可以是有主有次加以修饰的，如"玻璃""钻石"可以理解为夕阳照射下的水面，也可以理解成夕阳照耀着玻璃如同钻石一样闪光。而"金铃子声声"和"微凉的灯"究竟是两样事物，还是后者是前者的通感表达？这些形象组合的暗示性捉摸不定，使得诗歌具有丰富而优美的歧义。

新诗中形象的组合往往打破常规，有时给人留下深刻印象。例如北岛的《回答》中的经典诗句"卑鄙是卑鄙者的通行证／高尚是高尚者的墓志铭"，将极具时代色彩的"通行证"和"墓志铭"组合在一起，赋予了"通行证"以"生"的意味，具有强烈的讽刺意味，也使得高尚者的死具有了悲壮色彩。再如顾城的《弧线》，分别用四组极富特点的画面，来将"弧线"具象化，将弧线的柔和之美蕴含之力生动地表现出来，极富视觉冲击力。

另一方面，这暗示性也得益于诗人设置的情境，使得某一形象具有了独特的象征意义。例如闻一多《红烛》中的"红烛"，梁小斌《中国，我的钥匙丢了》中的"钥匙"。还有食指《相信未来》中的句子，"当蜘蛛网无情地查封了我的炉台"，就赋予了蛛网这一形象崭新的意义。蛛网在古诗中多用作俗尘之累的象征，"误落尘网中，一去三十年""画檐蛛网，尽日惹飞絮"，都是此类意思。然而，在食指笔下，蛛网成为一种黑暗势力的象征，它竟然查封了"我"的炉台，那"我"的火光和温热的食物从何而来呢？同样是蛛网，在余光中笔下又成了暮色的象征：

暮色是一只诡异的蜘蛛

蹑水而来袭

复足暗暗地起落

---

① ［日］竹久梦二. 竹久梦二童谣集［M］. 郭尔雅，译. 杭州：浙江人民美术出版社，2017：92.

平静的海面却不见踪迹

也不知要向何处登陆

只知道一回顾

你我都已被擒

落进它吐不完的灰网里去了 ①

在诗人创设的情境中，诗歌的形象具有了新的暗示，也传递出新的滋味和思绪。这正是新诗富有创造的地方。

第三，绘画和诗歌都具有"整体性"。一幅画的成功与否，固然与其一笔一色有关，但更多的是要看它整体呈现出来的图景、意境和韵味。诗也是如此，个别句子写得不佳，并不会带来致命的影响，若是整体的构思、语言的斟酌、情境的营造非常出彩，那就是成功了。众所周知，郭沫若的一些诗歌常常被人诟病讥议，但是从整体来看，郭沫若的诗具有鲜明的风格，澎湃的气势难以遏制，正不在一字一句的得失，而是整体的波澜起伏蔚为大观。有些人写诗过于注重词句或修辞，然而整体欠佳，也无良好的构思，没有什么特色，所以难称佳作。

第四，绘画和诗歌都有"开放性"。齐白石画虾，不着一笔画水，寥寥几只虾之外是大片空白；李可染画牛，只画牛头牛背和骑着的牧童，以大片空白表现了牛行水中的悠哉。绘画注重留白，给观者以想象的空间，诗歌也是如此。比如张枣的《镜中》一诗：

只要想起一生中后悔的事

梅花便落了下来

比如看她游泳到河的另一岸

比如登上一株松木梯子

危险的事固然美丽

不如看她骑马归来

面颊温暖，

羞惭。低下头，回答着皇帝

一面镜子永远等候她

让她坐到镜中常坐的地方

望着窗外，只要想起一生中后悔的事

梅花便落满了南山 ①

读这首诗，你的头脑中会产生很多问号，为什么想起一生中后悔的事梅花便落了下来？梅花具有何种意思？"皇帝"是谁？"镜子"又意味着什么？当你一点点尝试将这些问号解开，也就完成了对这首诗的解读。当然，见仁见智，不要追求一致，这大概正是诗人的本意。

有时候，把"开放性"的东西框得太实太死，反而会产生问题，甚至闹出笑话。诗人郑愁予曾说，有外国人根据他的《错误》拍了一个短片，开头就是一个大肚子女人坐在窗前。他说对这样的解读和演绎感到很无奈，觉得荒唐。不论如何，"那等在季节里的容颜如莲花的开落"，都启人遐思。至于思往何处，因人而异，因时而异，因文化等诸多原因而异。

接下来，我们来谈一谈诗歌与绘画的结合。古人讲究诗书画一体，可谓是诗画结合的明证，也形成了传统。今天，若让我们写一首题画诗，或者为一首诗画一幅诗意图，不知有多少人能够胜任。后者不是我们研究的重点，但根据画面创作诗歌，确实可以达到"诗中有画，画中有诗"的审美效果。

题画诗在中国有悠久的传统，兹举一些例子作一简略的介绍。

舟人渔子入浦溆，山木尽亚洪涛风。

——唐·杜甫《戏题王宰画山水图歌》（节选）

叶随彩笔参差长，花逐轻风次第开。

——唐·罗隐《扇上画牡丹》（节选）

波涛连壁动，云物下檐飞。岭树冬犹发，江帆暮不归。

——唐·张祜《题山水障子》（节选）

猛虎肉醉初醒时，揩磨痒痒风助威。

——宋·黄庭坚《题伯时画揩痒虎》（节选）

直疑积雨得深涧，不假浮云相往还。

——元·虞集《子昂秋山图》（节选）

---

① 张枣.张枣的诗（修订本）[M].北京：人民文学出版社，2021：43.

稻熟江村蟹正肥，双螯如戟挺青泥。

——明·徐渭《题蟹》（节选）

江南暑雨一番新，结得青青叶底身。

——清·金农《题花果图册——梅子》（节选）

千磨万击还坚劲，任尔东西南北风。

——清·郑燮《题竹石画》（节选）①

认真咀嚼这些诗句，我们发现，古代的题画诗历史悠久，题画的种类也很多，画页扇面，图册障子，凡有图画处，皆可以题诗。另外，题画的内容也涉及方方面面，花草虫鱼，山水田园，仕女人物，可谓面面俱到。题画诗的内容，或描画面，或抒情感，或发议论，美感情意理趣皆有。

然而，当我们将目光投向新诗的园地，除了个别诗歌，如丰子恺的《护生画集》，我们较难找到这类诗歌，即使和绘画有关的诗歌，也不多见。有些诗人喜欢画画，有些画家喜欢写诗，无论哪一种，都可能较其他人更易同时迸发诗画的灵感。翻看《顾城的诗·顾城的画》这本书，诗和画却根本不能照应。为数不多的有些照应的，选录一首《生日》并一幅图如下：

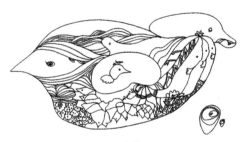

顾城所绘的图画

因为生日
我得到了一个彩色钱夹
我没有钱
也不喜欢那些乏味的分币

① 麻守中，张军，黄纪华.历代题画类诗鉴赏宝典［M］.长春：时代文艺出版社，1993：170、3、176、289、188、347、24、164.

我跑到那个古怪的大土堆后
去看那些爱美的小花
我说：我有一个仓库了
可以用来贮存花籽

钱夹里真的装满了花籽
有的黑亮黑亮
像奇怪的小眼睛
我又说：别怕
我要带你们到春天的家里去
在那儿，你们会得到
绿色的短上衣
和彩色花边的布帽子

我有一个小钱夹了
我不要钱
不要那些不会发芽的分币
我只要装满小小的花籽
我要知道她们的生日 ①

　　不论这幅图最初是否为这首诗而画，其中的一些元素还是和诗歌暗合的，画中有许多眼睛，看起来像许多小鱼或雏鸡拥挤在一起，但这或许是诗人想象中的种子，被赋予了人一样的生命的种子。那些弯曲缠绕的线条或许是草的根或茎，牢牢地攀附在"大土堆"上。而大土堆仿佛一只孵蛋的母鸡卧在那时，安详而慈爱，几个手一样形状的图案或许象征了爱抚，是诗人希望这些种子能够平安地发芽长大。

　　无独有偶，日本画家兼诗人竹久梦二也有很多诗画作品，其中一幅《化

---

① 顾城. 顾城的诗·顾城的画［M］. 南京：江苏文艺出版社，2017：77-78.

妆》颇有趣。

竹久梦二为诗歌《化妆》画的插图

"三毛，你在那干什么？"

"我在化妆。"

"化了妆要去哪里呀？"

"我要打扮得花儿一样，当一个漂漂亮亮的嫁娘。"①

三毛是一只猫，无意中窥见了镜中的自己，痴看不已。诗人运用想象力写下这首诗，将三毛的心理刻画得有趣极了。若仅仅是诗，不加注释的话，很难让人领会这趣味。有了画，则图诗并茂相得益彰，诗画的趣味都盎然纸上。画虽简单，仅一镜一猫一梳而已，但猫颈上的蝴蝶结、微举的右爪、好奇的眼神颇为传神，镜中的半只猫影又与镜外呼应，黑色的镜框又与蝴蝶结呼应，使得整个构图具有平衡感和奇妙的动感。

那么是不是一定要诗画兼通才行呢？非也。真正的诗人，不一定能够画画，但一定有画的冲动，能够感知画作中的情思韵味。元代杨维桢说："盖诗者心声，画者心画，二者同体也。""故能诗者必知画，而能画者多知诗，由其道无二致也。"②诗人海子曾为自己的"太阳"系列诗画了一些简单的墨色插图。郑愁予的《静物》虽没有色彩和线条，但以文字呈现了自己的速写。诗的前四行是这样写的：

斜斜倚靠着的　一列慵态的书

参差的高度　是种内省的阶梯

---

① [日]竹久梦二.孩子的国度[M].郭尔雅，译.北京：现代出版社，2017：29.

② 吴企明.诗画融通论[M].北京：中华书局，2018：11.

甜意流下来　盛于　最后的杯中

引诱着蜂足　是淡黄色的假的蜜 [1]

昌耀的诗《两幅油画:〈风〉与〈吉祥蒙古〉》，则从两幅油画中看到了人生的选择，在"为金黄、猩红与铁青信仰交辉的吉祥蒙古"和"享受的风"之间，他选择了后者，却也承受着失去前者的痛苦。其中关于《风》这幅画的描摹还是很精彩而饱含深情的。

那就选择风吧。这是享受的风。

田野赤足奔跑的少妇微微张扬身子

仿佛沉溺于跳绳的幻梦。

短裙蓝如月色。领颈留有日光皂息。

她恣意与土地起伏，纯真、透明，扑朔迷离。 [2]

一个人热爱诗歌很难不喜爱绘画，要想写好诗歌，了解一些绘画也是必需的。然而，若想为一幅画题一首诗，或者用一首诗表达对画的观感，要如何才能做到呢？

在我看来，一是离不开对画作的仔细观察和整体理解；二是要揣摩画家创作的灵感和灌注其中的复杂而隐秘的情思；三是要寻找自己和这幅画的联系，这幅画打动你的地方；四是要展开联想，思考这幅画让你想到了什么，让画里的景物动起来，人物活过来；五是选择合适的主题和形式。

诗人公刘的《读罗中立的油画〈父亲〉》就注意到了画中父亲的耳轮上白色头巾下夹着的一支圆珠笔，也注意到了父亲端着的碗，注意到了碗上的鱼纹，注意到了父亲额头眉头上的汗水。诗人如此写道：

父亲，我的父亲！

是谁把这支圆珠笔

强夹在你的左耳轮？！

难道这就象征富裕？

难道这就象征文明？

① 郑愁予.郑愁予诗的自选（Ⅰ）[M].北京:生活·读书·新知三联书店,2000:113.

② 昌耀.我从白头的巴颜喀拉走下:昌耀诗文选[M].桂林:广西师范大学出版社,2019:381.

难道这就象征进步？

难道这就象征革命？

父亲！你听见了吗？你听见了吗？

整个的展览大厅，

全体的男女人群，

都在默默地呼喊：

快扔掉它！扔掉那廉价的装饰品！①

这首题画诗带有强烈的评论色彩，可谓爱憎分明。他不喜欢那支圆珠笔，而是深爱父亲捧着的粗瓷碗和额头的汗。他不认为圆珠笔就象征着富裕、文明、进步、革命，也许这些词语是布展的说明文字，而是认为它与父亲不和谐，是廉价的装饰品，必欲除之而后快。联想到这首诗写作于1981年，诗人为何如此解读，为何带着如此的怒气，也就不难理解了。然而，诗人并未完全失望，在后面的诗句中用一句"也许，还有共和国的心"传递出了期许。

《近卫军临刑的早晨》是俄国画家苏里柯夫的名作，描绘的是彼得大帝处死反叛的近卫军之图景，画家为表达自己对反叛者的同情，将女儿绘入其中，戴着一团火焰般的头巾。她站在画面的中央，背后是几位即将被处决的近卫军及其家属。近卫军共六人，其中有四个中心人物。第一个是个红褐色头发的中年人，他坐在车上，手持蜡烛，戴红帽，正与彼得大帝怒目对视，他们的视线遥相对峙。第二个人蓄黑胡，穿红外衣，他对周围的一切无动于衷，陷入了深深的思索之中。第三个是满头白发的老者，正在安慰前来与他诀别的子女。第四个站在车子上，披着深色的外衣，正在向周围的人鞠躬表示告别，他是一个身体比较瘦弱的近卫军。另外两人背对观众，最左边的斜披着宝蓝色衣服，仿佛正陷入悲哀之中，右边一人正被一个持利刃的人架着走向远处的绞刑架。身穿海蓝色军装的彼得大帝骑在高头大马上，亲自监督处决"谋反"的近卫军。他的背后是整齐森严的行刑队和一排绞刑架，他的右边是一群外国使节和他的宠臣。在他们和骚动悲泣的人群之间天然隔开一条界限，暗示着二者的对立和矛盾的不可调和。远处，一些人扒在墙头，似乎正在议论。

---

① 谢冕.中国百年诗歌选［M］.济南：山东文艺出版社，2022：595-596.

这些即将赴死者不久前还是蒙受皇恩的人。画家一方面想客观地表现这一历史场景，另一方面又忍不住内心的激荡，将自己的女儿放在其中。画中的小女孩，仿佛被突然投入鳄鱼池的小兽一样，圆睁着眼，满脸惊恐，似乎想要从人群中逃离出来。这一细节，既表明了画家真正的立场，也传递出画作所着力描绘的那种恐怖悲惨的气氛。

参观这一画作时，我久久伫立，深受感染，于是写下了《孩子，待在那别动》这首诗歌：

> 我知道那个早晨很冷，很冷
> 鸽子在巢里埋怨着惨淡的天空
> 我为你裹好了厚厚的头巾
> 在一片混沌般污浊的黑色池塘里
> 强行投进一团温暖的鲜艳的红
> 孩子，待在那别动
>
> 人群骚动不安，发出阵阵哀声
> 亲人和朋友来和他们作最后的告别
> 他们是谋反者，也是儿子和父兄
> 愤怒或者沉默，都改变不了
> 他们即将被绞死的运命
> 孩子，待在那别动
>
> 暴君骑在马上，睥睨着一切
> 一排排绞刑架从红场的地面出生
> 别指望他善心大发收回成命
> 刽子手手握利刃，心肠比铁还硬
> 宠臣们幸灾乐祸，欣赏着这不幸
> 孩子，待在那别动
>
> 你神色惊恐，对这一切感到陌生
> 一个男人坐在地上掩面而泣

悲痛把一位老母亲牢牢地固定

不远处，人们扒在墙头张望

议论着这些倒霉蛋不久前的光荣

孩子，待在那别动

彩色将教堂的球顶占领

美丽的螺旋能否让死神远离

你睁大眼睛，小心地面突然开裂

教堂顶是否爬满了阴沉的钟声

克里姆林宫在悲哀中摇撼不定

孩子，待在那别动

以孩子为中心，站在画家或者欣赏者的角度，以爱怜的情感，写下这首诗。四周的悲哀阴森交织的环境和孩子的天真恐惧形成情感的对比，四周阴冷的色调和孩子鲜红的头巾形成色彩的对比。孩子明明想要逃跑，我却努力安慰她，让她"待在那别动"，这就构成了一种冲突。

《孩子，待在那别动》诗意图　一木　画

我想，如果我们能够重视悠久的诗画传统，或许我们的新诗将会多一条出路。如果我们在新诗教学中，能够倡导诗画的结合，鼓励学生为画配诗、因诗而画，那么对于孩子诗情的熏陶、语言的训练、绘画的培养和审美的提高，都将大有裨益。

第四节　新诗与音乐

——现代诗如歌词。也许每个人心里都有一首歌，乐感不好唱不出，但歌词却可以从笔尖宣泄出来，在纸上缔造最华美的篇章。

——好的诗要配上好的曲子，那才算是好的诗歌。所以诗一定要唱出来，才能将诗人，诗歌的意境、韵味淋漓尽致地表达出来。

这是两位学生的观点，它们可以说在学生中占有相当比例。因为一首歌，从此爱上了读诗写诗，也是常见的现象。确实，一首好歌，撇开音乐和演唱，单就歌词来看，就是一首好诗。诺贝尔文学奖 2016 年授予了美国音乐人鲍勃·迪伦，理由是"用美国传统歌曲创造了新的诗意表达"。这似乎表明正统文学对流行音乐，尤其是其歌词的正式接纳与褒奖。

事实上，诗歌与音乐自古以来就是同气连枝的密切关系。朱光潜认为，"在历史上诗与乐有很久远的渊源，在起源时它们与舞蹈原来是三位一体的混合艺术。声音、姿态、意义三者互相应和，互相阐明，三者都离不开节奏，这就成为它们的共同命脉"[1]。李泽厚在《美的历程》"龙飞凤舞"部分中也有类似的阐述："图腾歌舞分化为诗、歌、舞、乐和神话传说，各自取得了独立的性格和不同的发展道路。"[2]

即使现在，仍有人将喜爱的诗谱成曲演唱，也有人将喜欢的歌词或戏剧语言单独摘出文字，编排成诗歌。人们在朗诵诗歌时，往往喜欢配上动听的音乐，以达到相得益彰声情并茂的效果。

诗歌和音乐的关系首先体现在节奏上的相通，旧诗新诗皆然。音乐重声音，舞蹈重姿态，诗歌重意义。要想研究它们之间的一致性，必须从节奏入手。"节奏是诗的一个完全特别的品质；它包含一个特殊的力量，一种特殊的魔术。"[3]

何谓节奏？大海拍打海岸，狂风扫过原野，啄木鸟啄木的声音，鸟雀的叫声，一切生灵的呼吸，所有自然的声响，都是节奏。它高低疾徐有致，轻重长短有别，有的有规律可循，有的自由而多变。关于它，有学者给出这样的定

---

① 朱光潜.诗论［M］.朱立元，导读.上海：上海古籍出版社，2001：100.

② 李泽厚.美的历程（第2版）［M］.桂林：广西师范大学出版社，2001：15.

③ ［瑞士］沃尔夫冈·凯塞尔.语言的艺术作品［M］.陈铨，译.上海：上海译文出版社，1984：315.

义："所谓节奏，指的是具体的诗篇中形成节奏感的具体方法，它的存在必须依赖于格律，因为是在格律模式的基础上进行调整。"①

这个定义还不够清晰，但它给我们点明了研究诗歌节奏的一些方向。即：形成节奏的具体方法有哪些？如何在格律模式的基础上进行调整？

对于第一个问题，我们可以主要从"声""韵""顿"三方面着手。至于调整的方法，一是在格律模式内部寻求变化，二是要敢于打破格律创造新奇。这既需要诗人创新求变的天赋和勇气，也离不开语言发展的内在驱动。

声，也就是词语的发音。凡声皆有调，也就是声音的高低变化，这里面就有音乐的意味。若是加上朗诵者有意地加重、拖长，这音乐的变化就更加丰富多样了。加上双声、叠韵、叠词、复沓等特点，新诗的音乐性首先表现在发声上。

以拟声词来看，它们或是模拟流水，或是模拟击鼓，或是模拟踏足，或是模拟那些没有什么意义的人声。当它们出现在诗歌中，无疑是诗歌音乐性的直接体现。郭沫若女神中的"即即！即即！即即！""足足！足足！足足！"的凤凰歌，郑愁予《错误》中马蹄的"达达"，陈晓光的《在希望的田野上》中的"哎咳哟嗬呀儿咿儿哟"的抒情，昌耀《雪。土伯特女人和她的男人及三个孩子之歌》中"咕得尔咕"煮肉的声音，纪弦《狼之独步》中"飒飒的，飒飒飒飒的"的风声，都是这方面的典型代表。

拉美诗人纪廉的《黑人之歌》中，黑人歌舞的节奏特别清晰而有力，下面是节选：

镗巴，镗巴，镗巴，镗巴，

摇摇欲坠要躺下的黑人的镗巴；

黑人摇摇欲坠要躺下，哇，

哇，摇摇欲坠要躺下的黑人：

仰霸，仰礴，仰磅贝！②

在一连串拟声词、叹词中，我们似乎看到了一群黑人且歌且舞尽情狂欢的场景。诗人或许是置身现场，受到了这种欢乐节奏的感染，便把它们如实

---

① 黄玫. 韵律与意义：20世纪俄罗斯诗学理论研究［M］. 北京：人民出版社，2005：125.

② ［智］聂鲁达，［秘］巴列霍，等. 绿色笔记本：拉美四诗人诗抄［M］. 陈黎，张芬龄，袁婧，译. 北京：北京联合出版公司，2021：55-56.

地写进了诗歌，表现出一种强烈的、狂热的、旺盛的生命力。

韵是诗歌具有音乐性最典型的特征，共有两种，一种是句内押韵，一种是句尾押韵。句内押韵指相邻两字成韵，惯称"叠韵"，如"唢呐""肥美"，这个可归入"声"的范畴。我们这里谈的韵，主要是句尾押韵。刘勰《文心雕龙·声律》中说："异音相从谓之和，同声相应谓之韵。"

为什么很多诗歌自觉不自觉地要押韵呢？关于韵在中文诗歌里特别重要的原因，朱光潜先生有过精彩的分析：

> 中文诗的平仄相间不是很干脆地等于长短、轻重或高低相间，一句诗全平全仄，仍可以有节奏，所以节奏在平仄相间上所见出的非常轻微。节奏既不易在四声上见出，即须在其他元素上见出。上章所说的"顿"是一种，韵也是一种。韵是去而复返、奇偶相错、前后相呼应的。韵在一篇声音平直的文章里生出节奏，犹如京戏、鼓书的鼓板在固定的时间段落中敲打，不但点明板眼，还可以加强唱歌的节奏。中国诗的节奏有赖于韵，与法文诗的节奏有赖于韵，理由是相同的：轻重不分明，音节易散漫，必须借韵的回声来点明、呼应与贯串。[①]

虽然这段文字主要是谈旧诗的，但对于新诗依然适用。虽然新诗押韵不必依循"奇偶相错"的原则，但"去而复返""前后相呼应"的作用还是有效的。

然而，押韵也是一把双刃剑，不必刻意，要相信直觉的指引，由着情思的流淌。

我的学生张茂塈原本写诗特别喜爱押韵，后来认识到这是一个问题，努力改正。他说自己原先的诗"连续不断让人读得喘不过气来的押韵以及让人压抑的对称格式，这都让人感到不老实"。

以他的《别哭了》的第一节为例，让我们来看看不自然押韵和自然不押韵的差异：

原诗	改后
别哭了 唱过的歌没办法再来一遍	别哭了 唱过的歌没办法再来一次

---

① 朱光潜.诗论[M].朱立元，导读.上海：上海古籍出版社，2001：164.

（续表）

原诗	改后
水晶跌碎在地上 响声多么凄惨	水晶跌碎在地上 响声多么干脆

"次"较之"遍"的优点，它是四声，音长更短更急促，更能体现内心的决绝果断。"凄惨"写得太实了，而且和标题《别哭了》的命令口吻在情感上有冲突，显得有点不情不愿。换了"干脆"，则延续并强化了原本的果断。

关于新诗是否一定要押韵，历来意见不一，也诞生了不少相应的诗作。我的主张是顺其自然，以表情达意为主，不要为押韵而押韵。相较于旧诗而言，新诗的押韵更为自由，包括不押韵的自由。

需要指出的是，在一些童谣民歌中常常出现一种儿化音，使得诗歌更为活泼，情感更加喜悦，这也是一种韵。曾有一位编辑在校对诗歌时，将诗中的"儿"全部删去，一首童诗瞬间就变得呆板无味了。

前面引朱光潜先生的话时，曾谈到"顿"也是体现诗歌节奏的一种方法。关于顿，丁鲁有非常形象的解释：

　　在古代，我们的先人曾经分开解释"节""奏"二字，把"奏"理解为发音，而把"节"理解为不发音，即停顿。

　　滴水的声音可以体现这种意思：水珠落在水潭里的声音是"奏"，而"奏"与"奏"之间的有规律的静默是"节"，因此滴水声可以形成一种最单纯的节奏；而节奏的特点，就是节奏因素在时间上的有规律的出现。[1]

这段话告诉我们顿就是停顿，就是"不发音"，它是基于时间段落的基本节奏单元，是若干音节的组合单位。根据出现位置和功能特点，又可以分为"音顿"（以字音为依据的停顿，以二字顿、三字顿为主，有时依朗读者的读法而有所不同）、"意顿"（以字意为依据的停顿，多为四字顿、五字顿，有时甚至是一个诗行）、"行顿"（以诗行为依据的停顿，通过诗行间的变化和自由组合形成节奏）等几种。当然，这里的"顿"在朗诵时并不一定是真实的声音停顿，更非一定要划分出具体时间长度。有时，它只是语音的延长、粘连、滑

---

[1]　丁鲁.中国新诗格律问题[M].北京：昆仑出版社，2010：99-100.

跃，或者轻重的变化。"顿"的位置既有语言表意功能或语法结构的客观限制，也和朗读者的理解与习惯等主观因素有关。至于那种罔顾诗句的意思而一味遵从音步音尺的做法，只是削足适履的机械行为罢了。

下面，我们就举几个例子来予以说明。如何其芳的《回答》（节选），按照"音顿""意顿"的原则来划分节奏，是不太一样的。

音顿划分节奏	意顿划分节奏
从什么 / 地方 / 吹来的 / 奇异的 / 风， 吹得 / 我的 / 船帆 / 不停地 / 颤动。 我的心 / 就是 / 这样 / 被鼓动着， 它感到 / 甜蜜， / 又有 / 一些 / 惊恐。	从什么地方 / 吹来的 / 奇异的风， 吹得 / 我的 / 船帆 / 不停地颤动。 我的心 / 就是这样 / 被鼓动着， 它感到甜蜜， / 又有一些 / 惊恐。

我们看到，音顿划分节奏，基本是以声音的长度来划分的，须兼顾一些词意的完整。而意顿则基本是按照词语或短语的意思来划分。

行顿则是以行为单位，或排比，或反复，或对仗，或照应，造成一种节奏上的变化。如艾青《雪落在中国的土地上》中每隔几节就出现的两行诗"雪落在中国的土地上，寒冷在封锁着中国呀……"就造成了一种回环往复的音乐之美，这与《诗经》中的重章叠句、一唱三叹有类似的效果。再如郭沫若的《天狗》一节：

我飞奔，

我狂叫，

我燃烧，

我如烈火一样地燃烧！

我如大海一样地狂叫！

我如电气一样地飞跑！[①]

在一连串的排比中，"飞奔""狂叫""燃烧"又构成了一种行与行之间的复沓和呼应，使得诗具有紧密而铿锵的节奏。类似的还有闻一多的《洗衣歌》、纪弦的《你的名字》、北岛的《一切》等作品。

关于"顿"的作用和价值，有人曾做出以下概括：

"顿"同时连接着汉诗形成节奏的三个因素：顿间的章节存在、顿逗

---

① 郭沫若.女神（初版本）[M].北京：人民文学出版社，2021：55.

的音节停歇和朗诵的语气顿挫（上下接连的字音变化）。在继承传统诗律"逗"的前提下使用"顿"的意义重大：第一，它明确了新诗采用音顿节奏而非音步节奏体系；第二，"顿"不仅指音节组合的形式化音组，还指由相对完整的意义或语法所构成的"意顿"和"行顿"，从而为"顿"的作用扩大提供了可能；第三，"顿"的时长相对自由，变化更多，同汉语新诗构建的韵律节奏系统更为契合；第四，"顿"还是相等、整齐的意思，即一些东西的重复，是均衡的次数（徐迟）。"顿"的这些意义，从根本上说是同现代汉语的语言特征相契合的。①

朱光潜说："旧诗的顿完全是形式的、音乐的，与意义常相乖讹……古体诗还可以在句法变化、长短伸缩、韵的转换上弥补这个缺陷，律诗就处处受拘束了。节奏不很能跟着情调走，这的确是旧诗的基本缺点。"② 相比于旧诗的顿，新诗的顿更加自由，而且顿是跟着情调走，以意驱顿，以情用顿，这就是新诗在顿上的突破。

节奏除了外在的显性标志外，还有内在的情绪起伏和变化，这和作者的性情、风格、情调息息相关，赋予了新诗更广的自由度，但也暗藏了泛滥的危机。正如黑格尔所说，"语言并不完全等于外在的声响，它的基本的艺术因素在于内在的思想或意义"③。这就说明，诗的语言虽然具有音乐性，但"时长"可以在朗读中进行有效的调整。

除了节奏以外，诗歌和音乐还都具有象征和暗示的作用。诗歌通过意象的选择和组合，通过想象和跳跃，使得诗句具有丰富的象征意义。而音乐更是通过音符和旋律，传递出某种情感和思考，努力将听者引入那特定的氛围之中。例如，昌耀的《听曾侯乙编钟奏〈楚殇〉》：

古原上

天是青苍的。

地平线之下

王者的宫寝已愈落愈深。

---

① 许霆.中国新诗韵律节奏论［M］.北京：北京师范大学出版社，2016：5.

② 朱光潜.诗论［M］.朱立元，导读.上海：上海古籍出版社，2001：157-158.

③ 许霆.中国新诗韵律节奏论［M］.北京：北京师范大学出版社，2016：185.

但那个铜铸的信息犹自远方飘来，

还是两千年前似的雅致

便觉南风兮初起，

陌上桑

妇人的发髻鬖鬖，

而犀甲吴戈簇拥着战车

早去远了……①

诗人聆听编钟乐曲，被"铜铸的信息"所感染，眼前仿佛出现了古原苍天，王者的宫寝如落日般消逝在地平线之下。诗的第二节，诗人进一步展开联想，由陌上桑想到采桑的妇人，还用了一个生僻的词语"鬖鬖"来形容妇人飘然的长发，一来引人进入那种古老的意境中，二来也与"南风兮初起"相应。然而，这些美丽的妇人已然失去了保护，她们的丈夫或儿子都操吴戈兮被犀甲簇拥着战车"去远了"，是远征，还是战死？任由读者去想象吧。这就切中乐曲的《楚殇》之义。所以，这首小诗，可以看作是诗人对音乐的解码，将其象征和暗示予以呈现。

诗歌和音乐除了相似外，也有相异的特质。朱光潜先生说："音乐只用声音，它所用的声音只有节奏与和谐两个纯形式的成分，诗所用的声音是语言的声音，而语言的声音都必伴有意义。诗不能无意义，而音乐除较低级的'标题音乐'（programme music）以外，无意义可言。诗与乐的一切分别都是从这个基本分别起来的。"②

然而，音乐除了标题音乐外真的就没有意义可言吗？这一点我并不赞同。音乐的曲子使用的音符等，本质上也有一种象征符号，其编排固然有作曲者的创造，本质上仍是有规律和程式可循的，既烙印着作曲者的构思和想象，也传递着约定俗成的认知和理解。其整体的风格或欢快，或悲怆，或缠绵，或深沉，或清雅，或繁复，对应着一定的情绪和思想。它的意义是含糊的，需要作

---

① 昌耀．我从白头的巴颜喀拉走下：昌耀诗文选［M］．桂林：广西师范大学出版社，2019：182.

② 朱光潜．诗论［M］．朱立元，导读．上海：上海古籍出版社，2001：101.

曲人的倾注、表演者的表现、欣赏者的解读才可以变得较为明晰，但绝不能说没有。就拿简单的配乐诗朗诵来说，你绝不能为一首悲痛的诗配一首明快欢乐的曲子。

所以，诗歌与音乐的区别并非意义的有无，而是意义的清晰与隐晦。当然，这里的清晰与隐晦只是二者相对而言的。

诗歌与音乐相契又相异，能够将它们完美结合在一起的艺术形式，有儿歌、歌剧、歌曲等多种形式。但若要再加上受众的广泛程度，那就非流行歌曲莫属了，而流行歌曲的优秀歌词也可以归入新诗的范畴。

其实，中国自古就有"徒诗"和"歌诗"的分类，前者只是可读，后者还可以唱。古人很早就认识到诗与歌的区别，《尚书·尧典》说："诗言志，歌永言。[1]"《汉书·艺文志》对此的解释是："故哀乐之心感而歌咏之声发。诵其言谓之诗，咏其声谓之歌。"[2] 可见，诗与歌的区别，概而言之就是：诗主要是文学的，而歌主要是音乐的。两者的关系，如下图所示。两者交叠的部分也就是那些适合歌唱的诗和相当于诗的歌词。

诗与歌的区别与联系

受雅俗思维定式的影响，长期以来，许多人一直不肯将歌词认作诗歌。其实，诗虽然不借歌唱而闻名，但通过歌唱的诗传播更广，影响力更大，也是不争的事实。当今中国诗坛萧条寂寞，和诗人的孤芳自赏也有一定的关系。著名的作词家娃娃接受采访时说：

> 小说、诗，是一种非常 personal 的阅读，可是流行音乐一旦被传播出来，是非常惊人的一个力量。[3]

如果我们的诗人能够多创作一些适合歌唱的诗，我们的音乐人多制作一

① 郭绍虞.中国历代文论选（一卷本）[M].上海：上海古籍出版社,1979：1.

② 郭绍虞.中国历代文论选（一卷本）[M].上海：上海古籍出版社,1979：2.

③ 陈乐融.我,作词家[M].北京：华文出版社,2011：31.

些歌词精良的流行歌曲，那诗坛一定会逐渐充满活力的。方文山曾说过："文字跟音乐之间的互动，现在几乎被歌词垄断，所以我才提倡一种特别的流派'韵脚诗'，把韵脚的元素抓回来给诗使用。"[①] 这种想法是很有价值的。

关于歌词与诗歌的区别，美国作家托马斯·福斯特曾作讨论，我简要概括为以下几点：

    1. 歌得能唱，诗不必如此；

    2. 歌要遵从自己的音—形（sound-shape，虽然音节数量之类的具有灵活性，但重读音节必须能落在拍子上），诗歌没有；

    3. 歌词要求不那么僵化，因为音节可以压缩或者拉长；

    4. 歌词要和音乐配合，诗歌不需要；

    5. 歌词鼓励合作，诗歌不常见。[②]

作为一名中学教师，我面对的是十几岁的年轻人，若想让他们迷上诗，我认为必不可少的媒介就是歌。回想我的从教生涯，我向学生推荐过的歌曲，学生在课前演讲品赏推荐的歌曲，可谓是数不胜数。例如港台经典的流行歌曲，如罗大佑的《未来的主人翁》，刘卓辉为 Beyond 乐队写的《大地》，李宗盛的《山丘》，等等。还有 20 世纪八九十年代的校园民谣，如沈庆的《青春》等。窦唯的《无地自容》，朴树的《白桦林》，张恒的《天堂里没有车来车往》，方文山的《东风破》《青花瓷》，赵雷的《画》，李荣浩的《老街》，许嵩的《雅俗共赏》，毛不易的《借》，等等。有时，我还会让学生比较欣赏，如把梁芒、王旭的《麻雀》和李荣浩的《麻雀》进行比较。当然，我也给他们听一些本就是诗的歌，如刘半农的《教我如何不想她》，闻一多的《七子之歌》，三毛的《橄榄树》，席慕蓉的《出塞曲》，海子的《九月》。可以说，流行歌曲为我的语文课堂增添了不少欢乐和意义。

我们试着分析方文山的《东风破》的部分歌词，可以看看流行歌曲的歌词还是相当具有诗艺和诗味的。

    一盏离愁　孤单伫立在窗口

① 陈乐融. 我，作词家［M］. 北京：华文出版社，2011：293.
② ［美］托马斯·福斯特. 如何读一首诗［M］. 王爱燕，译. 海口：南海出版公司，2022：222-223.

我在门后　假装你人还没走

旧地如重游　月圆更寂寞

夜半清醒的烛火　不忍苛责我

一壶漂泊　浪迹天涯难入喉

你走之后　酒暖回忆思念瘦

水向东流　时间怎么偷

花开就一次成熟　我却错过

谁在用琵琶弹奏　一曲东风破

岁月在墙上剥落　看见小时候

犹记得那年我们都还很年幼

而如今琴声幽幽　我的等候你没听过

不言"灯"，而直称"离愁"，不言"酒"，而直言"漂泊"，一下子就将人拽进了那种离别的苦楚之中。夜半"烛火"是清醒的，"回忆思念"是瘦的，月圆而人未圆，所以"更寂寞"。作者运用比拟、借代、对比等手法，将离人的漂泊之苦、寂寞之深、思念之真恰切地表现出来，配以悠悠的乐曲、忧郁的歌声，真是缠绵迷离。

品赏的歌多了，学生就有了填词的冲动。而填词又岂是那么容易的，歌词和诗不一样，受到音乐等许多因素的束缚，关于这一点，方文山有深刻的体会：

　　诗可以关怀很小众，关怀流浪狗、环保、消失的物种都没有关系，歌词不行，因为歌词服务的对象很清楚，它就是一个情感的寄托、情绪的宣泄，因此你一定要有人称代词"你、我、他"，而且最好出现在副歌。

　　诗可以很主观去描述自己关心的东西，歌词必须取得一个情感的最大公约数，就是说最多数人遇到的感情状况。所以很多人去唱KTV，会觉得这好像是我的故事，好像写我的遭遇，就算不是你，也是写你朋友或是你认为会发生的。

　　可是诗不用，诗服务的对象通常就只服务诗人，我用我的主观镜头去描述我看到的核爆事件，去描述我认为的亲情，或我用很多拟人法、隐喻、讽刺，用蚂蚁去形容饥荒，什么都可以！

　　而且歌词一定要跟旋律结合，才有完整的生命力，歌词嘛，"歌"在前"词"在后。如果你这首歌词写出来从头到尾不能唱，也没有旋律配合，不能算真正的歌词，就好像电影脚本写好了，没有拍成电影，只是文字作品放在那里。①

可见，填词要顾及"既定的旋律""他者的共情""情感的宣泄"等方面的要求。要想为一首流行歌曲重新填词，需经过以下几个步骤：

1. 把握音乐的情绪倾向；

2. 划分原歌词的节奏；

3. 选择合适的主题创作；

4. 修改词语韵脚等使之适合演唱。

下面，就是一位学生依《烟花易冷》填词的一部分。我们可以试着将它与原词作一比较：

烟花易冷 作曲：周杰伦 作词：方文山	梦冷时分 ——记《盗墓笔记》 填词：郑仲愚
繁华声　遁入空门　折煞了世人 梦偏冷　辗转一生　情债又几本 如你默认　生死枯等 枯等一圈　又一圈的　年轮 浮屠塔　断了几层　断了谁的魂 痛直奔　一盏残灯　倾塌的山门 容我再等　历史转身 等酒香醇　等你弹　一曲古筝 雨纷纷　旧故里草木深 我听闻　你始终一个人 斑驳的城门　盘踞着老树根 石板上　回荡的　是再等	那一程　无知无畏　相遇的黄昏 我与你　刹那相逢　零点零一分 笔记几本　记述鬼神 红尘一梦　庄生难断　假真 那一人　蹒跚匆匆　追寻的清冷 转过身　眼角残痕　是你的余温 如你再问　终极几分 青铜门后　又该是　怎样残生 梦渐冷　藏雪深掩孤城 青铜门　孑然余一个人 沉渊的古村　埋葬了谁的魂 墓尽头　到底有　多少问

① 陈乐融. 我，作词家[M]. 北京：华文出版社，2011：287.

（续表）

烟花易冷 作曲：周杰伦 作词：方文山	梦冷时分 ——记《盗墓笔记》 填词：郑仲愚
雨纷纷 旧故里草木深 我听闻 你仍守着孤城 城郊牧笛声 落在那座野村 缘分落地 生根是我们	梦渐冷 藏雪深掩孤城 长白封 我不停寻脚印 斑驳的旅程 逾回首心逾沉 谁是谁非 谁人是天真

　　填词的节奏和字数与原作是一致的，这就保证了其与旋律的适配性。《烟花易冷》整体的情感是比较深沉哀怨的，填词选取了《盗墓笔记》的主题和情节，与之也是契合的。从语言来看，原词是比较典雅简洁的，意象的选择也颇具古典气息，填词中的"青铜门""长白封"既启人遐思，也和《盗墓笔记》的情节内容呼应。难能可贵的是，填词紧紧围绕盗墓这一主题，传递出对生死的思索，具有一定的意境和哲理。这一点，与《烟花易冷》很像。

　　通过填词，既可以调动学生的积极性，发挥他们的创造力，还可以锻炼他们的遣词造句能力，培养他们的节奏感。

　　总之，厘清了诗歌和音乐的关系，有助于我们更好地理解新诗，也可以帮助我们找到新诗教学的增长点和切入点。

第五章　如何教学生读诗

第一节　诵读涵泳法

曾经听过一个诗人的讲座，到自由提问的环节，一名听众起身问他：你讲的这些都是创作感想或者诗歌分析，我更感兴趣的是怎么教学生解读诗歌，请问你对此有什么好的方法或建议吗？

诗人想了想，给了两个字的回答：读吧。

然后又讲了真正的理解多不是教的，而是要靠自己读自己悟的。

作为一名中学语文教师，他的回答并不能使我满意，但他总算有一点是说对了，就是理解诗歌确实离不开读。只不过这读究竟是默读还是朗读，诗人并没有继续解释。在此，我想就"诵读"对诗歌解读的意义作一集中的研究。

在文学阅读教学中如何使学生有效地感知文本，迈出阅读体验的第一步？传统语文教学和现代教学论告诉我们：诵读，即"变文字符号为可感的视觉和听觉"符号，是最有效的办法。

何谓诵读？简单来讲，就是抑扬顿挫地朗读。它不同于朗读的地方，就在于讲究抑扬顿挫。而朗读关键在于一个"朗"字，也就是大声读。如果说朗读更多的是满足口耳的传播，诵读则是力图通过声调高低长短轻重的变化，给听者以心灵的享受和震撼。

为什么要诵读？因为诵读要求诵读者调动起心、耳、口、眼、脑等器官，"当然了，这里有鼓膜的震动，传导给耳中的小听骨，再通过神经、突触传递给大脑，继而引起胸部和内脏的紧缩，胃里起起落落的感觉，胳膊和后颈上汗毛立起，还有如同艾米丽·狄金森所说的天灵盖被揭掉的感觉。面对诗歌时，我们不光产生情感和智性的反应，还有身体的反应"①。正因为诵读有如此多而明显的效果，几乎所有的老师都会让学生读起来，不仅仅是诗歌，也包括其他文本。古今学者都强调"因声求气"，通过诵读来把握文本，如周振甫先生所说："作者由气盛决定言之短长与声之高下，读者则由言之短长与声之高下中求气，得到了气，就能体会到作者写作时的感情。"②

然而，诵读在当下也正遭遇严重的危机，一是因为目前的阅读教学恰恰不重视学生的"读"，而以教师的条分缕析为主，有学者称之为"斩头去尾的冷冰冰的知性分析方法"。"所谓'头'，就是学生最初获得的朦胧混沌、体现出模糊美的感性领悟。所谓'尾'，就是在整体的感性领悟和知性分析基础上的整合性的理性深入。"③

二是，并非所有的老师都知道如何指导学生诵读，很多课堂的读只是读而已。比如，我们来看一下余映潮老师的这两个教学片段：

教学片段一

师：好，你来。你会用怎样的情态来劝自己呢？用朗读的方式表现出来。

生：我认为劝自己应该是一种很坚定的情态。

师："很坚定的情态"。那怎样才能表现出你的坚定，让人感受到你很坚定呢？

生：眼睛一直盯着某一地方，声音要很洪亮，要表现出被这首诗所蕴含的思想所感染，即它一直在勉励着自己。

师：哦，"声音要很洪亮，要表现出被这首诗所蕴含的思想所感染，即它一直在勉励着自己"。好。其他同学有别的意见吗？

生：如果是我劝自己，我会眼神坚定，紧握拳头，小声告诉自己："假如生活欺骗了你，不要忧伤，不要心急，忧郁的日子须要镇静，相信吧，快乐的日子将会来临。"

师：很好，现在同学们就用这种状态自己读一读。注意，声音不能太高。

（生自由读，师观察生的表情和动作）

---

① ［美］托马斯·福斯特.如何读一首诗［M］.海口：南海出版公司，2022：14.
② 曹明海.语文新课程教学论［M］.济南：山东人民出版社，2007：246.
③ 曹明海.语文新课程教学论［M］.济南：山东人民出版社，2007：246.

师：你刚才读的时候，不仅紧握拳头，还用拳头捶打了自己的胸脯。你为什么要捶打自己的胸脯呢？

生：我想让自己清醒过来，振作起来。

师："让自己清醒过来，振作起来"，说得多好啊！ 好，现在请同学们用劝自己的情态齐读一遍这首诗。

（生齐读）

师：《假如生活欺骗了你》这首诗，不仅会带给我们学习诗歌的快乐，还会让我们在将来面对生活中的困难和挫折时获得伟大的精神力量。现在，我们再高声把这首诗朗读一遍，用自己的理解表现面对困难和挫折时要有"相信未来"的生活态度。好，"假如生活欺骗了你，普希金"，起——

（生齐读全诗）

教学片段二

师：（屏幕显示"吟读"）让我们读起来。"假如生活欺骗了你"，读——

（学生齐读全诗）

师：读得好。但是我没有听到重音呢！把重音圈出来，我们再读。（教师示范读）"不要悲伤，不要心急"，圈出来没有？"相信吧"，这三个字，要读得有力，因为是"相信"。还有"而那过去了的，就会成为亲切的怀恋"中的"就会"。好，再来一次。

（学生齐读全诗）

师：好多了。但是"就会"这两个字仍然没有强调。继续读。读出抑扬的旋律，要有旋律的感觉。大家听。（教师示范读）"假如生活欺骗了你，不要悲伤，不要心急！忧郁的日子里须要镇静：相信吧，快乐的日子将会来临。"抑、扬、抑、扬。把第一节试一下，读。

生：（模仿，齐读）"假如生活欺骗了你，不要悲伤，不要心急！"

师：没有扬起来呀，再来。

生：（再读）"假如生活欺骗了你，不要悲伤，不要心急！忧郁的日子里须要镇静：相信吧，快乐的日子将会来临。"

师：这就聪明了。第二节也是的。第一句是抑，然后就扬起来。（示范读）"心儿永远向往着未来；现在却常是忧郁。"

生：（齐读）"心儿永远向往着未来；现在却常是忧郁：一切都是瞬息，一切都将会过去；而那过去了的，就会成为亲切的怀恋。"

师：有进步。这首诗是普希金在流放的时候，给邻居小女孩的题词。既是劝慰人家，也是表达自己对极端困难生活的信心。所以，有劝慰的语气在里边。它是可以用来说话的。不信，你们就互相地说起来。（示范读）"假如生活欺骗了你，不要悲伤，不要心急！"试一下吧，用说话的方式来读诗。两三个同学之间，说起来。①

通过比较，我们不难发现，片段二无疑比片段一更得诵读教学的真髓。为什么？学生读诗的次数更多，不但多，而且在教师的点拨和范读引领下有发展有进步，仅仅教师示范读就有四次，而片段一一次也没有。片段一中，教师抓住了学生朗读时的动作，却对"读"围而不打，有点喧宾夺主。尽管提示了如何读，但由于缺乏示范，估计学生也是云里雾里难以明白。当然，两位教师都注意到诵读不仅仅是读，还包含着对诗意的理解，对诗人意绪的把握，从而寻找恰当的语调语气。只不过，片段一的教师由于缺少适时的背景投送，致使学生的回答并不能沿着他的预设前进。而片段二里余映潮老师自然地穿插一段背景信息，自然就引出"劝慰"的语气，说话的方式，学生的朗读自然低沉深情起来。

两个片段呈现最多的是"齐读"，齐读的好处就是参与人数多，大家容易形成统一的节奏和韵律，处理得好，置身其中的人容易受到诗情的感染。不足之处在于一定程度上泯灭了个性的解读和诵读。除此之外，还有"自由读"和"合作读"等方式。当然，教师的范读也是一种很重要的教学手段，范读时，要"把文本中的神情理趣在声调里曲曲传达出来，让学生耳与心谋，得到深切而又整体的了解"②。

余映潮抓住了"重音"和"抑扬"，可谓是抓住了诵读的关键。而他的范读进一步充分证明了他不只是理论家，还是实践者。要想成为余老师这样的懂诵读会诵读教诵读的语文教师，我们除了要在这方面多加实践，首要的是掌握一些诵读的基本知识和技巧，方能避免误入歧途的风险。

---

① 余映潮.余映潮中学语文精品阅读课教学实录［M］.北京：中国轻工业出版社，2016：27.

② 曹明海.语文新课程教学论［M］.济南：山东人民出版社，2007：246.

要了解停连、重音、语气、节奏等方面的知识和技巧。一谈起"技"，人们自然会联想到"道"。道高于技，但若缺少了技，道难免沦为空中楼阁。道是需要慢慢浸淫领悟的，而技却可以传授训练。所以我们还是先从技巧开始了解诵读。

法国史学家兼批评家丹纳对"声音"的作用认识颇深，"人的喜怒哀乐一切骚扰不宁，起伏不定的情绪，连最微妙的波动，最隐蔽的心情，都能由声音直接表达出来，而表达得有力，细致，正确，都无与伦比"[1]。有鉴于此，我们掌握的技巧越多，就越能将这技巧传授给学生，他们解读诗歌的能力自然得以增强。

一、停连

停连指的是朗读语流中声音的中断和延续。"在朗读中，在层次之间、段落之间、小层次之间、语句之间、词组之间甚至词之间，都可能出现声音的中断或延续，那声音中断处是停顿，那声音延长处是连接。无论停或连，都是思想感情发展变化的要求，而不是任意的。"[2] 如何判断停连是否恰当，关键是看词语关系是明确还是模糊。例如，乔榛诵读的《雨巷》，开头的一节，停连是这样的：

撑着▲油纸伞，独自／彷徨在悠长⌣悠长／又寂寥的雨巷，／我希望逢着／一个∧丁香一样地／结着愁怨的∧姑娘。[3]

分析所用的符号，∧是停顿号，不论有无标点均可用，停顿时间稍长。如用于有标点处，表示停顿的时间再长些。▲是挫号，用于没有标点的地方，停顿时间很短。⌣是连接号，只用于有标点的地方，表示缩短停顿时间，连起来朗读。《雨巷》的两次停顿，都是区分性的，也就是说是句子成分的自然断开处。两次连接号的使用一次是构成词语的反复，以突出雨巷的"悠长"，一次是表达"逢着"的急迫心理。

二、重音

重音指的是通过读书的声音形式来显出那些要突出强调的词或词组。它并不是"加重声音"的简写，有时是"加重"，有时反而是"放轻"，有时是"提高"，有时又是"降低"。

① ［法］丹纳.傅译名著系列——艺术哲学［M］.合肥：安徽文艺出版社，1998：68.

② 张颂.朗读学［M］.长沙：湖南教育出版社，1984：152.

③ 戴望舒.望舒诗稿［M］.北京：人民文学出版社，2020：24.

例如，顾城的《一代人》，其重音的标示是这样的：

黑夜给了我黑色的眼睛，

我却用它来寻找光明。

在这里，诗人以"黑夜""黑色的眼睛""光明"的意象来形成一种对比，这正是诗人所要强调的，所以重音要加在这里。然而，诵读时，"黑夜"和"黑色的"不应是高亢的，而应该降低，以显示出诗人强自抑制的悲愤。因为黑色不仅仅是实指，还隐喻"文革"十年给人带来的那种沉重的阴影和无尽的痛苦。"它""寻找""光明"则应该递进扬起，以显示诗人尽管遭遇了苦难，仍保持昂扬奋发心向光明的理想。

汉语中的重音有词语重音和语句重音两大类。词语重音是比较固定的、有规律的。就读音轻重程度可分为重、中、轻三个等级。两个字的词语有"重轻"格式，如"中国""玻璃""白菜"等，还有"中重"格式，如"改革""红旗""人民"等，三个字的词语中只有"中、轻、重"一种格式，如"辅导员""文化宫""石家庄"等，四个字的词语，其基本格式是"中轻中重"，如"自力更生""天经地义"等。在词重音的表达方法上，大家没有分歧，认为它是相对于轻声的重读，或者说只以提高音强的方法来加以表现。

但是在语句重音中，就不尽然了。它常用的是语法重音，是指句子中不同的语法成分读音轻重不一，其中有的句子成分要读得重些。比如：谓语一般要比主语读得重些，如："同志们辛苦了！""中华人民共和国成立了！"

此外还有逻辑重音，又称作强调重音，是根据说话的目的和重点，有意将某些词或词组读得重些。同一句话，重音不同，意思也就有所不同。比如："我请你喝茅台酒"，如果重音是"你"，那是强调请客的对象。如果重音是"茅台酒"，那是强调喝的东西。如果重音是"我"，那是强调请客的主人。

那么，如何强调重音呢？常用的方法有以下几种：

① 加强音量法　　　　例：人，不能低下高贵的头，只有怕死鬼才乞求"自由"。

② 轻读法　　　　　　例：我踏着软绵绵的沙滩，沿着海边，慢慢地向前走去。

③ 拖音法（多用于结尾）　例：智力可以受损，但爱永远不会。

④ 顿字法（多用于诗文）　例：欲穷千里目，更上一层楼。

⑤ 停顿法　　　　　　　例：人，不能低下∧高贵的头。

⑥ 加入感情色彩　　　　例：雪落在中国的土地上，/ 寒冷在封锁着中国呀……

应当注意的是，重音切忌过多，一是过多显示不了孰轻孰重，二是会造成朗诵者与听众双方的疲劳。

三、语气

语气是指诵读时所表现的语言的气息状态，包括外在的高低强弱、快慢虚实等声音形式，也包括内在的思想感情的色彩和分量。张颂老师曾概括了语气的色彩，认为"语气的色彩并非朗读者随心所欲的涂抹，它是语句内在的具体思想感情的积极运动的显露"[1]。一般来说，爱的感情"气徐声柔"，憎的感情"气足声硬"，悲的感情"气沉声缓"，喜的感情"气满声高"，惧的感情"气提声凝"，欲的感情"气多声放"，急的感情"气短声促"，冷的感情"气少声平"，怒的感情"气粗声重"，疑的感情"气细声粘"。当然，这只是一个大致的情况，在具体的诵读中，它们是纠缠交错不断变化的。

四、节奏

关于节奏，有人曾综合多种见解后给出这样一个定义："由一定的思想感情的波澜起伏所造成的，朗读全篇作品过程中所显示的，那抑扬顿挫、轻重缓疾的声音形式的回环往复。"[2]并将节奏分为"轻快""凝重""低沉""高亢""舒缓""紧张"六种类型。一首诗歌中，节奏可能有变化和转换，概而言之，无非是快慢、抑扬、轻重、虚实的互相转化。

可喜的是，已经有一些老师注意到诵读的重要性，并且在教学中予以设想和实施了。例如，有老师在备《红烛》这首诗时，就这样写道：

我们可以很明显发现闻一多先生笔下"红烛"意象的象征内涵和所寄托的情感是比较固定的，但诗人每次面对"红烛"的情绪却是不一样的。诗歌开篇真挚热烈地呼唤红烛，一个"啊"字，引起了本节的第一个停顿，似叹似赞，"这样红的烛"重音应该落在表示指示的代词"这

---

[1] 张颂.朗读学[M].长沙：湖南教育出版社，1984：215.

[2] 张颂.朗读学[M].长沙：湖南教育出版社，1984：252.

样"之上。第二节，诗人的情感明显困惑了起来，困惑的原因在于为什么照亮别人就需要牺牲自己？这几个问句的层次逐渐递进，朗读的声调也应该由平升高，学生就能在不断升高的声调中感受到诗人的情绪变化，"矛盾！冲突！"这两个简短的名词表达了诗人强烈的愤懑与不解，读的时候应该加重语气。第三节，诗人领悟了这恰恰正是一种自然的法则，所以他对红烛有了一种"因为懂得所以慈悲"的感慨。语气渐渐舒缓了、平和了。第四节的情绪又转为高昂，表达了对红烛的激励，之后的情感又由高峰陷入低谷，为红烛无限牺牲自己表达感伤，这样照亮他人之日，便是牺牲自我之时。而第六节对红烛这一行为进一步了悟，第七节慰藉，第八节认同，第九节，则表达了对红烛的肯定与期望。我们能感受到诗人在字句之间时而高昂时而低落、时而愤怒时而快慰的情绪。

《红烛》这首诗情感的流动性非常明显，如果能够在声音的虚实、停连和语调的升降上做大致规范，而在细节方面支持学生做个性化的尝试，将能有效地帮助学生体会诗作的艺术形象和感情意蕴，更加深刻地体会到闻一多先生用自己生命之火照亮了中国贫穷晦暗的大地，用自己的心血"培出慰藉的花儿，结成快乐的果子"。①

确实，汉语言由于受汉民族文化的影响，极为注重心物感应、直觉体悟、整体综合，在思维结构上偏向于笼统模糊。这就要求学生在阅读时不仅"听"教师讲读，"看"文本内容，而且要反复诵读，以涵泳、体悟、把握文本。严羽在《沧浪诗话》中说："读《骚》之久，方识真味。须歌之抑扬，涕泪满襟，然后为识《离骚》。否则为戛釜撞瓮耳。"严羽所说的诵读的对象主要是诗歌、散文等文学作品，后人称之为"美读"。"所谓美读，是一种侧重于审美欣赏的阅读，'要求把作者的情感在读的时候传达出来'，'激昂处还他个激昂，委婉处还他个委婉'。倘'美读得其法，不但了解了作者说些什么，而且与作者的心灵相感通了，无论兴味方面或是受用方面都有莫大的收获。'"②

---

① 孙建英.基于现代汉语视角下的现代诗歌教学方法探析［J］.考试周刊，2023（26）：66.

② 曹明海.语文新课程教学论［M］.济南：山东人民出版社，2007：246.

道虽迩，不行不至，只要广大语文教师行动起来，诗歌的朗诵涵泳还是有效果的。行文至此，有必要谈一谈涵泳，简而言之，就是沉浸，去揣摩去领会。其实，这一点我们在前面分析诵读时已有所涉及。涵泳就是对诗歌的整体理解、意象分析、情思解读。

如果把诵读一首诗的过程比作一条河流，诗歌本身就是河床和河道，我们投入的情意和诵读的声音就是河水。首先，我们要根据我们的理解确定这条河的正常流速，是小溪潺潺，还是奔流澎湃。然后，我们在诵读时再根据技巧来予以表现，上高台则停滞，下缓坡则明快，撞危石则激荡，落断崖则深沉。

一首诗有它的时空坐标，一首诗的诵读也有时空坐标，从大处来讲，就是诵读者要进入诗歌所特有的时空意境中，从小处来讲，就是诵读者的声音既要有时间的疾缓顿挫，也要有空间的轻重抑扬。明白了这一点，教师无论是范读还是指导学生诵读，都会得心应手。

教案示例——

《红烛》教学设计

上海市青浦一中　王志江

教学目标：

1. 通过比较朗读古诗新诗，明确新诗朗读的基本特点和要求。

2. 通过把握诗歌意象构成，读出诗歌的层次，体现节奏之美。

3. 通过理解诗歌意象特点，读出作者的赤诚之心和奉献精神。

教学重点：

通过把握诗歌意象构成，读出诗歌的层次，体现节奏之美。

教学过程：

环节一：读文体。

通过新诗和古诗的朗读比较，把握新诗及新诗朗读特点。

提问：请根据你的理解，朗读古诗《静夜思》和《红烛》（第一节），说一说：在朗读的节奏和技巧上有何不同？

提示：比较古诗、新诗朗读的不同，把握新诗特点。

预设：古诗的朗读整体节奏平稳舒缓，整体语势有起承转合的变化，语节上以"二三"分开，最后一句往往以"顿字法"收尾。

新诗由于以白话文写作，所以整体上以"说"为主，追求自然流畅，情感真挚。由于新诗具有节奏感、韵律美和绘画美的特点，朗读起来又朗朗上口，给人想象的空间。

环节二：读层次。

通过意象解构，整体把握诗歌内容，读出节奏。

提问：在朗读这首诗歌的时候，如果让你读出诗歌节奏的变化，你会怎么读？

提示：抓住意象，把握诗歌内容。

预设：① 红烛之色（第 1 节）；② 红烛之光（第 2～4 节）；③ 红烛之泪（第 5～7 节）；④ 红烛之灰（第 8～9 节）。

① 诗的开始就突出"红烛"意象的特征，红红的，"红"是赤诚、热烈的象征，"红烛"如同赤子之心，象征着诗人对祖国的赤诚之心，是诗人理想人格的化身。朗读时充满深情，声音低沉，由内而外，虚声为主。

② 诗人借"红烛"之"光"激励自己，表达了自己的信念和心愿，他要如红烛一样燃烧，以自己的生命火焰照亮当时正深受封建思想、帝国主义毒害而沉睡、麻木的中国人，使民众觉悟、奋起，使他们从精神枷锁中获得解放，走向光明。朗读时声音逐渐升高，实声为主，并逐渐增强。但要注意第 2 节"一误再误"和第 3 节"不误不误"，一反一正两种回答，更强烈地表现了认识的根本转变，由顿悟而对红烛产生了深为敬仰的感情。诗人的思考，实际上反映了那个时代进步青年在探索人生真谛的思想历程中所遇到的矛盾和获得的觉悟。朗读时要有声音高低强弱的对比。

③ "红烛"之"泪"象征着因理想受到阻碍而产生的着急焦虑之情。诗人还借"红烛"之"泪"表达了愿意牺牲自己，奉献自己，给人类以幸福与快乐的愿望。朗读时，声音低沉而坚定，语速相对前面两部分要稍微加快，表现这种着急焦虑之感。

④ "红烛"的"灰"象征着为拯救世人，主动自我牺牲后还能培育花果的脂膏。诗人勉励红烛流泪，并培出花儿，结成果子，实际是勉励自己为争取人民的幸福快乐无私奉献。朗读时实声为主，声音增高，强度增强，表达这种坚定和无私奉献的精神。

环节三：读情感。

通过分工朗读，深入体会作者的情感变化，读出语气。

提问：结合各节中情感表现强烈的词语，来体会分析作者的思想感情。

分工要求：组1、2：第1节　　　　组3、4：第2、3、4节

　　　　　组5、6：第5、6、7节　　　组7、8：第8、9节

预设：作者经历了由赞叹到困惑，然后由振奋到追问，再到欣喜、感伤，最后昂扬向上的情感变化，闻一多在诗中形象地表现了自己内心的波澜起伏，使得全诗充满了张力。诗人的情绪抑扬顿挫，感染力极强。归纳起来，这样的抑扬顿挫大体上经历了七次显著的变化：赞叹红烛的"红"，这是扬；困惑于红烛式的燃烧自我，这是抑；振奋于红烛的创造能量，这是扬；追问红烛的伤心流泪，这是抑；欣喜于红烛的伟绩，这又是扬；最后，写"灰心"与"创造"不公平的因果关系时，感伤之情又隐隐透出，但全诗的收束却又是昂扬向上的。朗读时，每一种情感都有不同的语气表达：爱的感情一般是"气徐声柔"的，憎的感情一般是"气足声硬"的，悲的感情"气沉声缓"，喜的感情"气满声高"，欲的感情"气多声放"，惧的感情"气提声凝"，急的感情"气短声促"，冷的感情"气少声平"，怒的感情"气粗声重"，等等。当然，在具体表达时比较复杂，可以通过揣摩生活中情绪表达时的"声气"运用去感受。

环节四：读个性。

关注表达技巧，深入体会作者的赤诚之心和奉献精神。

提问：作者用了哪些写作技巧更具有感染力地来表达情感？

预设：全诗每节都以"红烛啊！"作为开头，运用了呼告的修辞手法。诗人将红烛比作人，对红烛倾诉自己的所见、所思、所感，赋予红烛以人的思想感情，红烛成了一个有血有肉、活生生的形象，变成一种精神品质的化身和诗人抒情的依托。对于反复这种修辞，在朗读时，要体现出声音高低强弱虚实的不同，这样才会有节奏的变化。同时，呼告的修辞是强烈的直接抒情，情感真挚。

环节五：作业布置

请有条件的同学，录制全诗录音，自加配乐，上交录音作品；没有条件的同学，可以到语文老师处朗读全诗。

第二节　由象窥意法

诗歌是意象的世界。以意象为抓手，可以抵达诗歌最隐秘的深处。在教学中，我们要引领学生分析意象，抓住其特征，梳理其关系，抵达其意境，揭露其情思。顾城在诗里形容写东西就像虫子在松果里找路。作为读者，或者教师，我们就是沿着诗人找到的路去寻找那颗美丽饱满的松果。

新诗的意象尽管有其继承的一面，但总体而言，创新和独特仍是其最大的特点。人们都知道通过抓意象来分析诗歌，但问题是如何才能抓住它最独特新颖的特征，这是相当一部分语文老师的困惑，也是许多学生的困惑。

意象的特征在描写和修饰语中，在修辞方法的运用中，是比较显豁的，也最容易理解。例如牛汉的《半棵树》[①]，"从树尖到树根 / 齐楂楂劈掉了半边""还是一整棵树那样高 / 还是一整棵树那样伟岸"都是描摹和修饰，而"像一个人 / 为了避开迎面的风暴 / 侧着身子挺立着"就是比喻，而结尾的"雷电从远远的天边就盯住了它"则是比拟。这样的半棵树是正直挺拔的，是宁折不弯的，它所象征的不正是具有类似品格的人吗？包括诗人自己。海子的诗句"在黑暗的尽头 / 太阳，扶着我站起来"[②]，将太阳拟人化，突出了太阳对我的帮助之大、影响之大，是它赐予了我站起来的力量。

但是，单一的意象往往很难表达复杂的情思，因此诗人必须对意象进行有效的组合，使众多意象发生联系，形成有效的结构。意象的组合如前面"意象和意境"中所讲，常见的有并置、修饰、对比、叠加、错位、分离、聚合等几种情况。如果忽略这些关系，意象隐秘的深层意味就难以体味，容易造成一种审美缺失和遗憾。

在实际教学中，为了更清楚地梳理这些关系，可以重点关注以下几点：

一、意象的虚实

眼见为实，想象为虚。这可以说是判断诗歌中的实象和虚象的最简单的办法。"蜂蝶纷纷过墙去，却疑春色在邻家。"蜂蝶是实象，春色就是虚象。然

---

① 谢冕.中国百年诗歌选 [M].济南：山东文艺出版社，2022：688-689.

② 海子.海子的诗 [M].北京：人民文学出版社，2000：144.

而，还有一种虚象是比喻的虚象，也要引起我们的注意。例如海子在《雨》中形容又小又贫穷的高地的小村庄，"像一棵麦子／像一把伞"[①]，村庄和麦子有什么相似呢？大概是"小"吧。而"伞"的比喻，又表明了这个小村庄对于"我"的意义。

北岛的《回答》，其最末一节是这样的：

新的转机和闪闪星斗，

正在缀满没有遮拦的天空，

那是五千年的象形文字，

那是未来人们凝视的眼睛。[②]

"闪闪星斗"这一意象象征着光明和希望，和"五千年的象形文字""凝视的眼睛"构成比喻的关系。"象形文字"古老而美丽，"眼睛"明亮而专注，用它们来形容"闪闪星斗"，就形成一种叠加的效应，更能突出"新的转机"的价值，突出作者对历史的感恩，对未来的一种憧憬。这种比喻，有时会如潮汐一般，层层堆叠，具有惊人的审美力量。

商禽的《某日某巷吊旧寓》中有一节是这样的：

墙角处

有个破了的药罐子

装的仍是

老房东的咳嗽[③]

老房东的咳嗽如果可以算作一种意象的话——因为它承载了生病这一具体内容——那它就是虚的，辅以"药罐子"这一具体的实物，二者就自然引起了人的联想，也将诗人"吊旧寓"的见与思极简洁地串在一起。

在诗歌中，还常常用实象来表达某种"虚"的情感，也是很常见的。例如痖弦《忧郁》中有这样的诗行：

我曾在

跳在桌子上狂舞的

---

① 海子. 海子的诗[M]. 北京：人民文学出版社，2000：98.

② 洪子诚. 文学的阅读[M]. 北京：北京出版社，2017：190.

③ 商禽. 商禽诗全集[M]. 北京：北京联合出版公司，2019：170.

葡萄牙水手的红色须瓣里

发现忧郁

和粗糙的苎麻绳子编在一起①

"忧郁"和"苎麻绳子"竟然可以编织在一起，这真是绝妙的想象。借由它，无形的忧郁变得具体而富有质感了，仿佛具备了绳子的"粗糙"特质。在狂舞的貌似无忧无虑的葡萄牙水手身上，诗人挖掘出来的忧郁，较之平常的忧郁，显得更加深沉。这样处理，较之古诗的"问君能有几多愁，恰似一江春水向东流"更为含蓄，更加需要读者智性的情感的投入。

二、意象的大小

传说，须弥山很大，芥菜子很小，但竟然可以纳须弥于芥子。当然，也可以种芥子于须弥。

诗歌意象的大小关系，并不完全是对立的，有时可以转换，互相兼容，从而造成一种奇妙的对比，传递出独特的诗意。例如，下面的一些选诗，就极好地体现了这一点。

西藏，一块孤独的石头坐满整个天空②

——海子《西藏》（节选）

太阳小得仅仅是一颗麦粒

含满了汁液③

——江河《息壤》（节选）

十八头

大象

十八个

芥子人偶④

——［日］西条八十《大象和芥子人偶》（节选）

---

① 痖弦.痖弦诗集［M］.桂林：广西师范大学出版社，2016：26.

② 海子.海子的诗［M］.北京：人民文学出版社，2000：208.

③ 北岛，江河，舒婷，顾城，杨炼.五人诗选［M］.北京：作家出版社，1986：153.

④ ［日］西条八十.麦秸的草帽：西条八十童谣全集［M］.北京：北京联合出版公司，2020：24.

我的眼睛很大很大

装得下高山

装得下大海

装得下蓝天

装得下整个世界

我的眼睛很小很小

有时遇到心事

就连两行泪

也装不下 ①

——陈科全（八岁）《眼睛》

青藏高原多么高大雄伟地域辽阔，然而在海子的诗里，缩小成为"一块孤独的石头"，这种变大为小的处理将诗人对西藏的神秘孤独的印象表现得更加鲜明可感。

西条八十将"大象"和"芥子木偶"放在一起形成一种夸张的对比，使得双方的特征都得了放大。尤其是最后当芥子木偶掉落地面，竟然怎么也找不到，更是非常有趣。这种趣味符合童谣的特点，也适于逗小孩子们欢笑。

《眼睛》这首诗更是巧妙地利用了意象的大小来构成鲜明的对比。"高山""大海""蓝天""整个世界"都是大的，但小小的眼睛却装得下，这足以证明我的眼睛"很大很大"。"泪水"是小的，但大大的眼睛却装不下，这足以证明我的眼睛"很小很小"。反差萌和诗意的陡然翻转是这首诗最吸引人的地方，也是最富童趣的地方。

三、意象的动静

六祖惠能有一句名言："不是风动，不是幡动，仁者心动。"讲的是佛理和禅机，然而若是谈到理解诗歌的意象，我觉得它反映了意象和读者心灵的一种互动。自然万物，非动即静。动静之间，情思顿生。抓住诗中的动静之意象，是由象窥意的策略之一。下面，我们来看三首诗，品味一下其中的动静之

---

① 果麦.孩子们的诗［M］.杭州：浙江文艺出版社，2017：50.

意象，试着解读其中的情思。

雾来了——
踱着猫的细步。

它静静地弓腰
蹲着俯瞰
港湾和城市
再向前走去。①

——［美］卡尔·桑德堡《雾》　屠岸　译

树林在守望，葡萄藤
向虚空寻找支撑。
夕阳把阴影捆成黑色的花束。②

——［法国］让·马尔里厄《在十月的光明中》（节选）　施康强　译

当夜色降临
我站在台阶上倾听；
星星蜂拥在花园里
而我站在黑暗中。
听，一颗星星落地作响！
你别赤脚在这草地上散步，
我的花园到处是星星的碎片。③

——［芬兰］伊迪特·索德格朗《星星》　北岛　译

桑德堡的诗通过"猫的细步"这一比喻，将雾的静与动表现得非常传神。而马尔里厄将本来的静物通过想象表现得富有动感，如果说葡萄藤寻找支撑写得还算正常，将阴影想象成夕阳捆成的黑色花束就颇有点新奇美丽了。索德格朗的《星星》将动感并不强烈的"星星"写得热闹无比，"蜂拥"一词写出了星星的密集而明亮。最后将星星从远处拉到近处，拉到自己

---

① 北岛.给孩子的诗［M］.北京：中信出版社，2014：47.

② 高兴.诗歌中的诗歌：《世界文学》诗歌精选［M］.南京：译林出版社，2010：187.

③ 北岛.给孩子的诗［M］.北京：中信出版社，2014：54.

的花园，空间感很强。星星的碎片比喻的是草地上零碎的光亮，或许是露水吧。本来，这一景象是非常宁静的，经由诗人的表述，变得动感十足，也具有天真的意趣。

四、意象的美丑

人们常喜欢将风花雪月和诗歌等而为一，其实是错误的，一来是大大缩小了诗歌的题材，二来只关注了诗歌的"美"，而忽略了"丑"。何谓美？很多人乐意谈论自己的理解，和谐、统一、完满，然而一谈到丑，就有点回避的意思。为什么？按理说，如果明确了什么是美，丑不就是美的对立吗？问题若真这么简单，那就少了许多争执。我们还是从诗歌中具体感受一下美丑的特质。

诗人杜十三的《煤》借罹难的煤矿工人的儿女的口吻诉说矿难的悲剧，其中"煤"的意象可谓是丑的，而生命中美丽的色彩，诸如白色的米、妈妈的红拖鞋、姊姊的绿色香皂都是靠阿爸挖煤挖出来的，二者构成一种强烈的对比。但是，"我"知道这都是谎言，家里的一切都是"煤做的"，二者又统一在了一起。当阿爸遇难后，"我"幻想着用眼睛去挖，挖出一具黑色的阿爸。他不美丽，但又不能说是丑的。就在这种矛盾中，诗歌戛然而止。全诗就是在这种美与丑的震荡中，抒发了一种强烈的情感。

顾城的《眨眼》也颇耐人寻味，一眨眼的工夫，"彩虹"就变成了一团"蛇影"，"时钟"就变成了一口"深井"，"红花"就变成了一片"血腥"，这些美变丑的过程，就是"我"童心的坍塌，也是那个年代在诗人心灵上投下的阴影。

五、意象的主次

在诗歌中，常常有主意象和次意象，后者通过对比、衬托来突出前者的特点。比如舒婷的《致橡树》就将"木棉"作为主意象，先是以"凌霄花""鸟儿""泉源""险峰""日光""春雨"等意象来引出，接着以"橡树"来与之对比映衬，从而突出二者的平等关系，确立了一种在那个年代看来相当新颖前卫的爱情观。

牛汉的《悼念一棵枫树》围绕"枫树"这个主意象，设置了许多次意象来表达对枫树被伐倒的痛惜，最后，以"砍倒了／一棵枫树／砍倒了／一个与大地相连的生命"来收束，便一下子将诗歌的高度拔上去了。

六、意象的分合

下面两首诗，巧妙运用了意象的分合。

根找到了住所
树把它不需要的
举向天空。[①]

——［荷兰］凡·黑尔《根……》 马高明　柯雷　译

上层的雪
很冷吧。
冰冷的月亮照着它。

下层的雪
很重吧。
上百的人压着它。

中间的雪
很孤单吧。
看不见天也看不见地。[②]

——［日］金子美铃《积雪》 吴菲　译

在黑尔的诗中，树被分解为"根"和"它不需要"的部分，这样就突出了"根"的价值。而金子美铃竟然把"积雪"分为上、中、下三层，以童稚的眼光写出对它们的关切，颇有一种悲悯世人的情怀。

七、意象的通感

通感这种修辞手法被钱锺书从比喻中独立出来，显示出独特的审美魅力。正如波德莱尔所说，"不变形，就无法感知"[③]。通感实际上也是一种变形，将此感觉变形为彼感觉。运用通感，能够更好地制造一种错觉乃至幻觉，一来达到陌生化的效果，二来也能够迸发出惊人的表现力。例如：

---

① 高兴.诗歌中的诗歌:《世界文学》诗歌精选［M］.南京:译林出版社,2010:145.

② 北岛.给孩子的诗［M］.北京:中信出版社,2014:77.

③ 吴晓.新诗美学［M］.北京:中国社会科学出版社,2018:289.

三粒苦松子

沿着路标一直滚到我的脚前

伸手抓起

竟是一把鸟声①

　　　　　　　　　　　　　——洛夫《随雨声入山而不见雨》（节选）

倩人骑上驴子

把那些诗送给我的亡母

落叶萧萧里

火舌为她吟读②

　　　　　　　　　　　　　　　　——痖弦《怀人》（节选）

日影穿过瓦罐的鱼形指纹

花了一个世纪

终于触摸到她腮边渐次微红微馨的热气③

　　　　　　　　　　　　　　　　——宋琳《瓦罐》（节选）

仰面，一群鸟穿越

湿漉的雨声已在脸上发芽

种子湿漉着④

　　　　　　　　　　　　　　　　——卢凌《穿越雨季》（节选）

被露水打湿的清香

从香子树上走下来

叩打我的玻璃窗⑤

　　　　　　　　　　　　　　　——易殿选《桐子花开》（节选）

　　三粒"苦松子"竟成了一把"鸟声"，一下子消解了诗人不见雨的惆怅，洛夫真是想象力惊人的奇才。痖弦则将烧纸这一行为予以诗意的美化，在他的

————————

① 洛夫.洛夫诗文全集［M］.南京：江苏文艺出版社，2022：117.

② 痖弦.痖弦诗集［M］.桂林：广西师范大学出版社，2018：170.

③ 吴晓.新诗美学［M］.北京：中国社会科学出版社，2018：284.

④ 吴晓.新诗美学［M］.北京：中国社会科学出版社，2018：294.

⑤ 吴晓.新诗美学［M］.北京：中国社会科学出版社，2018：294.

想象里，自己写在纸上的信要由人骑驴子送给亡母，而火舌是殷勤的读信人。这就将视觉上的火焰转为听觉上的声音。在宋琳笔下，瓦罐上的鱼形指纹和她腮边的热气通过日影"一个世纪"的奔波而联系在一起，感官的栅栏被消磨，隐秘的通道打开，一个瓦罐是死的，因了这通感，竟变得灵气十足。卢凌抓住了雨季湿漉的特点，将天上的群鸟、耳闻的雨声、发芽的种子巧妙结合，形成了一种潮湿而富有生机的意境。《桐子花开》将"清香"变为"叩打我的玻璃窗"的声音，就突出了"清香"明晰强烈的特点。

通过上述举例分析，相信大家能够较好地了解新诗意象的教学策略了。比如，有人在教《迷娘》这首诗时，就设计了一个表格让学生填写：

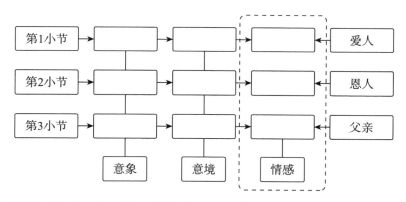

教师的要求是：请同学们找出每一节的意象，用自己的语言描绘你所看到的画面，分析其蕴含的意境，再结合每一节的称谓，体会主人公所表达的不同情感，完成思维导图。[①] 通过这种方式，学生不但可以顺利完成导图的填写，更能在导图的暗示下认识到意象、意境和情感之间的关系。

一位老师设计的《双桅船》的教学目标如下：

（1）能够判断诗歌中的核心意象和辅助意象，描述各自可能有的意蕴。

（2）能够通过分析核心意象与辅助意象之间的关系，归纳诗歌的关键意蕴。

（3）感受、理解诗人执着追求理想的情怀，拓展理解社会、人生的

---

① 杨丽君.称谓变化与诗歌情感表达［J］.语文学习,2021（12）：20.

视角。①

三个目标有两个都紧扣核心意象和辅助意象的关系，这样的设计是符合新诗的特点的。

诗人创作时，无论斟酌词语还是选择意象，既有直觉式的书写，也有几经比较后的抉择。我们教导学生，就是希望他们能够还原这个落纸前的凝神过程，深刻领会诗人如此抉择的原因，从而提高自己的解读能力。只有自己先提高读诗的技艺和路径，才能胜任这项工作。

教案示例——

《意象和情感》教学设计

——联读《立在地球边上放号》《红烛》《峨日朵雪峰之侧》

浙江省余姚中学　陈宜伦

【专题解释】本专题围绕"意象和情感"这一主题，从"意象的新奇""意象的组合（叠加）""意象的对举"三个角度来分析三首诗歌中意象的精妙运用，并以此来体会诗人在诗歌中所蕴含的情感。

【预习准备】

1. 熟读三首诗歌，分别梳理意象，并指出意象分别具有哪些艺术特点；

2. 结合课后"学习提示"，初步领会三首诗歌的情感。

【教学过程】

任务一　区分"物象"和"意象"

学习支架——

物象	意象
客观事物的想象　无情感	融入诗人主观情思的形象　有情感

讨论、明确：1. 意象是情感化了的物象。马致远《天净沙·秋思》中的"枯藤""老树""昏鸦"本来是生活中的植物和动物，只是物象；但当它们与作家的羁旅之愁（意）结合起来，就成了一组衰败、凄凉、孤寂的意象。

2. 以意象营造意境，从而表达诗人的情感。

---

① 郑桂华. 中学语文教学设计［M］. 北京：高等教育出版社，2019：135.

任务二　寻找重点意象，领会情感

1. 朗读三首诗歌，结合预习，完成表格。

诗作	意象	艺术特点
《立在地球边上放号》	白云、北冰洋、太平洋、洪涛	自由宏阔 雄奇奔放
《红烛》	红烛 残风、 花儿、果子	红烛：热情似火 残风：邪恶 花儿、果子：乐观、向上
《峨日朵雪峰之侧》	雪峰、太阳 薄壁、石砾 指关节、血滴 雄鹰、蜘蛛	雪峰、太阳：气势恢宏 薄壁、石砾：充满危险 指关节、血滴：充满艰难 雄鹰、蜘蛛：一大一小

2. 借助课后"学习提示"，结合表格中的意象特点，初步领会三首诗歌的情感。

讨论、明确：

《立在地球边上放号》——以雄伟壮丽的自然景色、充满激情的意象来反映时代的大潮流，表达了对力的赞美，意在赞美摧毁旧世界、创造新生活的雄劲之力。

《红烛》——化用"蜡炬"这一古典意象，赞美红烛"烧蜡成灰"点亮世界的奉献精神。

《峨日朵雪峰之侧》——表达人的坚强的意志，赞美谦卑而顽强的生命力量。

任务三　探寻意象的情感表达

知识支架——

情感表达的类型		
意象的新奇	意象的组合（叠加）	意象的对举

第一，意象的新奇：品读《立在地球边上放号》

1. 表现一：有别于古典意象。同学们在古典诗词中常读到哪些意象？比如：杨柳、炊烟、落日、残月……而《立在地球边上放号》中的意象显得比较新奇。

明确：云海、北冰洋、太平洋、洪涛，这些意象展现了大自然宏伟壮丽的图景，是古典诗词中不曾有过的，现代诗歌追求意象的新奇和独特，以表达诗人特殊的情感。

2. 表现二："感情将物象渗透、物象直射出感情"。新奇的第二个表现还在于诗人将人的动作和自然意象融合，意象成为生命的化身，渗透着诗人强烈的主观精神，借以表达诗人强烈的情感。

第二，意象的组合（叠加）

1. 引入：美学家布洛克说，把一个柠檬放在一个橘子旁边，它们便不再是一个柠檬和橘子了，而变成了水果。单个意象和意象的组合（叠加）所呈现出来的情感是大不相同的。

2. 替换：以"洪涛"替换《立在地球边上放号》中的意象：把握意象组合的魅力。

无数的洪涛正在空中怒涌， 啊啊！好幅壮丽的洪涛的情景哟！ 无限的洪涛提起他全身的力量来要把地球推倒。 啊啊！我眼前来了的滚滚的洪涛哟！	无数的白云正在空中怒涌， 啊啊！好幅壮丽的北冰洋的晴景哟！ 无限的太平洋提起他全身的力量来要把地球推倒。 啊啊！我眼前来了的滚滚的洪涛哟！

讨论、明确：单用"洪涛"意象显得单一无力，哪怕修饰语再丰富也不足以表现整个世界波涛汹涌的情态；而"洪涛"这一意象和"白云、北冰洋、太平洋"相组合，就形成了意象群，更能展现出整个世界的力量，更能反映出五四时期时代狂飙的精神。

3. 提升：意象的组合（叠加）源于诗人表达不同情感的需要。同一意象选择不同的组合，呈现出来的意义大相径庭。

主体意象：大海	组合意象（一）	组合意象（二）	组合意象（三）
	浪花、彩霞	船只、海鸥	风暴、乌云

请同学们猜想三则组合可能传递的意义和情感。

讨论、明确：组合意象（一）显示出静态的色彩之美，给人愉悦之感；组合意象（二）显出动态的生命之美，或许给人一种向上的力量；组合意象（三）

则显出一种压迫感和危机感。

第三，意象的对举

1. 引入：罗吉·福勒说，一般而论，凡是存在着对立而又相互联系的力量、冲动或意义的地方，都存在着张力。诗歌在表现情感的时候，尤其注重意象的对举，即对立、相反的意象。以对立、相反的意象并举来使诗歌产生质的飞跃和意义的升华，从而强烈地表达诗人的情感。

2. 示例：以《峨日朵雪峰之侧》为例，寻找对举的意象，体会诗人情感。

"蝉噪林逾静，鸟鸣山更幽""朱门酒肉臭，路有冻死骨"是古典诗歌的意象对举，这一动一静，一富一贫的对比，让诗歌更显艺术张力。昌耀的诗《峨日朵雪峰之侧》非常注重诗歌意象的对举，以对举、对比、相反意象来表达诗人强烈的情感。请同学们找出诗歌中有哪些意象对举呈现。表格呈现如下——

第一处	落日、滑坡的石砾；攀登者
第二处	指关节；巨石
第三处	血滴；千层掌鞋底
第四处	雄鹰、雪豹；蜘蛛
第五处	彷徨许久的太阳；决然跃入的太阳
……	……

讨论、明确：第一处，落日、滑坡的石砾，一股"向下"的力量和攀登者艰难的"向上"攀登对比，诗人向我们展示了攀登的艰难和人生的颠簸。除此之外，向下的力量是不断叠加的，比如，"太阳""山海""深渊"意象不停叠加，"嚣鸣""喊杀声"音响叠加，构成一组外部的力量，而对攀登者"我"的刻画则做了减法，只定格在指关节、血滴这样的触目惊心的意象上，显示出内部力量的痛苦，内外力量都在拉扯着攀登者下滑，但他却仍在坚守，体现了攀登者的坚毅。第二处，小小的指关节和充满蟥隙的巨石对比。第三处，丝丝血滴和"千层"鞋底对比，这是渺小和巨大的对比，表现攀登者在大自然面前的卑微和坚强的毅力。第四处，昂扬充满力量的"雄鹰、雪豹"和可怜的"蜘蛛"对比，雄鹰和雪豹是力量、速度、自由、英雄、王者的象征，而蜘蛛象征着弱小、卑微、平凡，诗人向我们展示了尽管弱小而且平凡，但仍然坚守高度的态度。第

五处是同一意象不同阶段的对比，"太阳"的"彷徨许久"与"决然跃入"形成一组矛盾，来展现一种动态的画面。

3.《红烛》中主体意象"红烛"与代表邪恶势力"残风"的对举。

任务四　尝试意象的运用

1. 对比：比较下列两首关于故乡的诗，谈谈感受。

第一首	第二首
故乡	故乡
	海子
我要为你写诗。	
我在黑夜里思念，写诗	在黑夜里为火写诗
我抬头看到你，故乡的影子	在草原上为羊写诗
此刻，我正在	在北风中为南风写诗
思念中为你写诗	在思念中为你写诗

明确：第一首直白，对故乡的思念反而显得不够浓烈；第二首用大量的意象组合含蓄地表达了对故乡的思念。

2. 尝试：运用你熟悉的"故乡中的有关意象"，写一首关于故乡的诗。

第三节　推敲词句法

陈公时偶得杜集旧本，文多脱误。至《送蔡都尉》诗云："身轻一鸟。"其下脱一字。陈公因与数客各用一字补之。或云"疾"，或云"落"，或云"起"，或云"下"，莫能定。其后得一善本，乃是"身轻一鸟过"。陈公叹服，以为虽一字，诸君亦不能到也。

欧阳修《六一诗话》中的这段文字，我最喜欢，以为较之"推敲""一字师"等典故，更能显现诗人炼字的功夫。另外，在这个故事里，也能体现出读者与作者的切磋交流，告诉我们推敲不只是作者的事，也是阅读者的事。

新诗虽不像古诗那样讲究炼字，但推敲的艺术也是需要的。

首先，要关注诗歌中字词的动词、形容词、名词、副词、量词、叠词等词语，像敲核桃一样将它们一个个敲开，然后取出里面的核桃仁，分享给大家。正如倡导"素读"的邓彤老师所说的，"素读主义者善于找出散布在作品中的关键词，并从中去探询这些词语在作者的话语体系中的特殊的含义"①。接下来，兹举几例作简要的分析，具体感受它们的巧妙和所承载的细腻而丰富的情感。

像候鸟衔来了异方的种子，

三桅船载来了一枝尺八，

——卞之琳《尺八》（节选）

铁栏锁着

火！

——曾卓《铁栏与火》（节选）

与其在悬崖上展览千年

不如在爱人肩头痛哭一晚

——舒婷《神女峰》（节选）

看吧，在镀金的天空中，

飘满了死者弯曲的倒影。

——北岛《回答》（节选）

大堰河，今天，你的乳儿是在狱里，

写着一首呈给你的赞美诗，

呈给你黄土下紫色的灵魂，

——艾青《大堰河——我的保姆》（节选）

一吨鹦鹉，一吨鹦鹉的废话！②

——西川《巨兽》（节选）

给太阳一盏无尽灯

给蝇蛆蚤虱以绳绳的接力者③

——周梦蝶《乘除》（节选）

我达达的马蹄是个美丽的错误

---

① 邓彤.邓彤讲语文［M］.北京：语文出版社，2008：46.

② 谢冕.中国百年诗歌选［M］.济南：山东文艺出版社，2022：133，477，715，529-530，82，747.

③ 周梦蝶.鸟道：周梦蝶世纪诗选［M］.北京：中央编译出版社，2020：14.

我不是归人，是个过客……①

——郑愁予《错误》（节选）

这夜夕的色彩，这篝火，这荒甸的
情窦初开的磷光……②

——昌耀《荒甸》（节选）

委委曲曲一句话
纸摺几摺就话摺几摺
就心折几折，要折要轻轻地折③

——余光中《隔水书》（节选）

　　推敲最可着力的首先是动词，动词之美关键在于"动"的姿态和感觉，像《尺八》的"衔"就紧承了"种子"的比喻，也和"候鸟"相呼应，一下子就把尺八传入日本落地生根、开枝散叶的发展表达出来。"载"这个字在古诗词中比较常见，最有名的是李清照的"只恐双溪蚱蜢舟，载不动许多愁"。此处使用显得极其沉重，仿佛所载的并非一枝尺八，而是某样宝贵的重物，这一下子就突出了小小的尺八所承载的文化重量。曾卓的诗所用的"锁"颇有力量，一方面显示了铁栏的坚固，以及对老虎的束缚，另一方面，也表现出"火"的猛烈，难以遏制，竟需要人们把它锁住。而这"火"是由老虎身上斑斓的花纹化来的，是老虎变成的，所以虎在笼中对自由的渴望就表现得非常强烈。而舒婷用"展览"来形容化作山峰的神女，不是"屹立""耸立""等待"，就充分地表现出诗人对神女示众的同情。它一直站在这里，仿佛一件忠贞爱情的艺术品供人们观瞻，但对于一个女人来说，这哪里比得上一次刹那的团聚呢？通过这个词，诗人一下子将传说中的神女所象征的爱情忠贞颠覆了，代之以无限的命运的悲剧色彩。

　　单单是一个"鸟"字，我们并没有什么感觉，若加上"美丽的"，我们的头脑就有了一些形象出现，再加上"斑斓的""长着羽冠的"，鸟的形象一下子变得清晰具体起来。这就是形容词的价值。阅读诗歌时，抓住形容词能够让我

① 郑愁予.郑愁予诗的自选（Ⅰ）[M].北京：生活·读书·新知三联书店，2000：11.

② 昌耀.昌耀的诗[M].北京：人民文学出版社，2013：8.

③ 杨际岚，朱谷忠.台湾当代爱情诗选[M].上海：上海文化出版社，1987：4.

们迅速把握事物的特征和性质，理解人的心理和情感。比如北岛的《回答》，用"镀金的"来修饰"天空"，为什么不是"纯金的"或者"金色的"，区别就在于这个"镀"上，这金色并不是属于天空的，而是"镀"上的，是一种伪装，是一种虚假繁荣。那么这繁荣的背后是什么呢？镀金的底色是什么呢？是残忍，是血腥，是"死者弯曲的倒影"。为什么要用"弯曲的"来形容"倒影"？因为这个姿势表明死者的死不是自然死亡，而是非正常的死亡。死者在临死前经历了巨大的痛苦，所以姿势才是"弯曲的"，不自然的。"从这首诗中，我们可以看到早期北岛诗的精神素质，那种否定的、宣言式的诗情，坚定、不妥协的意志，和北岛的习惯用语、句式。""北岛的诗的'质地'是坚硬的，是'黑色'的。"①

艾青《大堰河——我的保姆》比较突出的是形容词"紫色的"和称谓代词的变化。且看老师们在执教时是如何分析的。

教学片段一

师：色彩是会说话的，请大家想想紫色在中国传统审美语境中是什么含义？为什么？

生：高贵。因为皇帝住的地方叫紫禁城。

生：我也觉得是高贵。因为中国还有个成语叫紫气东来。

师：正如大家所说，紫色在我们的语境中一般代表高贵。诗人艾青曾赴法国勤工俭学，专修绘画。这首诗歌不仅是诗人用文字书写的，也是用彩笔绘成的。紫色在西方油画中是一种复合色，由蓝色和红色组成。冷色调蓝色代表苦难、忧郁；暖色调红色代表光明、温暖。这就像大堰河一生中的两极：苦难的生活和高贵的灵魂。②

教学片段二

生：全诗有"大堰河""她""你"三个称呼交错出现，这是为什么？

师：三个称呼交错出现，这是为什么？

生：本来，以村庄的名字来称呼一个人，这个无名无姓的人活在世上，说明没有地位与尊严，是一个可有可无的人，微不足道的人。

---

① 洪子诚.文学的阅读［M］.北京：北京出版社，2017：190，187.

② 严丽雯.呈给"母亲"的赞美诗——部级精品课《大堰河——我的保姆》品赏［J］.语文教学通讯，2022（19）：86.

生：称"大堰河"是就她的保姆、佣工身份而言的，这一称呼显示她社会地位的卑微；称"她"是叙述其繁重的劳作与悲苦的遭遇时才使用的，这一称呼显示诗人陈述的是客观事实，如实讲述主人公的悲惨身世与坎坷人生。

师：那么称"你"呢？有何用意？

生：称"你"是诗人直抒真挚感情，表达对大堰河的思念、同情、感激、哀悼、崇敬、赞美之时才使用的，这一称呼显示诗人对乳母的真挚浓烈的感情。

师：看来这称呼还挺有学问的啊。称呼的变化很大程度上是诗歌内容侧重点变化、主人公身份与地位变化、诗人主观情感变化的表现。①

两则片段都很精彩，反映了老师解读诗歌的能力和执教诗歌的水平。有时对于形容词的解读也不宜过分，例如有的老师在执教《再别康桥》时，认为"青草更青处"是化无形为有形，"青"字的叠用有强烈的暗示和象征作用，回到青春，回到大学，回到初恋。这就显得无比牵强。在《大堰河——我的保姆》这首诗里，"呈"这个动词运用得也特别好。

西川的《巨兽》是一首很特别的诗，它充满童话色彩，形式上又近似散文。这一句独立成行，"吨"这个量词用得很奇诡，将鹦鹉的废话给人带来的那种厌烦感表现得淋漓尽致。让人想起《大话西游》中的唐僧，一吨唐僧，一吨唐僧的废话。有时候，量词的运用能够将两样不相干的事物巧妙嫁接，从而产生陌生的新奇，例如余光中《春天，遂想起》将表妹用"朵"来形容，通过这个量词就把表妹如花的特质表现出来。

周梦蝶《乘除》中的"绳绳的"和郑愁予《错误》中的"达达的"，都属于叠词。叠词之美，在于音韵。"达达的"属于模拟马蹄的声音，能够给人带来一种如闻其声的情境感。而"绳绳的"则是诗人自己创造的词汇，形象地写出蝇蛆蚤虱的繁衍不绝。有老师在执教《乡愁》时为了引导学生领会叠词之美，采用了"删字品读"的方法，将诗中的"小小的""窄窄的""矮矮的""浅浅的"缩减成"小""窄""矮""浅"这些单音节词，让学生放慢语速进行比较朗读，从而体会叠词的使用。学生很自然地能感到叠词比较缠绵，能够起到使声音

---

① 周志恩，孔凡成.《大堰河——我的保姆》教学实录（第一课时）[J].中学语文，2017（16）：66.

拖长的音韵效果，而且更强调出乡愁的浓重，增添了乡愁的绵延感。①

昌耀的诗用语极其讲究，具有典雅的古风，用燎原的话来说，"所谓典雅，包含两个词素。其一是典，有标准、根底、典据……之义，其二是雅，为纯正、美好、不粗俗。它在昌耀诗歌中表现为，某些语词的使用既别出心裁、恍若彗星极光或不明飞行物，其本身又出之有据，纯正规范；呈现为一种蓄藏着深远学养气息和根底意蕴的、山高月小式的高古莹润。更为直观地说，它是一种钻石式的语词品质，是不能满足于某些语词在惯性使用中表现力的丧失，而穿透这一事物常规名词的外壳，对隐匿于其内部那一光核的提取和重新命名。比如《荒甸》一诗，如果它没有在几个关节处，提取出'荒甸''夜夕'这类让人眼前一亮的语词，把'荒甸'退回成'荒原'或'草原'，把'夜夕'退回成'夜晚'（这正是一般性写作中最常见的语词方式），诗中的'篝火'没有延伸幻化为荒甸上'情窦初开的磷光'，那么，它便很难在我们的大脑中，生成那种如同雪洗般清澈灿烂的图像"②。

余光中的《隔水书》巧妙利用"摺"和"折"的谐音，营造了一种复沓回环的音韵之美。在摺而又折的声音里，诗人那种缠绵细腻的深情就表现出来了。

除了抓住诗歌中不同词性予以推敲外，有时我们还可以从诗人修改的痕迹中引导学生去推敲字词，思考诗歌。例如昌耀《峨日朵雪峰之侧》将"默想"改为"默享"，一字之差，意思却有了很大的区别。"默想"强调的是"思考"，"默享"则突出的是"享受"。前者的结果不一定是想得通，更别提感到"享受"了，它传递的是青年昌耀面对自己命运的不公那种愤懑难遣的心理。后者则直接给出了结果，则是中年昌耀时过境迁后的豁然。二者孰优孰劣，自然是见仁见智。但在我看来，"默想"更符合全诗的意境，也更真实。沉默中孕育着一种力量！

观余光中的手稿，《水草拔河》中将几处"水纹"全部易为"涟漪"，"昼夜是涟漪，岁月是洪波"，"翻着涟漪，滚着洪波"。为何要这么改？"涟漪"比"水纹"好在哪里？细究起来，或许有以下几层考虑："涟漪"是《诗经》里出

---

① 张元媛.琅琅书声品诗韵 浓浓乡愁动心弦——以《乡愁》为例浅谈初中现代诗歌教学方法［J］.中学课程辅导（教师教育），2019（21）：59.

② 燎原.昌耀评传［M］.北京：作家出版社，2016：185-186.

现过的，古老而典雅，和这首诗将时间比作长河，有内在的联系；"涟漪"从字形上来看都是水作为偏旁，和紧承的"洪波"照应得更好；第三，涟漪是细小的水纹，比喻"昼夜"更贴切，而且昼明夜暗，和涟漪的波纹的明暗也很相似。可惜的是，现在的诗人写作多用电脑，修改的痕迹往往湮没无余。教师在教学生写诗时，应该提醒他们多用笔写，即使用电脑，也要将修改的痕迹尽可能保存下来，只有这样，才能看到自己的成长和进步。

其次，还须特别留意诗歌中那些词性活用的字词，领会它们的美和意义。例如：

夏也荷过了
秋也蝉过了 ①

——洛夫《今日小雪》（节选）

而既被目为一条河总得继续流下去的
世界老这样总这样—— ②

——痖弦《如歌的行板》（节选）

愚蠢的人们就扑进泥沼里，
而谋害者，凯歌着五月的自由，
紧握一切无形电力的总枢纽。③

——穆旦《五月》（节选）

红烛啊！
你流一滴泪，灰一分心。④

——闻一多《红烛》（节选）

"荷""蝉""目""凯歌"本身都是名词，在这些诗句里活用为动词，"灰"本来是形容词，此处也活用为动词，这样处理既显得简洁，又表达新奇。诗人常常跳出词语本来的用法，赋予它新的功能。这就好比在虎笼中养鸟，而又在鸟笼里种吊兰，让人感到惊异的同时，也能获得一种别样的美和思考。

---

① 洛夫.洛夫诗文全集[M].南京：江苏文艺出版社，2022：326.

② 痖弦.痖弦诗集[M].桂林：广西师范大学出版社，2016：181.

③ 穆旦.穆旦诗集[M].北京：人民文学出版社，2020：24.

④ 闻一多.红烛　死水[M].北京：人民文学出版社，2020：7.

最后，要注意词语与词语的搭配。其实这个现象在前面的分析中已有涉及，这里再举几个例子，以深化这种印象。

水晶绝句轻叩我额头
当地一弹挑起的回音 [①]

——余光中《寻李白》（节选）

而狮不吼，而钟不鸣，而佛不语
数百级下，女儿的哭声
唤我回去，回后半生 [②]

——余光中《圆通寺》（节选）

"水晶"和"绝句"搭配在一起，自然构成一种比喻关系，这绝句仿佛一个水晶球先是"叩"我的额头，然后再在地上一"弹"，最后"挑起"来清脆的"回音"。一连串的词语紧扣着比喻搭配在一起，富有活泼的动感，又运用通感手法，将读李白绝句的那种抽象的感觉变得非常形象生动，具体可感。

当然，欣赏诗歌需要推敲，需要关注那些特别的字词，然而对于普通的日常语言，如果用得贴切用得精彩，一样值得我们去欣赏。比如，诗人臧克家就主张向民间歌谣学习，举了"针眼大的窟窿斗大的风""日头落了一大堆""宁隔千里远呵 / 不隔一层板呀"的句子，来证明民间歌谣的通俗易懂，细致传神。

字词毕竟只是诗歌的构成单位，要想真正理解诗歌，我们必须把字词放在整首诗中去欣赏。好比雨后的蜘蛛网，悬着的每一滴雨的动静都会牵扯到整张网。袁可嘉说："我们必须牢记，每个单字在诗中都代表复杂符号，而非日常应用时的单一符号；它的意义必须取决于行文的秩序；意象比喻都发生积极的作用如平面织锦；语调，节奏，神情，姿态更把一切的作用力调和综合使诗篇成为一个立体的建筑物；而诗的意义也就存在于全体的结构所最终获致的效果里。" [③] 此言诚是。

---

① 余光中．诗歌精读·余光中［M］．杭州：浙江人民出版社，2023：136．

② 余光中．诗歌精读·余光中［M］．杭州：浙江人民出版社，2023：42．

③ 袁可嘉．论新诗现代化［M］．北京：生活·读书·新知三联书店，1988：87．

教案示例——

《汗血马》教学设计

上海市民办立达中学　殷会荻

教学目标：

1. 引导学生在反复涵泳推敲语言的过程中深入体会诗歌的意境。

2. 结合"汗血马"以及诗人牛汉的相关背景资料进行朗读以及品读。

3. 了解汗血马的象征意义：表现一种顽强拼搏、至死不渝的精神境界。

教学重点：通过反复涵泳推敲语言深入解读汗血马这一诗歌意象。

教学过程：

环节一：检查预习

1. 初读诗歌，读准字音。

2. 用学生的问题导入新课：诗人为什么写这样一首关于汗血马的诗歌？

重读的位置不同，一个大问题可以拆解为三个子问题。（汗血马，为什么，诗人牛汉）

环节二：深入研讨

解决子问题一：诗中的汗血马的形象特征？

① 只看"汗血马"三个字，你可以知道这种马的特点吗？（汗血：以血为汗／以流血代流汗）

② 从诗中看，汗血马为什么会"汗血"？

③ 从诗中看，汗血马"飞奔"的原因是什么？

（学生通过第 1、2 节概括：环境的恶劣，河流、草原缺乏，闷热；注意比较诗的表现方式与一般叙述不一样。其第 1 节用整齐的句式，反复手法来强调，并在第 2 节进一步渲染，如"火的领地""四脚腾空的飞奔""几百里闷热的浮尘"等语句。）

朗读时要注意语速放慢，并突出这些词语。

④ 从诗中看，作者是如何写汗血马因为飞奔而至以血为汗的过程？（学生通过再读课文第 3～6 节，抓住两个"流尽"，"沉默""沁出""一粒一粒"，体会汗血马奔跑的艰难；抓住"不知道人间美妙的神话"，体会诗人用的欲扬先抑手法，以及"彤云""雪封的大坂""凝冻的云天"突出汗血马因为"飞奔"而创造出的神话般的境界；抓住"最后一滴血""还能"，体会汗血马不死不休

的奔跑精神。）

学生概括总结前面的交流，明确诗人笔下"汗血马"的形象以及象征意义。

解决子问题二：诗人写汗血马的用意何在？

① 现实的汗血马是诗中描述这样吗？（汗腺与血管相通？）对于诗人这样"歪曲事实"你怎么看？

② 品读最后一节，通过"顶点""雪白的花"，你能体会诗人用虚构的文学形象在诗中表达的感情吗？

解决子问题三：这首诗与作者的经历有何关联？

联系作者相关生平经历，明确作者用汗血马的形象赞颂一类人，并自勉。

环节三：配乐朗读（略）

环节四：布置作业

围绕这首诗的遣词造句写300字的诗歌鉴赏。

第四节　背景分析法

每首诗都有自己的坐标，空间的横轴上有山水烟云、田园旅舍、桑梓边关，有不羁之归鸟、圆缺之婵娟，时间的横轴上有四季冷暖、人生起伏、历史沧桑，有晨起之板桥霜、暮归之墟里烟。

若是能够寻找到这一坐标，将诗歌还原到那一丘一壑，还原到那一朝暮一弹指，岂不是就能将诗歌里所承载的情感与思想一一揭露出来。好比将鱼还给水，将鸟还给天空，诗歌在具体的创作背景中将会获得生命的复苏与自由。

正是出于这样的考虑，教师在教学时特别喜爱运用背景分析的方法，将"知人论世"挂在嘴边，似乎有了背景分析，就有了解读诗歌的万能钥匙。

殊不知，背景分析也有其潜藏的危害，如葛兆光先生所指出的，它可能"以历史的背景曲解诗歌的意义"，还会因为过分的精确破坏诗歌给人带来的艺术美感，"妨碍了诗歌欣赏的自由"。不唯如此，所谓的"背景"有时"只不过是另一些称作历史学家的人们对历史记忆的追忆，层层的转化早已使它不成为真实事件本身，而只是对事实的解释"。① 所以，我们对待背景的态度应该客观些理智些，"毫无疑问，背景批评应当允许存在并作为探寻意义的一个途径，尤其是诗歌主题与历史背景相关密切的时候。但是，意义毕竟是由诗歌本身的语言文本提供的，我们不应让背景替代人们的阅读与理解，更不应让背景越俎代庖地取代审美主体的感悟，换句话说，'背景'不应当成为'压倒'（crushing）的力量成为解读诗歌的唯一钥匙，诗歌是一个开放的国度，这里没有大门，没有关闭大门的锁，更没有手持武器检查通行证的卫兵"②。

葛教授的见解可谓切中肯綮，但他所谈的诗歌指的是古典诗歌，与我们要研究的对象不同。所以，当他感慨中国古代诗人没有写创作体会或创作日志的习惯的时候，我们却可以捧着新诗作家的创作谈去漫溯他诗歌里的秘密。当他感慨那些编年诗集和诗人年谱有些并不靠谱时，我们却可以获得新诗作家这方面的详细而准确的资料。在这一刻，新诗并不悠久的历史反而成了一种优势。

但问题是我们的教师有多少人充分利用了新诗作家的相关背景资料呢，大多数人仍是根据课下注释或者教学参考作一些标签式的介绍，暗里的逻辑仍是这些背景知识和诗歌内容具有直接关系，必须在此基础上解读诗歌，于是新诗的鉴赏与古诗的鉴赏毫无二致。学生们并不知道所读诗歌的作者只不过是距离我们区区几十年，他们中有的留下了自己创作的原因和过程，甚至构思的路径。面对触手可及的钥匙，我们却不知道去拿，反而拿着古老的知人论世理论去费劲地猜谜，去抓耳挠腮地尝试。

有鉴于此，我们有必要在新诗教学中的"背景分析法"中再予以具体的研究，以期能够达到矫正当下这种粗浅低效的方式的效果。

首先，一首诗歌的"背景"不仅仅是知人论世的外在背景，还包括意境、语境等内在背景。而后者，正是构成诗歌文本的重要部分。它一方面可以帮助我们去和外背景准确地连接，另一方面也能帮助我们更好地理解诗歌内部的信息。当然，并非所有的诗歌都有内背景，因此这一方法并非对所有新诗奏效。

---

① 葛兆光.汉字的魔方——中国古典诗歌语言学札记[M].上海：复旦大学出版社，2008：22.

② 葛兆光.汉字的魔方——中国古典诗歌语言学札记[M].上海：复旦大学出版社，2008：25.

艾青的《大堰河——我的保姆》是一首饱含深情的叙事抒情诗歌，诗中有许多句子交代了"背景"：

① 我是地主的儿子 / 也是吃了大堰河的奶而长大了的 / 大堰河的儿子。

② 你的被典押了的一丈平方的园地，

③ 大堰河，今天我看到雪使我想起了你：

④ 大儿做了土匪，/ 第二个死在炮火的烟里，/ 第三，第四，第五 / 在师傅和地主的叱骂声里过着日子 / 而我，我是在写着给予这不公道的世界的咒语。

⑤ 大堰河，今天，你的乳儿是在狱里，/ 写着一首呈给你的赞美诗，①

我们尝试将这些句子进行拼凑，会发现这样一幅诗歌背景：诗人是地主的儿子，很小大堰河就来做他的奶妈。大堰河家境贫寒，辛苦养育了五个儿子，不多的园地也被典押来换钱度日。在她死后，她的儿子为了生存，有的做了土匪，有的死于战火，有的去给地主做雇工，有的去给师傅当学徒，受尽了剥削和叱骂。而我，被捕入狱，前途未卜，在一个雪天忽然想起了大堰河，于是就写下这首诗。

如果我们不去做其他功课了解诗人和他所生活的时代，仅仅凭借这些"背景"信息，也是可以很好地解读诗歌的，这就是诗歌自足性的体现。就这点来看，一首诗既是诗人的儿女，从它身上可以看到诗人的眉眼，但它同时又是一个孤儿，离开了诗人也能活下去。

当然，我们知人论世地介绍一番艾青所处的时代，以及他入狱的经历，再介绍一下大堰河童养媳的身份以及她的两次婚姻，就会将诗歌的背景进一步扩大，使诗歌超越个人情感层面而上升到更深广的社会意义：大堰河代表的是中国千千万万的底层百姓，尤其是那些劳动妇女。造成她的悲剧命运的不是别的，正是当时贫富不均的社会。

有些诗，如果我们不分析其写作背景，就会造成理解的单一肤浅。因而，背景分析就显得很有必要。不敢想象闻一多的《死水》、食指的《这是四点零

---

① 谢冕. 中国百年诗歌选 [M]. 济南：山东文艺出版社，2022：79-82.

八分的北京》、舒婷的《致橡树》和北岛的《回答》，如果少了背景分析，将会失去多少意义和力量。

其次，要想获得精细准确的背景，我们可以从作家的传记、手稿、日记、访谈记录等方面入手。其实，很多诗人为我们留下了颇丰富的资料。例如，卞之琳的《距离的组织》，发表时就在后面留下了"附注"：

第二行　民国二十三年12月26日《大公报》国际新闻伦敦25日路透电：两星期前索佛克业余天文学者发见北方大力星座中出现一新星，兹据哈华德观象台纪称，近两日该星异常光明，估计约距地球一千五百光年，故其爆炸而致突然灿烂，当远在罗马帝国倾覆之时，直至近日，其光始传至地球云。

第七行　民国二十三年12月28日《大公报》史地周刊王同春《开发河套记》：夜中驰驱旷野，偶然不辨在什么地方，只消抓一把土向灯一瞧就知道到了那里了。

第九行　《聊斋志异》白莲教：白莲教某者山西人也，忘其姓名，一日，将他往。堂上置一盆，又一盆覆之，嘱门人坐守戒勿启视。去后，门人启之，视盆贮清水，水上编草为舟，帆樯俱焉。异而拨之以指，随手倾侧。急扶如故。俄而师来，责"何违吾命"。门人力白其无。师曰："适海中舟覆，何得欺我！"①

有了这样的资料，解读诗歌相对就容易多了。但即便这样，我们也不敢说对诗歌就完全读透了。正如桑塔格所说，"在最伟大的艺术中，人们总是意识到一些不可言说之物（'规范性'的规则），意识到表达与不可表达之物的在场之间的冲突。风格的技艺也是回避的技巧。艺术作品中最有力的因素，常常是其沉默"②。每一首诗一旦脱离了诗人的笔尖，就不再完全属于他。它的成长，还需要读者的参与。这就增加了解读的弹性和空间。另外，脱离了其原生的时空以后，在不同的时空里，优秀的诗歌往往具备"'可携带'的品格"，"也就是对它们的阅读、阐释的可能性，总会超越具体时间、空间上的限制"③。

---

① 孙玉石.中国现代诗导读（1917—1937）[M].北京：北京大学出版社，2008：250.

② 洪子诚.文学的阅读[M].北京：北京出版社，2017：152.

③ 洪子诚.文学的阅读[M].北京：北京出版社，2017：170.

好的解读者总有一种强烈的征服欲，面对诗歌，尤其是那些跳跃性很大、象征意味很浓、语言比较晦涩的诗歌，他们就像探案的福尔摩斯一样，从诗歌内外寻找蛛丝马迹，恨不得把那些隐藏起来的意义全部揭示出来。然而，读诗毕竟不是破案，有时只需要找一把躺椅往那一躺，任由诗歌像留声机上的古老唱片那样悠悠旋转，那种意境自然会笼罩我们的心灵。对于教师来说，教学生破案是相对容易的，让他们懂得欣赏是更难的。

最后，再谈一谈背景如何给出的策略。大多数教师喜欢在课堂的开头一股脑地将背景知识倾倒给学生，其言外之意是这些很有用，读诗时要时时往这想一想，绷紧了这根弦。其实，这样做往往效果很差，一是它束缚了学生对诗歌文本内部的关注和挖掘，二是它打消了阅读时应有的悬念和障碍。因此，背景的分析或提供可以有很多种，可以在课堂中间，尤其是学生遇到了障碍时，适时地点拨会更有效，也会给学生留下深刻印象，因为它是学生需求的产物。也可以留作作业，让学生自主探究，将课堂体验的内容拓展开来。还可以让学生猜测想象诗人是个什么样的人，在什么样的背景下创作的这首诗歌，最后和实际情况验证。这样更具挑战性。

给的方式也可以丰富多变，是一次性提供，还是多次缓释？是教师提供，还是学生自己查阅文献？教师可以根据自己对诗歌的理解、课堂的需求，以及接受群体的特点，采取不同的设计。

需要提醒的是，背景的提供一定要经过教师的精简加工，否则就有累赘之嫌，增加了学生的负担，也容易将诗歌引向错误的方向。例如，有教师在执教《乡愁》时，一开始就把余光中的人生重要节点提供给学生：

1928 年，余光中生于南京；1937 年，日本全面侵略中国，9 岁的余光中随母亲逃离南京，前往四川重庆求学；1947 年，考取金陵大学和北京大学，选择入金陵大学外文系学习，后转到厦门大学外文系就读；1949 年，先往香港，再往台湾，转入台湾大学外文系就学；1952 年，台湾大学毕业，入伍；1956 年，退伍，入台湾东吴大学任教，与范我存结婚；1958 年，母亲去世，赴美国爱荷华大学就读，获爱荷华大学艺术硕士学位，毕业后去台湾大学等高校任教；1972 年，《乡愁》问世；1974 年，赴香港中文大学任教，后一直定居台湾。[①]

应该说，这段资料已经经过教师的提炼了，然而还是有点拖沓，如果对应诗歌的四个时间点，还可以更精简：

> 1937 年，日本全面侵略中国，9 岁的余光中随母亲逃离南京，前往四川重庆求学；1949 年，辗转入台湾大学外文系就学；1956 年，退伍，入台湾东吴大学任教，与范我存结婚；1958 年，母亲去世，赴美国爱荷华大学就读；1972 年，《乡愁》问世；1974 年，赴香港中文大学任教，后定居台湾。

还有教师在教授《再别康桥》时大谈特谈徐志摩与林徽因的感情史，实在是转移了学生的注意力，也误导了学生对诗歌的理解，大大窄化了诗歌本来的丰富意蕴。

总之，背景分析法是一种解读诗歌的常见方法，要想真正发挥它的作用，需要教师在搜集资料、教学设计等方面多下功夫，推陈出新。

教案示例——
《雨巷》教学设计

上海市大同中学　宋士广

教学目标：

一、了解诗歌的写作背景，解读诗中哀婉迷惘的苦闷和纯真执着的理想。

二、通过诵读、还原意境、古今对比，探究"丁香"所蕴含的独特内涵。

三、欣赏诗歌的语言美、意境美、音乐美，培养学生雅正的审美情趣。

教学重点：结合诗歌的写作背景和丁香的文化意蕴深入解读诗歌。

学习过程：

环节一：问题导入

问题：有人见过丁香吗？它是什么形状、颜色和香味？

参考答案：细花团簇　浅白淡紫　幽香细细

---

① 李建林.《乡愁》："小"诗品与"大"格局——大概念"意象分析通向诗歌意蕴"的教学设想[J]. 华夏教师，2023（14）：80.

现代汉语词典：落叶灌木或小乔木，叶子卵圆形或肾脏形，花紫色或白色，有香气，花冠长筒状。供观赏。

展示图片，给学生以直观的感受。

环节二：深入探究

问题1：仔细品味诗中写到"丁香"的句子，谈谈你的感受。

我希望逢着／一个丁香一样地／结着愁怨的姑娘

她是有／丁香一样的颜色／丁香一样的芬芳／丁香一样的忧愁

像梦中飘过／一枝丁香地／我身旁飘过这女郎

在雨的哀曲里／消了她的颜色／散了她的芬芳／消散了，甚至她的／太息般的眼光／丁香般的惆怅

我希望飘过／一个丁香一样地／结着愁怨的姑娘

明确：在诗中，丁香和姑娘已经融为一体，达到了物我合一的境界。诗人运用带有象征意义的丁香来写心目中的姑娘，使得那种朦胧的哀怨忧愁弥漫全诗，氤氲在读者的心头，给人丰富的联想想象空间，丰富了诗歌的意韵。

问题2：为什么诗人会选取丁香这一意象呢？

补充：李璟《摊破浣溪沙》

手卷真珠上玉钩，依前春恨锁重楼。风里落花谁是主，思悠悠。青鸟不传云外信，丁香空结雨中愁。回首绿波三峡暮，接天流。

明确：因丁香细花团簇的样子，古人多以丁香结比喻愁心。诗人选择丁香来寄托哀愁并非是偶然，而是饱含着中国古典文化尤其是诗词文化的情韵。

问题3：课前让大家查阅这首诗的写作背景，谁能够结合自己查阅的资料简述诗人的哀愁究竟源自哪里？

补充背景：《雨巷》写于1927年夏，22岁的诗人目睹"四一二"政变的种种恐怖现实，感到十分痛苦迷惘，丁香象征着他的哀愁，也象征着他的理想。同时，他隐居在朋友施蛰存家，倾心于施的妹妹施绛年，但最终未能如愿，所以有人认为丁香象征着失恋的哀愁。

问题4：用丁香象征愁怨是中国古典诗歌的一个创作传统，能不能说《雨巷》的意境和形象就是"丁香空结雨中愁"的现代白话版呢？

①《雨巷》则想象了一个丁香一样结着愁怨的姑娘，将单纯的愁心的借

喻,变成了含着忧愁的美好理想的化身。这个新的形象包含了作者对美的追求,包含了作者理想幻灭的痛苦。表现了更多的新时代气息。

②在古代诗词里,雨中丁香结是以生活实景来寄托诗人的感情。而《雨巷》中那个在雨中飘过的丁香一样姑娘的形象,就带上了更多的诗人想象的成分,它既是生活中可能出现的情景,又是作家驰骋艺术想象的结晶。是真实与想象相结合所产生的艺术真实的形象。戴望舒说,诗是由真实经过想象而出来的,不单是真实的,也不单是想象。

总结:戴望舒从古典诗歌中吸收了描写愁情的方法和意境,又借鉴了西方象征主义的抒情方式,创造性地运用"丁香"这一意象,将属于他的那个特殊年代的交织着失望和希望、幻灭和追求的双重意韵以及人所共有的特殊情结表达得朦胧而不晦涩、低沉而不颓唐、情深而不轻佻。

环节三:由虚入实

如果说丁香为诗歌提供了一个虚的远的文化背景,为诗人的处境提供了一个实的近的创作背景,那么就诗歌本身而言,"雨巷"无疑提供了一个内部背景。

诗人为什么要选择"雨巷"来作为诗歌的内景呢?

补充:"雨"是中国文人表达愁绪的常用意象,例如贺铸的"试问闲愁都几许? 一川烟草,满城风絮,梅子黄时雨",李清照的"梧桐更兼细雨,到黄昏,点点滴滴"。而江南曲曲折折的小巷,更增添了这种悲凉的氛围。在这一清冷幽暗逼仄的环境里,一个撑着油纸伞的丁香姑娘无疑是应景的。

环节四:朗诵欣赏

欣赏乔榛朗诵的《雨巷》,请同学讨论诗歌的语言美音韵美。

环节五:布置作业

文化背景和创作背景往往有助于诗歌解读,请结合这堂课的学习,从下列诗歌中任选一首予以赏析,写一篇不少于600字的随笔。

《阳光中的向日葵》(芒克)

《就是那一只蟋蟀》(流沙河)

《沉默的芭蕉》(邵燕祥)

《中国,我的钥匙丢了》(梁小斌)

第五节 视角切入法

视角，又称叙述视角，指的是叙述时观察故事的角度。它原本是绘画理论的术语，指观察事物时的角度。同样一件物品，从不同的视角观察，便会呈现不同的样貌。迁移到文学理论的领域后，视角是一种主要应用于小说的写作技巧，尤其是"人物有限视角"或"限知视角"的运用。例如，我们所熟知的鲁迅的《祝福》，就有多种视角的运用，"我"的视角，"卫老婆子"的视角，"柳妈"的视角，"四婶"的视角，交织在一起，勾勒了祥林嫂短暂而悲惨的一生。博尔赫斯的短篇小说《刀疤》，借一个英国人讲述叛徒蒙的故事，最后却陡然反转，指着自己脸上的刀疤说自己就是蒙，那个叛徒。这也是一种叙述视角的技巧，将自我视角转为他者视角，叙述得冷静而客观，将自己的背叛揭露得体无完肤。

其实，诗歌中也有"视角"。寻觅诗歌的视角，不失为一种极有效的解读诗歌的方式，也是诗歌教学的策略之一。

视角，按照对内容了解的程度，有全知视角和限知视角两种。按照叙述主体来分，又可分为叙述者视角和人物视角。按照人称来分，又有第一人称、第二人称、第三人称的区别。按照叙述的指向来分，又有内视角和外视角。根据视角的数量来看，又可分为单一视角和复合视角。另外，还有成人视角和儿童视角。

乍一看很复杂，每一个概念解释一下都需要费一番功夫。然而，只要我们抓住三点，就可以清楚地辨别区分视角了。

第一，就是看视角的"视"是谁发出的。

第二，就是看这视角的"角"扫描的是谁，是全息扫描还是局部扫描。

第三，就是看发出者和对象之间的关系是怎样的。

美国诗人斯蒂文斯的《看一只黑鸟的十三种方式》，以其视角的丰富和多变而闻名，我们试着以表格的形式来分析它的前三节，借此更具体地了解各种视角的区别和作用。

看一只黑鸟的十三种方式①	全知视角	限知视角	叙述者视角	人物视角	第一人称视角	第二人称视角	第三人称视角	内视角	外视角
I 二十座雪山之中， 唯一移动之物 是黑鸟的眼。	●		●						●
II 我有三种心思， 像一棵树 里面有三只黑鸟。		●	●		●			●	
III 黑鸟在秋风里盘旋。 它是哑剧的一个小角色。		●	●				●	●	●

　　诗的第一节，诗人的视角看似普通，实则是非常独特的。二十座雪山是大，黑鸟的眼睛是小，前者静，后者动，诗人仿佛上帝一样，在如此广袤的环境里捕捉一只黑鸟的眼睛，仿佛镜头由全景迅速转为特写一样，最终定格在黑鸟的眼睛上。如果说这还是写实的话，第二节就转入虚写了，作者由黑鸟联想到自己的心思，突出其活动的隐秘，为诗歌增添了一种神秘感，诗人到底在想什么呢？第三节，诗人又迅速回到现实，黑鸟已经离开树枝到秋风里盘旋，哑剧里小角色的比喻，无疑又由实入虚，属于诗人的联想。飞翔的黑鸟只是小角色，那主角是谁呢？哑剧的宁静怕才是诗人欣赏的对象吧。

　　整首诗记录的就是诗人在一个落雪的下午观察黑鸟的过程。视角的发出者是"我"，也是诗人。视角的对象是黑鸟：它时而落在树枝上，时而盘旋在秋风里，时而穿过长窗的冰柱，时而飞出视野之外，时而飞在河流之上。雪山

①［美］华莱士·史蒂文斯.华莱士·史蒂文斯全集［M］.陈东飙，译.北京：作家出版社，2021：136.

衬其灵动，雪松枝和枝上雪衬其颜色，哑剧比其沉默，音乐比其高鸣，金鸟之黯淡显其珍贵，老鸹之尖叫显其恐怖。它们之间的关系是什么呢？诗人站在那里，眼睛跟着黑鸟飞翔，有时是一只，有时是一群，有时是远眺，有时是近观。与此同时，诗人的想象和联想的翼翅也缓缓展开，一会儿飞向心灵深处的记忆，一会儿飞向视线之外的虚无。

有必要说明的几点是：一般认为全知视角就是第三人称视角，这是较为笼统的说法，实际上，第三人称视角也并非是全知全能的，因为有时叙述者从作品中"人物"出发去观察去思索，这就导致视角受到限制。其次，关于内外视角，有必要阐释一下。借用学者吴晓的话来说，"外视角，是从观察、感知的意义上说的；内视角，则是从感受的意义上说的。前者的对象是外部世界，后者的对象是心灵世界。内视角解决作品的主题、立意方向等问题。外视角则是对意象的外部观照"①。再其次就是，相对于小说来说，诗歌的叙事常常是跳跃的、不完整的、不那么清晰的，因而视角的分析除了认真阅读文本以外，还要查阅写作的背景，调动我们的想象，尽可能地了解全面，这样才能得出相对客观真实的结果。

最后，还要说一下"人物视角"，即在诗歌中出现的人物所持有的视角，有时还是比较特殊的、复杂的，例如古诗《枯鱼过河泣》，就是通过枯鱼的视角来叙述自己的悲惨遭遇，故而要写信给自己的同类，告诫它们从水里出来可要小心一点。新诗中，也要注意这种特别的人物视角，例如土耳其诗人纳齐姆·希克梅特的《死了的小女孩》，就是想象了一个死于广岛原子弹爆炸的七岁小女孩的灵魂敲人家的门，请大家签名反对核武器反对战争。因其视角的独特，给人强烈的震撼和启示。下面，我们来欣赏一下捷克诗人米洛斯拉夫·赫鲁伯的《苍蝇》（节选）（伊恩·米尔纳，乔治·塞纳　英译，杨铁军　汉译）这首诗：

她坐在柳树的树干上

观看

克雷西会战的一个局部，

喊叫，

---

① 吴晓.新诗美学［M］.北京：中国社会科学出版社，2018：208-209.

喘气，
呻吟，
踩踏与滚动。

法国骑兵
第十四次冲锋时
她与一只来自瓦当库尔
棕眼的雄蝇
交配了。

……

当一切终归宁静
只余腐烂之低语
温柔地环绕着尸体
只余
几只残臂断腿
在树下突然搐动

这时，她开始产卵
在皇家军械员
约翰·乌尔的一颗眼珠子上。

最后
她被一只逃避
埃斯特雷村烈火的
雨燕吃了 ①

---

① ［英］特德·休斯．诗的锻造：休斯写作教学手册［M］．杨铁军，译．南宁：广西人民出版社，2022：
　　25-26.

　　这首诗主要是以苍蝇的视角来叙事的，叙述的是一场苍蝇的恋爱史，背景是一场人类的惨烈战争。当战争正在进行的时候，苍蝇却忙着谈恋爱、交配和产卵。苍蝇和战争的关系就是如此呀！如果苍蝇能言，它完全可以冷淡地说一句关我屁事，甚至说一句我喜欢你们人类的战争。这是多么强烈的讽刺呀！然而，正当我们以为苍蝇就这样逍遥事外时，战争的余波还是毁灭了它。宛如多米诺骨牌一样，战争波及了埃斯特雷村，制造了一场烈火，烈火将一只雨燕赶出村庄，雨燕吃掉了苍蝇。这真是有趣又残酷，诗人在疯狂地暗示我们什么呢？我们仿佛看到他得意的神情，以及藏在其中的关于战争的谜底。纵观整首诗，叙述者采用了第三人称视角，是一种全知视角。

　　至此，我们大体清楚了诗歌视角的分类、内涵和作用。接下来，我们要归纳一下复合视角中视角的组合方式和效果。并行、叠加、交织、对比这四种方式大概是最常见的。以下面四首诗为例，我们来简要赏析：

一个海员说，

他最喜欢的是起锚所激起的那

一片洁白的浪花……

一个海员说，

最使他高兴的是抛锚所发出的

那一声铁链的喧哗……①

——艾青《盼望》（节选）

你站在桥上看风景，

看风景人在楼上看你。

明月装饰了你的窗子，

你装饰了别人的梦。②

——卞之琳《断章》（节选）

你

---

① 公木.新诗鉴赏辞典［M］.上海：上海辞书出版社，1991：386.

② 公木.新诗鉴赏辞典［M］.上海：上海辞书出版社，1991：324.

一会看我

一会看云

我觉得

你看我时很远

你看云时很近 ①

——顾城《远和近》

唯一能确定的是，她曾经装下了一条河流

水草，几条鱼，几场大风制造的漩涡

还有一条船，和那个妖女昼夜不息的歌声

中午，在河边捶衣服的时候

她不再看河水里的倒影。也不再猜想几千年前

河流上源那个腰肢纤细的女人

怎样把两个王朝装在她的左右口袋里

在这么热的中午，她如何让自己袖口生香呢 ②

——余秀华《木桶》（节选）

艾青诗中的两位海员的对话就为我们提供了两种并行且交织的视角，这两种视角没有对错高下之分。但它们交织在一起，共同构成了航海的出发与到达，很有代表性，哲理的意味也很鲜明。卞之琳的《断章》既有"你"的视角，也有"看风景人"的视角，两种视角交织在一起，传递了诗人微妙的情感和思考。顾城的《远和近》，也有两个视角，"我"的和"你"的，同时也有内外视角的对比和交织。

余秀华的《木桶》则巧妙地将木桶和女人的视角予以叠加，忽而分，忽而合，亦实亦虚，这样叠加就产生了一种非常的感染力。她的《站在屋顶上的女

---

① 顾城. 顾城的诗 [M]. 北京：人民文学出版社, 1998: 70.

② 余秀华. 月光落在左手上 [M]. 桂林：广西师范大学出版社, 2015: 24-25.

人》也选择了一种并不太常见的观察视角，下面是节选：

> 这是下午，一群水鸟白在微风里的下午
>
> 一水芦苇提心吊胆在飘零前的下午
>
> 一只喜鹊站在白杨树上的下午
>
> 一个橘子遗忘在枝头的下午
>
> 这是一个女人的下午，站在屋顶上
>
> ……
>
> 她又一次觉得
>
> 与天空这么近 ①

农村里许多房子都是平房，所以站在屋顶并不是一件很难的事。整首诗所描摹的是余秀华站在屋顶上的所见所闻所感。"一群水鸟""一水芦苇"是远景，"一个橘子"则是近景，能发现它正得益于诗人站在屋顶。从远处的风光写到近处的人事，诗人从来来往往的人的身形和大声小声的人的声音两方面感到一种疏离，是屋顶将她从地面拔离，赋予她独特的视角和感觉。也正因如此，诗人最后才感慨自己与天空这么近。潜藏的一层意思或许是：又一次觉得生活了一辈子的村庄离自己这么远。

艾青的名作《大堰河——我的保姆》一大特点就是"诗人采取'视角叠加'叙述手法，即让童年视角和成人视角互相辉映'，突现出赤子拳拳的怀念之情"②。

通过视角的不同组合变化，诗人写作的内容得以拓展，情感和思想也在组合的关系中得到了表现和宣泄。因此，抓住视角这个切入点，不失为一种新诗教学的突破点。

以我执教的《立在地球边上放号》和《峨日朵雪峰之侧》为例，具体来感受一下这种新诗教学法的运用和作用。

根据我写诗读诗的经历，一首诗的诞生往往是和诗人的经历有关，常常和诗人的视角有关。要想读懂一首诗，有时我们要想方设法去还原诗人的创作过程，去寻找他的创作动机，去揣摩他的观察视角。

---

① 余秀华. 月光落在左手上 [M]. 桂林：广西师范大学出版社，2015：47-48.

② 王泉. "恋母情结"酝酿出的火热情怀——《大堰河——我的保姆》的悲怆美与现代品格 [J]. 中学语文，1999（12）：26.

郭沫若的《立在地球边上放号》备课时最费精神，除了朗读，更是因为这首诗的难解。"立在地球边上"就令人难解，地球有边吗？具体的分析在后面的教案示例中已经阐述清楚，这里不再啰唆。

只想再重申一下郭沫若的创作感想：

> 没有看过海的人或者没有看过大海的人，读了我这首诗的，或者会嫌它过于狂暴。但是与我有同样经验的人，立在那样的海边上的时候，恐怕都要和我这样的狂叫吧。这是海涛的节奏鼓舞了我，不能不这样叫的。我们可以知道这儿又算有一种具着另外一种效力的节奏了。[①]

这段话虽然谈的是节奏，告诉我们诗中那么多"啊啊"的放号之声，正是诗人受到大海波涛的节奏鼓舞。然而，它也明白地告诉了我们所谓"立在地球边上"其实就是立在海边。诗人创作这首诗是在1919年，当时他在日本福冈留学，住处靠近博多湾，经常到海边游玩。所以说，诗人是在海边近观海涛，这样的理解是合乎实际的。正因如此，诗中所歌颂的"我眼前来了的滚滚的洪涛哟！"就不难理解了。

据日本学者岩佐昌暲考证，1919年，博多湾"9月和10月之间出现5次大浪的海面，激烈的程度都差不多。所以如果他写诗的期间真的是9、10月的话，那么郭沫若9月和10月的上述5次中的某一次，于博多湾观海而激发了灵感，因而写下了这首诗。但是，我认为他的这种描写的背后，一定会有8月强台风留下的记忆"[②]。

尽管真实的情境是诗人站在大海边，面对着滚滚的洪涛，写下了这首激情洋溢的诗歌，但他的想象力又使得他"神游万里"，获得了一个新的叙述视角，看到了不同寻常的恢宏之景。

因此，《立在地球边上放号》这首诗的视角其实并非全是真实的，而是带着强烈想象的。正是这双重视角，赋予了诗歌恢宏的全景和壮丽的特写，使诗歌获得了磅礴的气势和无穷的伟力。

昌耀的《峨日朵雪峰之侧》选入教材，很多老师非常喜欢，却不知道怎么

---

① 薛滔.郭沫若谈诗歌创作[J].江苏师院学报，1980（02）：80.

② 岩佐昌暲.若干郭沫若诗歌的写作背景[J].诗探索，2003（Z1）：109.

破解,怎么教更有点勉为其难。其实,最初我是没怎么看懂这首诗的。可是当我找到了昌耀的视角,一切豁然开朗。

首先,看标题,《峨日朵雪峰之侧》,说明"我"位于峨日朵雪峰的一侧。

其次,根据诗句来看,"我"并没有登顶,而是停在了峨日朵雪峰的某个具有相当高度的地方。"这是我此刻仅能征服的高度了",开头第一行诗显得有点不甘,但更多的还是对自我能力认知的清醒和理智。"我"就这样半悬在峨日朵雪峰的某个高处,开始了对周围景物的观察。

"我"都看到了什么呢?峨日朵之雪,彷徨许久的太阳,引力无穷的山海,滑坡的石砾,棕色的深渊,巨石的罅隙,锈蚀的岩壁,一只小得可怜的蜘蛛。

这些景物,我们大致可以从四个方向予以区分:峨日朵之雪是上面的,它美丽洁白,令人向往,但又不可触及。滑坡的石砾、棕色的深渊是下面的,它们充满危险,时时需要提防。山那边,是彷徨许久的太阳,是引力无穷的山海,太阳正在跃入山海。山这边,是身为攀登者的"我",用指关节死死扣住巨石的罅隙,不愿意坠落,努力维持着好不容易达到的这个高度。陪伴我的,只有锈蚀的岩壁里一只小得可怜的蜘蛛。

这四个方向的划分,是建立在"我"攀登半壁悬在峨日朵雪峰的某个高处这一独特的视角之上的。诗歌的张力就在于此。如果按照其他常规的方法来教,这首诗所特具的紧张感和爆发力在学生那就很难品得出来。

诗歌源于生活,也许浪漫,也许夸张,但在现实中,诗人一般会有一个灵感的起点,这就好比一只捏着风筝的手,你不能只见风筝,不知道线那头还有一只手。在这手心里,或许还攥着一只明亮的眼睛,那诗歌的风筝正是从它的瞳孔里飞起来的。透过诗句,我们去发现诗歌的视角。抓住它,我们便能够尽量还原诗歌,理解诗人敏感而复杂的思绪和情意。

教案示例——

《立在地球边上放号》教学设计

上海市大同中学 宋士广

教学目标:

1. 了解诗歌的视角理论,并尝试运用它来赏析诗歌解读诗歌。

2. 由单一视角到复合视角,层层深入引导学生深入理解诗歌。

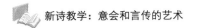

3. 感受诗歌的青春之"力"，进而领会狂飙突进的五四精神。

教学重点：

理解这首诗的复合视角和"力"的精神。

教学过程：

环节一：析题设疑，引出视角

同学们，我们先来看诗歌的标题：《立在地球边上放号》。乍一看，诗人的立足点很好找：立在地球边上。可是仔细一想，马上就会有一个疑问：作为一个球体，地球有边吗？如果用科学的眼光来分析，唯一的解释就是诗人是站在极高远处遥观地球。因为只有足够远，才能发现地球的边缘。那么，另一个疑问随之产生，诗人"立"在哪里呢？要想回答这个问题，我们有必要了解一下"视角"这个概念。

环节二：概念界定，了解视角

视角，又作"视域""观察角度""投影""透视点"。是从绘画理论中移植到文学理论的用语。指观察的角度。

——《美学大辞典》

当然，在实际的文学作品分析中，这个"视"可不仅仅指眼睛看到的，还包括其他感官感觉到的，人的大脑想到的。根据不同的分类标准，可以分为全知视角、限知视角；内视角、外视角；单一视角、复合视角；等等。

这个问题看似复杂，其实也简单，只要抓住三点，就可以轻松搞定。

第一，"视"这个动作或思维是谁发出的？

第二，"角"包含的对象是什么？

第三，"视"和"角"的关系是什么？

环节三：学为所用，分析诗歌

观察者：郭沫若

观察点：海边

观察对象：空中怒涌的白云 壮丽的北冰洋 太平洋 滚滚的洪涛

二者关系：诗人感受到的强大的力，它不断毁坏，又不断创造，不断努力。

【相关资料】

没有看过海的人或者没有看过大海的人，读了我这首诗的，或者会嫌它过于狂暴。但是与我有同样经验的人，立在那样的海边上的时候，恐怕都要和我这样的狂叫吧。这是海涛的节奏鼓舞了我，不能不这样叫的。我们可以知道这儿又算有一种具着另外一种效力的节奏了。

——郭沫若的《论节奏》

环节四：复合视角，层层推进

问题1：前文分析的观察对象难道都是作者亲眼"看见"的吗？

答案：不是，"壮丽的北冰洋"和"太平洋"两行诗所描摹的景象并非视力所及的，因为景象过于宏大。"无数的白云正在空中怒涌"，"无限的太平洋提起他全身的力量来要把地球推倒"，这两句诗，似乎诗人是站在极远处所看到的一种全景。而"我眼前来了的滚滚的洪涛哟"，又显然是近处才能看到的特写。

问题2：那诗人的观察视角是怎样的？他的观察应该在哪里？

答案：这应该属于内视角，是诗人凭借自己的想象，想象于太空极远处俯视地球所见的景象。

问题3：那"白云"和"洪涛"属于什么视角？

答案：外视角。

问题4：相较于单一视角，这种复合视角有怎样的效果？

答案：复合视角极大地拓展了诗歌的内容，赋予了诗歌以恢宏的全景和壮丽的特写，使得诗歌具有了磅礴的气势和无穷的伟力。对后面抒发对"力"的赞美有极佳的铺垫效果。

问题5：郭沫若为什么要如此讴歌"力"呢？这和他所处的时代，尤其是五四精神有什么关系？

明确：无论于个人还是对民族、国家，郭沫若讴歌"力"，都是希望能够获得一种强大的力量，毁坏那些强大的阻力，开创崭新的一页。五四运动宛如狂飙突进，正是这种力的体现。因此，这首诗和五四精神是非常契合的，虽然艺术性不高，但文学史的意义极大。

【相关资料】

外视角，是从观察、感知的意义上说的；内视角，则是从感受的意义上说的。前者的对象是外部世界，后者的对象是心灵世界。内视角解决作品的主题、立意方向等问题，外视角则是对意象的外部观照。

——吴晓《新诗美学》

环节五：布置作业，有效迁移阅读昌耀的《峨日朵雪峰之侧》，运用所学的视角理论分析诗歌，理解诗歌。

第六节　比较鉴赏法

俗话说：不怕不识货，就怕货比货。比较可谓是一种古老的鉴别优劣的方法，无论是商品，还是其他东西，一比较就能够显出它们的差异和优劣。同样，在诗歌鉴赏时，选择不同的文本进行比较，是一种常用而有效的方法。

然而，选择什么对象来构成比较的关系呢？谈及此，不由得想起侯宝林著名的相声《关公战秦琼》。"关公战秦琼"常被用来形容将不适当的对象放在一起比较，但是若我们换个眼光来看，"关公战秦琼"也不算荒诞，因为二人同为著名的武将，还是有一"战"的基础。如果让"关公"战"秦香莲"，"秦琼"战"小猪佩奇"，这样的比较就真的让人难以接受了。

教师们在教学中常常喜欢比较鉴赏，但是关于比较鉴赏的四个要素，并不是人人都清楚，所以有些比较鉴赏是不成立的，或者效果不佳。那么，比较鉴赏的四要素是什么呢？

首先，要确定比较的标准。好比两个人放在一起比较，就有"胖瘦""高矮""美丑""学历""财富""智愚"等许多可比较的点。如果不确立好标准，我们虽然可以感知到差异，却无法判断优劣。秦始皇为什么要统一度量衡，关键是为了统一标准。否则，你有你的标准，我有我的标准，岂不混乱？但是，诗歌的比较鉴赏毕竟不等同于度量衡，它和读者的个性、知识、经验与审美直觉等息息相关，很难强求一致，也不必强求一致。诗歌评论家吴思敬直言道："对诗的理解和再创造，是因人而异、因时而异的，有些大致的原则可循，但是具体到每首诗的解读，在很大程度上还是要靠读者自己去领悟，教师应鼓励学生的再创造，而不应强求整齐划一。"[1] 但教师在进行教学设计时，要有自己预设的比较标准，不然比较鉴赏就难以展开。这样的课像镜头失焦一样，中心和特征可能就糊掉了。

---

[1] 李节.当前中学新诗教学的几个问题——访诗歌评论家吴思敬教授[J].语文建设，2008（06）：7.

　　例如，有人将美国诗人弗罗斯特《未选择的路》与中国北宋诗人苏轼的《和子由渑池怀旧》进行比较赏析，利用辜正坤先生的诗鉴赏"五象美"理论，即视象美、音象美、义象美、事象美和味象美，"以这一理论为经、以审美原则为纬就中外这两首诗进行初步的比较赏析"①。这样的比较有点喧宾夺主，二者之间由于时间、形式、内容等方面的巨大跨度，实在是缺少可以维系的锚点。仅仅靠"五象美"来分析，充其量证明了"五象美"的适用性。因此，这样的比较无疑是孱弱的，并没有发出比较鉴赏应有的碰撞之光和咬合之痕。

　　确定好比较标准，接下来就是选择合适的比较对象了。对一首诗歌来说，选择怎样的对象来比较，无非是诗歌和非诗歌两个方向，"非诗歌"和"诗歌"的比较，例如将诗歌取消分行，变成散文和诗歌进行比较，或者选择相关的散文、小说、歌曲、唱词等与之比较，以使学生更好地理解诗歌的形与神方面的特质。在此，我们着重谈一谈诗歌和诗歌的比较赏析，因为这是最为常用的，也是最贴合"诗"的。

　　概而言之，以一首诗歌为核心，我们可以选择不同的版本、译本来进行比较。前者如昌耀的《峨日朵雪峰之侧》，这个将在"析行解读法"中予以分析。后者在讲授外国诗歌时可以使用，例如《致云雀》就有郭沫若等人翻译的不同译本。杨丽君老师在教授《迷娘》时引入民国时期著名教育家马君武的译诗：

……

君其识此乡？

归欤！归欤！

愿与君，称此乡。

……

君其识此家！

归欤！归欤！

愿与君，归此家。

……

① 申丽红，李大勤.跨越时空的人生叩问——弗罗斯特《未选择的路》与苏轼《和子由渑池怀旧》比较赏析[J].河北工程大学学报（社会科学版），2013，30（03）：89-93.

君其识此山！

归欤！归欤！

愿与君，归此山。①

通过比较，同学们会迅速发现两种译本的差异，除了语言上的文言和白话之别外，就是称谓上的不同，课文所选译本中的"爱人""恩人""父亲"在马君武的译本中全部变成了统一的"君"。这就人为地抹杀了歌德原诗中迷娘对迈斯特丰富复杂的情感："爱人"表明她的爱恋，"恩人"表明她的感激，"父亲"表明她的依赖。这些内容如果只是单纯分析，远不如这样比较来得更自然，感受更强烈。

当然，关于同一首诗的不同评论文字的引入也是一种比较赏析的途径。通过评论文字的碰撞，引发学生的争论，进而去结合文本寻找证据和理由，这样的效果如果作为课堂教学的片段还是很精彩的，令人期待。或者就诗歌内部的章节进行比较，如高翀骅老师执教的《迷娘》，就是立足诗歌要素，探寻重章间意象、句式的差异，从而梳理诗歌的意脉和旨归。并且，高老师也注意到译诗和德文原典之间的细微差异，使得比较鉴赏具有一定的宽度和深度。

有的老师还尝试利用"换词法"来进行比较鉴赏，也取得不错的效果。例如，童志国老师执教的《再别康桥》，就有这样一个小环节：

运用换词比较法品读意象："金柳"能否换成"青柳"，或者"青松""白杨树"，为什么？"新娘"能否换成"少女""美人""姑娘""女郎"，为什么？（学生分组讨论，交流发言）

点拨：用"金柳"，因为要取"金"之灿烂珍贵与"柳"之婀娜曼妙姿态，组合成全新的意象，与作为离愁别绪传统的经典的意象"青柳"拉开了距离。（适当补充："柳"在古典诗词中的意蕴美及其负载的丰富的文化内涵。）徐志摩是不言苦，不让柳条青。"青松""白杨树"显得太阳刚，与"金柳"所代表的"新娘"的女性形象不吻合。为什么是新娘？因为这是女性最美的时刻，更是男人心中最美的时刻，想象一下迎亲的场面，新郎见到新着嫁衣的新娘，是何等新异惊喜甜蜜和幸福。诗人此番虽是再别，

---

① 杨丽君.称谓变化与诗歌情感表达［J］.语文学习，2021（12）：21.

却睹旧如新，心中有一种初见乍逢的甜蜜的感觉。[1]

这样的处理，能够在某一个词语或意象上着力，引导学生深味诗歌的语言和意象之精，可谓是教学的巧思。

如果说上述都是向诗歌内部寻找比较外，还可以向外寻找比较的对象，沿着内容和形式两个方向，跨越时空，去寻找合适的诗歌。跨越时空，可以是同一个作者的不同诗歌，也可以是不同作者的诗歌。就拿余光中的《乡愁》为例，它既可以余光中的《乡愁四韵》《春天，遂想起》构成同一作者相似主题的不同作品的比较，也可以和席慕蓉的《乡愁》构成同一主题的不同作者的作品的比较，还可以古代或外国与乡愁有关的诗进行比较。当然，如果要在更高的层面，如"家国情怀""祖国统一"来选择文本进行比较，可能在内容上跨度会更大。

再其次，要想清比较的目的。在一个篮球教练的眼里，姚明是不可多得的奇才。但在一个足球教练的眼里，姚明则根本不在他的考虑之列。尽管足球界也有伊布这样的高个子优秀运动员，但这样的人实属天赋异禀，是少之又少的。同样，在诗歌的比较鉴赏中，我们一定要想清楚这样比较的目的是什么，不然就有跑偏的可能。在我看来，比较鉴赏最终仍是辨同析异，指向诗歌自身所表达的情感和思考。如果背离了这个目的，比较鉴赏就有走火入魔的危险。如前面所举的例子，将弗罗斯特的诗和苏轼的诗进行比较，最终的目的只是证明了"五象美"。这样的教学设计因为目的的偏差，就导致了整堂课的坍塌。相比之下，将北岛的《一切》和舒婷的《这也是一切》放在一起比较，突出的就是面对生活的挫折所显示的两种态度：北岛的怀疑、悲愤和消极，舒婷的相信、温婉和积极。

最后，要落实比较的方法。利用比较鉴赏法来教新诗，有时就像领着学生玩"找碴"游戏，除了要观察仔细外，你是按照划分九宫格的办法来分区域寻找不同呢？还是按照绘画的构成要素逐个排查呢？比较鉴赏在实际教学中，可以归纳的经验有以下几点：

一、比较对象越相同，主攻的方向就是辨别不同；反之，比较对象越是跨

---

[1] 童志国.《再别康桥》教学设计[J].学语文，2018（02）；30.

度大联系少，主攻的方向就是寻找相同。比如将《死水》和《大堰河——我的保姆》进行比较，因为都是新诗，都是中国诗人，所生活的年代也大致相近，所以这两首的比较重点就应该是寻找它们的差异：诗形的整饬和参差的比较，以美写丑和以美写美的手法等方面的差异。而如果将汉乐府的《十五从军征》和痖弦的《上校》相比较，因为跨度太大，应该多比较它们的相通之处，一个汉代的士兵退伍回家，面对的却是"遥看是君家，松柏冢累累"的悲惨景象，一个20世纪的退伍老兵，尽管是上校身份，尽管在战争中丢掉了一条腿，面对的竟是"咳嗽药刮脸刀上月房租如此等等"的窘状。这就给人带来了强烈的冲击力，相隔两千年左右的士兵退伍后的遭逢竟然如此相似！

二、要尽可能寻找不被人注意的比较点，这样才能有新意，也有深入解读的可能性。

比较鉴赏，从内容上来分，往往有意象、思想、情感几方面，从形式来分，又有修辞手法、抒情方式等方面。诸如这些比较，很多人都会想到，都会应用。要想让自己的教学设计显得更有深度和创意，有时就要逼迫自己寻找新的比较点。例如，我在执教上海市空中课堂时，就将《立在地球边上放号》和《峨日朵雪峰之侧》放在一起比较，看中的是它们都运用了非常独特的"视角"。而《红烛》和《致云雀》肯定绕不开意象，我就从"主意象"和"意象群"之间的关系入手设计教学，也算是独辟蹊径。

三、比较鉴赏可以灵活处置。既可以是整堂课都围绕它来设计，也可以在局部设计比较鉴赏，还可以在布置作业时考虑比较鉴赏。

例如，韩军老师执教《大堰河，我的保姆》就有这样一段课堂实录：

师：我还擅长改诗，尤其是改名家的诗。譬如这一节，我这样改：

大堰河，

今天看到雪，我想起了你：

你的坟墓，

你的瓦菲，

你的园地，

你的石椅。

这样改，非常简练……

生：不好。

师：为什么不好？

生：原文细致入微，表达怀念之情。

师：还营造了什么氛围？

生：凄凉、悲惨。

师：看来不能改，老师改得不好，把凄凉、悲惨的氛围给减没了。[①]

教师巧妙地将原诗的关键修饰语删掉，从而形成一种鲜明的对比，一下子使这些常常被人忽略的修饰语的价值体现出来，加深了学生对诗歌的理解。

李文俊老师在执教《峨日朵雪峰之侧》时就布置了这样的作业：阅读《峨日朵雪峰之侧》和朴树的《平凡之路》歌词，比较它们的主旨、意象、语言上的差异性。这样的作业布置虽然稍嫌笼统，但比较鉴赏的意识还是值得肯定的。

四、留意那些与比较鉴赏有关的写作手法，如对比、衬托（正反）、想象、联想、象征、用典等。例如，闻一多的《红烛》在正文之前引用了一句李商隐的"蜡炬成灰泪始干"，其实就暗中布置了一个充满张力的比较。稍微了解李商隐诗句的人都会知道，这是一句歌咏爱情的诗，而闻一多笔下的红烛，却在这一古老诗歌意象的基础上创造出新的意象，赞美了红烛"莫问收获，但问耕耘"的高贵品质。

或许有人会抱怨教材内可选择的新诗数量偏少，或者选择面较狭窄。诚然，这样说是有道理的。但谁说课堂教学只能教教材上有的内容呢？在教材之外，有那么多好诗，为何不可以引入以形成比较呢？

最后，需要说明的是，比较鉴赏虽然多是从不同的点切入展开，但它也关乎整首诗的意境、情感或思想。在指导学生时，切忌只见树木不见森林，要培养学生的大局观和整体意识。有时候，那种朦胧的意境、隐秘的情感、思想的流动，很难找到具体的凭借物，也很难说得清楚，这时我们不要过于注重结果的统一，而是鼓励学生各抒己见，去感受，去体验。只有这样，比较鉴赏才能发挥其应有的巨大作用，而将其潜在的危害降至最低。

---

① 韩军.《大堰河——我的保姆》教学实录［J］.语文教学通讯，2005（C2）：31.

教案示例——

《红烛》教学设计

上海市大同中学　宋士广

教学目标：

1. 理解诗歌的内容和情感，能够概括"红烛"这一意象的特质和内涵。

2. 通过对闻一多的"红烛"和李商隐的"蜡炬"的比较，深入解读诗歌。

3. 感受"红烛"承载的独特精神：于矛盾冲突中仍积极进取的奉献精神。

教学重点：

通过对闻一多的"红烛"和李商隐的"蜡炬"的比较，深入解读诗歌。

教学过程：

环节一：检查作业，分析意象

问题1：结合诗句，分析"红烛"这个意象的特质。

"红烛"的特点：红色；燃烧发光，融化流淌，最后烧成灰；蜡质。

问题2：在"红烛"身上，寄托了诗人怎样的情意？请结合你阅读的初印象简要概括。

"红烛"这一意象是诗人理想人格的化身，饱含着诗人的自我勉励：不惜牺牲，无私奉献。

环节二：具体分析，深入解读

问题1：围绕"红烛"这个主意象的特点，诗人还设置了哪些意象来表现它呢？请填写下面的表格。

红烛的特点	相关意象
红色	
燃烧发光	
融化流淌	
烧成灰	
蜡质	

策略：按诗节进行寻找，填写表格。

问题2：这些意象和红烛之间是怎样的关系呢？试概括出来。

1. 从属关系：蜡、火、光、灰、脂膏

2. 比喻关系：蜡——（红烛的）躯体　火——（红烛的）灵魂　烛泪——眼泪

3. 类比关系：诗人的心

4. 对比关系：监狱　残风

通过分析，我们发现其他意象其实都是围绕着"红烛的特性"来构建的。诗人运用想象，找到这些意象和红烛的相似点、相关点和对比点，然后一点点充实红烛的精神内涵。"红烛啊！/'莫问收获，但问耕耘。'"这两行诗既是全诗的结尾，也是对红烛精神的提炼。

【相关资料】

《红烛》这首诗是闻一多同名诗集的序诗。闻一多从一个醉心学术的学者，一步步成长为一个民主斗士，最终面对特务的威胁无惧无畏，以自己的生命捍卫正义和公理。他被国民党特务暗杀了，但他不屈的精神仍然激励着人们。

环节三：比较赏析，深入理解

问题1：《红烛》里有几根蜡烛？

两根。

问题2：李商隐的"蜡炬"和闻一多的"红烛"有什么关系？请阅读李商隐的《无题》，填写下面的表格。

要点					
对象	同	异			
		意象	语言	手法	情感
蜡炬	蜡质　流泪　成灰 运用双关 突出奉献	次意象	文言	双关　比拟	相思之深
红烛		主意象	白话	比拟　比喻 对比　反复	奉献社会

作者引用李商隐的这句诗作引子，作用有二：一是诗人抒情的起点，也是诗歌的主题所在；二也彰显了诗人对红烛的全新解读，赋予了红烛以新的时代意义。

环节四：总结启示，打通古今

问题：通过学习这首诗，尤其是将诗歌的主体和引子作了比较，你对写诗有怎样的看法？请用一句话概括。

1. 写诗要有创意新意，要不落窠臼。

2. 新诗也要从传统中继承。

3. 写诗要有一个突出的意象，这样会给人留下深刻的印象。

4. 写诗和作文一样，也是要精心构思，形成自己的思路或者情感脉络。

5. 写诗要语言简洁，要多推敲。

环节五：布置作业，迁移巩固

阅读闻一多的《死水》，和这首诗进行比较，结合闻一多的"三美"原则，谈谈你的理解，写一篇不少于500字的赏析文字。

第七节　读写结合法

作为一种常见的教学方法，读写结合法由三个要素构成：读、写、结合。关于"读"和"写"，都是很大的概念，要想在有限篇幅里探讨是很困难的，而且本书的许多章节其实都是关于如何"读"诗、"写"诗的，此处不再赘述。我们重点探讨一下"结合"。

怎么将阅读和写作结合起来？按照不同的标准，可能会有很多种类型，在此，我们主要谈一谈仿写、扩写、补写、改写、评写五种。

或许有人会问，为什么一定要结合呢？"学习科学的研究表明，学生在创造制品的时候学习效果更好。制品是知识建构的外在表现。PBS 的制品是驱动问题调查的衍生结果。学生制品包括实体模型、录像带、绘图、游戏、戏剧、网站、电脑游戏等"[1]。写作的过程其实就是学生完成制品的过程，只不过他使用的不是黏土、代码、图形等物，而是运用文字建构属于自己的制品。无论是哪一种制品，都需要人调动自己的经验和想象，将一些元素和要件予以结合。

第一，仿写是读写结合最常用的手段。模仿是人的天性，也是创作的重要动因。仿写诗歌，可能是一种最容易学习写作的方法。但正力是双向的，在仿写的同时，人们对原诗的理解不自觉地得到了加深。

---

① ［美］索耶．剑桥学习科学手册［M］．徐晓东，等译．北京：教育科学出版社，2013：380.

仿写最小的单位是仿句，也可扩大到模仿一节诗，甚至整首诗。严格要求的话，仿写首先是形式上的模仿，词性、句式、修辞等都包含在内。但正如书法上的临摹一样，求其形似是容易的，更难的是得其神似，最难的是在模仿的同时，还有自己的风格显现，甚至是不拘形似，但求韵味、精神和风格的相通。

要想充分发挥仿写的作用，就要找一个合适的模仿对象，它不宜太长，也不宜太自由，要有明显的特征，诗意不能太朦胧。比如，我曾援引罗马尼亚诗人尼基塔·斯特内斯库的《人的颂歌》让学生阅读理解后仿写。

> 按照树木的观点，
> 太阳是一段木头，散发着热量；
> 人类——充满激情……
> 他们是参天大树的果实，
> 可以四处游荡！
>
> 按照岩石的观点，
> 太阳是一块石头，正在下降；
> 人类——柔和的推动力……
> 他们是作用于运动的运动，
> 他们的光明来自太阳！
>
> 按照空气的观点，
> 太阳是气体，挤满躁动的鸟雀，
> 翅膀挨着翅膀。
> 人类是罕见的飞禽，
> 他们扇动体内的翅膀，
> 在更加纯净的空气——思想里
> 尽情飞翔。[1]

我们发现，这首诗的三节基本是按同一种模式写下来的，可以说第二、三

---

[1] 高兴.我承认你并不跟我的诗神有缘[M].上海：上海文艺出版社，2013：47-48.

节就是对第一节的仿写。通过分析，我们发现这模式基本是这样的：

按照（某一自然物 ×）的观点，

太阳是（比喻，要和 × 有关），（× 或太阳的特征）

人类（某种特点，要和前面的比喻相关）

他们（继续强化人类的某种特点）

（自由发挥，以 × 的眼光突出人类的某种特点），可一行，也可两行

在此基础上，学生只需要"填空"即可。通过仿写，他们领会了诗人改变"人类视角"看世界的创意，尝试用"物"的眼光看世界、审视人类，进而发现人类的某些特质，以及人类和太阳、万物千丝万缕的关系。

在此，选择两节学生的仿作来简要欣赏和分析：

仿作一

按照水的观点，

太阳是一个水球，挤满欢快的鱼儿

人类是独特的鱼儿

他们摆动体内的鱼鳍

在更加浩瀚的知识海洋里

尽情游动

——代仕轩

仿作二

按照土地的观点

太阳是凝聚态的粉末，充斥半截的蚯蚓

人类——天生的开荒者

他们将粉末堆在粉末上

在大地上弓着脊梁辛苦地劳动

——陈芊帆

其次，仿写除了形式的模仿外，还可以是内容方面的模仿，甚至带有自己的创造。例如，在教完《听听，秋的声音》后，可以让学生仿照诗歌的手法进行仿写，如可以写《听听，春的声音》《听听，动物的声音》《听听，城市的声音》等。在教完《致云雀》后，也可以让学生结合所学的意象群与主意象之间

的关系，选择一个主意象并围绕它构建意象群，创作诸如《致麻雀》《致向日葵》等。为了让学生能够获得一种直观感受，也可以选择名家的仿作印发资料给学生欣赏。这方面比较典型的例子是诗人痖弦的诗《歌》，诗人直言不讳说这首诗是"读里尔克后临摹作"，但他的模仿是带着创造性的模仿，在思想情感方面和里尔克的原作产生了某种呼应，也可以视作原诗的延伸想象和思考。下面，我们来比较欣赏一下这两首诗：

严重的时刻	歌
［奥地利］里尔克　陈敬容　译	痖弦
此刻有谁在世上某处哭， 无缘无故在世上哭， 在哭我。	谁在远方哭泣呀 为什么那么伤心呀 骑上金马看看去 那是昔日
此刻有谁夜间在某处笑， 无缘无故在夜间笑， 在笑我。	谁在远方哭泣呀 为什么那么伤心呀 骑上灰马看看去 那是明日
此刻有谁在世上某处走， 无缘无故在世上走， 走向我。	谁在远方哭泣呀 为什么那么伤心呀 骑上白马看看去 那是恋
此刻有谁在世上某处死 无缘无故在世上死， 望着我。①	谁在远方哭泣呀 为什么那么伤心呀 骑上黑马看看去 那是死②

① 许自强，孙坤荣.世界名诗鉴赏大辞典［M］.北京：商务印书馆国际有限公司，2019：1157-1158.
② 痖弦.痖弦诗集［M］.桂林：广西师范大学出版社，2016：30-31.

里尔克的诗四小节分别设想了四种情景：哭、笑、走、死。分别照应着悲伤、欢乐、活着、死亡。"宇宙是广阔无边的，时间是永续不尽的。大地上每一角落，时间长河中每一分秒，都可能有什么正在诞生或正在消亡，也或许正在行动，正在啼笑歌哭。诗人把自己安放在这样一个时刻，设身处地去体验、去感知那无比的严重。"① 译者陈敬容这番解读还是非常精辟的。也许正是感慨于诗歌所流露出的这种神秘和严峻，痖弦拿起笔临摹仿写。然而，他仅仅是盯住了"哭"来做文章，分别给出了四种可能性：为昔日而哭，为明日而哭，因恋而哭，因死而哭。巧妙的是，痖弦似乎还汲取了民歌的特点，分别用金马、灰马、白马、黑马四种颜色的马去和四种可能相照应，给读者留下了巨大的想象和审美空间。类似这样的仿写，如果指导得法，给出足够的自由度，学生是完全可以写出优秀的诗歌的。比如有老师在总结运用仿写教《雨巷》时，这样写道：

"在人的一生中，总有一些东西是你一直都在追求的，但却无法得到。在《雨巷》中，作者表达了自己的渴望和追求，那么你呢，你是否也有同样的感受？尝试用诗歌表现出来吧。"笔者鼓励学生追求诗歌的神韵，围绕该主题展开创作。这样的活动给了学生很大的空间，让学生能自由地表达想法，有学生就展现了自己的创意："我的躯壳是一只猫，却套着硬邦邦的皮毛。挣扎着，我想要脱身而出，撕裂了皮肤，露出粉白的肌肉。疼痛，让我到达了柔软的天堂。"该生在作品中用独特的语言表达了想要挣脱窠臼、追求自由生活的向往。②

这样的设计虽然还比较粗糙，缺少了具体的指导，个别学生因其天赋和才华可以出色地完成任务，但对大多数学生来说，还是有点含糊、有点低效的。如果能够指出《雨巷》中意象的复合特点，或者用环境烘托人物的特点，让学生仿写时想办法落实某一特点，或许会让学生在仿写时能够有所凭依，并且更进一步体会诗人创作时的巧思慧心。

因为读写结合是双向兼容的，既指向深化理解原作，也指向提高写诗能力。在教学设计中，一定要将自己的定位想清楚，将自己的要求说明白。不

① 许自强，孙坤荣．世界名诗鉴赏大辞典［M］．北京：商务印书馆国际有限公司，2019：1158.
② 苏枫．读写结合，在诗歌教学中培养创造力［J］．语文教学通讯·D刊（学术刊），2020（01）：34.

然，就有跑偏的危险。例如，有老师在执教《迷娘》时，就请学生以"你可知道那地方"为题，仿照《迷娘》（之一）的结构，写一首诗，写出你对某个地方的向往与怀念，要有音乐性、层递性和鲜明的意象。这样的设计就有点顾此失彼了。所以吴欣歆老师点评时一针见血地指出："杨老师让学生仿写的目的更多指向阅读与鉴赏，但在实际操作中，教学落点不够清晰。"[①] 是主要为了读，还是主要为了写，还是二者并重，这个一定要想清楚。

第二，所谓扩写，就是将诗歌中原本非常含蓄朦胧的部分，或者留白处，通过扩写将它揭示出来，使之成为一个被放大了的切片。例如，惠特曼的《自己之歌》有这样几行诗：

我相信一片草叶所需费的工程不会少于星星，

一只蚂蚁、一粒沙和一个鹪鹩的卵都是同样地完美，

雨蛙也是造物者的一种精工的制作，

藤蔓四延的黑莓可以装饰天堂里的华屋，

我手掌上一个极小的关节可以使所有的机器都显得渺小可怜！[②]

在这部分诗歌里，诗人选取了大量平凡常见的事物作为诗歌的意象，揭示了一个道理：自己与普通的事物之间并无区别，再"卑微"的事物都是造物主的杰作，世间万物都是平等的。如何让学生更好地理解这一点，教师可以设计一种扩写的格式：

我相信一片草叶所需费的工程不会少于星星，

因为草叶的构造和纹路是那样细腻精美。

通过这种由果溯因的扩写，学生就能够发现潜藏在诗句背后的诗人的思维，并最终获得一个焦点式的结论。这样的扩写，比起上课的提问，留给学生更为充足的思考时间和写作时间，可以使学生能够有一个整体的思考。所扩写的内容如何有机地嵌入诗歌中，是学生需要考虑的问题。这个过程，恰恰是诱导学生深入理解诗歌的过程。

第三，补写就是在原诗的基础上，补写一部分内容。或者故意隐去一部

① 吴欣歆.指向学习任务群目标的单篇课文教学［J］.语文学习，2021（12）：23.

② ［美］惠特曼.草叶集（共两册）［M］.北京：人民文学出版社，1992：112.

分，让学生补写，然后再和原作进行比较，在比较中深入理解原作，也对自己的续写给予肯定或反思。无论哪一种形式，补写都要建立在对原诗深入理解的基础之上。正如赵学成老师所说的那样，"要沿着原有诗歌的情思线索，前后逻辑要自洽，语气、语感和节奏要与原诗尽可能一致，同时关注诗歌的整体结构是否完整"①。他还提供了具体的做法，可惜没有学生的作品，我们无法了解实际的效果如何。但这种做法的最大价值在于尝试和体验，在补写的过程中，学生会更自觉地去解读原诗，就像织补一样，只有仔细观察要补的布的经纬、颜色，才能很好地选择材料和针法。所以，学生写得如何是次要的，重要的是他自主地去深入解读原作。如果是第二种，还可以在将补写和原作对比的过程中，收获新的认知。

第四，改写的形式有很多种，其目的主要是通过改作和原作形成对比或呼应，以加深对诗歌的理解。例如，有老师让学生将诗歌改写成散文，然后在比较中领会诗歌分行的价值和作用。有时，还可以转换叙述视角，引导学生发挥想象改写诗歌，以和原作产生某种呼应和碰撞，效果也不错。例如，执教《峨日朵雪峰之侧》时，针对"小蜘蛛"这个难解的意象，教师可以设计一个改写的小环节，让学生以蜘蛛的口吻来写几行诗，谈一谈为何它会被诗人接受，学生可以想象诗人的处境、样貌，甚至可以结合他当时的遭遇，来寻找诗人与小蜘蛛心灵相通的理由。这样设计，能够较大程度地激发学生的创作欲望，同时也引导他们去深入解读诗歌，可谓一箭双雕。

第五，评写。余映潮老师执教《乡愁》的"美析"环节，先是明确要求：围绕《乡愁》的表达之美，每位同学写几行文字，集中地欣赏《乡愁》在某个方面的表达之美。②然后，给学生留出动笔写作的时间。学生或抓比喻形象，或写层层深入，或抓修饰语，或抓时间线，每个人围绕一点写三五十个字，由于要求明确而集中，取得了很好的效果。这就是"评写"，评的是诗歌的手法。

读写结合法仿佛双头鹰，一头注视着阅读，一头注视着写作。运用得好，不但有利于提高学生理解诗歌的能力，也可以提高学生写诗的能力。

---

① 赵学成.新诗写作入门实施策略举隅［J］.中学语文教学，2023（07）：42.
② 余映潮.余映潮中学语文精品阅读课教学实录［M］.北京：中国轻工业出版社，2016：44.

教学示例——

《青春恰自来》新诗三首教学设计

宋士广

教学目标：

1. 抓住新诗形象、语言等特点，揣摩诗歌流露的情感与思想。

2. 通过朗诵诗歌、读写结合，赏读新诗之美，咏叹青春旋律。

3. 激发学生的诗情和兴趣，大胆地表达对青春的理解和思考。

教学重点：

揣摩诗歌中的深意和诗意，将三者进行比较，并在诗情的感染下即兴创作。

教学过程：

环节一：析题导入

白日不到处，青春恰自来。苔花如米小，也学牡丹开。

——袁枚《苔》

环节二：初读印象

你最喜欢学习材料中的哪一首诗？谈谈你喜欢的理由，并朗读你喜欢的诗句。

环节三：深入赏读

1. 这三首诗是青春的三部曲，尝试为它们排个顺序，并简述理由。

闻一多：青春初来时的喜悦与自由。

食　指：青春正茂时的痛苦与信念。

席慕蓉：青春已（将）逝时的遗憾与珍惜。

2. 诵读诗歌，抓住形象与字词，具体深入感受其中青春的内涵。

闻一多的《青春》重点：闯　　驶　　穹窿　膨胀

朗诵策略：赏读后，领着学生齐读。

食指的《相信未来》：蜘蛛网　炉台　雪花凝露的枯藤　查封　固执……

朗诵策略：由一男一女两名学生配乐朗诵全诗，全班同学齐读最后一节。

席慕蓉的《青春》：太仓促　扉页　含着泪……

朗诵策略：由一位女生配乐朗诵。

三首诗的青春内涵总结：突破后的自由，彷徨后的信念，伤逝后的珍惜

环节四：创作交流

以往届学生的诗来激发学生的创作热情，通过创作进一步感受青春旋律，抒写自己的青春感觉和思考。

朗诵策略：由三名学生配乐朗诵三首节选的小诗。

为不会写诗的自己写首诗

追思迷茫中的自己

伤感那些不太火热的夏天

回忆曾经徘徊街上的思想

——毛易凡（2012 届）《为自己写首诗》

孩子你可否知道，

在这浩瀚宇宙之中，

只为拧紧十七岁发条，

世界因你转动。

——朱迪妮（2015 届）《十七岁发条》

我珍惜我的秘密

也珍惜我的痛苦

我守着一块小小的石头

——张杰妮（2017 届）《火焰》

学生创作 3～5 分钟，约 5 分钟朗诵交流。事先准备统一规格的纸张，用实物投影仪投放在屏幕上，再由作者朗诵分享，老师或学生适时简要点评。

环节五：布置作业（二选一）

1. 结合本节课的收获，尝试创作一首"青春"主题的新诗。

2. 选择一首你喜欢的新诗，尝试在不检索资料的情况下去欣赏解读，写一篇不少于 300 字的赏析文章。

附专家点评——

一片神行　情深似海

——于漪老师谈语文教学，寄语"新秀"教师

教师和学生一样，要随着时来成的。教育不是一个结果，而是生命展开的过程，永远面向未来。青年教师要成为教育事业的骨干，成为真正对我们的教育事业——黄浦区教育事业、上海教育事业有卓越贡献的人，要和学生一起茁壮成长，快快成长。今天"新秀在课堂"活动，这么多单位这么多同志为年轻教师的成长付出努力，我这名老教师由衷感谢。我是真老了，89岁了，我真心希望年轻教师人才辈出，这是我们教育的希望所在。

我在学校教过不同学科的课，比较下来，觉得语文课最难，它不像数理化那样逻辑体系非常严密。语文教学内容与历史、社会、人生紧密联系，涉及的学问很多，古今中外几乎无所不包，因此，语文课要上好，对教师的要求很高。课堂到底应该怎么上，我就想到古诗词大家叶嘉莹先生说的话。她九十几岁了，经常怀念她的老师上课的情景。她说顾随先生教课真可说是"飞扬变化，一片神行"。顾先生是教古诗词的，今天宋士广老师上的是新诗，也是向这方面努力的。

"飞扬变化，一片神行"是什么样的境界？课堂就是一个磁场。老师仿佛一块磁铁，将学生的注意力全部都吸引住了。这样的课可谓是左右逢源，出神入化，令人神往。老师和学生的生命力完全奔放出来，进入求知佳境。为何能如此？用顾随老师自己的话来讲，他把教课比作谈禅。"禅机说到无言处，空里游丝百尺长。"就是说这禅里面的奥妙已经没有办法用语言表达了，但是它的意味在教室里面就像游丝一样连绵不绝，足足有百尺之长。这大概就是我们平时常说的"言已尽而意无穷"。这是一种怎样美妙的教学境界呀！教师的话是结束了，但那种意味在学生的脑海里一直是余音缭绕，袅袅不绝。学生在校求学，恐怕最开心就是留下这样美好的记忆，一回忆起来就是甘甜的。

顾随先生为什么要把教课比作谈禅呢？实际上是表达了他对教学专业的敬畏。禅是什么？那里面既有智慧，也有信仰。教课就要有这种敬畏的情怀。北大的谢冕教授，诗人。他的学生写他有一次上课时哆嗦，以为他病了，其实不是，他是进入了诗歌的境界。刚刚张新颖教授讲得很好，诗有时候你是讲不出来的。诗意诗心，你没有办法用普通的语言讲出来，于是诗意的语言就产生了。

…………

261

杜甫有句诗叫"沧海自浅情至深"。青年教师要成长，对教师这份工作，对我们这份事业，也要有沧海自浅情自深的情怀。情深到痴迷程度，课还会教不好吗？你钻进去了以后，你才读得懂教材。读懂教材永远是语文教师要过的坎，这个坎，我过了一辈子，都没有过好。

刚才连中国老师的讲课，实际上是指导学生读《祈求》这篇文章。什么叫书？什么叫文？书就是人，文就是人。读书就是读人生。《祈求》这篇千字文，写的正是人生。它的核心价值在哪里？就是结尾那句话：我祈求世上善良的人们，给鹰一颗奔驰的心，让高飞的灵魂永不沉沦。

祈求是对老天爷的，对神的。祈求什么呢？不要让这个鹰的灵魂沉沦。那只年轻的鹰已经忘掉了自己的灵魂，数典忘祖。鹰的灵魂应该是什么？是冲上高空的，是和蓝天白云齐美的。然而年轻的鹰已经不知道了，因为它是被人豢养长大的。从这里看，读书是不是读人生呢？读人生，和人生对话。教师为什么要读书？读书就是要使自己精神成长，成长为一个真正的大写的人。要教育孩子成人，首先自己就要成为一个真正的人，一个大写的人。什么叫大写的人？大写的人是顶天立地的，张开双臂，拥抱世界。一名教师，除了要情深似海之外，还得把文化积淀打得非常深厚。多读一些经典，多读一些好的文章，本身就是在读人生，读世事人情，感悟人生价值。

我这个人已经是历史了，但是我愿意和年轻的教师们共勉。我祝愿黄浦区这样的中心城区，师资队伍的建设一定要像刚刚姚晓红局长讲的那样，教师要能够拥有高素质，拥有创新的精神，要能够敢为人先，为我们的教育事业、语文教育事业作出自己的贡献。

注：据 2018 年 4 月 12 日在上海市黄浦区大同中学举办的"新秀在课堂"的讲话整理，连中国老师作为受邀嘉宾执教了《祈求》。

附新诗三首——

相信未来

食　指

当蜘蛛网无情地查封了我的炉台，
当灰烬的余烟叹息着贫困的悲哀，

我依然固执地铺平失望的灰烬，
用美丽的雪花写下：相信未来。

当我的紫葡萄化为深秋的露水，
当我的鲜花依偎在别人的情怀，
我依然固执地用凝霜的枯藤
在凄凉的大地上写下：相信未来。

我要用手指那涌向天边的排浪，
我要用手掌那托住太阳的大海，
摇曳着曙光那支温暖漂亮的笔杆，
用孩子的笔体写下：相信未来。

我之所以坚定地相信未来，
是我相信未来人们的眼睛——
她有拨开历史风尘的睫毛，
她有看透岁月篇章的瞳孔。

不管人们对于我们腐烂的皮肉，
那些迷途的惆怅，失败的苦痛，
是寄予感动的热泪，深切的同情，
还是给以轻蔑的微笑，辛辣的嘲讽。

我坚信人们对于我们的脊骨，
那无数次的探索、迷途、失败和成功，
一定会给予热情、客观、公正的评定。
是的，我焦急地等待着他们的评定。

朋友，坚定地相信未来吧，
相信不屈不挠的努力，

相信战胜死亡的年轻，
相信未来，相信生命。①

青春

闻一多

青春像只唱着歌的鸟儿，
已从残冬窟里闯出来，
驶入宝蓝的穹窿里去了。

神秘的生命，
在绿嫩的树皮里膨胀着，
快要送出带鞘子的，
翡翠的芽儿来了。

诗人呵，揩干你的冰泪，
快预备着你的歌儿，
也赞美你的苏生罢！②

青春（之一）

席慕蓉

所有的结局都已写好
所有的泪水也都已启程
却忽然忘了是怎么样的一个开始
在那个古老的不再回来的夏日

---

① 谢冕.中国百年诗歌选［M］.济南：山东文艺出版社，2022：708-709.
② 闻一多.闻一多诗选［M］.上海：上海教育出版社，2022：32.

无论我如何地去追索
年轻的你只如云影掠过
而你微笑的面容极浅极淡
逐渐隐没在日落后的群岚

遂翻开那发黄的扉页
命运将它装订得极为拙劣
含着泪 我一读再读
却不得不承认
青春是一本太仓促的书①

预习作业

一、认真阅读这三首诗，在空白处写下你的理解和感受，特别留意诗歌的语言和形象。

二、反复诵读这三首诗，感受其节奏、韵味和情感。

三、查阅相关资料，深入探究诗歌传递的关于青春的情感与思索。

第八节 析行解读法

关于新诗建行的知识，在第三章"错落与整齐"中已有较为详细的介绍。这里主要谈谈教学实践中教师如何具体操作的策略。

首先，要注意诗行的标点符号。

诗歌里的标点有时给人混乱的感觉，有的诗完全没有标点，有的诗时有时无。其实，凡是真正的诗人在创作时一定会将标点斟酌在内的，无论用还是不用，都是如此。有一则逸事讲的是德国作家台奥多尔·冯塔纳怒退某青年的诗稿，因为他在信上说："我对标点向来不在乎，请您刊登诗稿时自己填上标点就行了。"冯塔纳很生气，在退稿信中说："我对诗向来都不在乎，下次请您

---

① 席慕蓉 . 席慕蓉经典作品［M］. 北京：当代世界出版社，2007：189.

只寄些标点符号来，诗就由我填吧。"可见，作家创作多么重视标点符号。

一般来说，标点符号具有停顿、表语气、定性、修辞、审美、简化六方面的功能。而对新诗来说，标点运用有时偏离常规，不用或者很少使用标点。有时诗句间的停顿较短，也常用空一格的方法来表示停顿。但不论哪种形式，都是为了诗情诗思服务的。

例如，顾城的《眨眼》在诗歌的前面有一句小序"在那错误的年代里，我产生了这样的'错觉'："，结尾不是句号，而是冒号，非常巧妙地将后面的内容都收入其中，使得诗歌产生了一种强烈的冲击力。同时，错觉一词用引号，既是强调，也是反语。"彩虹"变成"蛇影"，"时钟"变成"深井"，"红花"变成"血腥"，这些情况不是错觉，而是真实发生的，就在"眨眼"的工夫。类似的还有艾青的《我爱这土地》，"假如我是一只鸟，我也应该用嘶哑的喉咙歌唱："，以"鸟"为抒情主体，巧用冒号作为发声的标志，总起"土地""河流""风"和"黎明"四个歌唱内容，形成完整的意象群。[①]

再来看看郑愁予的名作《错误》的结尾：

我达达的马蹄是美丽的错误

我不是归人，是个过客……[②]

这小小的省略号好比一个袋子，将思妇的怅惘、过客的遗憾、读者的同情等情感都装进去了。

有时，括号也能起到独特的作用，它便于插说、注释，极大地丰富了语意。例如余光中《春天，遂想起》中的那些括号里的内容，就极大地拓展了诗歌意境，丰厚了诗人的情感。再如痖弦的《殡仪馆》就利用括号，重复了四次"妈妈为什么还不来呢"，将丧母之痛以童稚的疑问提出，传递了一种难言的悲痛。又如戴望舒的《我用残损的手掌》中"（春天，堤上繁花如锦幛，嫩柳枝折断有奇异的芬芳）"括号内是美好的回忆，这与当下的苦难形成鲜明的对比，同时又不妨碍整首诗悲愤的情感基调。

由此可见，新诗的标点符号不是可有可无的，而是和文字融为一体的，具

---

① 彭小艳.标点符号之于情感的教学启示——以《我爱这土地》标点符号作用解析为例[J].语文教学与研究，2023（05）：159.

② 郑愁予.郑愁予的诗：不惑年代选集[M].南京：江苏凤凰文艺出版社，2016：5.

有生命力和情感思想的。这样的例子很多，后面举例时捎带点一点，在此不再罗列。

其次，要注意诗歌的断行、跨行、空行等特征。

所谓断行，是指诗人分行时将一个句子的结构打断分成多行排列的形式。在新诗中，"句"和"行"的概念是不同的，一行未必是一句，一句也未必是一行。

跨行则指的是一个完整的意思在一行中没有完全表达，需要在新的诗行中继续发展。它和"断行"的区别就在于一个"跨"字，好比一个人脚踩两条船，两条船是借由这个人而得到了统一。其突出的特征是将一个复杂的长句放在两行甚至更多诗行。而断行则多是短句。两者共同的特征都是将句子有意识地断开，使之产生一种节奏的停顿，从而突出某个成分，或构成一种独特的诗形，以引起人们的思考。例如：

草原新月，萌生在牧人的

拴马桩。在鞍具。在鞍具上的铜剑鞘。

湖畔的白帐房因宿主初燃的灯烛

而如白天鹅般的雍容而华贵了。①

——昌耀《草原》（节选）

这首诗的一、二行就是断行，三、四行则是跨行。断行的目的是将"拴马桩""鞍具"和"鞍具上的铜剑鞘"三者置于一行，形成一种空间上的移动和聚焦效应。这样，我们就仿佛看到草原新月先是在拴马桩上升起，然后再爬到鞍具，再爬到铜剑鞘，"萌生"的动态和美感就这样产生了。跨行用了一个"而"来连接，将点了灯烛的白帐房和白天鹅联系在一起，构成了一个比喻。

再如，伊蕾的《黄果树大瀑布》将"砸下来"三个字独字成行，其实是为了表现瀑布流泻的姿态，突出一个"砸"字，联系后面一连串的排比，仿佛看到瀑布飞泻的壮观景象。王家新《休渔期笔记》就利用诗行的排列，构成了"楔形船头"的诗形。这些断行，究其实质，还是依形建行的体现。

有时，我们还要注意诗歌中的空行。空行不一定意味着虚无，在节奏和

---

① 昌耀.昌耀的诗［M］.北京：人民文学出版社，2013：88.

意义上都存在价值。例如，艾青的《我爱这土地》用空行的方式将诗歌分为两节，"从形式上看，第一节八句第二节两句，诗句结构错落有致，具有严谨匀称的变化美，是构成现代诗歌建筑美的重要方式。从内容上看，分行是抒情主人公和表达方式转变的分割线，抒情主人公由'鸟'转换为诗人'我'，表达方式由描写转变为抒情，使诗意得到了升华。若将本诗的分行删掉，两节合为一节，诗歌匀称和谐的建筑美荡然无存，抒情主人公的转变也将缺乏过渡，诗歌稍显突兀，语意缺乏必要的停顿，抒情来的过于直接，诗意难免大打折扣"[①]。

例如，非马的小诗《鸟笼》就很巧妙地利用了空行。

打开
鸟笼的
门
让鸟飞
走
把自由还给
鸟
笼[②]

这首诗如果连贯成文，不过是"打开鸟笼的门，让鸟飞走，把自由还给鸟、笼。"但这么断行，就有了丰富的歧义，到底是把自由还给鸟还是还给鸟笼，还是二者都有？"走"的到底是鸟，还是人？这也可以算作诗歌不同于散文的小小证明吧。

最后，要注意诗行之间的关系。有人把写诗比作搭积木，还是有一定的道理的。大多数情况下，诗行之间都有清晰的接口，但诗人有时把这接口藏起来，需要你发挥想象力回答他设置的谜语，才能够发现。诗行之间的关系很复杂，在此主要谈一谈它们在意义的衔接、呼应、跳跃和对比这几方面的表现。

---

① 彭小艳. 标点符号之于情感的教学启示——以《我爱这土地》标点符号作用解析为例[J]. 语文教学与研究，2023（05）：159.

② 非马. 鸟笼[J]. 万象，2020（11）：25.

这是火的语言，酒，鲜花，精致

的骨灰瓮，俱是死亡的修辞学①

——洛夫《死亡的修辞学》（节选）

"精致"在这里就有衔接的作用，它既是"骨灰瓮"的修饰语，也是"火的语言""酒""鲜花"的修饰语。

孩子们在玩沙。一颗橡实——

不知哪个秋天扔下的漂流瓶，

从沙堆里被挖了出来。②

——宋琳《书简片段——致长兄》（节选）

选诗的第一行和第二行是一种呼应，以破折号衔接，构成一个巧妙的比喻，在"橡实"和"漂流瓶"之间建立了一种联系。而且，这破折号还具有延长声音的作用，使诗人收到长兄的来信的那种喜悦更加突出。

火种蔓延的灯啊

是我内心的春天一人放火

没有火光，没有火光烧坏家乡的门窗③

——海子《灯诗》（节选）

海子诗的第二、第三行形成一种对比，诗人将灯比作内心的春天，紧接着又用一人放火来表明对灯光的赞美。但紧接着，诗人又说这火"没有火光"。这就构成了一种对比，表明诗人虽然内心狂热而富有激情，但外在的表现却是冷静异常。

雨伞和我

和心脏病

和秋天④

——痖弦《伞》（节选）

痖弦这几句诗乍看很跳跃，意思其实很简单：在一个秋天，患有心脏病的

---

① 冯力.港澳台诗歌精品［M］.沈阳：春风文艺出版社，1995：287.

② 宋琳.兀鹰飞过城市：宋琳诗选1982—2019［M］.北京：北京联合出版公司，2021：54.

③ 海子.海子的诗［M］.北京：人民文学出版社，2000：162.

④ 痖弦.痖弦诗集［M］.桂林：广西师范大学出版社，2016：262.

"我"打着伞在雨中走路。然而，通过这样建行，将"心脏病"和"秋天"单独拎出来，用"和"将它们拟人化，显得很俏皮幽默。

> 每日邂逅在这固定不变的城市
> 最轻的空气把我们压在椅子上
> 钟面的指针射入对方的墙壁
> 虚无的灯光里，扁平的疼痛！[①]

——韩东《邂逅》（节选）

邂逅的意思就是不期而遇，可以是陌生人，也可以是熟人。但韩东邂逅的却是熟悉的陌生人。可以想象，两个人并不相识，但每天都在写字楼的电梯里，或者某个车站某节车厢，相遇。相遇了很多次，却依然没有相识，大家各忙各的，没有搭讪，没有借火，所以"钟面的指针射入对方的墙壁"，就这么任由时间一分一秒一天一月地过去。这种感觉令人痛苦。但这痛苦又不那么强烈，仿佛一根针轻轻地扎你，却并没有刺入，所以诗人称之为扁平的。

通过上面的例子，我们对诗行与诗行之间的关系以及其表情达意的作用有了一定的了解。或许有人会问，这要怎么发现呀。方法其实并不难，只要我们将诗歌的分行取消，加上标点，使之成为一篇散文，我们就能发现诗人分行时动过哪些手脚。紧接着，我们就要想，为什么诗人要这样分行？有什么想法呢？一般来说，就能够发现一些秘密。

当然，在实际的鉴赏诗歌时，或者进行诗歌教学时，上述的情况往往是交织出现的，那我们就见招拆招，引导学生从不同的角度切入，探究诗人建行的原因。这样，再结合整体的理解，我们就能够更好地理解诗歌了。

下面，我们以诗人王家新的一首诗为例，来看看如何从不同角度切入来赏析一首诗歌。

> 在威海的海岸上散步，眼望着远处的邮轮，
> 有人向我问起诗人多多。
> 我说他已从海南大学退休了，但没有退休金，

---

① 韩东. 悲伤或永生：韩东四十年诗选（1982—2021）[M]. 北京：北京联合出版公司，2022：69.

因为"他是一个外国人"。

"那他靠什么活？有没有人请他讲学？"

"他拒绝。他的傲气，你知道，'整个英格兰

容不下我的骄傲……'"

"那他在北京住什么地方？"他租房，

（他父亲留下来的房子早已拆除）

他在那时写诗，读策兰，读夏尔，读他的

一贫如洗的茨维塔耶娃，

有时也画画，但也不是为了卖……

"唉，谁让他叫'多多'呢，在国外他是多余的，

在国内他也是多余的"

诗人王桂林一声叹息，我们也都苦笑着；

抬起头来，海面上

那只白色邮轮已不知驶往何方。[①]

——王家新《在威海，有人向我问起诗人多多》

这首诗的标点种类丰富，如果细看，便能发现一些诗人有意的安排，他对多多的敬与爱就隐藏在标点的变化中。比如，"整个英格兰容不下我的骄傲……"这句话加了引号，是引用多多《在英格兰》中的名句，点睛地突出了多多的傲气。但为何要从中间拆开断为两行呢？单独将这一句列为一行也不是不可以。这就涉及断行、跨行的知识了。或许是为了突出"整个英格兰"，这行与行之间的一顿，节奏的短暂停滞，正是诗人的用意所在。另一处比较奇怪的是诗的 8～12 行，从"他租房"到结束，为什么丢掉了引号？这明明是诗人的回答，前面一组对话的回答就用了引号。另外，"他租房"为何孤悬于第 8 行的末尾，可否另起行？如果是强调这一事实，"他租房"可以用感叹号，而不是逗号。再有，"读他的"明明和下一行衔接，为何生生拗断？可以说，思考这些问题的过程就是理解诗歌的过程。依我的看法，这部分内容陈述的是多多的生活状态，去除引号，表明并非原话，只是用简练的语言高度概括了

---

① 王家新. 未来的记忆［M］. 南京：江苏凤凰文艺出版社，2021：225.

回答的内容。全部用逗号，是为了维持说话的流畅，表明陈述的平静。流畅中的滞涩和平静中的波澜让读者自己去体会。这显示了诗人极大的克制，情绪的克制，语言的克制。"读他的"放在上一行，既是跨行，也是断行，旨在突出下一行的内容。诗人知道多多喜爱茨维塔耶娃，特意在"一贫如洗的茨维塔耶娃"这一句中，让多多的人生和茨维塔耶娃的一贫如洗叠加在一起。可以说，茨维塔耶娃的一贫如洗是一面镜子，照出了多多没有退休金只能租房而居的贫穷和困窘。第 12 行中的省略号，表明多多不只是不卖画，其他方面也是如此。这就使得他的贫窘具有了主动的诗意。让人想起孔子赞美颜回的句子，箪食瓢饮陋巷的生活，"人不堪其忧，回也不改其乐。贤哉回也"。所以，诗人对多多的现状陈述不是带着悲悯，而是满怀崇敬。最后，来谈一谈诗歌中出现的三次句号，其实正是诗歌的三个层次。诗人辛笛的儿子在信中谈及父亲的诗《月夜之内外》时如此写道："这首诗还是他惯常的做法，即以句号把全诗分成三部分。"[①] 可见，句号在新诗中这样用是有先例的。

这首诗还有一个非常有意思的意象：白色邮轮。它一开始是在诗人视线之内的，但在结尾却不知所终。这不仅仅是陈述事实，也具有象征意味，白色邮轮和"多多"的形象重叠在一起。似乎是在传递一种思绪——洁身自好生活困窘的诗人多多正如邮轮一样渐行渐远，我们却不知道珍惜，说不定什么时候他就突然消失了，从我们的视线里，从这个世界的尽头。

总之，诗行作为诗歌区别于其他文体最鲜明的标志，不仅仅是一种形式，本身也属于诗歌内容的范畴。如果我们忽略诗行，而只是从内容上去理解诗歌，那诗歌与散文又有何区别呢？这也正是当下诗歌教学为人诟病的地方。衷心希望有越来越多的老师能够在教学中注意诗歌的分行，能够从分行入手去解读诗歌。或许有人会抱怨教材中的选诗大多中规中矩，这方面的特征并不是很突出。我觉得这个问题可以有两个解决的办法，一是努力去发现教材中的诗歌的诗行特点，虽然少，并不是没有，有的还很典型，如昌耀的《峨日朵雪峰之侧》。另外，就是可以选择这方面特点更鲜明的课外诗歌给学生阅读欣赏，以培养他们阅读诗歌的能力。

---

① 孙玉石.新诗十讲[M].北京：中信出版社，2016：374.

教案示例——

《峨日朵雪峰之侧》教学设计

上海市大同中学 宋士广

教学目标：

1. 初步感知诗歌的分行作用，能够利用分行来理解诗歌内涵。

2. 利用诗歌与散文、原稿和改稿的比较，引导学生深入思考。

3. 从诗歌中汲取青春那种不屈的精神和豁达坚韧的生命态度。

教学重点：

利用分行深入理解诗歌内涵。

教学过程：

环节一：检查作业，视角分析

问题：这首诗中的"我"是在什么位置观察周围的景物的？

从"我"这个孤悬半壁的攀登者角度去审视这些景物的。诗中的景物，我们大致可以从四个方向予以区分：峨日朵之雪是上面的，它美丽洁白，令人向往，但又不可触及。滑坡的石砾、棕色的深渊是下面的，它们充满危险，时时需要提防。山这边，是身为攀登者的"我"，用指关节死死扣住巨石的罅隙，不愿意坠落，努力维持着好不容易达到的这个高度。山那边，我看见的是彷徨许久的太阳，是引力无穷的山海，太阳正在跃入山海。

环节二：设置疑问，简介建行

问题：众所周知，分行是诗歌和其他文体区别开来的典型标志。阅读这首诗，谈一谈你对分行的印象和感受。

为了大家能够迅速地发现其中的秘密，我把这首诗歌的分行取消，使它变成了一篇短小的散文：

这是我此刻仅能征服的高度了：我小心地探出前额，惊异于薄壁那边朝向峨日朵之雪彷徨许久的太阳正决然跃入一片引力无穷的山海。石砾不时滑坡，引动棕色深渊自上而下的一派嚣鸣，像军旅远去的喊杀声。我的指关节铆钉一样揳入巨石的罅隙，血滴从撕裂的千层掌鞋底渗出。啊，真渴望有一只雄鹰或雪豹与我为伍。（可是）在锈蚀的岩壁，只有一只小得可怜的蜘蛛与我一同默享着这大自然赐予的快慰。

要点：跨行（诗的 3～6 行） 断行（14～15 行） 标点（第 1 行的冒号，

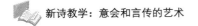
第6行的句号）

跨行可以使一个复杂的长句子层次变得更清晰，更富有节奏感。第3行突出位置，第4行突出太阳这个主要观察对象，第5行突出"跃入"这个动作，第6行突出"山海"。

结尾处的断行主要是为了突出"快慰"这种情绪和感觉。

第1行的冒号具有总领的效果，表明后面所写的一切都是建立在"这是我此刻仅能征服的高度了"这一前提和状态下的。第6行的句号，一方面是指上一个句子的结束，另一方面也是为了与后面的"石砾不时滑坡"形成一种呼应和对峙。说它呼应是因为"滑坡"也正是"引力无穷"的结果，说它对峙是因为"山海"是视觉上的壮丽，而"石砾不时滑坡"则是听觉上来自脚下的危险。这一静一动一远一近形成奇妙的对峙。"山海"是引力无穷的，它的引力大到连彷徨已久的"太阳"也决然跃入，而"石砾的滑坡"又强化了这一特点。那么，悬在半壁的"我"还能在这个高度上坚持多久呢？也许有那么一刹那，"我"也想像石砾一样滑坡，去和深渊战斗，去一路喊杀一路嚣鸣。然而，"我"还是本能地牢牢地将指关节"铆钉一样揳入巨石的罅隙"。"我"的脚用力支撑，所以才会有"血滴，从撕裂的千层掌鞋底渗出"。所以说，这个句号夹在这一行诗当中，将整首诗有机地联系在一起了。

【相关资料】

跨行则指的是一个完整的意思在一行中没有完全表达，需要在新的诗行中继续发展。它和"断行"的区别就在于一个"跨"字。突出的特征是将一个复杂的长句放在两行甚至更多诗行。而断行则多是短句。两者共同的特征都是将句子有意识地断开，使之产生一种节奏的停顿，从而突出某个成分，或构成一种独特的诗形，以引起人们的思考。

环节三：比较赏析，分析诗行

将诗歌1962年的初稿和改于1983年的定稿进行对比，寻找修改之处，讨论昌耀修改的原因。

要点：分行（拆分，重组） 修改词语（啸鸣→嚣鸣 默想→默享）

（策略：重点讨论前者，后者留为作业）

重组	原稿	朝向峨日朵之雪彷徨许久的太阳 正决然跃入一片引力无穷的山海。 石砾不时滑坡引动棕色深渊自上而下的一派啸鸣，
	改稿	朝向峨日朵之雪彷徨许久的太阳 正决然跃入一片引力无穷的 山海。石砾不时滑坡， 引动棕色深渊自上而下的一派罂鸣，
	原稿	像军旅远去的喊杀声。我的指关节铆钉一般 揳入巨石的罅隙。血滴，从脚下撕裂的鞋底渗出。
	改稿	像军旅远去的喊杀声。 我的指关节铆钉一样揳入巨石的罅隙。 血滴，从撕裂的千层掌鞋底渗出。
拆分	原稿	在锈蚀的岩壁但有一只小得可怜的蜘蛛
	改稿	在锈蚀的岩壁， 但有一只小得可怜的蜘蛛

修改的原因有二：一是形式上的，原诗最长的一行21字，最短的2字，落差有点太大。修改后，诗歌显得更整齐了。二是内容上的，原诗多是长诗行，节奏显得较为凝重滞涩，修改后显得更加富于变化，更符合情感的起伏。

环节四：查漏补缺，深化理解

1. 词语的修改

变"啸鸣"为"罂鸣"，删除"脚下"和"此刻"，增添"千层掌"，这些改动都是非常好的，体现了诗人的推敲斟酌之功。啸这种声音，无论人、物所发，共同的特征都是连贯而长，这一点和石砾滑坡的声音不相吻合，后者是杂乱的断续的。另外，啸在中国传统诗词意境中，意义往往是褒义的，晋隐士孙登长啸苏门山，"声若鸾凤"，陶渊明《归去来兮辞》中也有"登东皋以舒啸"的句子。至于"脚下"两字纯属多余，"此刻"与第一行重复，没必要；"千层掌"则暗示攀登的艰难。

然而，易"默想"为"默享"真的好吗？或许有人从"享"字上会赞美昌耀的思想境界，这就诗歌的改动史来看，是有道理的，因为从初稿到改定相隔了21年，昌耀从青年到中年，人生态度发生了变化，变得豁然。光阴将过去不美好的记忆层层滤去，于人生而言，确实是一种善意。然而，若就诗歌而言，这一修改变得圆滑了，少了初稿的愤懑和沉思。在此，我不想去探究昌耀当时经历了什么，默"想"之美正在于它没有明确自己的感受，感受其实从"快慰"二字已经可以看出。从作者的角度来看，"想"更具有深度和广度。从读者的角度来看，"想"更具启发，"享"字太实了。而且，"想"字似乎还具有另一种作用，即"大自然所赐予的"是"想"的内容，"快慰"则是"想"的结果。

2. 意象的选择

这首诗里有一个特别而鲜明的意象：小蜘蛛。

首先，我们看它生活的环境，"锈蚀的岩壁"，多苦啊！其次，看它的形体，"小得可怜"。再看它的境遇，"一只"，孤独而寂寞。

"我"看到它的第一反应肯定是不满意的，这个从他对"雄鹰"和"雪豹"的渴望中，从"但"这个字眼，都可以明显察觉到。但是，这是我在所处的位置上仅能找到的活物，在"我"悬停半壁的独特视角里，它是唯一的伙伴。理想很丰满，现实很骨感。这种落差常常令人痛苦不堪。

然而，为什么"我"最终接纳了它并与它一同默享这大自然赐予的快慰呢？注意，是"快慰"！快乐而欣慰！或许有的人从中看到了诗人的悲悯情怀，他同情这只小蜘蛛，同情那些艰难生存的小人物；或许有人认为小蜘蛛是另一个攀登者，诗人昌耀对它的努力奋斗充满了敬意；或许有人觉得这小蜘蛛和昌耀当时的处境很像，昌耀从它身上看到了自己的影子，要知道1962年26岁的昌耀因为被错划为"右派"正在青海省八宝农场接受劳动改造；或许有人觉得昌耀从蜘蛛身上获得了某种启迪，真正的强者是适者生存。这些说法都有道理。这就是诗歌的张力所在。

环节五：布置作业，迁移巩固

阅读昌耀《鹿的角枝》的原稿和修改稿，比较发现它们诗行上的变化，并思考这种变化背后的诗人的动机，写一篇不少于500字的分析文章。

附诗歌原稿及改稿——

峨日朵雪峰之侧

昌耀

这是我此刻仅能征服的高度了：

我小心地探出前额，

惊异于薄壁那边

朝向峨日朵之雪彷徨许久的太阳

正决然跃入一片引力无穷的

山海。石砾不时滑坡，

引动棕色深渊自上而下的一派嚣鸣，

像军旅远去的喊杀声。

我的指关节铆钉一样揳入巨石的罅隙。

血滴，从撕裂的千层掌鞋底渗出。

啊，真渴望有一只雄鹰或雪豹与我为伍。

在锈蚀的岩壁，

但有一只小得可怜的蜘蛛

与我一同默享着这大自然赐予的

快慰。

1983 年改定稿

峨日朵雪峰之侧

昌耀

这是我此刻仅能征服的高度了：

我小心地探出前额，

惊异于薄壁那边

朝向峨日朵之雪彷徨许久的太阳

正决然跃入一片引力无穷的山海。

石砾不时滑坡引动棕色深渊自上而下的一派啸鸣，

像军旅远去的喊杀声。我的指关节铆钉一般

揳入巨石的罅隙。血滴，从脚下撕裂的鞋底渗出。

啊，此刻真渴望有一只雄鹰或雪豹与我为伍。

在锈蚀的岩壁但有一只小得可怜的蜘蛛

与我一同默想着这大自然赐予的

快慰。

1962 年初稿

第六章　如何教学生写诗

第一节　观察与体验

经常有人问,怎样才能写好诗? 殊不知,我们常常强调"怎么写",其实"写什么"才是更前面、更重要的事情,如果不解决这个问题,那么"怎么写"了解得再好,也要成无源之水、无本之木。

要想解决"写什么"的问题,首先就需要培养观察力。关于观察力,我们在阐释"直觉和灵感"时有所提及,在此,再作一下补充。德国诗人诺瓦里斯认为,诗人的创作经过两个阶段:"第一步是内省——集中对自己进行考虑,但任何诗人如只停留在这里,就是半途而废,第二步是对外界作真正的观察——自觉地、冷静地对外界的观察。"[①] 这个论断是有一定的现实基础的。

学生常常抱怨自己的生活单调,两点一线,没什么好观察的。殊不知,生活中处处皆有变化,你所生活的地方就是他人向往的远方。即使是井底的青蛙,也有属于自己的一方天地,也有头上的一片天空,天空里不时有白云飘过,有鸟儿飞过。所以,我以为,与其抱怨天地小,不如多花些心思去观察感知自己的生活。举个例子来说,单就四季景物的变幻,小区、学校、上学途中,处处都可观察,再加上风雨晨昏的不同,也足够丰富多彩了。若论人物,父母、老师、同学、陌生的路人、公交车上的人物……又怎能算少呢? 引用一句名言来说,就是这世界上缺少的不是美,而是发现美的眼睛。总之,在提高写作水平的诸项能力培养中,观察能力是最重要的。它是写作素材的重要源头,也是情感积淀的有益酵母,是其他几种能力的首要基础。

---

① 郑敏. 诗的魅力——郑敏谈外国诗歌[M]. 北京:文津出版社,2020:39.

美学家宗白华在《流云小诗·诗》中写道：

啊！诗从何处寻？

在细雨下，点碎花花声！

在微风里，飘来流水音！

在蓝空天末，摇摇欲坠的孤星！①

诗的踪迹在大自然里，在喧嚣的市井里，在琐屑的日常生活里。因此，引导学生感受生活，观察生活，体验生活，是提高学生观察力的主导思想。

明白了观察能力的重要性，那么如何才能培养学生的观察能力呢？

第一，要投入充足的情感，尤其是要有万物皆有灵的意识和悲悯之情。刘勰在《文心雕龙》中说，"登山则情满于山，观海则意溢于海"，在观察客体时，作为主体的人要情满于心，意蕴于内。只有这样，才能发现观察对象的特点和美。法国作家福楼拜指导莫泊桑学习写作时，就十分着力于培养他的观察能力，显然是自己多年写作实践所获得的真知。

据说，当诗人里尔克还是艺术大师罗丹的秘书时，受罗丹嘱咐去植物园观察动物，终于写出了著名的诗歌《豹——在巴黎植物园》：

扫视栅栏的他的视线，

逐渐疲乏，直到视而不见；

他觉得栅栏似乎有千条，

千条栅栏外不存在世界。

老是在极小的圈子里打转，

健壮的跨步变成了步态蹒跚；

犹如力的舞蹈，环绕一个中心，

伟大的意志在那里口呆心惊。

当眼帘偶尔悄悄地撩起，

就有个影像进入到里面，

---

① 宗白华.流云小诗［M］.合肥：安徽教育出版社，2000：24.

通过四肢的紧张的安静，

将会要停留在他的心田。①

—— ［奥地利］里尔克《豹——在巴黎植物园》　陈敬容　译

在诗人的笔下，笼中豢养的豹子的"视线""打转""四肢"都得到了简洁准确的描写，然而若是仅仅如此，这首诗也难以成为佳作。正如郑敏所评论的那样，"然而除了客观的叙述之外，我们在字面上找不到诗人自己的感情。但哪一笔的描绘不是渗透着诗人的同情和叹惜呢？这就是物中有我的典型。如果没有里尔克的极端深刻的主观意识，这只客观的豹是不会存在于文学作品的宝库中，流传近百年至今，而且还会流传下去。当主客观相会，重叠时，不朽的作品就产生了"②。或许正是意识到观察的重要性，里尔克感慨道："我们应该终生期待和采集……然后或许可以写出十行好诗来。"③

第二，要充分调动各种感官。朱光潜在《谈美书简》中说，德国美学家将文学归入时间艺术的行列，"所涉及的感官较多"。确实如此，就拿极简易的一首《鸟鸣涧》来说，"人闲桂花落，夜静春山空。月出惊山鸟，时鸣春涧中"，就涉及视觉、听觉、嗅觉多种感觉。在这样观察的基础上完成的创作和速写，才会活泼有生机有诗意。英国诗人特德·休斯也说："仅仅是看它，摸它，嗅它，听它，把自己变成它。这样，词语才会像魔法一样活起来。"④ 他写的诗，很多都是建立在细腻的观察基础之上的。例如，他在谈论诗歌时，举了美国女诗人西奥多·罗斯克的《风暴》为例，诗歌的内容反映了诗人惊人的观察力，"好像在给一部关于那个场景的电影做笔记"⑤。这里，选取一个片段来予以分享。

这时，一道响雷炸裂，黑雨打在身上，

打在平顶房屋上，被风搅成一团一团，

击打墙壁，板条窗，

---

① 许自强，孙坤荣.世界名诗鉴赏大辞典［M］.北京：商务印书馆国际有限公司，2019：1153.

② 郑敏.诗的魅力——郑敏谈外国诗歌［M］.北京：文津出版社，2020：39.

③ 曹明海.语文新课程教学论［M］.济南：山东人民出版社，2007：252.

④ ［英］特德·休斯.诗的锻造：休斯写作教学手册［M］.杨铁军，译.南宁：广西人民出版社，2022：15.

⑤ ［英］特德·休斯.诗的锻造：休斯写作教学手册［M］.杨铁军，译.南宁：广西人民出版社，2022：40.

把最后的观望者赶入室内，让打牌的人

凑近纸牌和他们的耶稣之泪。①

　　　　——［美国］西奥多·罗斯克《风暴》（节选）　杨铁军　译

风暴来临时的那种狂风、暴雨、响雷，能够给读者提供足够的信息，让人仿佛身临其境。

第三，要注意观察的方法。根据实际的应用，观察方法主要有静态、动态、综合三种。静态观察，就是指观察对象处于静止状态的观察方法。根据观察者的情况，又可以分为定点静态观察和不定点静态观察。定点静态观察容易聚焦于观察对象的局部细节，但也易受到限制。不过，不定点静态观察有效弥补了这种不足。动态观察，是指观察对象处于运动状态的观察方法，也分为定点动态观察和不定点动态观察两种。前者如昌耀的《峨日朵雪峰之侧》，诗歌洋溢的那种壮阔意境和诗意张力，离不开孤悬半壁这一固定的观察点。后者如徐志摩的《再别康桥》，诗人移步换景，选取了典型的景物来抒发自己离别的哀愁。综合观察就是上述两种观察法的交错使用，例如美国诗人史蒂文斯的《看一只黑鸟的十三种方式》，虽然极富象征意味，充满隐喻和象征，但诗人的观察力也得到了淋漓尽致的体现。

于漪老师在执教"观灯展"作文讲评课时，"一次讲评围绕一个问题加以讨论，引导学生认识写作规律的做法"②，非常值得我们借鉴。下面，我们来欣赏一下于老师设计的板书：

立足点和观察点

区别 { 立足点：观察时所站的位置。
　　　　观察点：目光集中的地方。

联系 {
　　一动 { 立足点不动，观察点移动——定点换景。（按顺序表达）
　　一定 { 观察对象不动，立足点移动——定景换点。（讲究多角度）
　　二动——立足点、观察点都变化——移步换景（交代清楚立足点）
}

---

① ［英］特德·休斯.诗的锻造：休斯写作教学手册［M］.杨铁军，译.南宁：广西人民出版社，2022：42.

② 郑桂华.写作教学研究［M］.南宁：广西教育出版社，2019：123.

这板书的内容，其实就包含了观察的方法和技巧。通过这样的指导，学生就能够学会观察生活，进而写出有一定质量的文章或诗歌。

我们来欣赏一下诗人王家新的一首诗（节选），体会一下观察对于创作的重要性，也学习一下诗人强大的观察技巧。

已是晚上八点半，那就继续等——
我们需要一个冰箱，
在这新租的五层上的老宿舍楼里。
妻子在换窗帘，儿子在做奥数作业，
窗外的足球场比赛结束，灯光
和远去的喧哗声暗下来。
近十点，终于响起了敲门声——
送货的来了！原来只有一个人，谁知道
他是怎样背着那高大厚重的冰箱
一步步背上这没有电梯的五楼！
他的衣衫，还有他的声音，已被汗水浸透：
"对不起，送晚了，送头一家时
走错了路"，他边喘气边拆包装。
（孩子，你也出来看看吧，
这才是你要上的一课！）
电源接上，冰箱发出好听的嗡鸣声，
"喝杯水吧""不了，还有一家
要送"（但他边抹汗边瞄了一眼
我们的儿子），"啊，这么晚了？"
我和妻子站在门口，看他消失在楼道里。
我听着那重重的向下的脚步声。
在那一刻，我从未觉得楼道
有那么黑，那么长！
在那一刻，我甚至想追随他
奔下五楼——不，是奔下五十层楼，奔行

呼喊在这个世界和我们自己的黑暗里！①

　　这首诗之所以引起我的注意，是因为我也有过类似的经历、类似的情感。偌大的冰箱，为了搬运方便高效，都是一个人背着上楼的。当我第一次看到这情景时，和王家新一样感到震惊。我当时就想，这搬一趟冰箱能挣几个钱？将来得了腰椎病，恐怕多少钱也买不回健康了。诗歌一开始创造了一种悬念，通过对话和电话里的呼气声，一下子就把读者的兴趣调动起来了。接着，诗人开始观察家内家外，为后面的内容作了一些铺垫。结果，送冰箱的人来了，敲门，道歉，喘气，拆包装，接电源，对话，抹汗，下楼，在诗人笔下，送货人的形象变得更加丰富，而同时也洋溢着他对送货员的悲悯和同情。诗歌里有一行诗写得极巧，"他的衣衫，还有他的声音，已被汗水浸透："，巧妙地将声音和衣衫混为一谈，也被汗水湿透了。

　　万物静观皆自得，古诗观察注重自我精神的满足。对诗人来说，观察既要有"以我观物"的意识，也有"物中有我"的意识。"'我—物—我—物'循环不已的创作路子，也许还是符合诗的写作规律的。"②实际教学中，教师可以通过精心选择观察对象来予以实施。观察对象可以是图片，也可以是实物，可以是视频动画，也可以是真实情境。我曾将一块火山石带进教室，供学生观察，创作诗歌，为此还设计了一张观察表让学生填写。

观察表				
观察对象	火山石，采集于黑龙江省五大连池			
观察视角	内视角 / 外视角	全知视角 / 限知视角		仰视 / 俯视 / 平视
参与感官	视觉	听觉	触觉	嗅觉　味觉
记忆联想				
概括特征				

---

① 王家新.未来的记忆［M］.南京：江苏凤凰文艺出版社，2021：219-220.

② 郑敏.诗的魅力——郑敏谈外国诗歌［M］.北京：文津出版社，2020：42.

学生大都选择人的视角，拿在手中翻来覆去地观看，可谓是多角度、多感官观察。调动的感官主要是视觉、触觉，也有人去嗅的，但火山石没什么明显的气味。记忆联想最多是普通石头、岩浆，最后一起概括出这块火山石的主要特征：粗糙、毛涩、遍布气孔、状如山形，上面有许多波纹状凹痕，还有不少锐角。然而，和科学研究的观察、法官断案的观察不同，诗歌创作的观察固然也离不开专注和仔细，但更突出的是观察者的主观感受。学者和法官观察务求精确，于蛛丝马迹中寻找真相和线索，但诗歌更注重观察者（诗人）的个人感受，哪怕这感受有时是错觉。正如法国浪漫派大师热里柯画的赛马，虽然经由高速摄像机证明是错的，但无妨它是世界名画的事实。在这一点上，诗歌与绘画是相通的。

　　除了学会观察之外，还要注重自我的体验。《普通高中语文课程标准（2017年版 2020 年修订）》中明确要求："留心观察社会生活，丰富人生体验，有意识地积累写作素材，广泛搜集资料，根据表达需要和体裁要求，尝试多种文本的写作，相互交流。"可见，观察和体验对于写作是非常重要的。但二者还是有区别的，观察是以我观物，我与物之间有距离的，且多是以物为中心。而体验则是沉浸式的，我与物之间没有距离或者距离微乎其微，它的中心主要还是"我"。也可以说，观察是体验的前提，而体验则是观察的延续。如果说观察主要靠的是眼睛鼻子等感官，那么体验主要靠的是心灵的感悟。苏联教育家苏霍姆林斯基特别重视学生来自生活的直接体验的获得。他一周两次把学生带到野外去，并称之为"蓝天下的学校"。在生活中，我们也应该多让学生去体验生活，走出校门去市井社会体验，走出城市去田野田园体验。下面是两首学生写的小诗：

满怀期待地送你进入窖

只听见呼的一声

所有的期望爆炸成颗粒

他们说

太厚的壶最终都不会坚硬

我想是我的爱太过柔软

——朱虹霖《太燃要爆炸》

那绿色的小玩意儿

我将你置于手掌

捧上了

对于农田的无限向往

我从来没有如你这般

亲近过土壤

我穿越了水泥森林

你跳跃过阵阵麦浪

相约在金色的收获季节

共同享受着泥土的芬芳

——马珺宇《手上的小蚂蚱》

一首诗来自学生学工时制陶的体验，辛苦制成的陶最终在烧制时因为太厚而爆裂，学生失望之余，思考是因为"我的爱太过柔软"，一下子将诗歌的情意加重了。而《手上的小蚂蚱》来自学生学农的体验，劳作时他们发现了小蚂蚱，拿在手里玩，这难得的体验使得学生的诗情自然流溢。古人为什么要"行万里路"，看重的就是体验。躲在书斋里苦觅灵感，不如到外面走一走转一转。体验有了，诗自然就会找上门来。

其实，即使不出校门，也可以让学生观察和体验的。下面是一个写作教学的片段，虽然不是教学生写诗，但已经触发了诗情：

校园里万物争春，百花绽放。在图书馆前的人行长廊上，一根根葡萄藤静静地卧在长廊的藤架上，藤节处还看不到一丝绿意。一位老师上课先说："同学们，你们今天从图书馆前走过，在那里看见过什么景物呢？在这些景物中，哪个曾令你驻足思考、感悟生活呢？"这一问，同学们感到真的无话可说。于是教师就组织学生实地去观察一番，在活动中引导学生去仔细考察，去争论不休，"葡萄藤究竟是死了，还是活着？"突然，一位学生惊奇地喊道："活着，看这里有嫩黄的苞芽。"另一位学生也自言自语感叹道："真是，形似枯竭，藤里却流淌着生命的血液。"此时，学生的情感已经触发，思维已经启动，随时都可能闪现出感悟生活的思维火花。①

---

① 曹明海.语文新课程教学论［M］.济南：山东人民出版社，2007：259.

需要提醒的是，很多体验并不都是一次完成的，是可以不断变化积累的。诗情有时就孕育在这变化积累之中。例如，我曾经陪孩子一起做过树叶书签，但是一次成功了，一次却无论如何也不能成功，叶脉很容易就断掉了。为什么？我突然明白了。因为第一次用的叶子是秋天的叶子，叶脉比较健壮结实，而第二次用的叶子是春天的叶子，尽管表面上看不出什么差异，但叶脉却比较脆弱稚嫩。于是，我写了一首《春天的叶子做不了书签》的诗：

　　　　将嫩绿的叶肉全部搬迁

　　　　只剩下空荡荡的街道

　　　　一张叶脉书签

　　　　谷歌地图上看不见

　　　　试管刷领着女儿的手

　　　　一点点去探索那些纠缠的弦

　　　　崩的一声，弦断了

　　　　音乐停止，女儿的快乐消失

　　　　不像一只虫，小心地啃咬

　　　　啃咬出一片光明

　　　　一张叶脉书签要骨骼清醒

　　　　皮肉分离，逐流水而逝

　　　　光阴还未来得及规划那些筋脉

　　　　风霜还未来得及将它们加固

　　　　年轻的血管奔腾着生命力

　　　　并不结实，不如一根麻绳

　　　　春天的叶子做不了书签

　　画家石涛主张"搜尽奇峰打草稿"，强调的是观察的重要性，一个"尽"字表明观察的广泛，一个"搜"字表明观察的认真。可见，体验并非一般的经历，而是包含着情意和思考的活动。有鉴于此，我们在教学生观察和体验时，一方面是组织活动、创设情境，以诱发学生的观察和体验，另一方面则是珍视积累、提供契机，以唤醒学生的观察和体验。只有这样，我们才能够让学生在动笔之先，拥有足够的素材和勃发的灵感。或许有老师会抱怨课堂教学的空间有限，但关键是要具备这种意识。有了引导学生观察和体验的意识，我们在课堂上可以通过图片、实物、视频等方式来设置观察对象，也可以通过对话、模拟等方式来创设情境。课堂外，我们可以通过布置作业，来引导学生去观察、体验生活。

令人欣喜的是，有许多老师已经通过自己的实践来引导学生观察和体验，并取得了可喜的成果。例如，某位老师如此写道：

> 在开展语文课外活动时，我带着学生去参观，浏览，采访，看电影，或慰问老人，打扫街道，擦洗栏杆，植树造林，以及夏令营，野餐。甚至平时生活，不光引导学生写新闻、通讯等记叙文体，有时也让学生写小诗。比如《雨后春晨》："细雨叮咚敲夜窗，清晨十里杏花香。未及谋得春风面，已遣翠微绿草堂。"《夜听蛙鸣》："读罢朦胧渐梦乡，蛙鸣隐隐入耳房。人间春来第一唱，伫立窗前月茫茫。"这样十几首、几十首往墙上一贴或一印刷，就是一期吸引力特别强，师生争相阅读的诗歌专栏。当然，不少学生写了长短不拘的新诗。如《冬天，星星少了》：
>
> 冬天，星星少了。
>
> 是不是放了寒假？
>
> 是不是怕冷，不敢到银河里洗澡？
>
> 要不就是躲在家里，在一块玩藏猫猫？
>
> 也许，干脆钻进被窝，早早地依偎在妈妈怀抱。[1]

在诗歌写作教学中，无论是教师还是学生，始终要强调自己的观察和体验，把它们当作自己写作的第一主题。失去了观察和体验的写作和写作教学，极可能沦为虚假的表达和表演。

第二节　想象与联想

希腊神话中的伊卡洛斯戴着人造的翅膀飞越大海，因为他太向往太阳，越飞越高，最终阳光融化了他翅膀上的蜡，伊卡洛斯掉入大海死去。

如果伊卡洛斯是中国人，他大概率能逃出生天，因为中国人不大会被浪

---

[1] 张辉. 诗歌写作教学初探[J]. 作文教学研究，2007（05）：92-93.

漫冲昏天脑，往往会兼顾务实，在大海和太阳之间选择一条合适的路线飞行。或许正是因为如此，中国诗史上关注现实的优秀诗歌很多，而讴歌"太阳"、想象瑰奇、浪漫飘逸的佳作并不太多。

申小龙在《语文的阐释》中对中国人的思维特点作了这样的分析："以直觉、顿悟和启示性见长，运思的方向指向内心，指向现世人生，注重经验体验和情感感受，不讲究分门别类的精确，而讲究融会贯通的全面，尽管时常模棱两可，'亦此亦彼'，但具有极强的可塑性、伸张性和丰富的联想余地。"[①]

这段话告诉我们，虽然中国人注重体验，但头脑中并不缺少想象和联想的插口。因此，我们所要做的就是尽可能地打开这些插口，将学生头脑中那些不安分的精灵释放出来。如何引导学生抓住刹那的灵感，并将一些飘忽的感受固化、诗化，从而转化为一首或短或长的诗呢？我认为，基于学生的独特体验，通过联想将特有的感受陌生化、合理化与精致化，是进行诗歌写作教学的起手式。

诗人肖水认为，写诗就是从精神性日常出发，达至个体生命体验、思索、格局的显现。[②] 所谓精神性日常，既包含实实在在的"日常"，也包含有点虚无的"精神性"。前者指向观察和体验，后者则需要我们运用想象和联想。就像《哈利·波特》中英国国王十字火车站的九又四分之三站台，如果只是用现实的眼光观察它，它不过是两个站台中间的一个立柱而已。但如果有了想象，它就是通往霍格沃茨专列的入口。写诗，既要能够注重日常生活，从中汲取素材积累体验，也要善于想象和联想，能够将自己从现实拔离，瞬移到任何一个时空。

生活中，想象和联想的训练无处不在。旧书扉页上的赠言，让我们联想到一段友谊；欣赏音乐时，我们的脑海中会浮起一些形状和画面；投出篮球时，我们会联想到某个球星的动作；一个突如其来的电话，也许会将我们拽到过去的某个时刻。然而，在课堂，我们该如何才能训练学生的想象和联想呢？根据我的实践和研究，常用的行之有效的策略主要有以下几种：

第一，看图促想。

选择一张照片、漫画、插图等，让学生观察，或发挥想象，或展开联想，

① 申小龙.语文的阐释[M].沈阳：辽宁教育出版社，1991：466.
② 冯现冬.论唤醒教育在诗歌写作教学中的运用[J].中国创意写作研究，2021（01）：85.

进而创作诗歌。图画不宜太过复杂，要简单而富有意蕴，给学生提供想象的空间和联想的触点。因为图画属于视觉范畴，需要学生认真观察其中的构图、要素、关系、留白，进而发现其独特的美和内涵。通过想象，静态的图画可以"动"起来，线条、色块和形状刺激人的思维，诗人可以思接千载、神游万里。

　　例如，我曾经将一幅剪纸画呈现给学生观察，让他们发挥想象，运用联想写几行小诗。剪纸画共两张，一张是黑色背景上的白色小熊脑袋，另一张则正好与之相反，是白色背景上的黑色小熊脑袋。两者相合即为一张黑纸。

　　一个学生写的小诗就蛮有想法：

你蘸取了一抹浓浓的夜色

画下了一只黑色小熊

向着天空投去愤怒的眼睛

我循着你的目光　　发现

你收获过的田野

正长出大片大片的黎明

——王怡青《黑熊和白熊》

"熊"的形象被保留并被突出，"愤怒的眼睛"使小熊具有了感情和生命力。黑色背景被想象为"黑夜"，白色被想象为"黎明"，剪纸的过程和"收获"相似。难得的是，整首诗不仅写出了剪纸的特征，还在二者的呼应和对比中，传递了一种积极刚健的人生态度。

　　还有一次，我在试卷中设计了一道看图写诗的微写作任务。图片选的是小林漫画，有一"胖"一"瘦"两个鱼缸，分别盛有一胖一瘦两条鱼儿，相背而游，憧憬着缸外的世界。小林原配的句子是："小朋友才会问，为什么我们不是好朋友？我们成年人，都是默契地相互疏远。"将

小林漫画

句子抹去，只呈现图画，让学生观察，然后写一首 10 行左右的小诗。

　　有两位同学是这样写的：

瘦鱼儿在细长的鱼缸里吐着泡儿，

它睁圆双眼，

独自欣赏着缤纷的外界。

胖鱼儿在宽硕的鱼缸里吐着泡儿，

它仰高头颅，

独自渴求着精彩的外界。

各自吐露遗憾，

却于冷水中掩埋。

其实它们都傻傻地忘却，

回头向里，转身看看，

它们便将遇见，

在冷清的无尽的牢笼中，

粉饰彼此的孤单。

——王雨晴《外与里》

我是条小鱼。

人们总爱用各种的罐头装我们。

我想我的爸爸、妈妈，

他们就装在黄的铝罐头里带走了。

我想我的兄弟、姐妹，

他们跟我一样，

被扔进几个玻璃罐头里分开了。

我听见有人争辩：那是鱼缸！

错！

让我告诉你——

这些罐头，黄的，透明的，其他的，

有我们的，就是鱼罐头。

——孙乐彦《鱼罐头》

《外与里》由鱼而人，运用了相似联想，写出人与人之间的疏离和孤独，和小林的原意基本相符，但表述更富诗意和哲理，尤其是末两句，将鱼缸喻为牢笼，"粉饰彼此的孤单"一下子将无形的孤单变得具体而凝重了。

《鱼罐头》的作者则极富创造性，将鱼缸想象成罐头，突出其密封性，站在小鱼的视角，通过延伸想象有其他的鱼儿不断被带走，有力地鞭挞了人类为中心对其他动物的戕害。

相比较前面的例子，这次写作的时间限制较为紧迫，是在应试的环境下完成的。因而，学生能够写出如此好诗实属不易。当然，我们不能指望所有的学生都能如此，但这些好诗起码证明了一点，通过图画刺激学生的想象联想进而促使他们写诗的方法是有效的。

第二，借物促想。

诗缘情，情缘物。相比于图画，具体的物品具有立体的优势，具有更好的触感，可以给学生提供更多观察的角度，从而收获更多的想象和联想原点，具有更好的锚定经验的作用。教师可以选取小雕塑、摆件，或者石头、树干，甚或创设一种观察物，如当年作文竞赛时所出的题目：将一张白纸揉成团丢进一个装满水的水杯里，让学生观察并写作。总之，所找的物要有较为鲜明的特点，能承载较为突出的意义。

如上一节"观察与体验"中所述，我曾将一块火山石带到教室让学生观察。观察好了以后呢？还要善于运用想象和联想，进一步挖掘它的诗意。上课时，学生各抒己见很是热闹：

"一般石头都是光滑的，有的还有花纹。哪像它，黑不溜秋的，还都是刺。"

"因为它是火山石呀！它曾经是炽热的岩浆。你看它的刺，并不都是直的，有些还有点倒卷，我猜那是岩浆喷流的痕迹。"

有位学生的感受很特别，说它"像个刺猬"。

我就追问他：为什么是刺猬？榴莲不行吗？

"榴莲不行，味道不对。这块石头没有气味。其实，我还想过豪猪来着，但这石头上的刺没那么长，还是刺猬合适。"

于是，我建议他以刺猬为喻写一首小诗，写出这块火山石给他最强烈的感受，并提示要符合"刺猬"和"火山石"的特点，注意把二者结合起来。最终，学生交上来这样一首小诗：

> 你是浑身长满硬刺的刺猬
>
> 从滚烫的地底爬出
>
> 漂泊到我的手中
>
> ——潘韵仪《火山石》

教学中，石头上的"刺"成为学生情绪的触点和起点，锚定这一最特别、最具有冲击力的感觉，展开想象和联想，寻找最贴切的语句表达。一般来说，诗歌就写成了。

第三，碰撞促想。

上海有一家"失恋博物馆"，墙上贴着几首剪贴字句拼成的诗：

其一

我　会　在　失眠
的　夜晚，想起
月　亮　那　片
药。

其二

浪漫　的　能力在　衰退，眼里　的
星辰湖海　在　无法喘息的　生活　里
渐渐黯淡，　我　不再　执着于
摘到　诗中　的　星星，
只求自己　抓紧　最后的　稻草

这引起了我的注意，根据其断开的痕迹和加着重点的词语来看，我觉是这可能是一种用诗歌来疗愈情感创伤的方法。或许是给出一些关键词（黑体加点的字），这些字也可能是作者自己写下的。然后再根据自己的情感需求自由组合，最后成为一首诗。

两首诗都很有特点，第一首将月亮比作失眠药，这联想能力不可谓不奇妙。更妙的是，圆月象征团圆，这就构成了一种反讽，从而使诗歌具有了一定的张力。第二首诗将"星辰湖海"和"黯淡"组合在一起，将"星星"和"稻草"形成对比，很好地传达了那种虽然遭遇爱情创伤但依然顽强生活的情感。

这种方法的好处，就是在有限的词语选择里通过词与词的自由碰撞使得思维火花到处闪烁，从而迸发偶然的灵感，创造出新奇的语言和诗意。疫情期间，一位学生研究连花清瘟胶囊说明书，竟从上面剪下来一首诗，斩获学校诗歌节短诗头名。为了更好地反映原貌，我将剪贴的独立单位用方框标出，诗是这样写的——

童	心	如	黄	金	
宜在	头痛	心	酸	期间	服用
请	放在	成人	不能接触的地方		

——姚心远《童心》

这首小诗明的比喻是将童心比作黄金，暗喻的却是药，头痛心酸传递出少年成长过程中的痛苦，此时重拾童心将会缓解。但最末一句，又透出对成人世界的不信任乃至敌视。短短三行，将一颗充满成长烦恼的少年心刻画得淋漓尽致。

这有点像古人的"集句"诗，通过将别人的诗句重新组合来表达自己的意思。只不过，"句子"变成了"词语"。在教学时，我们既可以给出关键词让学生适当添加字词，也可以给出一定容量的文本让学生自行剪贴出字词拼贴成诗，前一种相对自由，后一种更有挑战。无论哪一种，学生们通过尝试"写"诗，然后再行比较，就能充分感受到字词组合的魅力，体验到想象和联想对于写作的重要性。

这种教学设计最大的优点就是将知识游戏化，寓教于乐，效果明显。就像小时候玩的游戏，一个人写人物，一个人写时间，一个人写地点，一个人写事情，凑在一起就会产生奇妙的组合效果，例如：一个早上，孙悟空在火箭上玩陀螺。通过这样的游戏，学生在笑声中掌握了叙事的基本要素。

第四，定向促想。

教学中通过指定学生运用某一方法进行创作，如虚实转化、相反联想等，从而训练提高学生的想象和联想能力，这就是定向促想。例如，我曾设定"柔软"这一抽象的主题，让学生从相似、相关、相反的角度，展开想象和联想，将想到的意象填入表格中。

虚实转化想象训练			
关键词	柔软		
	相似联想	相关联想	相反联想
你想到了什么	棉花糖、体操表演、橡皮泥、面团、章鱼、藤蔓、真皮沙发、被子、充气垫……	卖棉花糖的小贩、体操表演的彩带、幼儿园老师、拉面店的伙计、水产市场、某次山地旅行、妈妈的爱、消防演习……	铁器、石头、坦克、钻石、水泥路面、铁头功、手机掉地上没摔坏、牛角……

有一位学生利用这种方法，创作了一首诗，还斩获校园诗歌节大奖：

手机膜上的小气泡是多余的

白衬衫内侧的水笔印是多余的

眉尾眼角的痣是多余的

被风扬起的碎刘海是多余的

水杯未满的空间是多余的

运动后的急喘是多余的

错误是多余的

不完美是多余的

这样想来

我好像也是多余的了

不

这样的想法也是多余的

——朱嘉薇《多余的》

为消除学生的畏难情绪，增加课堂的趣味性，教师还可以采取多人合作的策略，学古人联句写诗。这种定向想象的方法，因为指向明确，内容聚焦，容易激发学生想象。而且学生之间相互交流碰撞，感受更强烈，领会更透彻。

想象和联想是诗歌的两翼，受它们的驱使，诗人就可以在创作之前做到胸有成竹。不过，"画家想象竹子时，要连着线条、颜色、阴影一起想；诗人想象竹子时，要连着字的声音和意义一起想；音乐家想象竹子时，要连着声调、节奏一起想，其余类推。……由创造到传达，并非是由甲阶段走向一个与甲完全不同的而且不相干的乙阶段。创造一个意象时，对于如何将该意象传达出去，心里已经多少有些眉目了"[①]。不仅是意象，整首诗的形式也在落笔前借想象和联想呈现出去。而且，想象和联想不仅是创作前的准备，它还贯穿于你创作的全过程，使灵感像火星一样迸发出来。

---

① 朱光潜.朱光潜美学文集（第一卷）[M].上海：上海文艺出版社，1982：169.

第三节　范式与自由

诗歌作为文学艺术的"明星"，对于培育核心素养具有重要作用。然而现有的语文课程中，没有明确而具体的关于新诗写作的课程内容。统编《普通高中教科书　语文》（必修）（上册）单元任务中虽有创作诗歌的要求，但没有适切的指导。不少教师认为，诗歌是直觉的产物，不可教；或简单呈现诗歌样例，寄希望于学生个人的参悟，具体指导过程几乎是空白。例如，有老师教学生写诗的环节是：朗读—鼓励—命题—写作—交流。指导过程基本属于空白。有些教师即使有指导，也多停留在对个别词句的修饰上。这些原因导致学生写的诗近乎散文的"分行排列"，新诗特质很难体现。其实，不少学生是喜欢写诗的，也能够写出不错的诗歌，但写诗总体处于朦胧阶段，只是凭感觉写——既不清楚自己何以写出好诗，也无法言说自己的创作经验，更不必说使之明晰化、知识化，因此无法复制成功，更无法对其他学生提供帮助。

新诗写作在教学中"叫好不叫座"的主要原因在于：写作知识陈旧，缺少过程指导。过度的自由，略等于放羊式，或者说看天吃饭。因此，有必要强调提供范式的指导，追求一种范式指导下的自由，自由写作之上的范式。

关于范式，其源起和分类有很多种，我们无意纠缠。只就语文教学范式谈一谈自己的理解，"我们可以把语文教学范式界定为：语文教师群体对语文教学共同的认知、公认价值和常用技术的总和。它所代表的是一种思想观念、意识层面的东西，而不是具体的事物，但它通过具体的模式、方法、行为等得以体现"①。

具体到新诗教学范式，共同的认知和公认价值目前还难以达成，但常用技术的共识，具体的模式、方法和行为还是有许多共性的，可以称之为范式。这就是我们在这里重点讨论的内容。根据我的教学经验，适当结合一些同行的做法，在此简要梳理几点。

---

① 曹明海.语文新课程教学论［M］.济南：山东人民出版社，2007：137.

首先，教师要炼制核心知识，唤醒学生诗化人生体验。

诗有别材。诗歌作为文学疆域中极为特别的文类，有其特有的创作逻辑和思维方式，呈现出迥异于其他文类的言语特质。例如新诗运用"逻辑中断"方式，打乱句与句之间的传递链条，"时空、因果、主客等逻辑关系不明确、意义比较含糊蒙眬"[1]。再如新诗善于组织"不合常情"的语汇，以"陌生化"方式迫使人们阅读时抛开字典意义，而产生新的语义理解。什克洛夫斯基认为，诗歌语言是"歪斜""别扭""弯曲"了的语言[2]。因此，教师指导学生创作新诗，必须炼制合宜的新诗写作知识，并通过有效的教学策略，帮助学生进行创作，以培养创造力。

要唤醒学生的诗性意识，指导他们组织、修饰体验。教育绝非简单的文化传递，更要唤醒学生的美好人格和丰富内心，这是教育的核心所在。教师可以通过诗歌欣赏、图画刺激、实物展示、情境创设等方式，唤醒学生的诗情，采取命题、半命题或自由命题等方式，引导他们创作诗歌。

邓彤老师特别强调，教师一定要想清楚教学生写诗的目的。

> 为什么要求学生创作新诗？写作新诗，其目的主要不是让中学生像酸文人那样叽叽歪歪说一番自以为精致俏皮的套话，不是让学生能够巧妙地诌一通押韵分行的文字，而是希望学生借助诗歌表达方式，深化自己对人生、对生命的体验，并能够有创意地传达这样的体验。[3]

如前所述，单一的体验通过锚定动情点就可以完成诗歌创作；而多种体验则需要教给学生筛选、组织、修饰这些体验的知识。我经常以"诗歌意象的叠加与重组""诗歌情意脉络的编织与变奏"等知识指导学生创作较为复杂的诗歌。例如一名学生听到邻居教育孩子的声音，创作了《亲爱的小孩》：

床前明月光

Do Re Mi Fa So

一四得四，二四得六

① 葛兆光.汉字的魔方——中国古典诗歌语言学札记[M].上海：复旦大学出版社，2008：58.
② 葛兆光.汉字的魔方——中国古典诗歌语言学札记[M].上海：复旦大学出版社，2008：65.
③ 邓彤.细分学习任务　优化写作教学——以新诗写作教学为例[J].中学语文教学，2018（10）：44.

好像……又错啦！

亲爱的小孩

夜已深，就请快快进入梦乡

梦里的维尼小熊

手捧蜂蜜来到你的身旁

说声好久不见

祝你快乐时常

——王竞熠《亲爱的小孩》

诗的第一节，用"此时"发生的三个印象叠加集中表现孩子背古诗、弹琴、练习乘法口诀的情境，"好像……又错啦"似家长的责备，也似孩子的自责。诗的第二节，作者虚构了一个童话般的梦境作为祝福送给邻居小孩，使二者建立连线。一实一虚，传递出作者对邻居小孩的同情与关切。然而，仔细品读，我们会发现诗句之下蕴含着一个记忆的点，即作者的童年经历。这种相似的体验，使共情具有了基础。

另外，对诗歌的语言也要有一定的范式意识，不能无节制地自由。而且，良好的诗性语言一定来自于诗性的内心直觉。那些陌生的、意外的语言，也要自然涌出，不能够故作深沉，刻意求奇。正如有人指出的那样：

　　写诗就是用朴实的语言去描述最有意味的感觉，这就要求诗歌的词句要有隐喻、有意味，同时，这种有意味的感觉要有创意、要出奇、要冒险。因此，诗歌对语言的要求，一是准确，二是冒险，三是有意味。比如陈先发的《兰若寺》："蝴蝶只活在蝴蝶这个词中／才是最安全的／世上并无恒常不易的表达／连一阵风过，也说不明白／哪怕是建在一粒灰尘／之内的寺院也会倒塌／蝴蝶时而一动不动／活着，比飞起来有更少的笔画。"每一诗句，都体现了诗人非庸常的创意思维。[1]

其次，教师要提供任务支架，强化指导学生创作修改的过程。

一样物品、一幅图画、某个情境、某件事情引发了观者的某种情绪，进而产生灵感，这是诗歌创作的来源之一。但当经验积累多了，如何觅得彼此之

---

① 冯现冬.论唤醒教育在诗歌写作教学中的运用［J］.中国创意写作研究，2021（01）：84-85.

间的连线，将是指导学生创作诗歌的重要手段。从某一个点出发，去寻找另一个点，让它们叠加交融，彼此交织碰撞，虚实的空间打破了，动静的平衡动摇了，美丑的内涵改变了，黑白的界限模糊了。此时，灵感孕育，诗神降临。因此，教学中，我注意引导学生梳理此与彼之间的连线，并尝试勾勒出诗歌构思的路径，将内隐的构思过程外显化，助力学生洞察诗歌的奥妙。如何才能达到上述神奇的创作境界呢？邓彤老师就巧妙地运用了"比喻发生器"，借助九连环的视觉呈现，引导学生从常规比喻、远处设喻、顺承和陡转三个环节层层深入，引导学生从外到内直击诗歌的情感内核，并体验了比喻在诗歌中的独特运用。

在教学中，我通过设计各类学习任务，内嵌学习支架，帮助学生走完新诗创作的全过程。例如在教完统编《普通高中教科书 语文》（必修）（上册）第一单元的诗歌后，我依据单元学习任务要求设计了一节新诗写作指导课，主要环节如下：

1. 请用一个词来形容"青春"的特点。

2. 请选择最能表达"青春"特点的意象。

3. 围绕你认为的关于青春的"特点"和"意象"，从生活中寻找一个真实情境，写十行左右的诗歌。

4. 尝试从过去或未来寻找一个与青春有关的情境，可以是自己的，也可以是他人的，想办法让它与你的"青春"发生联系，看看有没有新的认识和想法，然后修改你的诗歌。

5. 去掉你的诗歌中的"青春"这个词语，看看剩余的内容还能不能传递"青春"主题。再次修改你的诗歌。

以下是两首较有代表性的学生习作：

竖着天花板的黑点，

看着风扇叶在转圈，

想着明天的默写，

奋斗的目标何时浮现？

也许生活就是这样，

给了我们太多希望，

却又一层层把它们剥掉，
留给我们无奈的倔强。

当承载着拼搏与记忆的车辆，
终于驶到一座叫毕业的山旁，
真的会出现一条路吗？
这似是一个叫作青春的迷惘。

——沈欣怡《我们的世界》

记不清哪一年的哪一天，
一条属于梧桐树的小街；
一张渐渐模糊不清的车票，
定格了我与父母的青春。

透过树叶间望着天，
我又回到那陌生的老街；
攥着一张褪了色的照片，
与青春渐行渐远。

——韦云旸《树叶里的青春》

《我们的世界》将眼前的努力拼搏与将来毕业时的情景联系起来，虚实交织中又暗含对比，表达了青春共同的迷惘。《树叶里的青春》巧妙地借"梧桐树叶"这一意象，将现实和回忆勾连，将父母的青春和自己的青春予以叠加对比，透露出成长的烦恼。诗歌中并没有给出答案，而是故意留白，启发读者思考。美中不足的是，"青春"主题并不是很鲜明。

当然，大多数学生的创作并不能一下子成功，还需要修改。老师要根据自己的任务和要求设计评价标准表，通过自评、他评等形式来找到可以修改提高的地方，从而给学生指明方向，使修改更有质量。例如，下面两份表格，一份是有任务要求的诗歌创作评价表，一份是自由创作的评价表。

改写诗歌评价量表 [1]

评价项目	评价标准			自评	他评
	优 （9～10分）	良 （7～8分）	合格 （5～6分）		
分行	能合理分行、分节，句式整齐，节奏感强，音韵和谐	能分行、分节，句式不整齐，具有节奏感，音韵较和谐	不能合理断开句子分行书写		
情感	能紧扣"荷叶""红莲"两个意象，运用富有表现力、凝练的词语表达作者内心的情感	能围绕主题表达作者内心的情感	脱离主题，不能体现作者内心的情感		

评价任务：将冰心的《荷叶·母亲》改写成诗歌，这既能帮助学生巩固对分行、节奏、韵律等诗歌形式的认知，还能让学生初步感受诗歌创作的魅力与快乐。

自由创作评价量表 [2]

评价项目	评价标准			自评	他评
	优 （9～10分）	良 （7～8分）	合格 （5～6分）		
意象	能选用四个以上的意象，诗歌中出现的人、景、物能体现主题，凸显情感	能选用两到三个意象来表达情感	意象运用单一，未能体现创作情感，或无意象		
描述意象的语言	语言生动形象，用词贴切、凝练，有两处或两处以上体现意象表达"陌生化"特点，句式灵活	语言较为生动形象，用词恰当，有一处体现意象表达"陌生化"特点，句式有变化	语言普通，不能体现意象表达"陌生化"特点		

[1] 何苑怡.让诗歌写作真实发生——新课标视域下的诗歌写作教学探究［J］.语文建设，2022（17）：74.
[2] 何苑怡.让诗歌写作真实发生——新课标视域下的诗歌写作教学探究［J］.语文建设，2022（17）：74.

或许，诗歌的评价本身是件很复杂的事情，很难用统一的标准来衡量，但设置标准对于学习写作的人来讲，具有指导意义，比起无序的摸索效果要更好。当然，这标准的设置要建立在对新诗的充分了解的基础之上，要经过师生的共同研究，只有这样，才能将其负面影响降至最低，从而给学生创作和修改提供约束的堤岸、前进的方向，使他们的诗情奔涌而不至泛滥。

最后，老师要重构教学范式，帮助学生优化诗意空间。

以往新诗写作教学基本上照搬传统写作教学，其模式是线性的，基本依照"命题—范文"这一流程展开教学。事实证明，这样的方式只能使学生望诗兴叹甚至远离诗歌。我在长期实验的基础上，将上述模式优化为"情感内容—抒情主题—知识引领"三维立体教学模式。具体阐释如下。

一是开发情感内容。诗歌写作以情为本，需要根据写作者情感体验的复杂程度构建一个"点、线、面、体"的情感框架，当情感体验由单一到略多时，我采用将情绪的触点和经验连线的方式进行指导。当情感体验高度复杂时，则帮助学生设法形成思维的网络。

例如，有学生对自己的姑姑感情非常深，很希望写一首诗表达自己的这份情意，却不知从何写起。我指导她先梳理自己的情感，为写作准备内容材料，并帮助她设计了如下思维放射图。

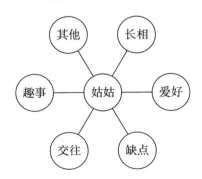

在此基础上，我让她把头脑里与姑姑有关的记忆沿着不同的角度辐射开来，并做好记录。记录时不要粉饰编造，要尊重事实；不要刻意挖掘，要自然发生；不贪大求全，要具体鲜明。

二是提炼情感主题。当情感在内心奔突，我引导学生梳理芜杂的情感，为它们标上序号，然后再从中确定一个情感主线来统领丰富的内容。比如对上述那位学生，我建议她用"爱和思念"作为抒情关键词来创作。于是，她写出了如下诗句：

小时候她曾让我为她写诗
我张着乌黑的双眸看着她，认真道：
"宽阔的塌鼻头，密集的乌雀斑。"
她瞪我一眼，笑嚷着要打我

她是父亲的姐姐
我们的相见，多在春节
我记得的
那天津人特有的热情
那大包小包的家乡特产
那响亮到水泥都会战栗的笑声
以及那多次刻意的，略用力的呼吸
她有哮喘，还有一些我说不上名字的疾病
她用那些色彩缤纷、大小不一的药罐吓唬我
"注意健康！"
注意健康

她总是在生气
为我初夏吃冰激凌生气
为我盛夏大汗淋漓后打开空调生气
为我秋天开着窗户闻桂花香入睡生气
为我严冬追求美丽不戴围巾出门生气
我不懂
她为什么总是在生气

也许某日她真的被我气走了
连春节也不出现在门镜中了
可我又听到
她的名字出现在奶奶喃喃的私语中

可我又看到

她的名字出现在父亲企图遮掩的病历上

——高语嘉《为她写诗》

三是核心知识引领。这首诗写得真挚感人，美中不足的是写得太实，少了几分灵动。为了解决这一问题，我推荐艾青《大堰河——我的保姆》和《雪落在中国的土地上》两首诗歌作为范文，并从中提取核心知识引导她修改诗歌。

我启发她："新诗写作不宜过于写实，需要创设一个特定的意象与情感呼应，比如艾青用'雪'写自己的保姆大堰河。这可以将我们的思维向虚处延伸，丰富我们的诗歌内容。你能否找一个意象将你对姑姑的情感安放其中呢？"于是，她选择"水"这个意象，将姑姑比喻为一滴水。

也许某日她真的被我气走了

连春节也不出现在门镜中了

她是一滴水，闪着尊严的微光

可我又听到

她的名字出现在奶奶喃喃的私语中

可我又看到

她的名字出现在父亲企图遮掩的病历上

她是一滴水，柔弱而坚强的水

我进一步引导她将"水"的意象加以拓展丰富，她便巧妙地将"海河""东海"联系起来，自然而贴切。这一修改，极大地深化和优化了诗意空间，使得诗歌含蓄深沉、富有余韵。于是就有了诗歌的末节：

后来，她一步步走下河床

她是一滴水，本就该回归海河

她转身，微笑着向我挥手

而我站在遥远的东海边

瞪大眼睛只看见一团迷雾

所以我只能

期待

期待河道啊，洋流啊

303

何时才能把海河的水送到东海身旁呢？

上述范式中的三个环节互相依存，构成了新诗写作学习的大系统；而每一个环节又各有其子系统，这些不同层级的系统构成了一个丰富的新诗写作学习场域。这一多维立体的教学范式，让难以捉摸的诗歌写作学习变得具体实在，便于操作，教师教得踏实，学生学得实在，有效提升了新诗写作教学效益。当然，要创建更加科学高效的新诗写作教学范式，教师还需进一步研究新诗创作规律以及新诗写作学习心理特征。

当前，新诗写作已经成为新课程重要的元素。朱迪思·朗格将文学视为一种思维方式："文学是智力的一个方面，文学思维具有特定的推理和问题解决策略。从这一点看来，文学思维具有让人类在不同背景下获得终生发展的潜力。通过文学，学生探索可能性，分析不同选择；获得关联性并寻找合适视角。他们逐渐成长为有文化、有创造力的思考者。"[1]

根据这一观点，文学思维显然是语文课程中的关键内容，而诗歌，作为文学疆域中最具文学价值的文类，势必成为语文课程不可或缺的元素。与此相应，为提高新诗写作教学的有效性，教师就必须在知识炼制与范式重构方面有所作为，必须在范式引导和自由创作之间寻找一个结合点和平衡点。

第四节　变形与重构

既然旧诗和新诗之间有秘道相通，那么可不可以将它们打通呢？让学生将旧诗"译"成新诗，既促进了学生对旧诗的深度解读，也锻炼了他们的构思力和表达力，可谓一箭多雕，何乐而不为？

经过我多年的尝试，在这条路上，我和学生可以说都收获了很多。这种教学策略，我称之为古诗教学的读写融合策略。当然，这种"译"，不是一一对应式的直译，而带有一定的创作色彩，是古诗的变形与重构。变形，主要是指诗歌样式从古诗变为新诗；重构，是指对诗歌的结构、意象、细节等内容作适度调整重组。

---

[1] ［美］朱迪思·朗格. 文学想象：文学理解与教学［M］. 樊亚琪，译. 上海：上海教育出版社，2015：4.

首先，我们来看一首胡适先生的译诗，具体感知一下这种读写结合的魅力。

<table>
<tr><td align="center">节妇吟</td><td align="center">译张籍的《节妇吟》</td></tr>
<tr><td align="center">（唐）张籍</td><td align="center">胡适</td></tr>
<tr><td>君知妾有夫，</td><td>你知道我有丈夫，</td></tr>
<tr><td>赠妾双明珠。</td><td>你送我两颗明珠。</td></tr>
<tr><td>感君缠绵意，</td><td>我感激你的厚意，</td></tr>
<tr><td>系在红罗襦。</td><td>把明珠郑重收起。</td></tr>
<tr><td>妾家高楼连苑起，</td><td>但我低头一想，</td></tr>
<tr><td>良人执戟明光里。</td><td>忍不住泪流脸上：</td></tr>
<tr><td>知君用心如日月，</td><td>我虽知道你没有一毫私意，</td></tr>
<tr><td>事夫誓拟同生死。</td><td>但我总觉得有点对他不起</td></tr>
<tr><td>还君明珠双泪垂，</td><td>我噙着眼泪把明珠还了，</td></tr>
<tr><td>恨不相逢未嫁时。</td><td>只恨我们相逢太晚了！[①]</td></tr>
</table>

张籍这首诗，本意是以节妇自喻，表达自己对藩镇拉拢的拒绝和对朝廷的忠诚。胡适的译诗，既有忠实于原诗的部分，如诗的前三句和最后两句。但也有明显的改动，一是删掉了"妾家高楼连苑起，良人执戟明光里"两句；二是细节上的变化，"系在红罗襦"译成了"把明珠郑重收起"，"双泪垂"译成了"噙着眼泪"；三是抒情的变化，"知君用心如日月，事夫誓拟同生死"两句译成了"我虽知道你没有一毫私意／但我总觉得有点对他不起"，无论对方的"用心"还是自己的"事夫"都轻淡了；四是增加了"但我低头一想／忍不住泪流脸上"这样的句子，原诗是最后才流泪。

胡适为什么要这样处理？主要是想去掉诗中政治色彩，将诗歌完全归于男女之情。节妇似乎对眼前的男子还是有点喜欢的，并没有把他当作一个好色之徒，而是称赞他对自己无私的爱。但出于对丈夫的忠诚，还是选择了拒绝。这样写，就更能突出她的"节"之坚定。

通过分析，我们发现胡适的译诗暗含着他对张籍诗歌的理解、鉴赏以及

---

① 胡适. 胡适诗存［M］. 北京：人民文学出版社，1989：404.

批评，同时也有自己新诗创作的主张与风格。它虽不能称作一首独立创作的诗歌，但也注入了译者的情感与思考，使古诗焕发出新的光彩。

古诗教学运用这种读写结合的方法，不但可以极大地调动学生的创作欲望，还可以有效改善古诗教学乏善可陈的现状，基于上述认识，经过几年探索，我逐渐总结出古诗教学读写融合的四大环节。

一、示例分析，寻找规律

以胡适译诗为例，我们发现译诗既不同于新诗创作，因为它要受制于原诗，它又不等于翻译，因为它必须有新诗的特质。怎么办？概括起来，就是要兼顾"似"与"不似"。如果不予指导，学生的作品交上来要么过于拘谨，要么完全走样。如下表所示，"似"主要侧重于"意象""行为""情感"等具体内容，"不似"更侧重于"文字""押韵""结构"等形式。当然，强调"似"或"不似"，而非"同"与"不同"，也表明作者"译"诗时具有较大自由度。

对象	比较点			
	不似			似
	文字	押韵	结构	
古诗	文言	严格	固定不变	意象　行为　情感（立意）
新诗	白话	自由	变形重构 适当增删	

二、设计支架，促进融合

最初，我唯恐学生不理解古诗内容，先疏通一番大意，共同讨论诗歌的意境和情思，在读的层面上用力过猛，结果学生被这种解读框住了：不但对诗歌的理解受到影响，而且在译诗之际也不敢施展手脚，致使译诗的创造性解读和表达不尽如人意。后来我就设计了一张表格支架，让学生在自行阅读之后填写，这样反而极大地释放了他们的理解力，有利于译诗的创作。这个表格，使得学生较好地落实了读写融合。

诗歌关键信息表	
作者简介	
写作背景	

（续表）

诗歌关键信息表	
主要意象	
主要行为	
情感（立意）	

三、及时反馈，讨论修改

对大多数的学生来说，将古诗译得形意兼备主客相融是有难度的。因此讨论修改是有必要的。

例如，对于孟浩然的《晚泊浔阳望香炉峰》：

挂席几千里，名山都未逢。

泊舟浔阳郭，始见香炉峰。

尝读远公传，永怀尘外踪。

东林精舍近，日暮空闻钟。

有一位同学的译诗如下：

我驾船远航

扬帆千里

试图寻找那些传说中的仙境

然而一切似乎是徒劳

在无际的海面尽头

我依稀看到香炉峰

隐蔽在迷雾中

那传来的声声晚钟声

敲击着我的心灵

慧远——

你是否还在那山寺中

虔诚修行？

——邱岱蓉《寻》

总体而言，这首译诗还是很不错的，诗的第二节，借对慧远的问询，表现出浓浓的禅韵，使得钟声有了别样的情意，充满想象力。但也有明显的错误与不足，"在无尽的海面尽头"与原诗泊舟浔阳的情况不符。浔阳地处长江以北，应为"江面"。另外，"我依稀看到香炉峰／隐蔽在迷雾中／那传来的声声晚钟声／敲击着我的心灵"这四句立意很好，遗憾的是写得较为直接。如果能适当运用一些修辞手法，将香炉峰写得更迷离惝恍，将晚钟声写得更悠远感人，会更有韵味。

经过和学生的共同斟酌，我们将原诗的第一节修改如下：

我驾船远航

扬帆千里

试图寻找那些传说中的仙境

然而一切似乎是徒劳

在无际的江面尽头

我依稀看到香炉峰

隐居成一片烟水迷蒙

那传来的声声晚钟

轻轻漫过我的心灵

如此一改，将香炉峰拟人化，因为是"晚泊浔阳"，所以又设置了原诗中没有的"烟水"来烘托香炉峰，显得更加神秘，启人遐思。师生共同商量润色的过程，其实就是锤炼诗语开掘诗思的过程。

四、殊途同归，赏评古诗

这是整个活动过程中最重要的一环。教师通过批阅学生的译诗，和学生一起润色作品，最终筛选出优秀的作品到课堂上交流，让学生们在朗诵中加深对原诗的理解，获得一种创作的成就感。

在此，仅举李白的《独坐敬亭山》：

众鸟高飞尽，孤云独去闲。

相看两不厌，只有敬亭山。

有两位同学创作的译诗如下：

成群的鸟儿早已离去

唯一的云彩也正慢慢飘走

我有些依依不舍

可这一切终将逝去

幸好还有你

尽管你凝然肃立，默默不语

而我明白

我俩的心有共同的旋律

——梁霄《幸好还有你》

深山中

无语的鸟儿走了

不断躲避着我的视线

走得没有了半点踪迹

碧空中

飘浮的孤云走了

也不愿听我弹完这最后一个琴音

也走向了远方的天际只有我

看着高高的敬亭山

只有它

愿意默默地注视着我

相视无语

我们俩，谁也不愿走开

谁也不觉厌烦

温好的酒

又被风给吹凉了

举杯痛饮

凉凉的

使我感到越发得冷清

不知你是否也胜酒力

不如和我一同痛饮

洒酒在地

青草泥石弥漫着的酒香催人入睡

睡梦中我问自己

谁愿和我举杯痛饮

谁又理解我寂寞的心情

对

只有你　只有你

——康陆佳《独坐敬亭山》

两首诗，虽然长短相差很多，但对原诗的理解都是很深刻的。《幸好还有你》一句前面的句子近乎对原诗的硬译，但收束的诗句简洁有力，耐人寻味。"我俩的心有共同的旋律"，既表现了诗人视敬亭山为知音的情感，也在旋律中慰藉了自己现实中失意孤独的尴尬。《独坐敬亭山》则在原诗的基础上展开了丰富的想象，诗人手里有琴有酒，可是琴音鸟儿不赏浮云不听，只有敬亭山"愿意默默地注视着我"。酒虽在手，可是无人同醉风又吹凉，只有敬亭山"和我一同痛饮""理解我寂寞的心情"。

两首译诗殊途同归，李白的孤独失意表现得淋漓尽致。学生的学习不再是简单地接受知识、理解作者，而是转化为一种鉴赏力、创造力、审美力。古诗学习不再是孤独的歌吟，而是产生了共鸣。

为什么古诗今译能够达到这么好的效果？我认为有以下几点原因。

其一，读与写，原本就是二位一体。

古诗教学之所以可以今译，需要今译，乃是由于阅读和写作的关系，表面上是对等的、彼此相关的两回事，实则内里是一回事。读就是写，写就是读，读写融合要基于此才会相契，才会双赢。朱熹说读书有三到"心到、眼到、口到"，其中"心到"至为关键。一个人阅读时必然会带有自己的理解，头脑一念间的文字已然萌芽、盘旋，甚至具备了一个语篇大概的模样，这不就相当于写作吗？只不过尚未落纸成文，但也不妨称之为"虚写"。虽然"意翻空而易奇，言征实而难巧"，意与言之间，心到与笔到之间，还存在明显的差异，但意在笔先的作用是不可否认的。

阅读是读者与文本之间动态的沟通过程，读者在阅读时的反应可分为输出性阅读和审美性阅读。在输出性阅读中，读者主要关心的是他能从阅读中带走什么，专注于阅读中所获得的信息，因此，"输出"一词更近似于"科学的或解释性的"；而在审美性阅读中，读者更专注于他与文本之间的关系，更关心的是在阅读活动中发生了什么，更注重阅读过程中的情感、审美和智性经验的体验和获得。因此，这样的阅读本身就有写作和创造的意味。

由此看来，写就是读，指的是通过写作介入阅读。这里的写，不是传统意义上机械的仿写，也不是古文翻译那样的信达雅，而是以现代诗歌的样式来表达自己对古诗的理解和思考。二者的结合，既有明合，也有暗合，既有形合，也有意合。无论阅读还是写作，殊途同归都是为了更好地理解古诗的目的。

其二，新诗和古诗在语言、情思、方法诸方面有千丝万缕的关系。

新诗不只是文学革命，还有中国传统诗歌的本体演进的作用。俞平伯说："我们现在对于古诗，觉得不能满意的地方自然很多，但艺术的巧妙，我们也非常惊服的。"[1]

谈及诗歌的民族性，艾略特说："诗比任何别的艺术都更顽固地具有民族性。一个民族的语言可以被剥夺，被抑制，并且在学校强行灌输另外一种语言；但是如果你不能教会那个民族用新的语言来感觉，你就没有根除旧的语言，它还会在诗中重现，因为诗是感情的载体。"[2] 正因为诗歌顽固地恪守民族特征，所以古诗才有了"译"为新诗的可能性。另外，当下古诗教学的乏善可陈也使得这种读写结合的方法显出一些新意来，能够吸引学生积极参与。

其三，中小学生的心理特点，使得古诗今译成为可能。

让学生创作一首古诗，可能绝大多数的人难以胜任，即使勉强写出也是不伦不类。然而，你若让他们写一首新诗，绝大多数的人都可以完成，其中不乏优秀之作。为何会产生这种差别？因为学生在知识、经验等方面存在不足，但他们直觉思维、想象力发达。研究"微型化写作教学"的邓彤老师说："写作能力也不是线性地由低级能力向高级能力依次发展的。人们一般认为在写作能力中，思维能力是高级能力，而文本书写能力比较低级。但是，有现象表明写作者即使不具备低级能力，也可以形成高级能力。"[3] 所以，充分利用学生的直觉思维和想象力，适时适切引导他们译古诗，不但可以激发他们的兴趣，而且可以提高他们的古诗理解鉴赏力以及文字表达能力。

---

① 俞平伯.社会上对于新诗的各种心理观[J].新潮，1919，2（01）：166.

② 王恩衷.艾略特诗学文集[M]北京：国际文化出版公司，1989：242.

③ 邓彤.微型化写作教学研究[M].上海：上海教育出版社，2018：41.

其四，读写融合需依据教学目标有所偏重。

古诗今译，是一种教学方法。方法的使用，总是服务于特定学习目标的。同样是"译诗"，目标指向不同，教学内容也应相应作出调整：

如想更突出"理解"，通常比较忠实于原作，在"似"上下功夫，不妨立足于"变形"；想激发学生的"写作"，就在"不似"上费心思，应在"重构"上下功夫，要敢于打破原诗的顺序，要敢于融入自己的理解，要敢于展开适度的想象和联想，只有这样，学生的创作力才能得到最大程度的释放。下面两位学生对李商隐《夜雨寄北》的不同译文较好地说明了这一点。

你问我何时才能归来，

这是个未知数。

窗外的池塘都已涨满，

绵绵的相思占领了今夜的巴蜀。

盼望着哪一天，

与你共剪西窗下的红烛。

剪也剪不尽的烛花，

是你我默默的相思苦。

——董颖婷《雨夜》

你轻轻地　问我

问我何时才能归来

巴山的夜雨沾湿了这个季节

秋池里你的笑靥

盈立于我的心里

却沉寂了　你的讯息

想问你

是否还记得　一同倾谈的希冀

那些绵绵的雨夜里

空虚了　我寄给你的信

也凄清了　你凝望远处的眼睛

——曹佳颖《私语》

很明显，《雨夜》更忠实于原诗，《私语》则带有鲜明的个人色彩，想象力更丰富。前者偏重于"赏味"，后者偏重于"创作"，但两首诗都抓住了原作的关键内容，都深刻理解了原诗的内容和情感，都是非常好的"译"诗。

第五节　微尘与大千

微尘中见大千。微尘，指的是小诗。大千，指的是丰富的题材和意蕴。

2022 年高考北京卷的微写作里有一道"像一道闪电"的题目，要求"写一段抒情文字或一首小诗"。某知名校园杂志公众号还特地邀请不同年龄的 42 位诗人同写这道作文题，还非常煽情地写道："闪电，闪电，让闪电照耀你的天空。"

其实，北京卷 2014 年创设微写作时就向"诗歌"敞开怀抱，只不过那道"18 岁的感觉"的题目是在括号内写了"可写诗歌"四个字，正所谓羞答答的玫瑰静悄悄地开，这个括号意味着一种试探。无论如何，中国高考作文中颇具有标志性的事件就这样突然而隐蔽地发生了。次年，"圆"的题目后，"写一首小诗"就从括号内跳出来，并且站到了"或一段抒情文字"的前面。此后，2016 年的"荷"，2020 年的"新冠疫情期间的快递小哥"，2021 年的"醒来的瞬间"，2024 年的"月的独白"都是如此。这些细节的变化，或许传递出命题者微妙的心理变化。

无论如何，中国高考作文不再是"诗歌除外"了，尽管这接纳是如此局促而卑微，但我仍要为北京高考作文题点赞。与此同时，我们不得不承认的是，尽管许多作文题中不再标注"诗歌除外"四个字，但"诗歌除外"仍是高考作文不争的事实。

关于高考作文"诗歌除外"还是"诗歌不除外"的争论由来已久，论辩的双方各执一词。我无意在此纠缠论辩，只想从一名语文教师的角度，谈一谈自己新诗写作教学的实践与思考，希望诗歌的"闪电"能够在更大范围照进写作教学的天空。简单来说，无论高考考不考诗歌，平时的写作教学中都不应该没有诗歌写作，尤其是小诗写作。

什么是小诗？周作人在《论小诗》中说是"现今流行的一行至四行的新

诗"①。胡怀琛在《小诗研究》中则声称新诗大部分都是小诗。一个过于拘泥，一个过于宽泛。依我来看，所谓小诗，即指以一行至四行为主，多至十行左右的新诗。这样既符合事实，也给创作者留出足够的空间。

小诗的形成，既是中国诗歌本体演进的结果，也受外来诗歌，尤其是日本的短歌俳句和印度的泰戈尔《飞鸟集》式的小诗的影响。这一点，已然成为共识。至于小诗的特征，概括起来，主要是小、巧、真、趣四点。

所谓小，并不仅仅是指其形式上的小巧，还指内容方面的小。因为行数少，注定了小诗很难叙事、议论，多为抒发感情，且多为集中于某一点的刹那之感。例如，顾城的《远和近》。

你
一会看我
一会看云

我觉得
你看我时很远
你看云时很近 ②

在这首诗中，你、我、云构成一种微妙的关系，以"你"为核心，本来"近"的"我"反而"远"了，本来"远"的"云"反而"近"了。更妙的是，这不是从"你"的眼光来写的，而是从"我"的角度来写。到底是表达一种被疏离的不满，还是欣赏对方对自然自由的向往，一切在于读者体悟。

小诗的巧，一方面是指手法的巧，诸如比喻、双关、对比、夸张等手法的运用；二是指用词之巧；三是指拟题之巧。前两点无须多言，后面一点常常被人忽略。例如，北岛流传甚广的一首只有一个"网"字的诗，离不开诗题《生活》。两者联系在一起，就构成了"生活是网"这样一个比喻。再如顾城的《一代人》，如果没有这个诗题，"黑夜给了我黑色的眼睛／我却用它来寻找光明"就成为个人的抒情，而失去了为同时代人代言的意义。

---

① 钟叔河.周作人文类编·本色［M］.长沙：湖南文艺出版社，1998：713.
② 顾城.顾城的诗·顾城的画［M］.南京：江苏文艺出版社，2017：22.

周作人说:"本来凡诗都非真实简练不可,但在小诗尤为紧要。所谓真实不单是非虚伪,还须有切迫的情思才行,否则只是谈话而非诗歌了。"① 小诗的真,贵在"切迫的情思"。如戴望舒的《萧红墓畔口占》一诗:

走六小时寂寞的长途,

到你头边放一束红山茶,

我等待着,长夜漫漫,

你却卧听着海涛闲话。②

诗人走了六小时的长途,只为给逝友萧红坟头放一束山花花。"红"这个字眼暗含了诗人对萧红的欣赏和怀念。后两句用一"却"字转折,一方面写出了自己久久不忍离去的心情,以及对乱世长夜的悲愁,另一方面也为逝者摆脱一切烦恼而欣慰。诗题中的"口占"二字,表明这四句诗是脱口而出,情难自抑。

小诗之趣,大致可分为童趣、情趣、理趣、谐趣四种:

灯把黑夜

烫了一个洞③

——姜二嫚(七岁)《灯》

我以为看见一封信投在门廊,

可那只是一片月光。

我从地板上拾了起来,

多轻呵,这月光的便笺,

而一切下垂,像铁一样弯曲,在那边。④

——［芬兰］伊娃—利萨·曼纳《我以为看见一封信投在门廊》 北岛　译

老是把自己当作珍珠

就时时怕被埋没的痛苦

把自己当作泥土吧

---

① 钟叔河.周作人文类编·本色［M］.长沙:湖南文艺出版社,1998:717.

② 张贤明.百年新诗代表作.1917—1949［M］.北京:现代出版社,2018:202.

③ 果麦.孩子们的诗［M］.杭州:浙江文艺出版社,2017:9.

④ 果麦.给孩子读诗［M］.杭州:浙江文艺出版社,2016:180.

让众人把你踩成一条道路 ①

——鲁藜《泥土》

别人都要生二胎
我爸妈不用了
因为他们已经有了小儿子
手机 ②

——费东（十一岁）《手机》

上面四首小诗虽说是四种诗趣的代表，但并非单一呈现，往往在一首诗中兼有多种诗趣。诗的趣味，简单来说，就是充满对生活的热爱和思考，能够从寻常生活中激发并捕捉到别致的兴味。

为什么在语文教学中倡导小诗写作？主要有以下四方面的思考。

首先，小诗写作注重直觉，契合学生的年龄和心理特征。

小诗写作往往注重刹那的感受，仰赖于作者的直觉思维和形象思维，而这两点恰恰是中学生的强项。《普通高中语文课程标准（2017 年版 2020 年修订）》指出："思维发展与提升是指学生在语文学习过程中，通过语言运用，获得直觉思维、形象思维、逻辑思维、辩证思维和创造思维的发展，促进深刻性、敏捷性、灵活性、批判性和独创性等思维品质的提升。"所以，倡导小诗写作是符合语文学习规律的，也是顺应课程标准要求的。

现代意大利美学家克罗齐在他的《美学》里开章明义就说："知识有两种，一是直觉的，一是名理的。" ③ 而美感经验就是形象的直觉。所以，小诗写作对于学生的综合素养的提高是大有裨益的。

其次，小诗写作篇幅短小，减轻学生的负担和畏难情绪。

冰心是"小诗运动"的代表诗人，她在诗集《繁星》的《自序》中叙述了她创作"小诗"的缘由：

1919 年的冬夜，和弟弟冰仲围炉读泰戈尔（R. Tagore）的《迷途之鸟》（Stray Birds），冰仲和我说："你不是常说有时思想太零碎了，不容易

① 张贤明.百年新诗代表作.1917—1949［M］.北京：现代出版社，2018：166.

② 果麦.孩子们的诗［M］.杭州：浙江文艺出版社，2018：100.

③ 朱光潜.文艺心理学［M］.上海：复旦大学出版社，2005：3.

写成篇段么？其实也可以这样的收集起来。"从那时起，我有时就记下在一个小本子里。①

对中学生来说，虽然倡导减负，但学业负担较重仍是不争的事实。他们缺乏相对较长的时间来观察生活、思考写作，他们相对枯燥单调的生活也很难激发创作的灵感。因而，小诗写作因其切入点小，行数少，非常适合学生去捕捉刹那的感受和思考。同时，也可以减轻大多数学生面对写作时那种畏难情绪。一首小诗创作成功了，学生可以获得不亚于一篇大作文的满足和愉悦。由此渐渐激发他们创作的兴趣，渐渐积累一些属于自己的作品，无论就当下还是长远来看，都是卓有成效的。

再其次，小诗写作内容不拘，培养学生的诗情和观察能力。

小诗写作多是即景生情、即事生感，所以对学生的观察要求颇高。否则，再好的景和事，都不能引起眼睛的凝注，更遑论激起心灵的涟漪了。下面这首富有反讽意味的小诗就是作者观察仔细得来的：

看到周围的人都戴着耳机

于是我也戴上

这样我就可以和他们聊天了

——沈书艇《聊天》

这首诗巧妙讽刺了青少年流行的社交障碍症候，"耳机"成为一种逃避社交的象征，也成为聊天的工具。

最后，小诗写作见微知著，促进学生的思考和写作水平。

严羽在《沧浪诗话》中说："诗有别趣，非关理也。"这固然是对时弊补偏和纠正，然而趣与理并非截然对立的，趣中有理，理中透趣，在诗歌中是经常有的现象。就小诗写作而言，固然多是刹那的兴会和直觉，但由兴会而启深思，由直觉而入名理，也是很正常的思维过程。例如，有同学在熬夜苦学时，写下了这样一首小诗，就颇有寓意。

梦中影熄了眼中灯

星光坠落

---

① 冰心 . 繁星 春水［M］. 北京：人民文学出版社，2020：3.

把夜酿成苦醴

———陈懿敏《十二点之思》

"梦中影"和"眼中灯"形成一种反差，暗示作者想要睡觉了，或者已经躺下了。而在她的想象中，夜晚竟成了苦醴，醴的本义是甜酒，却偏要用一个"苦"字来修饰，传递出深夜的苦与乐。

或许有人会问小诗创作究竟如何在语文教学中予以实施，根据我的教学经验，接下来我们就来谈谈这方面的实践和探索。

第一，与教材有机结合。

统编《普通高中教科书 语文》（必修）（上册）就有新诗创作的写作任务，要求发挥想象，借鉴本单元诗歌在意象选择和语言锤炼等方面的手法。这是规定的动作，然而小诗写作与教材的结合可以有很多种方式，例如：古诗新译、看图写诗、画字作诗等。

所谓古诗新译，就是在充分理解古诗的基础上，抓住诗歌的意象和情感，根据自己的理解重新建构或变形处理，使之呈现为一首新诗的过程。这样做，一方面提高了学生对古诗的理解，另一方面也锻炼了学生的语言能力和思维能力，最关键的是通过打通古今，使古诗教学具有较强的趣味性，也使学生的创造力得以体现。例如下面这首译曹操的《短歌行》的小诗：

比鹿鸣更热烈的

是笙簧的微启

倏地一声

割断了悬着的那滴朝露

将杜康斟满那一轮明月

婉转乌鹊啼

牵连相逢的慰藉

———姜逸昕《闻笙》（译曹操的《短歌行》）

作者紧扣"我有嘉宾，鼓瑟吹笙"一句，以《闻笙》为题，勾连了"鹿鸣""朝露""杜康""明月""乌鹊"等原诗中的主要意象，巧妙地传递出曹操满怀忧愁渴求人才的复杂心理。

教材中有不少插图，有时布置一首创作小诗的作业，既可加深学生对图片的理解，也可以启发他们对课文的思考。如《县委书记的榜样——焦裕禄》中有一幅"焦桐"的插图，图片中一株高大的泡桐昂然挺立，远处是成片的泡桐林，在这株泡桐前立着一块石碑，上面刻着"焦桐"二字，上面还有一张焦裕禄的照片。这张照片在前文也有插图，看得更清晰，是焦裕禄披着衣服双手叉腰的工作照，照片的左边，是盐碱地上一棵刚栽下的伶仃瘦弱的泡桐树苗。

　　焦桐高长

　　扎根深入兰考的大地

　　锁住了风沙

　　和这片大地对您的思念

——杨紫逸《焦桐咏》

　　身躯燃烧似柴薪，

　　化作泡桐似海。

　　人且去，念长存，

　　刻入焦桐树轮。

——孙乐彦《树海的树轮》

至于"画字作诗"，主要针对的是统编《普通高中教科书　语文》（必修）（上册）第八单元"词语积累与词语解释"，在讲解字词时，引入汉字考源，每个汉字都是一幅图画，蕴含着先人的生活和情感。让学生选择一个汉字，考察其字源，画出其字形，并展开联想，写一首小诗，效果还是不错的。

其实，只要用心着意，和教材结合，小诗创作的途径还是很多的，不必拘于一格。

第二，与课堂有机结合。

现代教学注重课堂生成，有时在讲课时，即兴布置一首小诗创作，也能取得出乎意料的效果。有一次，执教一堂以"青春"为主题的新诗课，分别讲了闻一多和席慕蓉《青春》，以及食指的《相信未来》。课堂最后还剩几分钟，我就让学生即兴创作一首与"青春"有关的小诗，并当场朗诵。有两位学生是这样写的：

　　人的青春

　　是走在一座座路灯下的

　　当你走至尽头

　　你便也成了路灯

让别人能在你的照耀呵护下

走向更远的尽头

——王景行《路灯》

我有很多生了锈的钥匙

它们并没有用

反正

十六岁的大门即将关上

十七岁的大门也就开了

——朱虹霖《大门》

2022 年 4 月 1 日愚人节这天，讲《屈原列传》。上课时我突发奇想，让学生围绕"愚人节，让我们聊一聊屈原"这一主题写一首诗，十分钟的时间，收获颇多。在此，选择两首分享。

汨罗江边有一只浅褐色的老虎

有着柔软的毛和古老的孤独

灵魂与光　死了又亮

凝结成白色的花

——许若桐《汨罗江边的老虎》

屈原啊屈原

你真是一只麻雀

落入了愚忠的网罗

尔虞我诈的战国　历史的棋子

你有麻雀的机智

却不知道用自己的翅膀

——黄晓波《屈子和麻雀》

相较于一般的谈点感想写点思考，小诗创作更能激发学生的挑战欲和创造力，也能营造良好的课堂氛围，取得好的教学效果。

第三，与社团有机结合。

社团活动在中学校园越来越流行，学生的参与度很高。充分发挥学生社团的功能，积聚人气，倡导小诗创作，是行之有效的好办法。每年五月，我们学校都会举办"五月诗会"，在征稿的要求中，即有一项"三行诗"的专题写作，每年参与人数最多，收到的稿件也最多，产生的精品也不少。而且，由于是学生社团的活动，许多环节都是学生自主处理安排的，所收录的作品能够及时地通过刊物和微信公众号予以发表，因而颇受学生欢迎。在此，选择几首简要分析：

> 你藏进风里
>
> 我怎么敢
>
> 用力呼吸
>
> ——吴易阳《当思念藏匿在空气》

> 碎过的月亮总是不牢
>
> 电焊工真忙
>
> 夜夜落星火
>
> ——卢顼颉《修月匠》

> 路过电话亭
>
> 兜里有一枚
>
> 发烫的硬币
>
> ——修元祺《喂？》

第一首诗非常深情，将对一个人的思念巧妙地借"呼吸"来传递，"怎么敢"写出了一种热切思念却又竭力克制的矛盾。第二首诗富有童趣和想象力，天上的星火是焊工忙碌的成果。最后一首诗巧妙借用了标题，这也是小诗充分利用标题拓展诗歌内容的一种方式。"喂？"是拨通电话的常用语，这一个字既是标题，也是作者路过电话亭听到的一声，更是他渴望拨通对方电话的心情。"发烫的硬币"巧妙而含蓄，写出了作者攥紧这枚硬币好久了，是真实感觉和心理感觉叠加的效应。

第四，与生活有机结合。

生活是创作的土壤，一切灵感均来自于它。因此，我们要引导学生有意识地去开掘生活，去捕捉生活中的美，去记录刹那的灵感。军训、学农、学工、旅行……无论校园内外，只要我们留意，总有诗意闪烁之处。例如下面这两首小诗，就是我得知学生要学工时及时布置的小诗写作作业。

> 我把对你的喜欢
>
> 偷偷捏进泥壶

风吹日晒，雨点滴答

泥塌了，壶裂了

我的秘密

便一览无遗

　　　　　　　　　　　　——李铨《一不小心》

你和我的关系多像陶泥啊！

在我们手中千变万化，

却又如此柔软脆弱。

　　　　　　　　　　　　——王景行《我和泥》

学习统编《普通高中教科书　语文》（必修）（上册）第四单元"家乡文化生活"时，我们让学生选择黄浦区的一条街道展开研究，其中有一项内容就是"特色内容"，是给学生自由发挥的，可以展示摄影作品、创作诗歌、拍小视频、做文化衫等。有学生就创作了小诗来表达自己对老街的思考。如：

没有了花衣的花衣街

变得

名不符实

　　　　　　　　　　　　——郑欣悦《花衣街》

过往的伤痕

竟被参天大厦取缔

无处安放的历史

流离失所

　　　　　　　　　　　　——张浩扬《明日复明日》

两首诗都指向了城市建设和发展过程中对老街道老建筑的漠视和摒弃，表达了内心的忧痛。在真实的情境中，学生的诗情萌发了，虽然短小，贵在真实深沉。

第五，与测试有机结合。

小诗写作应该在语文测试中占有一席之地，它的分值不必太多，但设计要尽可能巧妙，能够检验出学生的创造力、表达力、思维力。仿写、看图写诗、命题写作是常见的形式。

当然，要想写出短小精悍的小诗，文字的斟酌是必须的。臧克家说："短诗,并不易写。把极为丰富的思想内容,压缩在不能再少的字句里,这需要强大的概括力量,艰苦的凝练功夫。"①下面这个表格就是我写作一首小诗时所经历的构思和推敲过程。

	标题	内容	想法
初稿	银壶上的对獾	一对胖獾 银壶上跳舞 壶里的酒烈吗?	主人家的悲欢 地沟里的猪獾 童年的记忆
二稿	对獾	一对胖獾 银壶上跳舞 壶里的酒醉人吗?	獾油可治烧伤
三稿	獾	银壶里的酒早已空了 一对胖獾 依然在银壶上跳舞	重复
四稿	欢	酒早已空了 一对胖獾 依然舞于壶上	双关,末句太文,不自然
定稿	欢	酒空了 一对胖獾 依然在银壶上跳舞	简洁

最后,比较满意的是标题"欢",用了双关手法,在传统的吉祥图案中獾也确实是用来谐音"欢"的。比如"欢天喜地",就是画一只獾望向天空,天空一只喜鹊望向大地。另外,定稿的正文也比较简洁,酒壶的空和獾的胖和舞形成了双重对比,将那种欢乐表现出来,同时也试图吸引读者去想象那一场欢宴。

归根结底,小诗创作其实是一种微型化写作,它以诗歌为载体,目标明确,布置灵活,反馈迅速,是一种简单高效的写作教学方式。邓彤老师认为:"微型化写作教学具备三大特征:一是基于学生的学习需求,二是目标和内容

---

① 臧克家.学诗断想[M].成都:四川人民出版社,1979:126.

323

微型化，三是为学生写作学习提供必要的学习支援。"就小诗写作而言，这三点同样是适用的。小诗写作天然是微型化的，但其目标是什么，教师一定要想清楚。当然，小诗写作也不能乱用滥用，一定要基于学生的学习需求，否则就会弄巧成拙。特别需要注意的是，在小诗写作过程中，教师应当给予适当的学习支援，或是示例解读，或是内容和形式上的具体要求，甚者还要提供一定的学习支架，如古诗今译，就要考虑意象、行为、情感等方面的比较，设计出表格，引导学生填写，然后再尝试创作。否则，"译"出来的诗作可能和原诗风马牛不相及。

新诗发展迄今，举步维艰，原因是多方面的。但不可否认的一条，就是我们在青少年成长的过程中缺少真正的诗歌教育，缺少诗歌创作的教育。新诗发展，成也自由，败也自由。许多教师谈诗色变，望而生畏，那么不妨从小诗创作开始，尝试让诗歌写作回归语文教学，让诗性和诗情回归青少年的视野和心灵。

第七章　如何教学生写诗评

第一节　评论的意义

为什么要写诗歌评论？并不仅仅因为"文学评论"是高中写作要求的内容之一，更是因为"评论"处于"阅读—理解—鉴赏—评价"这一认知链条最顶端的位置，具有非常重要的价值。

要想理解文学评论的多重价值，我们先来看一个图示的模型[①]：

在这个模型中，作品居于最核心的位置，分别和艺术家、世界、欣赏者发生联系。具体到诗歌评论，我们的关注点主要就在于"诗歌"和与之相关的三条连线之上。

首先，对诗歌本身来说，要把它当作一个独立的自足体来分析，将外界的参照物拿开，将它与外界的联系斩断，就诗本身孤立地去解读诗歌，然后评论诗歌。这就像我们评价一个人，只是把他当作一个自然人来审视、研究，然后给出结果。完全不用考虑他的身份、财富、知识、思想、贡献等内容。这样，你对这个人的评价会显得客观而真实。这样解读，一方面限制我们，另一方面也给了我们自由。仅仅关注诗歌本身，一个字一个字推敲，一行一行分析，

---

① ［美］M.H.艾布拉姆斯.镜与灯：浪漫主义文论及批评传统［M］.郦稚牛，等译.北京：北京大学出版社，2018：5.

再用想象和假设铺平那些空白，我们或许会闯出一条新的路来，进而发现这首诗歌的独特之处，赋予它穿越时空的自由和意义。

其次，我们要将诗歌和诗人联系起来进行解读、评论。王国维在《人间词话》中说："诗人对宇宙人生，须入乎其内，又须出乎其外。入乎其内，故能写之。出乎其外，故能观之。"所谓"入乎其内"，就是要设身处地地感受和体验，否则欣赏活动就难以深入。但是，在深入体验作品情感的同时，还须对之具有清醒的认识和理性的判断、评价，以使情感体验受到理性的引导和控制，这就是"出乎其外"。[①] 对于评论者来说，我们也要经历类似的过程，既要能够入乎其内，领会诗歌的内涵、技巧。就像体验理论所认为的那样，"一个作品是作家的一种体验，阅读一个作品，就是体验作家的一种体验、体验作家体验过的世界，是一种体验的体验"[②]。在此基础之上，我们还要能够跳出诗歌，将其放在自己的阅读积累和经验中去审视，放在其他作品的参照系上去审视，然后作出自己的判断和评价。就像诗中所说的那样，"不识庐山真面目，只缘身在此山中"，评论就是站在一个更高的位置对作品作全面的审视。总之，评论就是一种"入乎其内"的体验之后的"出乎其外"的判断和评价。

再其次，欣赏者和诗歌之间的关系，某种程度上其实是欣赏者和诗人之间的博弈。正如诗人臧棣所说，"诗人为了保持想象力的敏锐与犀利，不得不大胆创新。而正是这种对创新和特异的追求，使得诗人和读者经常处于一种竞争关系之中"[③]。因此，欣赏者为了保持对诗歌欣赏的敏锐和犀利，也要不断地去创新，去大胆地想象。这就像制锁匠和开锁匠的关系，一个想方设法增加开锁的难度，一个努力提高开锁的技艺。当矛盾不可调和时，开锁匠可能就会用撬棍将锁撬掉，从而宣布自己拥有这首诗的解释权。对此，臧棣有非常深刻的阐释：

> 对现代诗歌的阅读，在很大程度上，就是一种"杀死"诗人的行为。这或许可以从罗兰·巴特所说的"作者死了"的著名论断中得到印证。只有让作者／诗人死掉，诗歌的阅读才可能在"读者的诞生"中得以深入地

---

① 曹明海. 语文新课程教学论［M］. 济南：山东人民出版社，2007：244.

② 曹明海. 语文新课程教学论［M］. 济南：山东人民出版社，2007：238.

③ 洪子诚. 在北大课堂读诗（修订版）［M］. 北京：北京大学出版社，2019：3.

进行。不过，不要以为"读者的诞生"就是对诗人的摈弃，这是读者为赢得自己的阐释权利而采取的激进行为。在理想的阅读情形里，"读者的诞生"实际上是对阅读的一次新的解放；在其中，甚至包含了对受到各种写作禁忌限制的诗人的解放。①

或许有人会说，这里谈的是"阅读"，不是"评论"。殊不知，诗歌评论正是建立在阅读基础之上的，同时也包含着相当比重的阅读内容。

最后，我们再来谈谈评论对于诗歌和世界的关系。诗歌来源于生活，而世界就是生活的舞台。正是世界给了人某种刺激，使得人有了创作的欲望和行为，才有了诗歌。那么，诗歌对世界也具有反哺的作用。一首诗，或许不能扭转战争的局势，或许不能改变股市的走向，更不能解决这个世界的环境污染等问题。但它指向人心，能够给人带来温暖和力量。人类生活的方方面面都离不开诗歌，诗歌与人心的共鸣时时都在发生。评论诗歌，就是将诗歌的反哺作用放大，使它能够更好地进入每个人的心灵，从而潜移默化地影响世界。例如，关于闻一多先生的《死水》，评论中专门探讨了其审丑的特点，并给予了高度肯定：

> 人类长时期地把"丑"拒斥于审美的门外，充其量只是让其成为"美"的陪衬，这种审美意识有复杂的历史—心理原因。就其积极的一面言，可说根源于求善的愿望和内在平衡的需要；但是，随着近代以来社会矛盾的日趋激化和表面化，以及以哲学为先导的"求真"意识的高扬，这种审美意识也日益暴露出其幼稚、软弱的另一面，甚至被统治阶级利用，成为其实行意识形态控制的心理基础。突出的例子可如法国教会和宫廷禁演剧作家高乃依的戏剧，以及英国御用文人对莎士比亚的攻讦。19世纪欧洲浪漫主义开始集中地、大规模地和有意识地在作品中表现丑，除了和大多数浪漫主义者信奉"泛神论"和"万物有灵论"有关外，很重要的动机之一，就是揭露和反抗虚伪的资产阶级文明。这是人类审美意识的一次勇敢和重大的突破，体现了人类审美和认识能力的增强和深化。②

① 洪子诚.在北大课堂读诗（修订版）[M].北京：北京大学出版社，2019：3-4.
② 西渡.名家读新诗[M].北京：北京联合出版公司，2017：40-41.

通过这样拓展解读，诗歌的思想价值和审美特性得到了凸显，具有更普遍、更深广的意义，而不再是只局限于一首诗或某个作者。

第二节　评论的要素

诗的欣赏与评价，是一个难题，复杂而艰巨。对古典诗歌来说，更是如此。

诗人凭他的作品表达个人的思想情感、经验阅历，读诗的人在这些方面不了解或了解不透，那就不能够很好地欣赏诗人的诗。

如果你不能深刻体会慈母的爱，你也就不能深刻体会"临行密密缝，意恐迟迟归"的深意。

如果你不了解一个妻子对丈夫的关切，你就不了解"一行书信千行泪，寒到君边衣到无"的深情。

"烽火连三月，家书抵万金"，身经战乱的人才能感同身受地体验诗中的味道。

"劝君更尽一杯酒，西出阳关无故人"，久客他乡的旅子才觉出它的深长意义。

没有丧失甘苦共尝的爱人经验的人，不会对元稹的"落叶添薪仰古槐""贫贱夫妻百事哀"的悼亡诗感到痛切的哀伤；没有恋爱经验的人，对"爱而不见，搔首踟蹰"的滋味就不能体味。①

这是老诗人臧克家《学诗断想》中的一段精彩文字，他强调了经历和体验对于欣赏评价古典诗歌的重要作用。然而，人是不可能将诗歌中的内容都经历体验一回的，何况有些内容我们也不想经历体验。情感的迁移、想象的作用，可以帮助我们欣赏评价那些我们并没有亲历的诗歌内容。我们不必非得当过兵打过仗才能领会边塞诗，不必非得谈过恋爱才能理解爱情诗。但是有一点，我认为还是必要的，如果一个人有过写诗的经历，他应该要比没写过的人能够更好地欣赏、评价诗歌。写诗的经历和体验是评诗的一个先决条件，

---

① 臧克家.学诗断想［M］.成都：四川人民出版社，1979：100-101.

虽然并非绝对的条件。这可以说是评论诗歌的一个隐形要素，是潜隐在海面之下的冰山。

相形之下，新诗的评论要比古典诗歌更难。自由赋予了它太多的不确定性，增加了欣赏和评论的难度。

但如果掌握了一篇评论的基本要素，我们或许就能够更好地掌握这种文体。

一般来说，诗歌评论包括对诗歌本体的理解、相关信息的了解、他人的评论、自己的阅读感受和见解等几项关键要素。

对诗歌本体的理解，在之前的章节中已有集中而详细的讨论。在此，只想再强调两点：用诗的方式，慢慢细读。用诗的方式来理解诗，无论是从内部要素的开掘，还是从诗歌与外部关系的梳理和厘定，都要牢记这一点。否则，诗就读得不清不透，评论的基础就不扎实。细读，不但要读得仔细，还要根据诗歌的特点来读，读出自己的特点来。王先霈强调说，进行文本细读的批评家"要保护自己的艺术感觉，减少干扰，不畏作者盛名，不受环境牵扯，不让俗世欲望歪曲审美心理。火静而朗，水停以鉴，以纯真的童心，保持对艺术之美的惊异感、新鲜感"①。细读并不是仅指阅读诗歌的细微之处，除了字词、标点、分行等，还要能够发现诗歌的脉络、结构、冲突、和谐等内容。正如郑敏所言，"诗是一座建筑物，诗人心灵、才智所建立起的精神建筑物。读一首诗就像由诗人引导着进入一座建筑物。这里所讲的结构并非词句章节、声韵这样的外在的结构，也不是散文的起、承、转、合等章法的结构，而是诗的内在构思的结构。这种结构是诗人的思想境界的结晶"②。当然，评论者并不是一般的读者，只是被诗人引导着参观，他一边参观一边指点，对诗人的建筑物提出自己的意见，甚至是批评。下面，我们来看郑敏先生对美国诗人罗伯特·弗洛斯特的《修墙》一诗精彩的结构分析：

> 这首诗是讲春季修补塌墙时诗人和他的邻居间的交道。在诗里，诗人写到很多问题：是什么力量破坏了墙？要不要修复倒塌的墙？墙有什

---

① 张德明.中国新诗鉴赏与诠释中的细读问题[J].中国现代文学研究丛刊，2011（02）：75.
② 郑敏.诗的魅力——郑敏谈外国诗歌[M].北京：文津出版社，2020：12.

么作用，等等。诗中每提到一件具体的、实的事物（客观），这实物仿佛都有一个虚的投影，也就是有一个主观的、象征的含义。如果列表，我们就可以看出：

实·客观现象	虚·主观含义
冻土，猎人破坏了墙	打破束缚和侵犯他人
墙使邻居保持互不侵犯	墙是保守隔阂
邻居在阴影中	邻居代表一种消极力量
邻居像石器时代的野蛮人	文明社会不应有墙

所以在这首诗中邻居、冻土、猎人、墙都有着客观与主观双重意义，它们不全是客观的真实，又不全是主观的表征。这种在客观的结构上投以主观的象征的意义使得弗洛斯特的诗具有多层结构，有摸得着的现实的架子，又有来自这现实的结构上主观投射的光影。走进他的这类诗中，读者好像走进一座建筑，既有看得见的有形的拱顶、塔尖，又有一种精神力量，使你赞美它。一座有艺术价值的白塔不仅是一个若干高、若干大的体积，它的有形结构还传达了一种精神力量，一种美。[①]

至于一首诗的相关信息，主要指的是创作背景、时间、缘由，以及诗的原稿和修改过程等内容。这些外围的信息，或许藏着解读诗歌的关键内容，或许会藏有激发评论热情的引子。留意它们，将有助于我们解读、欣赏、评价诗歌。

他人的评论可以分为两种，一种是与这首诗歌有关的，一种是无关的。如果是前者，研究它主要是了解他人评论的角度和内容，为自己的评论寻找立足点，避免重复；也可能是利用它给自己的评论寻找一个参照系，或者为自己的评论提供论据的支撑。如果是后者，其作用主要是提供理论依据或案例支撑。

自己的阅读感受和见解是一篇诗评的核心所在。与欣赏的不同之处在于，欣赏可以有偏爱，评论却要尽可能持论公正客观。必要时，要敢于批评，提意见，而不是一团和气，处处笙歌。所以，叶燮在《原诗》中所说的"才胆

---

① 郑敏.诗的魅力——郑敏谈外国诗歌［M］.北京：文津出版社，2020：28-29.

识力"对于诗评家来说是非常重要的。才就是先天的直觉、悟性和后天的学习、体验；胆就是胆量，要有胆量提出自己的观点，甚至是带着质疑、批评的；识也就是识见，评论者要具备丰富的学识储备，尤其是关于诗歌方面的；力就是表现力和说服力，要有适当的语言和技巧来表达自己的思想，吸引读者阅读并在内心产生较为强烈的认同。

只有这样，评论者才是优秀的，评论才是优秀的。

或许有人会说，中学教师教学生评论诗歌，是否有必要如此大张旗鼓，如此一本正经？在我看来，中学生因其年龄、学养、诗性直觉、语言表达等方面的不足，写出的评论一般来说是比较浅的。但我们不能因此就扭曲或删改评论的要素，可以降低要求，但路数一定要正。否则，便是贻害无穷。众所周知，学习游泳练习射击等运动非常讲究启蒙的标准和科学。如果是野路子，或许短期内看不出差异，但从长远来看，一定会影响其发展。当然，评论诗歌本身是一件具有相当自由度和个性空间的行为，我们并不排斥作者的感悟和个性化解读及评论。鲁迅先生说一条浅溪胜过一条烂泥塘，因为它清澈。中学生写诗歌评论或许没有诗评家写得那么专业，但胜在有朝气。初生牛犊不畏虎，如果教得得法，中学生也未必写不出精彩绝伦的诗评，未必不会因了这良好开端而在将来成为真正的诗评家。

后生可畏，所以我们要教得认真、得法，讲究一定的规矩。

第三节　评论的意识

要想写出优秀的诗歌评论，还需要具备六种必备的意识。

第一，对话意识。

评论的实质是一种对话，既包括你和诗人的对话，也包括你和其他读者的对话。有的人写评论，眼里没有诗人，也毫不关注其他读者。这样自说自话式的评论较难把握解读文本的关键和深层意味，也并不关心其他读者潜在的疑点或痛点。所以，只有具备对话意识，才能写好诗评。诗歌评论家吴思敬说："衡量诗歌的美不应有绝对的僵死不变的标准……诗的美，从根本上来自诗人灼热的情感。读者只有在同诗人的情感交流和共振中，才能领略到这种美。感情的因素，永远是诗歌美感诸因素中最活跃的因素，远远超过诗歌的音乐性、形象性、建筑性。"①这段话就强调了对话的重要性。

对话要有平等的精神，学生面对名家的诗歌往往心生敬畏，好比聆听长辈的教诲，轮到自己说话时心里战战兢兢，更遑论评论。以这样的心态写作评论，往往很难发现诗歌的隐秘之处，多是歌功颂德式的赞美。教学时，教师不妨先拿学生的诗歌让学生评论，这样就可以较好地克服这种不平等的心态。然后再因势利导，启发学生评论名家之作也须如此。往往就能收到较好的效果。

第二，生命意识。

阅读一首诗歌，我们很容易往思想境界、意识形态等方面靠拢，而忽略了其中洋溢的生命意识。其实，人的思想认识、意识形态等内容往往会因为时代的变化而改变。唯有生命是亘古长青的。这生命，包括诗人的生命、诗歌的生命、万物的生命等内容。评论时，我们要能够廓清外在的迷雾，深入诗歌的内部，去聆听诗人所吟唱的生命真谛。

第三，整体意识。

管中窥豹，有益于我们了解一首诗歌的局部之美。然而，若缺了整体意识，可能会使自己的评论发生严重的偏离。对于一首诗来说，它的整体首先是诗歌的完整形态。只有将词句诗行等内容置于这一形态之中打量，才能够发现它的特点和意图。其次，一首诗的整体还包括其作者的整体创作情况，将这首诗置于诗人的诗歌写作史的长河中去审视，会发现它的承继与变化，从而更好地发掘其潜隐的价值。如果再放大开去，这整体还可以包括这首诗所处的时代创作情况。例如，讲授舒婷的《致橡树》，我们就可以将"朦胧诗"和"文革"后这些相关的背景联系起来进行评论，会发现它所具有的"朦胧"性和思想性。

第四，留白意识。

诗有可解处，有不可解处，有的清晰鲜明，有的朦胧隐晦。评论诗歌时，切忌完全将朦胧处辨清将隐晦处弄明，似乎不这样就显不出自己的本领。殊不知，这朦胧隐晦之处恰恰是诗美所在。正如洪子诚先生所言，"近些年来，

---

① 李文钢.剖析"诗心"播种美——浅谈吴思敬先生的诗歌评论［J］.南方文坛，2013（04）：82.

渲染诗歌'神秘性'的观点受到质疑，诗歌写作的技艺性质得到强调：这对我们来说确是一种'进步'。不过，在我看来，有成效的诗歌写作和诗歌文本，'神秘性'似不宜清理得过于干净。一方面是人的生活，他的精神、经验，存在着难以确定把握的东西，另一方面，写作过程也不会都是工匠式的设计。因而，在'进入'诗歌文本的方式上，'感悟'的能力相信是相当重要的。在这里，解析的细致和确定，与感悟所呈现的多种可能的空间，应该构成解读中的张力"[1]。阎京城也认为："作为诗，有些作品本不用言及主题便可以给读者以审美的享受的。如果你硬要去把诗中每个意象都赋以现实的或是明晰的界说，倒反而破坏了读诗后所得到的那种审美愉悦。"[2]

当然，这并不是说我们就不必作为，我们所能做的只是提供可能，而非确定。像侦探侦破扑朔迷离的案件一样，我们可以给出我们的解读甚至是猜测，但不要将它当成事实，当成唯一。

第五，创新意识。

诗评贵在创新，否则都是鹦鹉学舌，拾人牙慧。这创新也分为几个层次——立意创新、内容创新、写法创新。面对同一首诗歌，不同的人会有不同的刺激点和切入点。立意创新就是要尽量在这方面下功夫，写出新的认知，写出新的角度。内容创新，就是你拥有了别人所没有的材料，例如你发现了这首诗的其他版本，你找到了诗人日记中相关的创作感想，等等。通过这些内容的加持，你能够在立意并不新颖的情况下，凭借新颖的材料而脱颖而出。写法创新，诗歌评论似乎都是一个模子里刻出来的，清晰的结构思路，严谨简洁的语言。如果能够在写法上进行创新，效果或许会更好。例如，采用问答的形式，用诗歌来评论诗歌，引入其他诗歌进行比较，都是不错的方法。比如，郑敏在评论美国诗人庞德的《诗的几条禁例》时，就采取了仿写的方式用诗歌来阐述自己写诗的主张，并带有一丝评论的意味。

> 不要让诗变老，瘦骨嶙峋，没有丰肌；
> 不要只求得粉红色的肌肤而没有健全的骨骼。

---

① 洪子诚.在北大课堂读诗（修订版）[M].北京：北京大学出版社，2019：9.

② 孙玉石.中国现代诗导读（1917—1937）[M].北京：北京大学出版社，2008：248.

不要让教条当红灯截断了真情实感的潮流。

不要召出梦之幽灵，追求无理性的呓语。

不要写人们不必用心灵来读的条文似的"诗"。

不要写不知道你个人境遇就无法读懂的私人抒情诗。

不要把诗当成调色板，五颜六色地涂抹而忘了主题。

不要把诗当成绘图，只是些没有颜色、没有音乐的若干线条。

不要把诗当成用市场上买来的比喻词汇、套话拼成的七巧板。

不要只顾追求惊人的诗行而忘了为什么要写它。

不要把诗当成万花筒，只炫耀颜色技巧，而没有深刻的思想，没有坚实鲜明的意象。

不要以为有了正确的思想就一定有了好诗，从思想到诗是一个不容易跃过的山谷。

不要写连自己也不明确的内容。

不要将散文切成诗行。

不要没有历史感，正如诗人、评论家艾略特所说，如果一个诗人在二十五岁以后仍想能写好诗就必须有历史感。

不要忘记你的诗也是世界的诗的一部分。

不要满足于熟悉的表达法，也不要为新而新。

——郑敏《禁例几条》（仿庞德）[①]

第六，文化意识。

评论一首诗，有时要顺着诗的藤蔓去寻找它背后的文化之根。有些诗，放在文化背景中思索，会散发出异样的光芒。

新诗研究专家李怡曾说："诗的问题，往往同时也是一个文化的问题。中国现代诗歌是在中西两大文化碰撞、对流的历史关隘中诞生的，诗的发生发展始终与中西文化冲突与融会的事实紧密相联。西方诗歌文化的诸多诗人、诗派、诗潮及价值取向掀起了中国诗歌的运动，而古典诗歌文化的种种气质与理想同样又是无从拒绝的。从这些意义上看，文化并不单纯就是一种外在

---

① 郑敏.诗的魅力——郑敏谈外国诗歌[M].北京：文津出版社，2020：247-248.

于艺术的历史规范，它显然已经通过某种方式'内化'入诗了，'文化'直接参与了中国现代诗歌自身的建设，成了诗的'结构性'因系，或曰'存在之根'。走向诗的本体，也就必须认真剖析现代诗歌的'文化意义'，从文化的角度认真考察现代诗歌的发生发展。"①

他讲的是中国新诗，其实评论外国诗，同样要关注其文化背景和历史根脉。

第四节　评论的过程

评论的过程并不仅仅是动笔写作的过程，还包含你为评论准备的过程。准备的过程主要是阅读诗歌并寻找它的特点，无论是形式的还是内容的；然后，搜集与之相关的材料深入解读诗歌。

接着，确定评论的方向和要点。先用最简洁的话概括自己要写的内容核心，然后再由它展开去规划要写的要点。有时候，一篇评论的标题其实就是最简洁的概括。例如，下面这三组评论的标题和开头，就颇值得我们欣赏：

第一组

鲁迅先生曾说，五四退潮时青年们的心境大体是"热烈而悲凉的"。但其中一些人毕竟是有热血的觉醒者。他们在矛盾中仍葆有炽热的创造热情，只是火山爆喷的岩浆已由地面而转入内心。多少青年以心灵之火编成了自己炽热的歌。闻一多的这首《红烛》，就是一朵闪光的花。它唱得热烈，唱得真诚，唱得深沉，具有悠久而感人的美的力量。

——孙玉石《点得着灵魂的烛光——读闻一多的〈红烛〉》②

第二组

写《死水》时的闻一多，在艺术上是个坚定的唯美主义者。所谓"唯美主义"，简言之就是信守"为艺术而艺术"。历来人们喜欢用"钻进象牙之塔"来讽喻这一路诗人，这不无道理；但若认为他们在"象牙之塔"中

---

① 李怡.十五年来中国现代诗歌研究之断想[J].中国现代文学研究丛刊，1995（01）：65-66.

② 孙玉石.中国现代诗导读（1917—1937）[M].北京：北京大学出版社，2008：17.

只是吟花弄月，浅斟低唱，那就大错特错了。唯美主义者大多是"艺术自足论"者。换句话说，他们不仅认为艺术自成一个世界，而且认为艺术在现实世界中自有其独特的权利，包括侵犯传统的道德和美学禁忌的权利。因此，这样一种世界观虽有其偏狭的一面，但另一方面，却又大大拓展了艺术的表现和风格领域；而由于对艺术表现及形式本身的专注，这一路诗人艺术家中的杰出者又可以成为新美学的爆破手、发难者、开拓者或集成者。历史地看，我国古典诗歌的格律成熟于诗风绮靡的南北朝是一例，被西方唯美主义者广泛推崇的波德莱尔的《恶之花》是另一例。《死水》的情况某种程度上亦大略相似。

在新诗史上，《死水》称得上是一首典范之作。这种典范性可以从两个角度理解。其一是化丑为美的典范。其二是在新诗中实验谨严的格律，并取得成功的典范。

——唐晓渡《化腐朽为神奇——闻一多的〈死水〉》[①]

第三组

庞德（Ezra Pound,1885—1972），美国爱达荷州人。在他60年的文学生涯中自学了包括拉丁文在内的六七种语言，写了70本书，1500篇文章，这位博学、多产的理论家及诗人对20世纪的英美诗歌的革新运动起了爆破手的作用。在20世纪的头20年，他对准了冗长、陈腐、喜欢感伤、布道的19世纪末诗歌投去两枚手榴弹，轰开了现代派诗的操作面。这两枚手榴弹就是他对"意象"的理论和他的《诗的几条禁例》，可以说一个是积极建设性的关于诗的现代化的基础理论；另一个是对19世纪末诗的病态进行的手术。而贯穿这一切的是庞德惊人的革新精神和信念。

——郑敏《庞德，现代派诗歌的爆破手》[②]

第一组从诗歌的写作背景——五四的退潮——谈起，然后引出闻一多的《红烛》，突出它的"热烈""真诚""深沉""美的力量"，可谓简洁而明确。标题也紧扣"红烛"，以"点得着灵魂"概括诗歌的特质。

---

① 西渡.名家读新诗［M］.北京：北京联合出版公司，2017：38.

② 郑敏.诗的魅力——郑敏谈外国诗歌［M］.北京：文津出版社，2020：241.

第二组先从诗人的艺术追求入手，引出"唯美主义"，然后通过客观分析唯美主义的贡献，纠正了人们历来的误解，指出其中的杰出者可以作出极大的贡献，并举了"南北朝"和"波德莱尔"两个例子，自然引出"大略相似"的《死水》，这是对《死水》的高度肯定。紧接着，评论者迅速亮明自己的立场，从两个角度肯定《死水》在中国新诗史上的典型意义。标题也形象易懂，暗含了作者的立场。

第三组的开头和标题都很精彩，郑敏不愧是诗人出身的评论者，能够用鲜明的比喻来形容庞德对 20 世纪英美诗歌革新运动的重要作用。"两枚手榴弹"指向的本体很清楚，作用也很形象。难得的是，作者又用"惊人的革新精神和信念"将二者统一起来。至此，一篇评论文章的中心就确定了。

第三步，就是搭建结构，列出要写的内容的提纲。试着将一篇关于戴望舒的《雨巷》的评论文章的提纲提炼出来，如下：

开头：一首好的抒情诗，应该是艺术美的结晶，它会超越时间和空间的限制而唤起人们审美的感情。戴望舒的《雨巷》就是这样一首优美的抒情诗。

第一层：《雨巷》的发表时间、影响，从受人推崇到遭遇排斥再到重新焕发光彩。

第二层：就抒情内容来看，《雨巷》的境界和格调都是不高的。

第三层：批驳那种认为《雨巷》内容上并无可取之处的观点，并结合创作背景指出《雨巷》这种抒情特质的成因和价值。

第四层：《雨巷》艺术上的一个重要特色是运用了象征主义的方法抒情。

第五层：戴望舒的诗歌创作，也接受了古典诗词艺术营养的深深陶冶。具体阐释《雨巷》的意境和形象既有继承也有创造的特点。

第六层：探讨《雨巷》的音乐性。

结尾：指出《雨巷》对音乐性的追求在戴望舒个人的诗歌史上是高峰也是结束，表明自己对《雨巷》的偏爱与欣赏。

这是孙玉石先生写的《像梦一般的凄婉迷茫——戴望舒〈雨巷〉浅谈》，应该说层次还是很清晰的，将《雨巷》的主要特点都分析了。难能可贵的是，孙先生对《雨巷》敢于指出其抒情的境界和格调不高，并且驳斥了那些只看到其

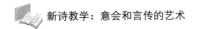

艺术性而否定其内容的评论文章，态度不可谓不客观，不可谓不鲜明。

完成了构架，接下来就是搜集材料组织材料，像孙玉石先生评《雨巷》的文章，就用到了不少相关素材，兹列清单如下：

1. 戴望舒挚友杜衡所写的《望舒草》序
2. 凡尼的《戴望舒诗作试论》(《文学评论》1980 年第 4 期）
3. 戴望舒创作《雨巷》前的经历
4. 法国诗歌象征主义流派的特点
5. 《中国新文学大系·诗集》的《导言》中朱自清关于《雨巷》的评论文字
6. 李商隐的《代赠》和李璟的《浣溪沙》
7. 戴望舒的《诗论零札》十三
8. 叶圣陶对《雨巷》的盛赞
9. 戴望舒的另一诗篇《我的回忆》

这些材料和上面的架构相照应，起到了很好的阐释作用和论证效果。例如，讲到戴望舒的诗运用象征主义的方法，就简单介绍一下象征主义的特点。讲到戴望舒接受古典诗词艺术营养的深深陶冶，就引用了李商隐和李璟的诗歌。这样写，既拓展了文章的容量，也使读者更易理解。

第五节　评论的结果

"批评是人类心灵的指路牌。"

这是丹麦著名文学评论家格奥尔格·勃兰兑斯的名言，它一下子将文学批评抬到了一个相当重要的高度。

教学生学写诗歌评论最直接的结果就是教会他们一些读诗评诗的方法，然后写出一篇较有质量的评论文章。如果是较长的篇幅，则可以检验学生思想的新颖、深刻，检验他们构思的缜密清晰，检验他们表达的晓畅严谨。如果是短评，除了上述内容外，还可检验学生眼光的犀利、文字的凝练。

就评论者本身来说，评论一首诗歌的过程就是一次精神的对话，一次精神的旅程。诗歌中所蕴含的冲击波第一个冲击到评论者的心灵。当然，评论者并不是一个被动接受的容器，他也可以发起反击，和诗歌作者来一次心灵的交锋。最后，剩余下来的那些思考就是真正的纯金。

从读者的接受心理来看，好的评论结果就是使他们更容易理解诗歌了，而不是相反。有些拙劣的评论者喜欢故弄玄虚，结果越评越令人糊涂，以其昏昏怎能使人昭昭？尤其是对学生来讲，他们往往会首先衡量其功利效益，学写诗歌评论，可以掌握一种文体的写法，从而培养自己的鉴赏评价文学文本的能力，将这种感觉迁移到其他文本中，从而在考试中收获多多。

但是，这些都并不是最重要的。学写诗歌评论的最大收获是评论者内心的惬意，是因之而带来的更多的读者的心灵涟漪之激荡。通过评论文字，诗歌的智性之光和诗情之魅得以更清晰地呈现，从而产生更深远的影响。

当然，我们也不能忽略评论对诗歌作者的影响，尤其是对那些仍然健在的诗人的影响。他们的诗歌因为评论而获得了公允的评价，获得了较大范围的宣传。诸多美好的回应将会给诗人带来极大的心灵满足，给他们提供额外的写作动力。因此，他们或许会写出更多作品，为人类的精神世界增加财富。

附学生评论佳作——

攀爬理想天域的意义
——评陈欣媛的《井》

高一　沈欣芸

初读一遍，印象最深的是作者对于"理想天域"的华丽描绘。井底之蛙企图攥紧缤纷的尾巴——山、烛、枝头、芳花，虚虚实实，真切的远方中掺杂了幻想。但不论处于何种逆境，人们总靠的是幻想而非自己的努力，而此诗中的幻想正是贯穿全文的"微光"。微光，不突出光而突出微，正如井底之蛙的我们，读者不难感同身受地意识到微光是比理想天域更庞大、更具影响力和破坏力的存在。若没有彩霞，没有星云，我们自然会再幻想，想出一个能说服自己继续攀爬的理由。可若没有微光，井外的一切都失去了意义，因为看不到。

"看到"也是本诗的一大关键词，末了当作者逃出井中时，"再见"了彩霞，"再见"了炎阳。那究竟是"再次见到"还是"再次见不到"呢？我更倾向于前者。总不能让主人公努力攀爬了那么久，还是无法达到理想天域吧？未免太遗憾了。可惜，遗憾却是所有打动人心的新诗必不可缺少的元素。即使达到了井中的我的梦想，我改变了处境，自会再幻化新的梦想——我想念那一缕微光了。这是极微妙的感情，被作者以几近冷酷的笔调写出：由先前典雅的"天域要漫出去了"到结尾淡漠的"偏要是不再微光"。

细细地如此读来，我联想到了闻一多的《死水》，《死水》以其大胆创新地描绘丑陋而闻名，本诗有异曲同工之妙：沟壑纵横的地，千结百扣的路，自我嘲笑的终点，汩汩的恶臭，盘缠摇曳的自己。解剖这些措辞，才发现这首诗的重心其实是在井中的，而非美丽的井外。草墙里有的是我们的微光，炸开、融合、变幻、起舞，不那么光鲜的现实比华丽的理想天域更重要。作者浓墨重彩地将二者进行不断对比，理想越美满，我越努力，现实越惨淡。这里又与闻一多的所谓"坚定唯美主义"不同了，先生爆破传统的道德，开拓了美学的禁忌；而作者强劲的笔触下的心声呼之欲出——她渴望理解。她渴望读者理解看似不知满足、矫揉造作的主人公，内心有细腻与纯洁。作者非常成功地得到了我们的共情，因为实际上我们所有人与纸上的偏执狂没有多大区别。青春期无条件的不满我们都曾经历，大肆宣扬自己的苦痛来博取关注的事我们也都做过，如此我们是没有资格审判她的。

而当宏大的、成功与失败的意象分析完后，我又注意到细小的一个"叶"字。春藤也好，苔藓也罢，不变的是叶，它象征的是那一点宝贵的初心，当我们同自己的懒惰和软弱一起躺在井底时，崖壁的叶提示了屏弱的理想天域。所以我又一次改变了主意，理解了即使会后悔会怀念也要攀爬的意义。或许人总是要陷入一遍一遍回忆中的，如此才能定义她的人性。

本诗是非常精彩的，新颖的角度也没有为新而新的刻意感，在接受扑朔迷离的人性后释怀，方才真正感悟她复杂又谙悉的内心思想。

井

陈欣媛

沟壑纵横的地，千结百扣的路，

做着既定的选择，瞟着望眼欲穿的终点，

头顶炸开一朵绚烂的彩霞，

似摘一捧星云，融汇夕辉，

流入未知的天域。

要漫出去了！

我触不及它，更留不住它。

我越是伸手，墙越是生长，

就我那喉间惊叹同抓住命运之绳的手一同埋没。

要攥紧那缤纷的尾巴；

我瞧见那——

山旁嵌着金云；烛边盘着青烟；

枝头缠着春藤；脚下绽着芳花。

微光钻进草墙。

炸开，舞动，融合，变幻。

——它们在狭缝中起舞

汩汩恶臭，这方地似摇曳于深渊的一叶孤舟，

微光蹦上崖壁。

炸开，舞动，融合，变幻。

攥紧，跌了去，又爬，复攀。

轻抚，又摩挲，企图掰开盘缠的叶。

——偏是要拨开它，

　　再见彩霞，

　　再见炎阳，

　　不见微光。

我、乌托邦、鸢尾、五月
——读钱可馨《五月》有感

高一　万籽

少年在自己的乌托邦——

种下鸢尾，

不要月季，不要玫瑰。

——钱可馨《五月》

我们大多数人对于诗歌的理解都是什么呢？晦涩绵长，情感四溢。可或许，都不需要。好的诗，往往赢在其中的，是与读者的共鸣。

在看了它之前，我从未想过有一日，我那自认为隐蔽而孤独的青春会被刻画出来；在看了她之后，恍然如梦，一场好长的梦，一场我与她共舞的梦。

每个孩子，每个少年都会有个由自己亲手创造的世界，那里没有悲苦，只有欢乐；那里没有时间，只有自己无限的幻想——我们就如诗中那样，称它为少年的乌托邦。

在那里，我能做个小小统治者，掌控着一切我所掌控不了的；在那里，我能当个云游四方的诗人，了解着一切我所了解不到的。那里有"洞天石扉，訇然中开"的绮丽，也有"无边落木萧萧下，不尽长江滚滚来"的壮阔，还有……

——除了我的学习。

这么来评价这句话似乎有些不妥，可我偏偏在这句诗中读出了那儿时的天真，她不愿见到老师，不愿见到作业。

可随着时间流转，小孩子一眨眼成了大孩子，生活在自己的乌托邦里的少年忽然意识到自己不能一直消沉——她紧急刹车，她调转方向。我想，这就是句末的破折号最有力的证词吧。

玫瑰生来便如血一般红，仿佛它来到这里，就是为了大张旗鼓地宣告自己的胜利；月季生来便如雪一般白，仿佛它来到这里，就是为了彰显它纯洁的风采。

很难说清它们为了什么，但这也便成了人生百态，我昔日的同学中，不缺如玫瑰那样的领导者，也不缺如月季那样的中心人物。当然，也不缺如鸢尾那样渴望自由、活出自己的风采的人——而那个人就是我。

读到这只有短短三行的小诗时，我的内心是震撼的，不光因为它短，还因为她，这位我素未谋面的诗人。我并不知晓她的生活，但我从她这短小却悠长的诗中读出了自己——自由、向上。

简短的文字说不完的悠长情怀，她在这首诗中留下的远远不止这21个字4个标点的内涵。我认为，她不爱好张扬，不爱好热闹，只在乎当下，踏实走好每一步。不一样的如乌托邦般绚丽的青春，不似玫瑰豪放，不似月季内敛，似她自己，也似我。

新锐作家蒲熠星说过这样一句话："人是依赖记忆而存活的生物。"我记忆中的青春，漫长而又短暂：漫长在我的改变，短暂在我的蜕变。正如此诗中，那种向上的、强烈的、自由的少年之意，我和她，在某些方面，似乎已融为一体。

这也便是，此诗的妙处吧。

模糊，清晰，我那盛开在乌托邦中，照耀五月的鸢尾。

致那真正的青春
——36 个字中的无限情感

高一　李宸熠

夏天的野火，
凌乱在秋天的疾风里，
欲熄未熄。

春天的脚印，
葬身在冬天的寒雪里，
扑朔迷离。

——虞炜伦《无题》

这首诗的作者是我的一个初中同学，关系也不错，我自然也就能理解他写这首诗的背景与心情。他是一位内心中充斥着自己的想法，却又无法表达出去的少年；是一位让别人与自己分享孤独，让自己的压力多一分，给别人的快乐多一分的少年；是一位在世间的许多压迫下虽表面上臣服，内心却仍有火焰燃烧的叛逆少年。

这样一来，我们就能体会出这短短三十六个字中的深意了。这首诗讲述了这样一个故事：原本饱含着热爱与执着的少年，心里的那一股热情好似那一簇夏天里的野火，然而，随着时间的推移，那些反对的声音，那些让他专注于学习的声音接踵而至，仿佛是秋天里的疾风呼呼地刮来。夏天的野火凌乱在这秋天的疾风中，火苗逐渐黯淡，却又永远轻盈永远滚烫不愿下沉不肯下降，欲熄未熄的火焰好比这位少年的心，在面对种种压力下选择了屈服，却是不彻底的屈服。那一丝黯淡的火光便是那仍在追求自由与浪漫的心。

这样一位追求自由与浪漫的少年，从来都坚持着把别人的快乐当作自己的快乐的原则。对旁人来说，他的出现好比是那冬天中隐隐约约的春天的脚印。然而，这个冬天似乎过于寒冷了，春天的脚印在其中寻找着什么，追求着什么，虽然扑朔迷离，但他明白，这是春天的脚印的职责本分。

这短短的三十六个字，却概括了作者近两年来对自我、对社会的全部思索。这似乎才是一个少年该有的样子，也将人们心中的青春具象化：

自由的笨蛋没有未来的理想；

自由的笨蛋追那自由与浪漫；

自由的笨蛋更愿意去拥抱你的悲观。

再回到诗题。作者草率地写下了两个字"无题"，看似是没什么可说的，实则不然：欲熄未熄的夏天的野火；扑朔迷离的春天的脚印，这与具体的、物质化的事物有所不同，没人能说清楚这到底是什么。是面包，还是自由与浪漫，还是大爱无疆与大道无垠？没人知道。这样的求索便能用"无题"二字准确概括。

读完了这首诗，我们便应重新开始审视"青春"这一抽象的主题。我们不管这人世间有多少不如意的事，都不能让心中的火焰熄灭，即使它逐渐黯淡，也要让它去温暖更多人，就像冬天里春天的脚步一样。

年轻的五行赞歌
——评张顾佳《金木水火土》组诗

高一 吴思辰

当我读张顾佳的这首现代诗，观感上更像是在照镜子。我对其的理解是读者在文学中窥见自己。张顾佳的诗便有这般魔力——选材则有大功劳。

瑰丽的选材。

关于"金"篇短短五行内容，她便将虚拟与现实紧密交织，谱出当代年轻人对网络的那份若有似无的依恋之感。"棺材"是"二进制"的；"玫瑰"是"赛博"的。躺在棺材里的"我"，又是否真实？带着这份疑问，我便跟随她"按下关机"，迈向她步入激昂的"五行赞歌"。

"木"，她选择了"森林里的圣母"，对于她是否知情她对月亮的喜爱，最后持温柔而肯定的消极回答：她拒绝了。当然，这便体现出那份少女的朝气了：人间那么美，而我哪怕木讷，又是否该去寻找你？对于那份未知，对美的无畏与神往，此刻体现得淋漓尽致，她问自己也问读者。妙的在紧跟的"桂花又抽枝了"。她将视角由虚拟转向实处，从她丰盈的想象中抽离，而同时也给予读者对她选材运用的绝叹空间。

"水"篇分为两组，大概是类似于对情愫的敏感与相对的稚气。选材上由"绿"的湖，配上"红"的山，文字也展现出了极强的色彩反差，富有冲击力。"喜欢山还是水"，也是一组反差，又巧妙呼应了那绿与红的对应，这份敏感的情绪便呼之欲出。

"火"篇以陀思妥耶夫斯基名言引出，火则是烛光，结合紧密地体现了她对那灵魂之火花不灭的追求。而她"踏入海"，便是作者那份年轻的赞歌。

末篇"土"是作者自述最喜爱的一句。也确实短小精悍。"活着""洗澡"，两事看似毫无关联且习以为常，但放在本组诗末尾却有着重量了。当代年轻人的内心总有挣扎。关于"活着"光是意义便能说好多。

而这样看似消极的选材，为何我们仍然认为此诗是精妙的、朝气的、年轻的赞歌？其背后原因便在于张顾佳在这些诗句中写出了那种青少年内心的挣扎感与自由之意。关于虚拟与真实、关于未知与向往、关于爱情与健忘、关于未来与理想、关于生命与精神。我们在读诗、生活之时，不免在这些抉择中挣扎。

换句话说，她的选材与文字年轻而又客观，不是粉饰太平、无病呻吟，而是句句都在发出那种年轻的咆哮。正如狄兰的那句"不要温和地走入那个良夜"。张顾佳的文字及这组诗歌，更是让我感到了这份生命力。她明晰地发现困境，并代表着无数少年做出一次年轻的抉择：活着、活着、活着。

故我认为这组诗是一首年轻的五行赞歌。

金木水火土（组诗）

张顾佳

金
二进制的棺材
躺着赛博玫瑰
我手捧着
人们送来的
按下关机

345

木
我喜欢月亮
水泥森林里的圣母
不知她是否知情

想来是拒绝了
不然
人间那么美
她为何那么远

木讷的我
该去寻你吗？

桂花
又抽枝了

水（一）
青海的山
总是红的
德令哈的湖
总是绿的

我捧起了黄土
扬了

有人问我
喜欢山
还是水

水（二）

细细密密

我总是忘带伞

火

"我要为灵魂不灭而活着，

绝不接受折中式的妥协"

——陀斯妥耶夫斯基

点了一根烛

我走了

只身

踏入那片海

土

每天有两件大事：

活着

洗澡

<h2 style="text-align:center">人称及叙述性故事之妙</h2>
——《上游》评析

高一　于欣怡

粗略通读完整本诗集，《上游》这首诗以其独特的人称视角以及故事性极强的脉络给人以新意。

通篇诗歌主要用"你"第二人称写的，"你睁眼看倒影""你打起十二万分精神""把你往前吹""你笑着"等语句，在作者的笔下将读者引进他所构思的故事中。

这样的手法同样让我想到了《鹅鹅鹅》这一动画，作者同样是透过屏幕直接与读者对话，自然而然地读者视角从旁观转入了第一人称，将自己投射在主角上，继而从不同的立场来思考问题与情节。例如，在本诗中，"你"坐在江水边听见了"老大们"说话，说上游有什么，从而让"你"选择了去上游，有了后续一系列故事的发展。通过读者抱着"我是主角"的心态而对其行为的推测，用读者之想象来填补作品之脉络与情节，让一整个故事合情合理地开展，也让故事的开展出乎读者意料。

如果说读者是"主角"，作者就是执笔写世界的造物主，通过对小世界的改变来引导读者，再赋予意料之外的结局调动读者之思考。诗中的"我"踏上了上游探索之路，历重重困难，期待着上游的宝藏。但来到上游后既没有恶龙更没有宝藏，只有和下游一样单调的水。可并没有完，紧接着"转过头，远处冲来，十万个年轻的自己。你笑着，没了心里的天堂，只剩归途，返航"，又为这一看似失败的结局添了点不一样的感觉，整篇诗叙述性也极强。

同样地，诗中也为读者营造出了身临其境的氛围，调动听、视、嗅，以及与周边事物互动。举个例子，诗中"我"选择去上游冒险是因为听到了老大们的高声谈论，巧妙地为我赋予了身份，可能是水手、船夫、渔民……也给了读者一定的想象空间。同时，也引出了去上游的原因。老大们说上游有恶龙、宝藏、有天堂，但去不得，上游究竟有什么呢？抱着这个问题继续往下看。"看，风景飘起，两岸后退""闻着江水，深蓝的咸腥""听着飞鸟掠过天空，棕黄的啁啾"，三个视角结合，让旅途显得真实丰富，可以想象出"我"刚出发时的轻松愉悦。"黑云盖顶风雨嘶吼""船起船落，沐过罡风恶浪"这样翔实的描写，诗中不交代船上我的应对也足以让作者产生想象。紧接着风散浪平，"问水花，它回答'哗啦哗啦'"，与周围环境产生了联系。

诗歌中的视角补全了故事，故事也为视角的联想作为基础，以一个带有童话色彩的故事贯连了全文。最后，虽以遗憾收场，但那抹笑许是对自己勇敢努力的释然；又或许上游的风平浪静是对勇士最好的褒奖。

我想一首好诗不仅是作者带给读者的思考，还有的是读者带给作者的独一无二的解读，亲自闯荡作者笔下的世界。正如这首诗，在人称的转换与故事的相互补充中，是读与写的对话，更是作者带领读者找到自己的思考与情感。

上游（节选）

朱元杰

上游有什么？

上游有恶龙，

上游有宝藏！

浩浩荡荡轰隆启航，
慌乱中奋起追逐。

寂静从上游涌来，
咬牙逆流上！

水花里伸出十万只手，
推你向后。
你打起十二万分精神，
撞开船头浪花。

…………

引擎转了一夜，
瞌睡着迎接了朝阳。
风把你往前吹，
浪把你向后带。
除了水还是水。
没有宝藏，
没有恶龙。
单调，
上游和下游一样。

转过头，
远处冲来，
十万个年轻的自己。

你笑着，
没了心里的天堂，
只剩归途，
返航。

第八章　新诗教学和活动策划的实践研究

一、寻找那双朝向峨日朵之雪的眼睛
——我教昌耀的《峨日朵雪峰之侧》

无论教学怎么发展变革，单课教学永远都是必不可少的。时下流行的单元教学虽然说在架构上较单课教学更为宏大，但如果脱离了单课教学支撑，恐怕也会遭遇基础不牢、内里空虚的危机。在此选择一篇单课教学的实录与大家分享，正是想说明单课教学的价值和魅力。这节课先后被评为上海市和教育部的"基础教育精品课"，不唯有我研究、设计、执教的功劳，也有各位评委专家的眼光和标准。如果能够对广大一线语文老师有所启发，那我也就不辞做这自夸的"王婆"了。

《峨日朵雪峰之侧》是诗人昌耀的代表作，被选入多种新诗选本。此次被选入新教材，也算是对昌耀坎坷的人生和诗歌创作历程的一种莫大的慰藉。我很喜欢这首诗，喜欢它简洁古奥的文字，喜欢它克制冷峻的情感，喜欢它坚毅执着的精神。然而，比起同一组选诗中的其他诗歌，郭沫若《立在地球边上放号》的热烈，闻一多《红烛》的深情，雪莱《致云雀》的绵密，它太平淡了，很容易被忽视。

高一的学生虽然有过一些阅读新诗的经验，但他们与新诗还是有一些隔膜的。由于种种原因，他们对新诗的态度大多是轻视或畏惧的。如何克服这两种心态？一是要让学生体会到新诗的特质，二是要教给学生解读新诗的方法。

曾听学生说，所谓新诗，就是把一句话或一篇文章拦腰砍为几段，分行写出来。真的是这样吗？正好《峨日朵雪峰之侧》中有一句非常特别的分行，可以让他们分析一下，进而体会一下新诗分行背后的用心和深意。分行，恰恰是诗与文相比较最显著的特征，不注意这个特征，也难怪有人读诗如读文了。

在诗歌解读的方法上，我主要运用了"视角"来引导学生还原现场，进入诗歌的情境。既然是诗歌，那知人论世、意象分析的方法就依然是有效的。学生学习了不少古诗，对这些方法应该是比较熟悉的。

但既然是新诗，自然也就有它的"新颖"处。如何让学生在旧瓶中尝到新酒的滋味，这就需要老师下一番功夫。首先，我不打算按部就班先介绍作者，而是直接从诗歌入手，在解读中逐渐引出学生对昌耀的好奇，然后再适时地予以介绍，以激发他们探究的兴趣。其次，我紧紧围绕"蜘蛛"这个意象，让学生体味诗人在它身上倾注的复杂丰富的情思。较之古诗意象的刻板固定，新诗的意象更偏重个人的感觉，更能真实地反映诗人的思想和情绪。最后，通过留作业的方式，让学生比较这首诗的初稿和定稿，让他们去品味、评价。这一方面是课堂学习的延续和深入，另一方面也能培养他们独立思考的能力。

闲言少叙，书归正传，让我们开始走进"课堂"吧。

《峨日朵雪峰之侧》课堂实录

一、导入

"会当凌绝顶，一览众山小。"杜甫的这两句诗可谓写尽了登高的豪情。古人登高必赋，他们或思乡，或怀人，或伤己，或怀古；或喜，或忧，或歌，或哭，留下了大量的优秀诗作。然而，今天我们要学习的昌耀的这首《峨日朵雪峰之侧》，无论是语言还是情感都为我们呈现出别样的意味，这大概就是新诗之所以称为新诗的魅力之一。

今天，我们这堂课有三个学习任务，一是赏析诗歌的标题，二是揣摩诗歌的视角，三是分析分行和意象。

二、赏析诗歌的标题

师：首先，我们来看一看诗歌的标题——峨日朵雪峰之侧。老师试着将它改了一下，改成了——无名山峰的一边。大家比较一下哪个好，为什么？

生1："峨日朵雪峰之侧"更好。"峨日朵"应该是当地人——可能是少数民族对那座山峰的称呼，虽然我们不知道它的含义是什么，但总比"无名山峰"要好。

生2："雪峰"与"山峰"相比，换了一个"雪"字，感觉大不相同。

师：是的。"峨日朵"应是当地藏族或蒙古族对这座山峰的称呼，它给习惯了汉语表达的我们带来了一种"陌生的新奇感"。另外，"之侧"比"的一边"更简洁，更书面化，还带有一点文言色彩。事实上，诗人昌耀是一个完美主义者，表达新奇、文字典雅，注重形象的美感，这些都是他诗歌语言的标志性特征，诗题也不例外。

我们再来看他的另外两首著名的诗歌标题——"鹿的角枝""雪。土伯特女人和她的男人及三个孩子之歌"。和"鹿角""雪天里的藏族女人和她的家人"相比较，哪一种表达更好？为什么？

生3：很明显，"鹿的角枝"比"鹿角"好。好在表现出了鹿角那种像树枝一样散开的美，具有很强的画面感。

生4："雪。土伯特女人和她的男人及三个孩子之歌"这个标题有点奇怪。雪后面加了个句号，很突兀。"土伯特"我不知道是什么意思。

师：土伯特女人其实就是昌耀的藏族老婆，"土伯特"出自清代文献对藏族的称谓。这首诗写的就是昌耀经历长期离别后见到妻儿的场景。标题与"雪天的藏族女人和她的家人"相比，文字是烦琐些，但更有情味，更能表现那种家人久别重聚的欢乐。

三、揣摩诗歌的视角

师：接下来，我们来欣赏诗歌。课前我让同学们根据自己的阅读感受，为这首诗画一幅意境图，请看这两位同学的作品（PPT展示，略）。我请两位同学来个一句话点评。

生5：左边这幅图是全景式的表现，大气磅礴，长长的飘舞的围巾更是把诗意刻画得传神入骨。

生6：右边这幅图是特写式的，将诗人攀爬雪山的那种紧张感表现得很真实，那只小蜘蛛给了他坚持的动力。

师：读诗就是要有画面感，要抓住典型的景物。两位同学能够将诗歌的语言用图画的方式予以呈现，这就是一种读诗的能力和创造力。尤其让我佩服的是，两位同学都显示了一种大无畏的乐观主义精神。如果说左图围巾飘飘已足够诗意，那右图穿短袖爬雪山，也是非常生猛啊。

闲言少叙。下面，请大家听我朗读诗歌的前十行，圈画出其中写到的景物。

（师朗读，生在自己的课本上勾画。）

师：这十行诗里，总共有几样景物？

生 7：总共六样：峨日朵之雪、彷徨许久的太阳、引力无穷的山海、滑坡的石砾、棕色的深渊、巨石的罅隙。

师：很好。让我们从"我"这个攀登者的角度去审视这些景物，看看它们在空间上是怎样安排的。大家可以就近讨论一下。

生 8：我们发现，诗中景物以"我"为中心，大致可以从四个方向予以区分：

（1）峨日朵之雪在"我"上面，它洁白美丽，令人向往，但又不可触及。

（2）滑坡的石砾、棕色的深渊在"我"下面，它们充满危险，时时需要提防。

（3）山这边，是身为攀登者的"我"，用指关节死死扣住巨石的罅隙，不愿意坠落，努力维持着好不容易达到的这个高度。

（4）山那边，"我"看见的是彷徨许久的太阳，是引力无穷的山海，太阳正在跃入山海。

师：这四个方向的划分，是建立在"我"攀登半壁悬在峨日朵雪峰的某个高处这一独特的视角之上的。什么是视角？视角，又作"视域""观察角度""投影""透视点"，是从绘画理论中移植到文学理论中的用语，指观察的角度。

欣赏诗歌时，尤其是和景物描写有关的诗歌，我们有必要找到作者的视角，然后通过想象，从诗句中去寻找、去摸索，最重要的是，去还原诗人的经历，进而去揣摩其心理和情感。

四、分析分行和意象

师：明确了诗人的独特视角，我们再来看诗歌最特别的一行和最特别的一个意象。

1. 一行十分特别的诗

师："山海。石砾不时滑坡，"这一行诗，放在这里，很奇怪，通俗点讲，有点前不着村，后不着店。"山海"从语意上来讲，放在上面一行更好，"正决然跃入一片引力无穷的山海"，这样写多好。事实上，昌耀在初稿时就是这么写的。可为什么要改成现在这样呢？让"山海"孤零零地摆在这一行，还用了一个句号，毅然决然地和后面的"石砾不时滑坡"隔开，颇有点鸡犬之声相闻老死不相往来的感觉。

请同学们从本诗独特的视角出发，去揣摩一下诗人这样断句的意图。

生9：从"我"悬在半空的独特视角出发，我们发现"山海"在"我"的侧前方，在峨日朵雪峰的另一侧。"砾石"在哪里？在"我"的脚底下，在峨日朵雪峰的这一侧。

师：很好。为什么要将山比喻成海呢？

生9：将山比喻成海，写出了山的众多和起伏，也从侧面写出了峨日朵雪峰的高，"我"所处的位置很高。

师：好，你已经进入了诗的意境了。古人说：观山则情满于山。我们读诗也应当有这种身临其境的意识，仿佛我就是主人公，我此刻就悬在峨日朵的半山腰。"山海"写出了山那边的壮丽，这是视觉上的效果。而"石砾不时滑坡"则是听觉上来自脚下的危险。这一静一动，一远一近，两样景物形成奇妙的对比。所以，诗人几经斟酌决定将它们放在一行，以强化这种对比之美。那么，昌耀为什么又要用一个句号将二者隔开呢？联系前后的诗行，请同学们思考一下这个问题。

生10：从前面的诗行来看，"山海"是引力无穷的，它的引力大到连彷徨已久的"太阳"也"决然跃入"，而"石砾的滑坡"似乎又强化了这一特点。从后面的诗行来看，"我的指关节铆钉一样揳入巨大的罅隙。/血滴，从撕裂的千层掌鞋底渗出"这两行表明"我"能置身那个位置其实非常不容易。

师：是的，登山本身是充满危险的。如果是你，你处在那样的情境，会不会感到害怕呢？意志会不会动摇呢？

生10：也许会的。

师：承认自己的渺小，并不都是懦弱，而是一种清醒的自我认知，尤其是在大自然面前。这没什么丢人的。也许有那么一刹那，"我"也想像石砾一样滑坡，去和深渊战斗，去一路喊杀一路嚣鸣。然而，"我"还是本能地牢牢地将指关节"铆钉一样揳入巨石的罅隙"。"我"的脚用力支撑，所以才会有"血滴，从撕裂的千层掌鞋底渗出"。为什么？这就是人的意志力。别忘了，昌耀可是当过兵的，参加过抗美援朝的。军人的意志岂容小觑。

大家看，我们抓住这十行中最特别的一行，从视角出发，上下联系分析，就读懂了昌耀。由此可见，诗歌的分行并不是随意的，而是饱含着诗人的思索的。当然，这只是我们的解读。诗歌的分行有时简直不可"理"喻，朱光潜先生在《诗论》中说："诗是一种音乐，也是一种语言。音乐只有纯形式的节奏，没有语言的节奏，诗则兼而有之。"① 所以，诗和散文仅就分不分行而言，就绝不是一回事。

英国诗人柯勒律治曾说："灵魂中没有乐感的人永远不能成为一个天才的诗人。"② 我想，昌耀之所以会如此分行，除了理性的推敲斟酌之外，难以免除他诗性直觉的推动。

2. 一个最特别的意象

师：分析完这首诗最特别的一行，我们再来看这首诗最特别的一个意象——小蜘蛛。

蜘蛛这种形象，在古代诗歌里常常是作为反面形象出现的，它相貌丑陋，结网捕食，不太受人待见。然而，在昌耀笔下，我们发现这只小蜘蛛真是可怜得很。首先，我们看它生活的环境，"锈蚀的岩壁"，多苦啊！其次，看它的形体，"小得可怜"。再看它的境遇，"一只"，孤独而寂寞。

"我"看到它的第一反应满意吗？

生11：肯定不满意。

师：何以见得？从诗句里找一找证据。

生11：这个从"我"对"雄鹰"和"雪豹"的渴望中，从"但"这个字眼，都可以明显察觉到。

师：但是，这是"我"所处的位置仅能找到的活物，在"我"悬停半壁的独特视角里，它是唯一的伙伴。怎么办？用一句流行的话来讲，就是理想很丰满……

生（齐）：现实很骨感。

师：没办法，理想和现实的这种落差真是常常令人痛苦不堪。然而，为什么"我"最终接纳了它并与它一同默享这大自然赐予的快慰呢？注意，是"快

① 朱光潜.诗论［M］.朱立元，导读.上海：上海古籍出版社，2001：109.
② ［法］雅克·马利坦.艺术与诗中的创造性直觉［M］.刘有元，等译.北京：生活·读书·新知三联书店，1992：217.

慰"，快乐而欣慰！大家不要急着回答，可以就近小范围讨论讨论，看看能给出几种解读。

生12：或许是"我"的悲悯情怀让"我"改变了对小蜘蛛的态度，这只小蜘蛛就好比社会上那些艰难生存的小人物。

生13：我们觉得昌耀从这只小蜘蛛身上看到了自己的影子。

师：为什么这样说？

生13：感觉。猜的。

师：很好。这就是读诗的直觉，写诗需要直觉，读诗也一样。你们的直觉是相当敏锐的。大家看，诗的初稿写于1962年，那年昌耀只有26岁，因为被错划为"右派"正在青海省八宝农场接受劳动改造，处境很差。大家有兴趣的话，课下可以去查查作者的资料。其他同学呢？还有新的解读吗？

生14：我们认为小蜘蛛是另一个攀登者，它虽然小，但它也攀登到了这个高度，这让"我"改变了态度。

师：同学们回答得都很好，这就叫诗无达诂，这就叫见仁见智，这就是诗歌的张力所在。如果我是昌耀，我会把小蜘蛛当作我的精神导师，是它给我思想的启蒙——无论环境多么艰苦，唯有适者才能生存。

师：总之，有了这只小小的蜘蛛，"我"不再孤单。蜘蛛虽小，但它也一样出现在这样的高度，而且它并不宣示什么，仿佛一切都是自然而然的。它的出现，它的沉默，使一切自以为是和虚张声势都失去了分量。所以，奋斗固然重要，高度固然重要，更重要的是对奋斗和高度的态度，这才是真正难以企及的，但又是我们应该具有的精神高度。

师：年轻的昌耀遭遇人生的不公，被迫接受极其艰辛痛苦的劳动改造。他忍受着饥饿，忍受着苦役，忍受着无望的生活。借这只小小的蜘蛛，他给自己织了一张弹力十足的网，激发了自己抗争的豪情，激发读者和自己一起思考，思考青春的态度，思考人生的意义。在他的另一首著名的短诗《荒甸》中，昌耀这样写道：

而我的诗稿要像一张张光谱扫描出——

这夜夕的色彩，这篝火，这荒甸的

情窦初开的磷光……

这就是昌耀的倔强和诗意，这就是诗歌的魅力和张力。没有昌耀，荒甸永远荒凉；没有诗歌，昌耀可能就挺不过那艰难的岁月。

五、作业布置

师：最后，我们布置一下作业。细心的同学一定发现这首诗的后面有两个时间点，一个是 1962 年 8 月 2 日，26 岁的昌耀，八宝农场的劳改犯，写下了这首诗的"初稿"。另一个时间是 1983 年 7 月 27 日，47 岁的昌耀，已经平反，重返诗坛的昌耀，将这首诗"删定"。删定这个词，洋溢着自信，透露出诗人对这首诗的最终确认。然而，从我们欣赏者的角度来看，真的是这样吗？

所以，我们的作业就是：

（PPT 展示）

比较昌耀的《峨日朵雪峰之侧》的初稿和改稿，找出其异同，并尝试分析其优劣。

执教感言

昌耀是爱山的，这在他的诗作《凶年逸稿·在饥馑的年代》得到充分体现。诗的第一节是这样写的——

我喜欢望山。

席坐山脚，望山良久良久

而蓦然心猿意马。①

在这种遥望中，昌耀自然也会汲取山的伟岸精神，会生出登高一望的冲动。《峨日朵雪峰之侧》应该就是这种情绪和实践的产物。

一开始，我是没怎么看懂这首诗的。可是当我找到了昌耀的观察视角，一切豁然开朗。我尝试让自己如诗中的"我"那般悬在峨日朵雪峰的半壁，尝试着像他一样探出头看山另一侧的山海，尝试着发现那只小蜘蛛，尝试着去触摸他心中的那丝快慰。

或许这得益于我多年创作诗歌的缘故。诗人一般会有一个灵感的起点，这就好比你不能只看见天上的风筝而不知道线的另一端还有一只手。在这手心里，或许还攥着一只明亮的眼睛，那诗歌的风筝正是从它的瞳孔里飞起来

---

① 昌耀.昌耀的诗[M].北京：人民文学出版社，2013：10.

的。透过诗句，我们去发现诗歌的视角。抓住它，我们便能够尽量还原诗歌，理解诗人敏感而复杂的思绪和情意。

昌耀的命真苦，昌耀的命也真硬，这是我读罢燎原写的《昌耀评传》后最真切、最深刻的体会。一道道大山锁链般囚住昌耀，也把他锻炼成一块硬石头。

1962 年的昌耀，好不容易从难挨的饥饿和辛苦劳作中活下来了，便又开始了为争取自由而进行持续申诉。写于 8 月 2 日的《峨日朵雪峰之侧》应该是很忠实地反映了他这一时期彷徨而坚韧的心理，他的内心应该是满怀着愤懑，又满怀着憧憬的吧。所以，当他看到那只"小得可怜的"蜘蛛时，其内心应该是充满悲悯与自怜的。彼时的昌耀，不正像这只小蜘蛛吗？虽然环境极其恶劣，但还是顽强地活着，活在峨日朵雪峰一侧的"锈蚀的岩壁"里。所以，知人论世、意象分析这些鉴赏诗歌的方法在解读新诗时并不过时。

由于课堂时间有限，我布置的作业是期望能够让学生在比较中产生疑惑，进而激发探究的兴趣。尽管昌耀的好友燎原在《昌耀评传》一书中特别提到昌耀这种改写旧作的现象，他说：

> 一个作家的任何作品，其产权都属于作家自己。因此，他拥有对自己的作品进行修改、改写、重写的绝对权利。[1]

确实，昌耀的修改多是出于精益求精的态度，然而有时时过境迁，修改也可能意味着对彼时彼地彼种情思的一种破坏。就《峨日朵雪峰之侧》来讲，易"默想"为"默享"真的好吗？

或许有人从"享"字上会赞美昌耀的思想境界，这从诗歌的改动史来看，是有道理的，因为从初稿到改定相隔了 21 年，昌耀从青年到中年，人生态度发生了变化，变得豁然。光阴将过去不美好的记忆层层滤去，于人生而言，确实是一种善意。然而，若就诗歌而言，我觉得"默想"更能表现昌耀彼时的困惑、倔强和愤懑。

（这堂课的实录发表在《语文教学通讯》2022 年第 7 期"部级精品课"的专栏）

---

[1] 燎原 . 昌耀评传 [M]. 北京：作家出版社，2016：308-309.

二、海面下的冰山：一节部级基础精品课的研究和思考

海明威的"冰山理论"广为人知，如果我们套用一下他的表达来谈课堂教学和相关研究的关系，就是：一堂好课之所以好，是因为它只有八分之一呈现在课堂上。那深藏在课堂之外的风景，旁人很难发现，只有教师自身徜徉其中。

《峨日朵雪峰之侧》被评为教育部基础精品课是对我的肯定和鼓励，但最大的奖赏并不在此。在我的书架上，昌耀不同版本的诗集和燎原为他写的评传成为我宝贵的财富。正是它们，为我展现了一个平凡而富有才华的诗人的坎坷一生，为我打开了一座个人书写的中国西部诗歌的宝库。

真遗憾，昌耀已逝。不然，真想去拜访他，看看一个瘦小的男人如何装进去那么高傲宏大的灵魂。

我曾经为昌耀写过一首诗：

地铁里想起昌耀

这坚硬的地铁光明的地铁

每一站的名字都清清楚楚

而人生呢？每位乘客，我和昌耀

臣服于难以预知的运命

陌生。菌斑的生活，纯洁的爱情

张灯结彩的藤萝，头顶的星空

小你二十岁的土伯特新娘搭载你

又将你遗失在无助的屋顶

昌耀，你的终点站抵达之前

你摆不脱黑暗里乱撞的诗句

你不是地铁，只是一只旱獭

携带诗的鼠疫躲在幽暗的地洞

西藏南路到了，并不是西藏

在酥油灯里，你化成牦牛角的灯花

正常生活的边缘，被遗忘的赘婿

遗忘成桃源，你的来处

昌耀，你的名字收纳了太多美好光明

人生的箱子便注定了阴暗和空空

当你纵身一跃时，究竟是一只鹰

或者被无常推出车厢的孑然身影

或许正是由于我对昌耀的了解和悲悯，使我对《峨日朵雪峰之侧》有了别样的情感，也使我拥有了审视它的别样视角。于是，我从文化的角度切入，试图去发掘这首小诗背后的深刻和独特。于是，就有了下面这篇文章。

多重时空的辐辏和交响
——关于昌耀的《峨日朵雪峰之侧》

【摘要】《峨日朵雪峰之侧》是诗人昌耀的代表作，它的初稿写于 1962 年，定稿写于 1983 年，因而，这首小诗就有了两种不同时空的交响。比较其初稿和定稿，我们会发现一些端倪和变化。除了显性时空外，这首诗还有隐性的文化时空。汉藏文化在作者身上的碰撞交融，于这首诗中也有所体现，主要表现在语词、意象和精神内核三个方面。

【关键词】昌耀；峨日朵；时空；文化碰撞；诗歌重写；诗歌语言

昌耀从 1958 年 3 月被下放劳动，到 1979 年 3 月重返青海文联，时间整整过去 21 年。对这 21 年的经历，昌耀是这样述说的：

我以诗作《林中试笛》被打成"右派"，此后仅得以一"赎罪者"身份辗转于青海西部荒原从事农垦，至 1979 年春全国贯彻落实中央"54 号文件"精神始得解放。[①]

言语何其简洁，但"赎罪者"的引号还是传递出他内心的倔强与不屈：我王昌耀何罪之有？何罪可赎？

在这 21 年里，昌耀写的诗并不多。而对于自称"我不是一个多产作家"的昌耀来说，1961 年至 1962 年绝对是一个"高产"的时期。据作家燎原统计，昌耀这一时期共写了 20 多首诗。这其中，《凶年逸稿》无疑是最厚重的，《峨日朵雪峰之侧》则短小精悍。

---

① 昌耀. 昌耀的诗 [M]. 北京：人民文学出版社，2013：421.

如今，随着《峨日朵雪峰之侧》被选入统编教材，昌耀逐渐更被人所熟知。许多研究者都写了自己的解读，但多是从诗歌内容予以分析，从更宽广的"时空"角度来分析的还不多，这就给了本文以立论的空间。

一、显性时空

（一）1962　峨日朵

1962 年的昌耀，好不容易从难挨的饥饿和辛苦劳作中活下来了，便又开始了为争取自由而进行申诉。

《峨日朵雪峰之侧》应当是昌耀投递申诉材料之前写的，所以，当他看到那只"小得可怜的"蜘蛛时，其内心应是充满悲悯与自怜的。彼时的昌耀，不正如这样一只小蜘蛛吗？虽然环境极其恶劣，但还是顽强活着，活在峨日朵雪峰一侧的"锈蚀的崖壁"里。

峨日朵在哪里？

教材上的注释说它"在青海海北藏族自治州内，是祁连山脉的一座无名山，靠近祁连县峨堡镇，山顶终年积雪"。

这样的解释也说得过去，但我认为这并不符合昌耀的个性。作为一名诗人，他对语言有天生的敏感，"哈拉库图""库库淖尔""卡日曲""扎麻什克"这些藏族词语出现在他的诗中，准确无误。如果峨日朵只是一座无名山，那峨日朵之雪的美怕是难以吸引昌耀的攀登，昌耀也不可能虚构一个藏语来命名它，以特意造成一种言语的陌生化。"我是这土地的儿子。/ 我懂得每一方言的情感细节。"① 这是昌耀在诗中表达的对藏语的深情。

"在我倾心的关塞有一撮不化的白雪，/ 那却是祁连山高洁的冰峰。"昌耀在《巨灵》中如此讴歌，使我们意识到他所钟爱的不只是山峰的高，还有山峰的洁，在于那一撮不化的白雪。如此钟情，又怎会乱取名字呢？

我向藏族朋友求助，他认为比较合理的解释是：峨日朵是现在海北藏族自治州祁连县藏族人民对"峨堡"一词的口语发音，不一定指具体的哪座雪峰，而是峨堡附近的山峰的统称。而"峨堡"即蒙古语的"敖包"。然而，此说不但不能让我解惑，反而更加怀疑。诗人在语言上是有洁癖的，昌耀在这方

---

① 昌耀.昌耀的诗［M］.北京：人民文学出版社，2013：14.

面尤甚。依我看，他无论如何不会容许一个面目含糊的"峨日朵"出现在自己的诗中的。毫无疑问，在昌耀的诗歌地图中，峨日朵是确定无疑的。而对我们来讲，天地间确实有一座或几座叫"峨日朵"的山峰默然伫立着，这一点也是无疑的。

至于昌耀为何要去攀爬这座山，我们无从得知。但彼时的昌耀并非我们想象的那样失去自由的"劳教分子"，他还是有不错的收入的。而且他只有 26 岁，正是精力旺盛的年纪。无端做了大山的囚徒，他的委屈也只有向大山诉说、发泄。昌耀是爱山的，他的诗作《凶年逸稿》的第一节是这样写的——

> 我喜欢望山。
> 席坐山脚，望山良久良久
> 而蓦然心猿意马。
> 我喜欢在峻峭的崖岸背手徘徊复徘徊，
> 而蓦然被茫无头绪的印象或说不透的缘由
> 深深苦恼。①

不只爱山，昌耀的内心是深爱着自然的。在《天空》（1962 年）中，他看到柔美的天空和在雪线近旁啮食的骡马，禁不住感叹："此刻，谁会为之不悦？"而写于 1961 年的《荒甸》，他想象大熊星座"像一株张灯结彩的藤萝"，沉醉于荒甸里"情窦初开的磷光"。也许，只有在大自然里，昌耀才能暂时忘却困境，获得真正的快乐。

正如昌耀所说，"拥有江河源头、世界屋脊美誉的西部正是以此独有的景观与文化氛围在朝圣者的心目中日渐展示其永恒魅力的吧？而西部对于当代诗人的意义是煅炉与开刃的砺石。是心灵在祭坛前的净化"②。而他的诗正是在藏地壮观的山河中得到熔炼的。

（二）1983　西宁

1983 年的中国，改革开放已进入第 6 个年头。而昌耀回到西宁已经 4

---

① 昌耀.昌耀的诗［M］.北京：人民文学出版社，2013：10.

② 昌耀.我从白头的巴颜喀拉走下：昌耀诗文选［M］.桂林：广西师范大学出版社，2019：681.

年，47 岁。他的诗歌在《诗刊》《青海湖》《星星》《人民文学》等刊物上发表，《大山的囚徒》更是为他赢得了普遍的赞誉。就在两年前，他还分到了一套三居室的楼房。命运之神似乎也意识到自己的错误，从精神和物质两方面给予了昌耀补偿。

这一年，昌耀作了一个大胆的决定，放下《青海湖》诗歌编辑的工作，成为青海省文联创建以来第一批专业作家中的一个。专业作家，就是把写作当成了唯一的营生。

《峨日朵雪峰之侧》删定于 1983 年 7 月 27 日，应该就是这种背景下的产物。比较《峨日朵雪峰之侧》的原稿和删定稿，我们会发现昌耀的主要改动是分行和炼字。

原稿	改稿
这是我此刻仅能征服的高度了： 我小心地探出前额， 惊异于薄壁那边 朝向峨日朵之雪彷徨许久的太阳	
正决然跃入一片引力无穷的山海。 石砾不时滑坡引动棕色深渊自上而下的一派啸鸣， 像军旅远去的喊杀声。我的指关节铆钉一般 揳入巨石的罅隙。血滴，从脚下撕裂的鞋底渗出。 啊，此刻真渴望有一只雄鹰或雪豹与我为伍。 在锈蚀的岩壁但有一只小得可怜的蜘蛛 与我一同默想着大自然赐予的	正决然跃入一片引力无穷的 山海。石砾不时滑坡， 引动棕色深渊自上而下的一派嚣鸣， 像军旅远去的喊杀声。 我的指关节铆钉一样揳入巨石的罅隙。 血滴，从撕裂的千层掌鞋底渗出。 啊，真渴望有一只雄鹰或雪豹与我为伍。 在锈蚀的岩壁， 但有一只小得可怜的蜘蛛 与我一同默享着这大自然赐予的
快慰。	

关于诗歌的分行，昌耀这样说："我并不强调诗的分行……也不认为诗定要分行，没有诗性的文字即便分行也终难称作诗。相反，某些有意味的文字

即便不分行也未尝不配称作诗。诗之与否，我以心性去体味而不以貌取。"① 尽管如此，诗的分行仍是诗人非常讲究而读者非常看重的，属于诗别于其他文体的典型形式。其划分的依据，依我之见，一从词句应有之法则和节奏，二依诗人欲达之直觉和思绪。

拿《峨日朵雪峰之侧》删定稿来看，前者如"引动棕色深渊自上而下的一派嚣鸣""在锈蚀的岩壁"，无须多言；后者如"山海。石砾不时滑坡，"这一行诗改得非常奇怪，它将句意上本属于上一句的"山海"，强行和"石砾不时滑坡"扭结在一行。为什么要这样处理？可能主要出于一种视听的错位与对比效果。诗人将山比喻成海，写出了视觉上山那边的壮丽，而"石砾不时滑坡"则是听觉上来自脚下的危险。一静一动，一远一近，空间上的切割，视听上的冲突，传递出一种危机和美丽。这大概是昌耀想传达的一种意绪。为了表达二者的分割与对立，他在"山海"和"石砾"之间选择了句号。对此，燎原有过很精辟的评论：

> 在我看来，这首诗作的此情此境，是昌耀流放生涯中生命和精神处境最典型的象征。攀爬中的昌耀本人，于此被高山台地的水平线，分割成了两个部分："上半身"和"下半身"。②

至于词语的修改，是不是都成功呢？这一点值得商榷。

删除"脚下的"和"此刻"，增添"千层掌"，这些改动都是非常好的，体现了诗人的推敲之功。然而，易"默想"为"默享"真的好吗？或许有人从"享"字上会赞美昌耀的思想境界，这从诗歌的改动史来看，是有道理的，因为从初稿到改定相隔了21年，昌耀从青年到中年，人生态度发生了变化，变得豁然。光阴将过去不美好的记忆层层滤去，于人生而言，确实是一种善意。然而，若就诗歌而言，这一修改变得圆滑了，少了初稿的愤懑和沉思。默"想"之美正在于它没有明确自己的感受，感受其实从"快慰"二字已经可以看出。从作者的角度来看，"想"更具有深度和广度。从读者的角度来看，"想"更具启发；"享"字则太实了，说教的意味太浓。

---

① 昌耀.昌耀的诗[M].北京：人民文学出版社，2013：423.
② 燎原.昌耀评传[M].北京：作家出版社，2016：181.

这种昌耀式的生命重写，使未来跳入过去，也使早年所萌动、所压抑的一切得以在后来破土和成熟，或是发生了质的变化。这种重写使诗人的创作生命得以刷新、提升，成为一个有其自身逻辑的重构的整体。这种重写，重铸了一个诗性的多重交叠的时空，但它并非迷宫。①

昌耀的修改，使得这首诗有了双重时空的交锋，也反映出诗人前后心境的变化。对此，有人质疑昌耀的初稿和修改未必皆如实情，因为它们太特别了。但在没有确凿理据的情况下，我们还是要相信昌耀对写作的忠诚。昌耀之孤傲使他具备了特异于时代的思考和作品，也使得他拥有了困境中写作的能力。为自己的作品标明写作日期乃是许多作家或者文学爱好者的习惯，不独昌耀。

昌耀的好友，作家燎原在《昌耀评传》一书中特别提到昌耀这种改写旧作的现象，他说：

我想首先需要明确的一点是，一个作家的任何作品，其产权都属于作家自己。因此，他拥有对自己的作品进行修改、改写、重写的绝对权利。其二，这同样体现了一种负责任的态度——对于自己作品精益求精的负责。……其三，也是很重要的一点，当他们改写自己的旧作时，就意味着这些旧作具有改写的基础和价值。它原有的某些艺术特质，使之获具了可以经受时间汰洗而再造的品质。②

二、隐性时空：汉藏文化的时空

从文化的时空角度来审视《峨日朵雪峰之侧》这首小诗，似乎在点小孩戴大帽子的感觉。然而，无论语词、意象还是精神内核，这首诗都传递出汉藏文化的典型特征，闪耀着昌耀鲜明的个性。

首先，语词上，"峨日朵"这一藏语词汇，使得诗歌蒙上了一层神秘色彩。为了求得福喜安康，藏族人常常向山上的神灵献祭祈祷。昌耀置身藏区，娶的是藏族妻子，对此是非常熟稔的。当然，山岳崇拜并非藏族人的专利。《礼记·祭法》曰："山林、川谷、丘陵，能出云，为风雨，见怪物，皆曰神。"③昌耀

① 王家新.论昌耀诗歌的"重写"现象及"昌耀体"[J].文学评论，2019（02）：178.
② 燎原.昌耀评传[M].北京：作家出版社，2016：308-309.
③ 王文锦.礼记译解[M].北京：中华书局，2016：600.

作为湖南人，受楚文化的熏陶，对山并不陌生。

《峨日朵雪峰之侧》中具有典型汉语特征的词也有很多，如"之侧""揳入""罅隙""锈蚀""但"等，充分显示出昌耀诗歌古奥硬冷的语言特色。对此现象，昌耀在通信中曾这样解释："功夫不在于修辞本身，而在于'修行'……我是试图在'现代'意义上使用这种文言及其句式。至于你所称的'高古'，我想，绝不意味着'仿古''复旧'，我宁可理解为你指语言创造所能达到的一种极致，一种苍茫的历史感，一种典雅境界，一种哲理化的抽象，一种余韵流响，而这些确实是我所追求的。"[①]

每一个语词背后都承载着丰富的文化信息，都具有无比浩瀚的时空。正如燎原评价昌耀所说的："一个大诗人的重要标志，就在于他自身庞大语言系统的建立，在于他丰富的词汇量，他在对母语的纵深发掘中所释放的那种灿若河汉又神秘瑰奇的魅力，他对一个时代语言空间的强力拓展及其血色素的复活。"[②]

其次，从意象来讲，《峨日朵雪峰之侧》也具有明显的地域色彩，"雄鹰""雪豹"便是明证。这两种动物出没藏地，一个是搏击苍冥的王者，一个是腾跃山巅的精灵。它们是力量的象征，也是神灵的化身。昌耀的诗歌里多次出现它们的影子：

鹰，鼓着铅色的风 / 从冰山的峰顶起飞（《鹰·雪·牧人》）

风是鹰的母亲。鹰是风的宠儿。/ 我常在鹰群与风的嬉戏中感受到被勇敢者 / 领有的道路，听风中激越的嘶鸣迂回穿插 / 有着瞬息万变。有着钢丝般的柔韧。（《凶年逸稿》）

高山的雪豹长嚎着 / 在深谷里出动了。/ 冷雾中飘忽着它磷质的灯。/ 那灵巧的身子有如软缎，/ 只轻轻一抖便跃抵河中漂浮的冰排，/ 而后攀上对岸铜绿斑驳的绝壁。（《山旅》）

雪线…… / 那最后的银峰超凡脱俗，/ 成为蓝天晶莹的岛屿 / 归属寂寞的雪豹逡巡。（《净土》）

① 王家新.论昌耀诗歌的"重写"现象及"昌耀体"[J].文学评论,2019（02）:180.

② 燎原.昌耀:世纪风雨中的灵魂苦行[J].诗选刊,2020（06）:98.

我从白头的巴颜喀拉走下。／白头的雪豹默默卧在鹰的城堡，目送我走向远方。(《河床》)[①]

雪豹在藏文化中的含义，没有查到明确的资料，但在昌耀的诗歌里，它动作灵巧，归属寂寞，是一种动静皆美的生灵，这是否和昌耀的性格相契呢？鹰在昌耀的笔下是"勇敢者"的象征，在藏文化中有着重要的象征意义。

然而，没有"雄鹰""雪豹"，有的只是一只"小得可怜的"蜘蛛。能不能接受这只小蜘蛛，与它为伍，是昌耀精神上能否自我征服的关键所在。这不是对现实的屈服，而是对弱小生命的肯定与尊重，是众生平等的精神体现。岩壁再破，也是栖居。蜘蛛再小，也是生命。昌耀从蜘蛛身上既看到自己困窘的生存状态，也获得一种宝贵的精神启迪。

究竟是什么促使昌耀能够接纳这只小蜘蛛呢？这里面既有他个人的直觉和思绪，同时也有汉藏文化的熏陶和影响。藏族人相信万物皆有灵，对小动物抱有特别的悲悯。而汉人崇尚天人合一，道法自然，"把生命的意义投诸宇宙，通过对宇宙奥秘的无穷性的探究来获得对生命意义的无穷性的重新认识。这是中国文化传统中常有的境界"[②]。人与自然不是对立的，而是相知相契的。

或许正是这一次经历，正是这首诗的创作，使昌耀获得了前所未有的心力，拥有了更多与厄运抗争的勇气。同年写作的《断章》的第一节，显示了他这种成长：

我成长

我的眉额显示出思辩的光泽。

荒原注意到了一个走来的强男子。[③]

一个真正的"强男子"，这正是昌耀一生最显著的标签。如果说之前的昌耀是倔强蛮武，之后的昌耀多了些谦卑睿智。个性的强，既毁坏昌耀，也塑造昌耀。

追溯昌耀的这种精神，可以寻到"诚既勇兮又以武，终刚强兮不可凌"的楚歌，也可以从尚武的藏族人那里找到渊源。当昌耀后来娶亲时，他身着藏衣藏

---

① 昌耀.昌耀的诗[M].北京：人民文学出版社，2013：2、14、48—49、32、98.

② 陈思和.中国新文学整体观[M].上海：上海文艺出版社，2001：243.

③ 昌耀.昌耀的诗[M].北京：人民文学出版社，2013：20.

袍骑着高头大马，"这其实正是这个汉族的倒霉蛋，骨骼和灵魂的真实造型"①。

如果用一个物象来形容《峨日朵雪峰之侧》这首小诗，我觉得它就像一只车轮，不同时空遥伸而出的形象和思绪辐辏其上，自然地围成圆弧，在漫漫的道路上，在读者的耳鼓里，留下吱吱呀呀的空响。有意思的是，昌耀因之获罪的《林中试笛》，其中正有一只"车轮"，"但是，它却再不能和长路热恋／静静地躺着，似乎在等着意外的主人……"②

昌耀和昌耀的诗，很长时间就像这一只车轮一样，无人赏识。这是他的不幸。幸运的是，他终究还是等到了。愿更多的读者，能够通过《峨日朵雪峰之侧》这首小诗，进一步了解昌耀的诗和人。

（本文发表在《语文教学通讯》2023 年第 5 期，收入本书有删改）

三、一切的努力都是为了把光打开
——如何有效指导学生创作新诗

"我必须重新设置程序／才能把光打开。"379 这两句诗使我明白了教诗的意义：一切的努力，都是为了把光打开。

什么是光？它可以是风中飘摇的烛焰，是黎明的曙光，是绚丽的北极光，是海上的灯塔，是幽深洞穴的出口，是眼睛中一闪而逝的光明……人的一生，离不开光，它比分数重要几千万倍。心中有光的人，到哪都能快乐地活着。

"去点灯的人，见过夜里最黑的时候。"一个毕业的学生在微信里写了这样两行诗，我不知道她经历了什么，但我知道她把"灯"点亮了，她的生活里不只有黑暗，还有光。夜越黑，灯越明亮。光撕咬着黑暗，给人照出一条道路。

写诗，好比是一场头脑风暴，经过一阵或长或短的摇晃，总会有一些词语、诗行掉在纸上。教诗呢？曾经听一位诗人说诗没法教，就让学生写吧。这话固然有道理，但对老师来讲，等于没说。只有找到一定的路径，才能更好地引人上路。一味强调禅宗式的顿悟，只对个别聪秀的学生有用，而我们教学是面对所有学生的。

---

① 燎原 . 昌耀评传［M］. 北京：作家出版社，2016：248.

② 燎原 . 昌耀评传［M］. 北京：作家出版社，2016：86.

所以，我就琢磨，在课文教学之外，如何能再给学生上一节着眼于单元写作任务的新诗写作辅导课。斟酌再三，我给自己定了几个要点：字词、分行、灵感、观察、想象、意象。再根据自己写诗读诗的体验，把它们的逻辑顺序梳理一下，就成了教学设计的框架。

至于材料，我多年的积累，尤其是指导学生读诗写诗的积累，发挥了极大的作用。这就让我想到了黄厚江老师说的"半成品"的理论。黄老师说，别人问他：繁忙的教学之余，哪来的时间设计教案、撰写文章呢？他说跟老家的木匠学的。木匠并不是把所有的木料都做成成品，而是少部分做成成品，大部分做成半成品。这样，等人家要时，拿起来一拼一改，就是桌子柜子。如果都做成了，一来累，二来式样一旦变化，就卖不出去了。教师也应如此，平时多积累些"半成品"，比如学生的习作和简单的评语、上课时的精彩片段、读书笔记、聊天时思想碰撞的火花，都可以记下来。待到用时，就可以很快地派上用场。

就拿我这节单元写作指导课来讲，如果没有学生写的那首《一不小心》，可能就会少了一些亮点，也不能给学生带来一种创作的激励和信心。

少年情怀总是诗，每一位少年天然是诗人。我并不奢望学生将来成为诗人，但希望他们能常怀诗情处世，这样人生方不至于枯燥。现实并不尽如人意，诗就是我们透过泥沼吐出的一个个清亮的小水泡，是我们在寒夜中拢起的一小堆明亮的篝火。

新诗写作指导案例

【原题呈现】青春之美，在人的一生中是弥足珍贵的。结合本单元诗作和能够引发你思考的其他作品，发挥想象写一首诗，抒写你的青春岁月，给未来留下宝贵的记忆。注意借鉴本单元诗歌在意象选择、语言锤炼等方面的手法，使诗作多一些"诗味"。汇总所有同学的诗作，全班合作编辑一本诗集作为青春的纪念。

【教学指引】关于新诗创作，存在两种错误的观念：一种认为很容易，一句话拦腰"打"成三截就是诗；另一种觉得很难，写诗是一件很神圣的事情，不是随便可以写的。这两种貌似相反的观念，其共同的特点就是不了解新诗。针对这种情况，需要让学生先了解新诗。

如果指导之后学生当下就能写诗，看起来效果很棒；但须知诗歌创作特别注重自由自然的状态，如果变成了一种急就章，写出来也极可能缺乏诗意。曹子建"七步成诗"成为佳话，但事关生死，那种经历也是很残酷的。

出于以上考虑，本节课注重指导学生了解诗歌，而将写诗的任务留作课后作业来完成。在课上，既有"务虚"的部分，也有"务实"的部分。创作灵感看起来是虚的，但如何捕捉还是有一定方法路径可循的。尽管有人把诗人的创作过程比作"黑洞"，很难清楚呈现，但灵感的产生更关键。没有灵感，何来诗歌？具体到诗歌的指导，主要是锤炼字词和建构意象，紧紧围绕具体而典型的诗句来分析，充实而扼要。

另外，本节课选取了往届学生的习作范文，将其原稿和修改稿进行比较，一来可以贴近学生，增强他们的认同感，缓解他们的畏难情绪；二来也可以激励他们，要勇于创作，试与学长比高下。

【课例聚焦】

一、导入

师：少年情怀总是诗，少年的思想情感都具有诗情诗意。这是一笔多么可贵的财富呀！请问在座的诸位，你们谁写过诗吗？写过的请举手。

师：看，我们班四十二名同学，只有两位同学写过诗，真是太少了。今天老师再送你们一句话，是宋代大文豪苏东坡说的："诗酒趁年华。"

（板书：诗酒趁年华）

师：注意这个"趁"字，趁着年华，不然过了这村，就没这店了。今天我们的任务就是学写新诗，不枉我们年轻一回。

二、捕捉灵感

师：我想问一下刚才两位写过诗的同学，写诗难吗？

生：难。

师：难在哪里呢？

生：我觉得押韵挺难的。

师：你说的有一定道理，但我们说的是新诗，不是古诗。新诗不一定都要押韵。你如果仅仅是觉得这一点难，以后大可不必为难了，"我手写我心"，大胆写就是了。（指另一个学生）你觉得写诗难吗？

生：我觉得还行。

师：说说理由。

生：我觉得新诗是自由诗，把一句话拆成几行，如果好的话，就是一首诗。

师：我很欣赏你这个"如果好的话"，这说明你对诗歌还算有了解，并不认为随便把一句话拆成几行就是一首诗，这已经超出一般人的见识了。另外，这个"拆"字大有讲究，在哪儿拆、拆成几行，是需要花心思的。

师：我还想找几位没有写过诗的同学，你们一首诗也没写过，为什么？

生：不敢写。觉得诗很高深，望而生畏。

生：老师没布置过。

生：我觉得写诗会让人变得多愁善感，最好还是不要碰。

师：三位同学各自谈了没写过诗的理由，有把"锅"甩给老师的，有把"锅"甩给诗歌的，就是没有从自身找原因。下面，我们来看两段话，请一位同学来朗读一下。

投影：

诗者，志之所之也，在心为志，发言为诗。情动于中而形于言，言之不足，故嗟叹之；嗟叹之不足，故永歌之；永歌之不足，不知手之舞之，足之蹈之也。

——《毛诗序》（节选）

人们对自己心灵中闪过的微光，往往会将它舍弃，只因为这是自己的东西。而从天才的作品中，人们却认出了曾被自己舍弃的微光。

——2012 年高考上海作文材料

（生读）

师：读得很好，不知你读了以后有何感想？

生：我觉得当自己内心有感觉了，就大胆写出来，就是诗歌。

师：很好，关键就是这个"感觉"，难吗？也难，也不难。说它难，是因为"情动于中"不是谁都可以做到的，"情动于中而形于言"更不容易。说它不难，就是说我们都是人，只要是人，就是有感情的；有感情，就具备了写诗的基础。

生：每个人心中都有微光闪过，这微光就是灵感，我们要及时地记录表达。只有这样，才会不错过。

师：灵感灵感，就是很"灵"的感觉，就像微光一闪而逝，再也找不到了。我们所熟知的晚唐诗人李贺，有一个锦囊，就是专门存放他灵感迸发时写下的诗句的。据说，现代诗人顾城著名的《一代人》中"黑夜给了我黑色的眼睛，我却用它来寻找光明"两句诗，就是他睡觉时突然冒出的，他赶紧拿笔把它写在床边贴的纸上，因为怕灵感消失，连灯也不敢开。由此可见，灵感产生加上及时记录，就是我们写诗的重要因素。下面，我们来看两首诗歌，尝试找找灵感。给大家两分钟时间品读琢磨。

投影：

《一不小心》：我把对你的喜欢 / 偷偷捏进泥壶 / 风吹日晒，雨点滴答 / 泥塌了，壶裂了 / 我的秘密 / 便一览无遗

《弧线》：鸟儿在疾风中 / 迅速转向 / 少年去捡拾 / 一枚分币 // 葡萄藤因幻想 / 而延伸的触丝 // 海浪因退缩 / 而耸起的背脊

师：诗的灵感从何而来？

生：我觉得灵感来源于我们的眼睛。你看《弧线》这首诗里写的鸟儿、少年、葡萄藤和海浪，简直就是四幅画面，这些都是视觉感受。所以，我认为灵感来源于我们的眼睛。

师：很好。有一句名言说得好：世界上并不缺少美，而是缺少发现美的眼睛。要想写好诗，我们就要学会用眼睛去观察，去发现生活的美。

生：我觉得仅仅用眼睛还不够，还拿《弧线》来说，诗人为啥要把这四幅画面组合在一起？如果从数学的角度来看，弧线仅仅只是一段弯曲的线而已，但是诗人却想到了生活中的种种情景，把弧线变得具体形象，让人感到了弧线的美。

师：仅仅是美吗？鸟儿迅速转向，海浪耸起的背脊。

生：还有一种动感和张力。

师：好。我再问你，诗人由弧线而想到这四幅图景，他这种能力我们称之为什么？

生：想象力。

师：很好。可见诗歌的灵感离不开想象力的驱使。

师：刚才两位同学都分析了《弧线》这首诗，谁来分析一下《一不小心》呢？

生：我觉得这首诗写得很深情。

师：结合诗句说一下深情在哪里。

生：诗人一开始就说"我把对你的喜欢，偷偷捏进泥壶"，一方面是喜欢，一方面是偷偷，就显得很深情，应该是一种爱慕吧。

师：你说得很好，等哪天这位诗人回学校来看我，我会把你的话转告给她。

（生愕然。）

师：因为这位诗人就是你们的学姐，她在学工时写下了这首诗，是我布置的作业。我当时一听说他们要去学习制陶，就马上布置让他们写一首诗。这就是其中的一首。所以说，文学源于生活，诗歌也是如此。我们要善于从我们的生活中去感知，而不是抱怨。抱怨多了，心灵就会麻木。其实，大部分人的生活都是差不多的，都很平常，有规律，那么为何只有极少数的人成为诗人成为作家呢？就是因为他们"深情"，就是因为他们"善感"。

师：我们简要提炼一下捕捉灵感的策略，可否归纳为以下几点：认真观察、善于联想、流露真情。

（**板书：捕捉灵感的策略：认真观察、善于联想、流露真情**）

师：想想也是，就拿我们本单元学习的诗歌来说吧。如果不是仔细观察，昌耀又如何发现那只小蜘蛛？如果不是想象力丰富，雪莱又如何仅凭听到云雀的叫声而写出那么多诗行？如果没有真情流露，毛泽东又如何能写出"万类霜天竞自由"的豪迈？郭沫若又如何会"立在地球边上放号"？

师：当然，这里面都还有很深的学问，需要同学们去探索去体会，比如就拿联想来说吧，就有相反联想、相似联想、相关联想几种途径，都是有一定规律可循的。

三、锤炼字词

师：《一不小心》的作者是你们的学姐。那么，这首诗本来的面目就是这样的吗？非也。这是推敲锤炼后修改而成的。下面，我们就来比较一下这首诗的初稿和定稿，看看大家有什么体会。

投影：

《一不小心》（李诠）：我把对你的喜欢／偷偷捏（灌）进泥（茶）壶／风吹日晒，雨点滴答／泥塌了，壶裂了／我的秘密（喜欢）／便一览无遗

师：全诗总共改了三处，括号内的初稿，请大家比较一下，参考示例，填写下面的表格。

三处改动	词性	判断（好/不好）	简述理由
灌→捏	动词	好	捏的偏旁与手有关，和制陶的实际情况相符，显得更富有情意。
茶壶→泥壶			
喜欢→秘密			

师：谁来说一下？

生：我想说一下第三处的改动，因为开头就说"喜欢"了，如果再说"喜欢"，就重复了，改成"秘密"就很好。

师："茶壶"和"泥壶"有什么区别？不都是壶吗？

生：不一样。"茶壶"突出的是用途，这个壶是用来喝茶的。"泥壶"突出的是材料，这个壶是用泥制成的。联系刚才老师的介绍，我觉得用"泥壶"更符合制陶的这个过程。

师：这个"泥"仅仅是材料吗？你再想想。

生：泥是软的，可能更有情意吧？

师：对的。这就叫一字传神，这就叫意蕴丰富。通过这首诗的初稿和定稿的比较，同学们有什么感悟？写诗仅仅有灵感就够了吗？

生：还要推敲字词。

师：对了。有灵感，能够记录，还需要推敲加工、涵泳斟酌，才可以达到最佳的艺术效果。接下来，我们来看几组诗句，留意加点字的效果。

投影：

雪在大山下降落 / 房屋蹲在雪地里 / 屋顶上蹲着炊烟

——何三坡《麻雀》

让我们和更多的人一块走吧，/ 祖先在风中诉说着青葱的愿望。

——江河《让我们一起奔腾吧》

你又站得远远的了 / 微笑着注视我的琴声 / 你会永远记住初练的琴声吗

——张烨《妙龄时光》

谁不喜欢春天，鸟落满枝头 / 像星星落满天空 / 闪闪烁烁的声音从远方飘来 / 一团团白丁香朦朦胧胧

——江河《星星变奏曲》

（生思考、交流）

师：谁来讲一下？每一首诗请一位同学。

生：我觉得《妙龄时光》中的"初练"运用的是谐音，就是"初恋"，这个还是很巧妙的。"注视"运用的是通感手法，将听觉转化为视觉，又表现出"你"对"我"的关切。

师：很好。谐音双关、通感。

生：《麻雀》里"蹲"非常传神，把本来是静态的房屋写出了一种动态美。

师：那"炊烟"呢？炊烟本来就是动的呀。

生（思考片刻）：我看不出。

师：也许是因我们在南方太少见到雪的缘故，老师在北方生活过，见过大雪的情景，所以我觉得用"蹲"来形容炊烟，非常巧妙。一妙在于更显示出雪的白。大家想呀，炊烟一般是淡灰色的，不注意的话都难以察觉，一个"蹲"字就写出了它的浓重，映衬出雪天雪地的白。另一方面，炊烟一般是轻巧飘逸的，用一个"蹲"字，也能衬出雪天的寒冷，连炊烟也仿佛变得凝重而富有质感了。当然，这个"蹲"字也用了比拟的手法。

生：我觉得《星星变奏曲》里的"闪闪烁烁""朦朦胧胧"是叠词，读起来有音乐的美感。

师：有什么修辞手法吗？

生：通感，还有比喻。

生：第二首诗中，用"青葱"来修饰"愿望"，显得更加生动，能够表现出愿望的生机，带给人的那种希望。这样比较简洁。

师：是的，诗歌有时为了达到简洁传神的效果，诗人会将词语错位嫁接，将词性活用，以达到陌生化的效果。

师：杜甫说："为人性僻耽佳句，语不惊人死不休。"无论古诗新诗，要想写好，要想一语惊人，就得琢磨词句，琢磨修辞。那么，通过我们的讨论，你觉得锤炼字词的策略有哪些呢？让我们也用四字短语来归纳一下。

生：运用修辞。

生：错位嫁接。

生：词性活用。

（板书：运用修辞、错位嫁接、词性活用）

师：我们来做一个小小的尝试，看看大家能不能把一句平常的话表达得更有诗意。给大家两分钟琢磨琢磨。

（板书：天空飘过一朵云）

生：天空有一朵云在流浪。

师：好。拟人。

生：天空飘过一句诗。

师：好，既是比喻，也是错位嫁接。我也想到了一句：天空飘过一段洁白的往事。

师：好，这个小小尝试让我们发现，诗意的语言是可以训练的，是有意为之的。

四、建构意象

师：讲了诗歌创作的灵感捕捉、推敲字句，最后我们再来谈一下诗歌的意象问题。关于这一点，我们上阅读课时已经讲过很多。在此另举两个例子，以加深同学们的认识。

（投影一棵高大的开满红色花朵的木棉图片）

师：大家认识这是什么树吗？

（生沉默）

师：我来告诉大家，这是木棉树。我想问一下，通过这张图片，你觉得它有什么特点？

生：高大。

生：开满红色的花朵。

师：很好。下面，我们再来看一首和木棉有关的诗。

投影：

我必须是你近旁的一株木棉 / 作为树的形象和你站在一起 / 根，紧握在地下 / 叶，相触在云里 / 每一阵风过 / 我们都互相致意 / 但没有人 / 听懂我们的言语。

你有你的铜枝铁干 / 像刀，像剑，也像戟 / 我有我红硕的花朵 / 像沉重的叹息 / 又像英勇的火炬。

——舒婷《致橡树》（节选）

师：《致橡树》这首诗想必大家有所耳闻，它主要表达了一种女性要与男性平等的爱情观、婚姻观。那么，舒婷为什么要选择木棉来抒发情感呢？

生：木棉开的花是红的，这一点符合女性的立场。

生：木棉树足够高大，和橡树相比也差不多，这就很好地传递了平等的思想。

师：很好。实不相瞒，当我不知道木棉是什么样子时，我并没有感到舒婷的这首诗有多好。但当我第一次看到木棉时，我一下子被震撼了，觉得舒婷了不起，于万千树木中选中了最合适的树来。可见，一个好的形象，一个倾注了作者思想情感的意象，对于一首诗是多么重要。

师：诗歌的意象不仅从现实中选取，还可以从书籍中、典故中选取。例如，徐志摩的《再别康桥》中的"青荇"。

投影：

软泥上的青荇／油油的在水底招摇／在康河的柔波里／我甘心做一条水草！

注释：青荇，一种水生草本植物。《诗经·关雎》中有"参差荇菜，左右流之。窈窕淑女，寤寐求之"的句子。

师：徐志摩为什么用"青荇"，而不用"青草"？软泥上的青草，油油的在水底招摇，还挺押韵呢。

（生集体沉默）

师：请注意注释。提醒一句，《关雎》是一首爱情诗，表达了男子对女子的渴慕思恋。

生：我觉得"青荇"更有文化意味，显得很雅，一下子提高了诗歌的品位。"青草"有点俗。

生：青荇更能表现诗人对康桥的爱恋。

师：好像不仅仅是康桥吧，众所周知的徐志摩和林徽因的爱情纠葛，就是从伦敦开始，和康桥有关。你看，仅仅是一个"青荇"，就有这么多意思，这就是意象的价值。所以，我们写诗时，一定要注意意象的选择和架构，有时是一个突出而鲜明的意象，有时是一组意象的叠加，既有天女散花式的，也有众星捧月式的。无论怎样，都要遵循以下策略：物象鲜明，意蕴丰富，意与象合。

（板书：物象鲜明，意蕴丰富，意与象合）

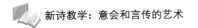

五、布置作业

投影：

根据第一单元和这堂课的学习内容，阅读单元学习任务中的第四条，尝试创作一首关于青春的新诗，题目自拟。好的诗歌将会推荐到班级的微信公众号或学校的微信公众号予以推送发表。

要求：1.选择合适意象；2.合理运用想象；3.注意语言锤炼；4.使诗作多些诗味。

师：最后，再送大家三句话，不是我说的，是著名诗人席慕蓉讲的。2011年秋天，我在上海作协的大厅聆听她的演讲，从记录里摘录了这三句话。我想请三位同学来读一下。

投影：

1. 诗是我在一个一无所有的荒原上找一点材料盖一间我自己的房子。待事后看别人的诗别人的评论，我才恍然大悟：原来我所盖的小房子一样是可以遮风挡雨的。

2. 在诗的世界里，年资和排辈分是没有意义的。

3. 人们说，诗人不食人间烟火，我觉得很可笑，可怜。诗人正是从人间烟火里获得了另外一个国度，诗人们才是真正了解人间烟火的人。

师：同学们，下课！期待你们的大作！

【习作示例】

太阳雨

上海市大同中学　陈涵玲

教室的玻璃

突然长出了许多雨滴

一滴两滴

直到长满整个天地

于是这个天地开始装不下夕阳

那一个个数学符号悄悄溜走了

书生们的目光

齐刷刷跑向窗外了

天空猛地啜泣起来

令太阳都怜爱

又将光倾泻下来

轻轻裹住粒粒雨滴

为它们抹上色彩

迷茫地

我被拥入夏日的金色之中

随着窗外悠然拂去的夏末之风

望着笔尖沉出的墨红

和声着满屋悠然的朗诵

一抹憧憬涌上心头

听

这雨与阳的交响乐

大概便是那

对青春的赞颂

点评：这首诗来源于生活，它为我们呈现了学生生活中常见的情境：正上课时，突然被课堂外的事件所吸引，于是开始走神。这突然的事件也许是一只鸽子飞过，也许是某个学生的狂奔，也许是一阵高跟鞋的声音……只不过，这里是一场太阳雨。太阳雨，不管真实的样子如何，但仅凭这名字，就传递出一种诗意来。"东边日出西边雨，道是无晴却有晴。"刘禹锡的诗句千古传诵，也基本固定了大家的认知。如何才能不落窠臼，确实是这首诗在构思时最大的问题。好在作者还是写出了自己独特的感受，写出了新意。

诗的前两节陈述了事件的发生，"长"这个字用得非常巧妙，既有别于常规的"落"，也写出了太阳雨的突然和迅疾。"于是这个天地开始装不下夕阳"，富有想象力，将雨势遮住太阳写得很形象，很含蓄。这是太阳雨的初来之势。

正因如此，书生们都被吸引过去了，数学符号遭遇冷落。作者视角由窗外转到室内，将二者巧妙地联系起来。

接着，第三节，作者开始写太阳隐而复现，想法非常有趣，富有童心。太阳不是不甘于被雨放逐，而是出于爱怜，用光来裹住雨滴，为它们抹上色彩。这一节开头一句"天空猛地啜泣起来"，运用比拟手法，很好。第四节作者再次将视角转入室内，笔尖的墨红、朗诵的和声是如此美丽，令人憧憬。憧憬什么呢？憧憬未来。现在我们读书如此辛苦，将来有一天终会苦尽甘来，正如这太阳雨一样，辉映出无比的绚丽。

最后一节，作者尽情赞美青春，认为青春就是雨与阳的交响乐，既有悲伤和忧愁，也有快乐和满足。阳因雨而精彩，雨因阳而美丽，二者相知相契，正是青春的两面。

虽是小诗，作者却因事悟理，将青春的特质诠释得形象生动，具有极强的启迪意义和感染效果。

（本案例发表在《语文教学通讯》2023年7、8月合刊）

四、一部音乐诗剧的诞生
——我们如何魔改李白的《梦游天姥吟留别》

仿佛偶尔尝到了蜂蜜滋味的熊，从此就盯上了树上的蜂巢。

多年前，当我领着学生将一首首古诗"译"成新诗的时候，他们彻底"玩嗨了"，有了更大的野心，想要"译"一首长诗，于是我们就瞄上了李白的《梦游天姥吟留别》。

这首诗诗仙以天才洋溢的想象为我们描摹了一幅瑰丽奇特的梦境，恰和李白当时被赐金放还的落魄处境形成对比。诗的篇幅本身就比较长，而且句式多变，脉络清晰，这就给我们的再创作提供了良好的基础和一定的余地。

然而，长诗岂是那么好写的，先要梳理情节，还要设置一定的人物。经过大家商议，我们设定了"寻山""入梦""游仙""梦醒"四个环节，又从诗歌中择取了"海客""天鸡""天姥""神仙"等人物。先让同学们自由选择部分内容试译，看看表现力如何。在此基础上，挑选几名优秀的学生成立创作小组。我领着他们，花了两个星期的时间终于写成了初稿。写的过程中，我们发现这很像一部诗剧，有的同学又提议加上音乐，增设了一些适于歌唱的部分，又模仿梁鸿的《五噫歌》写了序幕，于是就形成了下面这部音乐诗剧。

这部诗剧多次在学校艺术节、诗歌节等活动上演出，成为学校的一个经典作品。有的学生还买来服装，设计了简单的道具，更是使演出效果大大出彩。

参与这部诗剧创作的主要有2007届的朱震宇、丁豪、陈悦、何嘉砚几位同学。

“梦游天姥”音乐诗剧剧本

序幕

音乐声响起。

乐声中，一人高声念道（一字一顿，清晰入耳）：大唐天宝三载，供奉李翰林上书请还，圣上虽念其颇具才华，然为人狂放纵酒，特准离京，赐金三百两。

李白的声音于幕后起。

噫！三年一梦兮，滞留帝都。

噫！帝都难居兮，何谓明主？

噫！明主难寻兮，空费我心。

噫！我心独悲兮，求诸美酒。

噫！美酒销愁兮，大醉如泥。

声音由高昂渐转为低沉，终归于虚无，一片寂静。

第一幕　寻山

李白上，脚步有些踉跄。

乐起。

李白高吟：

瀛洲啊，你在哪里？

你这神仙的洞天福地。

听说你那里河里流着美酒，

岸上长满鲜花，

到处是奇珍异宝，

到处是神仙佳人，

没有痛苦，没有失意，

没有皇帝，没有权贵，

永远是欢乐，永远是青春。

瀛洲啊，你在哪里？

你这神仙的洞天福地。

一人渔者打扮，上。

李白迎上，问：先生，瀛洲找到了吗？

渔者吟道：

哼，哪里有什么瀛洲？

海上只有风浪，

偶尔能见到几只白鸥。

捕鱼、做买卖是我的本行，

瀛洲可不是我的追求。

盛世从来都属于你们这些老爷，

像我这样的老百姓，

只有不分昼夜的辛苦，

才能够养家糊口。

渔者下。

李白怅惘失落，呆立片刻，叹息道：唉！瀛洲看来是找不到了。听说吴越之地有座缥缈入云的仙山名叫天姥，我不妨去寻寻看。

高吟：

百姓有百姓的痛苦，

我也有我的苦衷。

世人往往羡慕别人的欢乐，

又怎知背后的伤痛。

现世里理想难以实现，

只好去找寻迷离的美梦。

想当年刚接到皇帝的诏书，

我仰天大笑自比云鹏。

谁料想倏忽了三年光阴，

到头来一切成空。

空得罪了些奸佞小人，

空写了些云想衣裳花想容。

什么管仲晏子，

什么姜尚诸葛，

全化作了珠玉歌笑，

全化作了一场秋梦。

唉——传说中的仙人，

何处能寻到你们的影踪？

听！多么动听的歌声，

来自天姥山高高的山顶。

啊！天姥山，

我喜欢你比五岳还要高耸，

我喜欢你巍峨气势盖赤城，

我喜欢你湛湛如青天，

我喜欢你尖尖刺霓虹，

你是连接天地的阶梯，

你是超度凡人的仙宫。

循着歌声，天姥山，我来了！

李白下。

第二幕　入梦

我的耳边还回响着，

越人的言语。

我的眼睛却放纵了，

自己的思绪。

我的身体怎么会，

轻轻地飘起。

任知心的风儿送我，

一路奔向那清澈的剡溪。

我曾在溪水中洗过手，

我曾在溪水中濯过足，

我今天要要那溪水中，

把这三年的污浊好好洗上一洗。

我的影儿，

游过鉴湖的浓浓诗意。

我的灵魂，

在湖水中静静地接受洗涤。

我的足迹，

重又踏上前人的足迹。

两岸的猿声，

重又回响起祖先的清啼。

所有的一切，天姥山，

竟是这样熟悉！

蜿蜒入云的石梯上，

响起了我久违的木屐。

我要高喝一声，

天姥山，我来了。

在半山腰的第一缕温暖中，

我和太阳一同升起。

在天空灿烂的云霞中，

我看见了欢乐舞蹈的天鸡。

歌声，美丽的歌声，

再一次响彻云霄起，

山痴迷了，

兀立在我的眼前，伸着脑袋聆听。

路痴迷了，

纠缠在我的脚下，争着伸向山顶。

花痴迷了，

舞蹈着，雀跃着，个个欣喜若狂。

我痴迷了，

呆立着，兀坐着，转眼暮色苍茫。

深藏的熊走出洞口，

咆哮声震响了茫茫的森林。

幽居的龙游出巢穴，

怒吼声唤醒了巍巍的群山。

云青青兮欲雨，

水澹澹兮生烟，

雷神擂响了天鼓，

助威这神山中的交响。

电母拍打着铙钹，

将这宏伟的舞台照亮。

大地在我的脚下乱颤，

我的心一点也不胆寒。

如若经不起这样的考验，

还凭什么登临奇妙的神山？

听，歌声，美丽的歌声，

越来越近了。

李白下。

第三幕 游仙

音乐激烈急促，高昂地响起。

两童子以手拉开帷幕，清声喊道：谪仙太白驾到，欢迎太白先生光临天姥洞府。

音乐转为舒缓，李白上，仰望天空，吟道：

湛湛的青天有多久没有见过了，

光辉的日有多久没有见过了，

你们没沾染过俗世的一点凡尘，

你们照耀着众多纯净的金银，

美丽呀，这别有的洞天，

神奇呀，这神仙的福地，

我终于找到你了，

你终于向我敞开了大门。

说什么谪仙，

被贬谪的滋味怎能好受？

叫什么太白，

堕落在人间是多么丑陋！

今天，我终于得偿所愿，

找到了我失落已久的家园。

一人神仙打扮，手持拂尘，来见李白，道：谪仙太白，别来无恙乎？

李白愕然问道：你……你是哪位仙人？

仙人吟道：

无名无姓是仙家，两袖空空无牵挂。

若非梦中有点化，如何妙笔能生花？

李白：你就是梦中赐我神笔的仙人？

仙人：正是。

音乐响起，有些急促，李白高吟：

多少人希望得到生花的妙笔，

我却不感谢你这份恩赐的大礼。

写一世的文章赚得几声好，

又有什么大出息？

空有浪漫飘逸的名声，那都是强作欢颜，

谁又知道我今世的悲戚？

哪像你们神仙以风为马以霓为衣，

自在逍遥，无忧无虑。

李白说（急切地）：仙人，你既能赐我生花妙笔，就请再指给小生一条超凡脱俗的明道吧！

仙人道：哎——你这样评说自己也忒有点小瞧自己了。要知道你的诗词文章在我们仙界也广为流传呢！文章千古事，你可要珍惜自己的锦绣文章啊！

仙人吟道：

皇帝不足畏，权臣不足贵。

得也不足喜，失也不足悲。

文章千古事，爱惜才是真。

可以摹世情，可以画人心。

可以抒性灵，可以写山水。

仙人道：哈哈，我的谪仙人，此处不是你久留之地，还是请回你的现实世界去吧！

仙人、李白下。

第四幕　梦醒

音乐低回深沉，李白缓步而上，缓缓而歌。

忘不了那些飘逸的仙人，

忘不了那些鼓瑟驾车的珍禽。

消散了，梦中的天姥，

远去了，美丽的歌声。

浑浊了，静静的溪水，

黯淡了，曾经的光明。

揖别了，睿智的仙人，

安静了，浮躁的心灵。

得也不足喜，

又何必悲那人生短暂万古成尘？

失也不必悲，

又何必在意自己是蓬蒿中人？

皇帝算什么东西，

权贵算什么东西，

我的笔再也不为他们写诗，

我的笔再也不为他们作赋。

天地才是我的君王，

山水才是我的书房。

我要用我的笔为天地山水立传、画像，

为它们织就华美的云裳。

我要用我的笔为文学建造一个圣殿，

为子孙谱写精美的华章。

音乐徐徐停下，李白下。

五、校园诗歌活动的实施策略和价值分析

——以大同中学"五月诗会"为例

要想真正唤起学生的诗情，除了课堂教学外，还要适当组织校园活动，或者以年级为单位，或者全校参与，这样更能激发学生创作的热情，形成良好的诗意氛围。

这方面，我所在的上海市大同中学无疑是良好的践行者。每年五月，一场诗会都会轰轰烈烈地开展，至今已经有十五届了。

大同中学五月诗会是一场自下而上发起又自上而下努力建设的校园诗歌活动。2010 年 3 月的一天，文学社社长孙浩东心怀忐忑地在学校张贴了一张海报，呼唤大家关注校园诗歌。这一另类的行为非但没有受到校领导和老师的批评教育，反而引起了他们的强烈认同，于是第一届"五月诗会"应运而生。

十五年来，大同人是把"五月诗会"当作校园文化建设中的一个品牌项目在做。学校投入很多人力物力，语文教研组老师也几乎是全员参加，组织和指导学生写作诗歌，评选学生诗作等。每年我们都举行大型的颁奖大会，全校学生参加，评出"校园诗人"，给予丰厚的奖品；评选积极参与各项诗歌节活动的最佳班级，奖励班会费。

"五月诗会"是由文学社倡议发起的一个校园学生活动，全部活动都是由文学社的学生组织的，老师在幕后给予技术支持。文学社的学生通过每年一次的活动，活动的策划、组织、人际交往和沟通能力都得到提高，最重要的是，经过一个多月的辛苦努力，各项活动圆满举行，一台成功的总结颁奖大会呈现在全校师生面前，他们心中的满足、喜悦和成就感是难以言喻

的。这也是我们老师支持这项活动的初衷，让学生去开展他们喜爱的活动，在他们自己的活动中全情投入地工作，最后收获成功，并能体验过程中的点点滴滴。

"以青春为名"是永恒的主题，这就保证了五月诗会的底色和本色。2017年，上海文艺出版社出版了学生诗歌集《以青春为名》。每年，诗会还会根据实际情况增设一些新主题，以作补充。如2016年的"美丽的古典诗词"主题，2017年的"校园十大文化景观"主题，2019的"家国情怀"主题，以及2020的"抗疫"主题。这样便可以增加一些活力，使诗会有新的发展空间，能够更好地契合学校的发展，激发学生的兴趣。

学生心中蕴藏着无限的欲望与激情，诗歌创作只是提供了一个表达与宣泄的机会。

我们笃信：一个人在年轻的时候喜爱诗歌、写过诗歌，和没读过诗、也没写过诗的人是不同的。

关于"五月诗会"的策划组织和价值分析，曾写过一篇文章总结，在此分享给大家，以期收到窥斑见豹的效果。虽然近年来又屡有新的创意和活动，但总体没有太大的变动。

"五月诗会"校园诗歌活动案例

一、设计背景

校园文学的没落不是一所学校的现象，而是一个普遍存在的广泛现象。新诗经过将近一个世纪的发展，时至今日，"诗歌作者和读者都日渐减少，诗歌逐渐被圈进了一些极小的范围内苟延残喘"（《中国当代新诗史（修订版）》）。与此同时，出于功利的目的，语文沦落为一门纯知识性的学科，一篇篇文学作品被肢解为一个个知识点，入选课本的新诗更在许多老师那里成了可讲可不讲的弹性内容，学生逐渐丧失对文学的热爱。因此，发起一场校园诗歌活动势在必行。一个巴掌拍不响，这样一场校园诗歌活动既需要学生的热情与投入，也需要教师的引导和参与。

二、设计创意

发起一场校园诗歌活动的意义是多方面的。对学生而言，可以通过参与这次活动重新激发自己对诗歌乃至对文学的热爱；对教师而言，可以通过组织参与这次活动重新意识到学生的创作热情和天赋；对语文教研组而言，可以通过这样一次活动强化课外活动对学科教学的有益补充，重新认识语文学科的性质，认识到调动学生热情的重要性；对整个学校而言，可以真正地落实课程改革，也可以凭借这个平台实现自己的育人目标。

在整个过程中，学校应充分调动教研组、社团、学生会等发挥各自的作用，争取做到参与面广，师生互动，既能达成短期的良好效果，也要形成长期的活动机制。

三、诗会标志

设计元素：蝴蝶　茧　大同五月诗会

设计者：宋士广

设计说明：一只蝴蝶正破茧而出，象征着诗歌的灵感正突破重重束缚展翅飞翔。而六边形的边框又形似一支笔尖，象征着诗意的写作。整个作品为天蓝色，象征着浪漫与沉思。而"大同五月诗会"几个花体字，既表明了主题，又充满灵动的感觉，与蝴蝶相呼应。

四、实施步骤及操作要点

（一）学校层面

1. 高度重视本次活动，肯定学生的这种热情，引导学生走向热爱诗歌热爱文学之路，提倡学生文学素养的深入发展。

2. 提供活动一切必需之资金、设备、场所，使活动能够顺利展开。

（二）语文教研组层面

1. 大力支持这次活动，调动所有语文教师积极参与，提供一切所需人力、物力之帮助。

2. 全程记录此次活动的具体内容，整理成档案，形成一种长期的校园文学活动的固定形式。

3. 在整个活动过程中，结合教研组活动，促使各位老师反思自己在语文教学中诗歌教学的误区，总结诗歌教学的经验，对教师进行正确的引导，意识到语文教学要师生互动教学相长，语文教学不只是功夫在课内、在试卷，而且要结合课外功夫，于非功利处谋发展求进步。

4. 利用这次活动，对学生进行正确的引导，在诗歌活动结束之后，发起

"悦读活动"的倡议，以期达到以点带面的良好效果，培养学生良好的阅读习惯和写作习惯。

（三）社团层面

1. 发起倡议，征稿启事

孙浩东的海报《以青春为名》以其勃发的热情、诚挚的感情和优美的语言确实打动了每一个人。其实，许多学生内心的文学梦还是存在的，只要我们能够提供给他们一个表达的途径（不只是写作业），他们还是愿意展现自己的才华的。

2. 整理稿件，遴选稿件

为了达到选拔优秀作品的客观公允，可以先将所有的作品整理在电脑里打印出来，隐去作者姓名、班级，编上序号。遴选过程可以分成两部分，可先由文学社成员或各年级推荐出来的优秀学生进行遴选，再由教师团进行遴选评审。然后，再将二者选出的优秀作品交由相关的教师或专家进行评选。

3. 颁奖活动，"五月诗会"

在学校的大礼堂举办"五月诗会"，可以尽可能地邀请广大学生参与，如不能供全校学生参加，可以任选一个年级，或每个年级抽取几个班现场参与，其余学生通过校电视台直播观看。

附录：

"以青春为名"大同中学第四届"五月诗会"颁奖大会

时间：2013-05-24

地点：大同中学时行楼大礼堂

一　街舞社表演（表演者：街舞社 陆旻捷等）

二　诗朗诵：获奖组诗《万象》（朗诵者：熊唤真　王妙莹　任垣　张沛萌）

三　颁奖：诗歌二等奖

四　点石文学社社长董新源发言

五　校领导致辞

六　颁奖：诗歌一等奖 插画一等奖

七　唱歌《梦冷时分》（填词：郑仲愚　演唱：郑仲愚　唐晨月）

八　颁奖：诗朗诵奖

九　诗朗诵《玫瑰心语》（作者：黄璟文　朗诵：魏子菁）

十　魔术表演（表演者：同济大学交通工程学院　陈伽申）

十一　诗朗诵：获奖组诗《旅行》（朗诵者：熊唤真　王妙莹　任垣　张沛萌）

十二　诗朗诵：《回答》（朗诵者：薛文卿　孙秉彝）

五、校园诗歌活动的多重价值

（一）社会层面

大同"五月诗会"今年已是第四届了（编者按：当时是第四届），自 2012 年开始，我们开始把目光投向校外，通过校方发函、张贴海报等形式，吸引了复旦附中、华师大二附中、上海中学、格致中学、位育中学、大境中学、敬业中学等十余所兄弟学校的参与，"五月诗会"不再是孤芳自赏的大同校园文化活动，也是墙内开花墙外香的沪上中学校园的一道风景线。

"五月诗会"自举办以来，就受到了社会的广泛关注，《文汇报》《青年报》等报纸都多次予以报道，上海市教育电视台也曾播过相关的新闻。

2010 年 4 月 9 日的《文汇报》以大版面报道了大同中学的此次活动，文章名为"一场校园文学拯救行动"。其中反思了高中校园功利之风盛行，文学没落的现象，有一段话是这样写的："如今的高中校园，社团文化很当红。沉重的学业压力下，学生们更愿意通过参加活动获得片刻放松。选择之下，新颖、时尚的社团显然更有号召力——DIY 社、动漫社、瑜伽社、轮滑社、美食社等新兴社团如雨后春笋般崛起。此外，机器人、计算机、环保等社团也常常一座难求。""如果在社团做课题，进而参加竞赛获奖，很可能在高校自主招生中脱颖而出。这样的社团更接近于'竞赛班'，不少同学因此成为'积极分子'——同时参加四五个社团。大家的目的很简单，就是多拿学分，至于文学之类的兴趣，那不是首要考虑的问题。"该报道被多方转载，引起了广泛的社会反响。

2011 年 1 月 7 日，《文汇报》刊载了我校学生的四首诗歌，分别是孙彧的《夜》、吴越的《我是雨天石板路上的一片叶》、林雯华的《路边的树》和汪晓雷的《吟唱青春》，另外还发表了我写的文章《趁着年轻，写点诗吧》。

2012 年 6 月 28 日，《文汇报》又刊载了我校学生的四首诗歌，顾钰敏的《秋说》、俞敏浩的《天空》、郑璇的《童言无忌》和杨易宁的《乱七八糟》。另外，同版发表的位育中学万融的《绿染十丈》和敬业中学尹嘉捷的《感觉》都是我校"五月诗会"的获奖诗作。

且看俞敏浩同学的感想：

"诗歌是一件艺术品，和绘画、音乐并列为人类表达内心的三大形式，而不单单是一种普通的文学形式。好的诗歌能够激发想象力，它将事物最为普通的外表剥去，将事物陌生的、不为人所熟知的一面展现给我们看，是为'陌生化'效果。这也正是诗歌的生命力所在。

我将审美视角聚焦在城市中人们的生活上。虽然我对生活的认识还是浅显的、单薄的，我的诗歌或许还不够深刻，但是我已然在心中建立起了自己的王国。与其说这首诗歌得益于我的灵感，不如说是我情感积淀与理性追求交杂后的喷发。

对于诗歌创作，广泛阅读中我们可以吸收到大量前人的灵感，激发想象力；对于个人修为，阅读诗歌也能够沉淀我们那颗浮杂的心。

当代诗歌似乎正走向衰亡，这无疑是一件可悲的事。文学没有诗歌，正如同鸟儿失去翅膀，人类没有文学，就好比太阳失去光芒。但我知道，诗心在当代青少年中并未消失，只是有待我们去唤醒。"

（二）学校层面

这既是落实素质教育的一次好机会，也是学校建设社团、建设校园文化的一次良好契机。他山之石，可以攻玉，社团活动和基础课程的联系，其他学科如何抓好课外功夫的思考，都是今后值得关注的地方。

（三）语文教研组层面

1. 在全校范围内，较大地激发了学生的文学兴趣，为今后培养学生的语文爱好奠定了较好的基础。

2. 在教研组内，通过对这次活动的关注和思考，矫正了教师自身存在的一些认识误区，总结了一些较好的诗歌教学经验，为今后的新诗教学铺好了路。

3. 引发了教研组的反思，使教研组将教学的目光转移一部分到课外，使得全体教师对如何调动学主动学习有了较强的意识，淡化了一些功利态度，增强了一些素质教育理念。

（四）学生层面

1. 首先，本次活动在校园内引起了广泛的反响，许多学生积极参与。课间饭后，学生们围拢在一起，竟然交流起了写诗的体会；在学校的升旗仪式上，四个女生甚至诵读起自己的新作……按照孙浩东原先的设想，到 5 月底截稿，能收到 100 篇诗作就满足了，可是仅仅过了两个星期，收到的稿子已经超过预期。此次活动，共计收到稿件 314 篇。

2. 出乎所有人意料的是，这些收到的稿子不但数量多，而且质量优，形式多样。既有三五行的短诗，也有上百行的长诗；既有感悟人生、反映校园生活的，也有关注社会直击时事的；既有新诗，也有像模像样的古体诗。经过学校老师的评选，选出了一、二、三等奖，并评出了一批鼓励奖。获奖者不但可以从学校领到证书，在众人面前露一露脸，还可以领到学校发放的书券。

3. 这次活动，不但短期效果显著，而且长期影响明显。一方面，名为"五月诗会"的诗歌活动从此将成为大同中学一个固定的文化活动形式；另一方面，通过这次活动，许多学生的文学热情被极大地调动起来了，文学天赋被极大地发掘了。有一个学生在颁奖仪式上坦言"这是我的第一首诗，但我想它绝不是最后一首"，还有同学说"谁说白衣飘飘的年代已经过去，我们正在开创属于我们的诗歌年代"。

4. 在颁奖仪式的最后，学生又发起了"悦读活动"的倡议，接下来，大同中学的学生又将在教师的推荐书目的指引下去寻找自己喜爱的书，去开始自己的悦读旅途。

六、实践反思

对学校而言，如今的中学里，太过注重考试和分数，以至于把别的都忽略了。所以，多抱着一些非功利的思想教学，课内课外相结合，让学生学习不只是处于被动的状态，比什么都重要。这应该是学校教学推行课改、推行素质教育的一个关键指导思想。

对教师而言，许多老师常常说学生学习语言缺乏兴趣，其实在冰山之下掩盖着的就是火种，关键在于去发现去点燃。

对学生而言，其实学习并不只是被动接受，也要能够自己跳出来，化被动为主动，从学习中获得乐趣，从创作中享受美好，不要让自己成为考试机器。

（本文获得中语会主办的 2013 年度校园文学全国论文评比一等奖）

我愿做教室里的诗人

——写在书后

回想我是怎么爱上写诗的，要追溯到高中时期，一次学校国庆征稿，我写的一首小诗《钻石与煤炭》被抄在了墙报上。那墙报真的名副其实，用的是一整面墙，在进校的路边，每个人都能看见，由老师用毛笔认真地抄在大纸上，用浆糊一张张粘上去，很是壮观。

这小诗成了我写诗的起点，断断续续写了三十多年。一开始，很想通过写诗闯出一条路。可渐渐地，靠写诗成名的热念渐渐冷却，我开始思考写诗的意义，仅仅是为了成为诗人吗？那些冠以"诗人"名号的未见得都会写诗。直到我看到一位学者说的话：

"我非常赞成给每一个孩子一台电脑，但是我的主张是每一间教室里也应该放一个诗人。"

一语点醒梦中人。我当时就想，我愿做这教室里的诗人，我要做这教室里的诗人。写诗成就的只是一个人的名，教诗则可以点燃更多的青春诗情。正如一位学生在诗歌《萤火虫》里所写的：

很多时候

自然界的动物们嘲笑萤火虫

他们嘲笑他虽然会发光

却连一个微小的角落都照不亮

萤火虫来到一片田野上

一个小男孩用网兜抓住了它

他和其他许多萤火虫一样

被聚集起来照亮男孩的书册

萤火虫失去了飞翔的自由

但他很满足

他发出的光虽弱

却照亮了一个男孩的前程

萤光之微，岂比皓月？但再微小的光，都能够驱散一点黑暗，带来一点光明。然而，新诗教学的黑暗又岂是我一个人可以照亮的呢？所幸的是，还有一群同样爱诗的同事和学生。

我任教的上海市大同中学是有写诗的传统的，据说20世纪八九十年代，许多班级都有班级的诗刊，不少学生都可以出小诗集。进入新世纪以来，虽日渐式微，但相当多老师都鼓励学生读诗写诗。正是在这样的氛围里，我担任文学社指导老师的工作进展得很顺利，一本本社刊、诗集应运而生。

可是，受大环境的影响，学生读诗写诗的热情还是一点点减少了。尤其是作文题目中"体裁不限，诗歌除外"像一道道醒目的闪电，摧毁了学生对诗歌的好感。

我曾写过一首《理想和现实》诗歌，表达我内心的失落。

晨起喂马

马棚里青草香

响鼻处两朵轻云

青鬃抖落一夜春雨

它会驮我去远方

为一个遥远的约定

马蹄噗噗在泥里

踩出无尽的行杯

现实却是——

我下得楼来

走到小区门口

擦掉自行车座上的雨水

骑着它融入忙碌的人群

柏油路面坚硬

留不下

哪怕一点点的辙痕

物极必反。青春的诗情岂是繁重的学业和冷漠的环境所能扼杀的。火种虽已冰封，但并未熄灭。2010年3月26日，点石文学社社长孙浩东在学校张贴了一张黑底白字的海报，以满腹怀疑和一腔激情引发了全校师生的热议。

"为了我们的青春也好、梦想也罢，请不要放弃。我们都有过年少轻狂的时候，就仿佛世界由我掌握；我们也有过情窦初开的时候，那满天繁星曾经陪伴我们度过整个夜晚……请拿起手中的笔吧，用诗的语言来记录下青春的声音。"

"若干年后你一定会无悔于曾经对文学的热爱，而那些青春年少的只字片语也一定会给你的一生以绚烂的光彩。"

孙浩东这样向同学们呼喊着，也向老师们呼喊着。就这样，大同中学"五月诗会"隆重登场，至今已有15个年头了。15年来，别的不说，单就写诗的数量而言，已超过了一万首。而且，每位学生都写过诗，都和诗神打过交道，相当一部分同学由此爱上了写诗。2017年，上海文艺出版社出版了《以青春为名》学生诗集，赵丽宏在题为"青春的光芒"的序中如此写道：

> 一位好友向我推荐一本中学生的诗集，希望我读一下，写一篇序文。诗集是上海市大同中学十多年来积累的历届学生诗作，厚厚一大叠。我答应看一下再决定是否作序。在北京开会的间隙中，我断断续续地读完了这本诗集。读得不连贯，并非读不下去，是因为没有大段时间。说老实话，这是一次愉快的阅读，这本诗集的质量，超出了我的预期。诗集中的很多作品，让我惊奇，也让我欣慰。惊奇和欣慰，是为当今少男少女自由的思想，为他们深挚的情感，丰富的想象力，也为他们构筑意象、驾驭文字的能力。他们的诗中，有深情的倾诉，有激情的呐喊，有大胆的诘问，也有奔放不羁的幻象。这是青春的形象，是青春的旋律，是青春的光芒。

"五月诗会"的成功，离不开杨明华、盛雅萍、郭金华、应华等大同中学领导的长期支持，离不开张兰、任晔、曹动清、宋士广、陈天琦、张治中等大同中学语文老师的指导，离不开孙浩东、林雯华、章韵、韩瑾兴等历届点石文学社社长的积极行动，离不开大同中学全体师生的共同努力。

大同的诗歌活动经《文汇报》《东方教育时报》等报道，在社会上产生了一定的影响。学生诗歌在《文汇报》上发表了整整一个版面，编辑让我写篇文章，我就写了《趁着年轻写点诗吧》，其中有一段话是这样的——

> 加缪说，西绪福斯明知推石上山的举动是徒劳无益的，但他依然义无反顾地一次次走上前去，从这种循环往复的劳作中获得幸福感，并且以此作为他对上天惩罚的蔑视。所以，人必须要有所承担，既要承担幸福，也要承担苦难，并且在这样的承担中体会人生的意义和价值。面对新诗的现状，我们每一个人都有义务有责任去想尽办法贡献力量。作为一名教师，我所能做的就是尽力去引领学生对新诗给予关注、投以热情、尝试着去爱去读去写。新诗教学可能少人喝彩，但我觉得语文教学不能太功利，更不能唯考试是瞻。

诗歌和文章引起了老诗人邵燕祥的注意，他特意写信赠书给我，并寄语大同师生——

> 每个中学生都是诗人，在正常的年代，几乎没有人没有在青春年华写过诗，心里没有萌动，感染过诗情的。
>
> 由于现行的教育体制的弊病，我们课内的语文教学，似乎有待于课外阅读来补充，才能使正如海绵一样善于吸收的这个年龄段的青少年，能在精神层面获得更好的营养。
>
> 我相信您在和您的同事们一起，对同学进行诗歌（文学）辅导时，能够帮助他们（在被作业、应试压挤下的有限的时间）内阅读、习作，少走弯路——例如读诗、写诗不要迷惑于若干流行的"大路货"，"取法乎下"，而多读经典，抒写自己真实的性情。

如何才能引导学生读诗写诗不"取法乎下"？那么"取法乎上"应该是什么样子？我由此开始认真思考"诗歌"的教学方法和育人价值，并提出了"诗化教育"的理念和主张。2017年开始，我率领上海市"双名工程""种子计划"的团队成员展开研究，共同创作了《通往诗意的小径——中小学诗化教育研究》这本合著，算是从一些实践操作的层面摸索了一些路径。然而，中学诗歌教学正确有效的方法应该是怎样的呢？我开始有意识地搜集发表的诗歌教学的教案，并有计划地阅读"新诗教学"相关的文章和专著，从实践和理论两方面入手展开研究。同时，我根据我读诗写诗的体会，开始有意识地搜集一些优秀的诗歌作品，包括学生的习作。

2022 年，我参加了上海市新课程新教材实施第三期"教师培训课程建设者高级研修坊"，得到了师资培训中心几位老师的悉心指导，初步形成了一个"双新背景下高中新诗教学策略"的课程框架。不要小看它，它正是我这本书最原始的雏形。

2023 年，黄浦区推出"教育系统学术专著资助计划"，我怦然心动，觉得应该抓住这个机遇。于是，整个暑假，我家的客厅里几乎铺满了书，而我就在书堆里来回翻阅，从最难的"直觉和灵感"写起，一边写一边改，一边查资料一边搭框架。在此过程中，我得到了邓彤、沈红旗两位名师的指点，少走了不少弯路。

本书与新诗教学直接相关的主要是"如何教学生读诗""如何教学生写诗""如何教学生写诗评"三章，但是仅仅这些还是不够的，一名教师要想教好学生读诗写诗评诗，还需要了解新诗的历史、新诗教学的历史，以及新诗的特点。这就好比海面下的冰山，离开它们，海面上的冰山就壮美不起来了。于是，就有了前四章内容。其中，第二章颇难写，新诗教学的内容浩如烟海，又杂乱无序，如果真的从头梳理，我真觉得难以胜任，同时也不是这本书的重点。于是我就选了几个小切口来"管窥"，以期收到窥斑见豹的效果。如果将来有哪位老师或者学者能够真正做好这方面的梳理，将是一件非常有意义的事。至于"新诗"的特点，我分别从"内部"和"外部"两方面予以呈现。第三章大体依"构思""形式""内涵"的顺序来写，这样就逻辑更清晰些，也符合诗歌创作发生的规律。

就这样，以平均每天 4000 字的速度，我完成了 20 多万字的初稿。经过专家评选，我顺利获得了区里的资助，与上海教育出版社签了出版合同。接下来，就是精修润色，尤其是大量引注，为达到隋淑光编辑"不诬古人，不惑今人"的要求，在陈天琦、周珊珊和郦寅几位同事的帮助下，我全部校对一遍。虽然耗时耗神，但对严谨的治学态度有了更深切的感受。

当书稿完成的时候，我如释重负，又感到满足。回想一路的历程，我深深感到诗歌的魅力，一句诗就是一根青藤，沿着阴暗的井壁垂落，让春天的枝蔓缠绕每一个沉寂的心灵。同时，我也体会到了一名教师治学要"集中"，要有"据点"意识。在此，我要特别感谢沈红旗、邓彤两位师傅对我的殷勤点拨和无私帮助，参加他们的名师工作室的几年，是我职业生涯中收获最大的时光。另外，我还要感谢任其斌老师，正是他当年帮我选定了"新诗教学"这一"冷门的"研究方向。

《菜根谭》云："冷落处存一热心，便得许多真趣味。"新诗荒凉，鲜有人至。这恰恰是我们研究的广阔天地。衷心希望有更多的语文教师能够关心新诗教学，能够研究新诗教学，能够热爱新诗教学。

最后，衷心感谢姚岚编辑的辛勤付出，使这本书更臻完善和翔实。愿这本小书能够给各位读者带来一段快乐的阅读时光。

宋士广

2024.4.24